唐・南山道宣著作序文訳註

龍谷叢書50

大内文雄［編訳］

法藏館

唐・南山道宣著作序文訳註＊目次

凡　例

一、本書は南山大師道宣律師の著作した作品の序文について、［釈文］［校勘］［訓読］［訳文］［語註］を作成するものである。

一、本書において道宣著作の「序」として収録する範囲や序文の成立年代等については、「著作序文摘要」にまとめて示した。

一、漢字は原則として常用漢字を用いるが、固有名詞はその限りではない。また、［校勘］のうち、字形の視覚的な問題が関わる漢字には（　）に旧字体・俗字体などを補った。

一、［釈文］の底本は、『大正新脩大蔵経』及び『新纂大日本卍続蔵経』『日本大蔵経』を用い、［校勘］に基づき必要に応じて文字を改めた。底本において割註等で示される文句は〈　〉をもって示し、［訓読］及び［訳文］においても同様である。また【　】を用いて示した冒頭の見出しは、原文にはなく、本訳註の便宜上に設けたものである。［訓読］［訳文］も同じである。

一、［校勘］に使用した版本は略称をもって示し、［釈文］の該当する文字にアルファベットを付した。宋・元・明・宮は大正蔵の校勘記を援用した。校勘に使用した版本とその略号は左記の通りである。

宋＝宋本（思溪版大蔵経）　元＝元本（普寧寺版大蔵経）　明＝明本（万暦版大蔵経）　宮＝宮内庁書陵部蔵本　初雕＝高麗大蔵経初雕本　麗＝高麗大蔵経再雕本　磧＝磧砂版大蔵経本　中華＝中華大蔵経本　縮冊蔵＝大日本校訂大蔵経本

この他に使用した版本は各々の［校勘］を参照されたい。

一、［訓読］は［釈文］に基づき行い、原則として現代日本語の表記にしたがった。

一、［訳文］には読者に配慮し、以下の記号を挿入して補説を加えた。（　）は直前の語句の補足説明を、〔　〕は文意の補足を表す。

一、［語註］には、語彙の解説や出典のほか、道宣に先行あるいは同時代の用例及び道宣自身の用例より代表的なものを挙げた。また、上記に該当する文献が見出せない場合、後世の語例を（参考）として掲げたところもある。

引用文献は略称を用い表記した。仏典については倶称・撰者などの詳細を「引用仏典・略号一覧」に示した。なお『大正新脩大蔵経』より引用したものは（T.）を、『新纂大日本卍続蔵経』より引用したものは（X.）を略号とし、その後に頁数と段を表示した。また、引用文中に注釈が入る場合、注釈文の冒頭に〔　〕をもって注釈者名等を示した。

唐・南山道宣著作序文訳註

『四分律刪繁補闕行事鈔』

［釈文］

【冒頭部】

四分律刪繁補闕行事鈔序〈作者非無標名題別〉

京兆崇義寺[1]沙門釈道宣撰述

夫戒徳難思、冠超衆象[2]、為五乗之軌導、寔三宝之舟航[3]。依教建修、定慧之功莫等、住持仏法、群籍於茲息唱。自大師在世、偏弘斯典、爰及四依[4]、遺風無替[a]。逮于像季、時転澆訛[5]、争鋒脣舌之間[6]、鼓論不形之事[7]。所以震嶺伝教、九代聞之、抜萃出類[8]、智術而已[9]。欲明揚顕行儀、匡摂像教、垂彝範訓末学、紐既絶之玄綱、樹已顚之大表[10]者、可得詳而評之。豈非憑虚易以形声、軌事難為露潔者矣。然則前修託於律蔵、指事披文而用之、則在文信於実録、而寄縁良有繁濫。加以学非精博、臆説尤多、取類寡於討論、生常異計斯集。致令弁析釁戻[11]軽重倍分[12]、衆網維持同異区別[13]。自非統教意之廃興、考諸説之虚実者、孰能闢重疑遣通累、括部執詮行相者与。常恨前代諸師所流遺記[14]、止論文疏廃立問答要抄[15]、至於顕行世事[16]、方軌来蒙者、百無一本。時有鋭懐行事[17]、而文在義集[18]、或復多列游辞、而逗機未足。或単題羯磨、成相莫宣、依文用之、不弁前事。並言章碎乱、未可披撿。所以尋求者非積学不知、領会者非精錬莫悉。

余因聴采之暇[19]、顧眄[20]群篇、通非属意[21]、倶懐優劣。斐然作命[22]、直筆[23]具舒、包異部誠文、括衆経随説[24]。及西土賢聖所遺、此方先徳文紀、捜駁[b]同異、並皆窮覈。長見必録、以輔博知、濫述必剪、用成通意。或繁文以顕事用、或略指以類相従[25]、或文断而以義連、或徴辞[26]而仮来問。如是始終交映、隠顕互出。幷見行羯磨[27]、諸務是非、導俗正儀、出家雑法、並皆攬為此宗之一見[28]、用済新学之費功焉。然同我則撃其大節[29]、異説則斥其文繁。文繁誰所楽之。良由事不獲已。何者、若略減取其梗概、用事恒有不足、必横評不急之言[30]、於鈔便成所諱。今図度取中、務兼省約、救急備卒、勒成三巻。若思不瞻於時事、固有闕於行詮[31]。則略標旨趣、以広於後[32]。然一部之文、義張三位。上巻則摂於衆務[33]、成用有儀。中巻則遵於戒体、持犯立懺。下巻則随機要行、託事而起。並[c]如文具委、想無紊乱。但境事寔繁、良難科擬[34]。今取物類相従[35]者、以標名首。至於統其大綱、恐条流末委。更以十門例括、方鏡暁遠詮。

標宗顕徳篇第一
集僧通局篇第二
足数衆相篇第三〈別衆法附〉
受欲是非篇第四
通弁羯磨篇第五
結界方法篇第六
僧網大綱篇第七
受戒縁集篇第八〈捨戒六念法附〉
師資相摂篇第九
説戒正儀篇第十

諸雑要行篇第二十七〈謂出世正業比丘所依法〉
沙弥別法《ママ》篇第二十八
尼衆別行篇第二十九
諸部別行篇第三十

（訳者註・以上、下巻）

【末尾「鈔興本意」】

後明鈔興本意。夫鈔者、固令撮略正文、包括諸意也。余智同蛍曜、量実疎庸、何敢軽侮猷言[36]、動成戯論。雖然学有所承[37]、承必知本。毎所引用、先加覆撿。於一事之下、廃立意多[38]、諸師所存、情見繁広。今並刪略、止存文証。及教通余論、理相難知、自非通解、焉能究尽。具如集義鈔[39]所顕。而抄略証文、多不具委、但取文義堪来入宗者。自外不尽之文、必欲尋討知其始末、則非鈔者之意。故文云[40]、諸比丘欲不具説文句。仏言聴之。毘尼母論云[41]、仏令引要言妙辞、直顕其義。庶[e]令臨機有用[42]、無待訪於他人、即事即行、豈復疑於罪福。猶恐後代、加諸不急之務[43]、増益其中、使真宗[44]蕪穢、行者致迷。鳥鼠之喩[45]、復存於茲日矣。

此之十条、並総束諸門、例科分析。若攬収不尽、自下別論。夫宅身仏海、餐味法流、形厠僧伍[46]、行唯三位。若遵仰正戒、識達持犯、則中巻之中、体相具矣。自行既成、外徳彰用、則上巻之中、綱領存矣。自他両徳、成相多途、則下巻之中、毛目顕矣。此三明行、無行不収、三巻摂文、無文不委。然則事類相投[47]、更難量擬。若長途散釈[48]、則寡於討論。必随相曲分[49]、便過在繁砕。今随宜約略[50]、通結指帰、使挙領提綱[f][51]、毛目自整。載舒載覧[52]、随事随依。

〔校勘〕＊略号は以下の通り：「宗」＝徳川時代刊宗教大学蔵本／「日」＝日本寛文十年刊本

a替＝普（宗・続蔵） b駮＝駁（続蔵・日） c並＝竝（続蔵） d訃＝計（大正蔵・日）。＝訃（宗・続蔵） e庶＝度（続蔵） f綱＝網（大正蔵）。＝綱（続蔵）

〔訓読〕

【冒頭部】

四分律刪繁補闕行事鈔序〈作ることは、名を標し別を顕すこと無くんば非ず〉

京兆崇義寺の沙門釈道宣 撰述す

夫れ戒徳難思にして、衆象に冠超し、五乗の軌導為りて、寔に三宝の舟航なり。教に依り修を建てるに、定慧の功 等しきこと莫く、仏法を住持するに、群籍 茲に於いて唱を息む。大師 世に在り、偏《ひとえ》に斯の典を弘めて自《よ》り、爰に四依に及び、遺風 替《すた》ること無し。像季に逮《およ》びて、時転《うた》た澆訛し、鋒を脣舌の間に争い、論を不形の事に鼓《ふる》う。所以に震嶺の伝教、九代に之を聞き、萃より抜きんで類より出づるも、智術あるのみ。行儀を揚顕して、像教を匡摂し、彝範を垂れ末学に訓《おし》え、既に絶えんとするの玄綱を紐《つな》げ、已に顚《たお》れんとするの大表を樹《た》てるを明らかにせんと欲すれば、詳らかにして之を評することを得べし。豈に虚に憑れば形声を以《な》し易く、事に軌《したが》えば露潔と為し難きに非ざらんや。然れば則ち前修は律蔵に託し、事を指し文を披《ひら》きて之を用い、則ち文に在りては信《まこと》に実録に於いてし、而して縁に寄せては良《まこと》に繁濫有り。加うるに以て学は精博に非ず、臆説尤《はなは》だ多く、類を取りては討論に寡く、生常の異計斯こに集まれり。釁戻を弁析するに軽重倍《そむ》き分かれ、衆網をして維持するに同異をして区別せしむるを致す。教意の廃興を統べ、諸説の虚実を考えるに非ざるよりは、孰か能く重疑を闢《しりぞ》けて通累を遣《や》り、部執を括り行相を詮《あき》らかにする者ならんか。常に恨むらくは前代の諸師所流の遺記は、止だ文疏・廃立・問答・要抄を論ずるのみにして、行を世事に顕し、軌を来蒙に方《ただ》しくする者に至りては、百に一本も無し。時に懐いを行事に鋭《はげ》ますもの有り、而して文 義もて集むるに在るも、或いは復た多く游辞を列ね、而して機に逗《とど》まること未だ足らず。或いは単に羯磨を題するのみにして、相を成《そな》えて宣べること莫く、文に依りて之れを用いるも、前事を弁《そな》えず。並びに言章砕乱して、未だ披撿すべからず。所以に尋求の者も積学に非ざれば知らず、領会の者も精錬に非ざれば悉《つ》くすこと莫し。

余 聴采の暇に因って、群篇を顧眄するも、通《あま》ねく意に属するものに非ず、倶に優劣を懐く。斐然として命を作し、直筆して具さに舒べ、異部の誠文を包み、衆経の随説を括る。西土賢聖の遺す所、此方先徳の文紀に及びては、同異を捜駁し、並びに皆窮覈す。長見なれば必ず録《と》り、以て博知を輔け、濫述なれば必ず剪《き》り、用て通意を成す。或いは繁文なれば以て事用を顕し、或いは略指なれば類を以て相従わしめ、或いは文断なれば義を以て連ね、或いは徴辞なれば来問に仮る。是くの如く始終交映し、隠顕互出す。幷びに見行の羯磨、諸務の是非、導俗の正儀、出家の雑法、並びに皆攬《と》りて此の宗の一見を為し、用て新学の費功を済《な》さんとするなり。然れども我に同ずれば則ち其の大節を撃《ほ》め、説を異にすれば則ち其の文繁を斥く。文繁きは誰か之れを楽《この》む所ぞ。良《まこと》に事已むを獲ざるに由る。何となれば、若し略減して其の梗概を取れば、用事恒に足らざること有り、必ず横《ほしいまま》に不急の言を評せば、鈔に於いて便ち諱む所を成す。今 図度して中を取り、務め兼せて省約し、急を救い卒に備え、勒して三巻と成す。思い時事に贍《た》らざるが若きは、固《もと》より行詮に闕くこと有らん。則ち略して旨趣を標し、以て後に広くす。然れども一部の文、義は三位を張《の》ぶ。上巻は則ち衆務を摂め、成用に儀有り。中巻は則ち戒体に遵い、持犯立懺す。下巻は則ち随機の要行、事に託して起こる。並《みな》文 具委するが如し、想い紊乱無し。但だ境事 寔《まこと》に繁く、良《まこと》に科擬し難し。

今 物類相従るの者を取り、以て名を首に標す。其の大綱を統べるに至りては、恐らく条流未だ委しからず。更に十門を以て例括し、方に鏡《てら》して遠詮を暁《あき》らかにす。

（以下、目録省略）

【末尾「鈔興本意」】

後に鈔興の本意を明らかにす。夫れ鈔とは、固《まこと》に正文を撮略し、諸意を包括せしむるなり。余 智は蛍曜に同《ひと》しく、量は実に疎庸にして、何ぞ敢えて猷言を軽侮し、動《ふるま》いて戯論を成さんや。然りと雖も学に承くる所有り、承あれば必ず本を知る。毎に引用する所には、先に覆撿を加う。一事の下に於いて、廃立の意多く、諸師の存する所も、情見繁広なり。今並びに刪略して、止だ文証を存するのみ。教 余論に通じ、理 相い知り難きに及びては、通解に非ざるよりは、焉くんぞ能く究尽せんや。具さには集義鈔の顕かにする所の如し。而して証文を抄略して、多くは具委せず、但だ文義の宗に来入するに堪えたる者を取る。自外の尽くさざるの文、必ず尋討して其の始末を知らんと欲するは、則ち鈔者の意に非ず。故に文に云わく、諸比丘 具さには文句を説かざらんと欲す。仏言わく、之を聴《ゆる》す、と。毘尼母論に云わく、仏 要言妙辞を引き、直ちに其の義を顕わせしむ、と。庶わくは機に臨み用有りて、他人に訪《と》うを待つこと無からしめ、事に即し行に即して、豈に復た罪福に疑いあらしめんや。猶お恐らくは後代、諸もろの不急の務を加え、其の中を増益し、真宗をして蕪穢せしめ、行者をして迷いを致せしむ。鳥鼠の喩、復た茲の日に存せん。

此の十条、並びに諸門を総束し、例科分析す。攬収尽くさざるが若きは、自下に別に論ず。夫れ身を仏海に宅《お》き、味を法流に餐《く》らい、形は僧伍に厠《まじ》われば、行は唯だ三位あるのみなり。正戒を遵仰し、持犯に識達するが若きは、則ち中巻の中、体相具さなり。自行 既に成じ、外徳 用を彰らかにするは、則ち上巻の中、綱領存するなり。自他の両徳もて、相を成ずること多途あり、則ち下巻の中、毛目もて顕らかにするなり。此の三もて行を明らかにし、行の収めざること無く、三巻もて文を摂め、文の委《つく》さざること無し。然れば則ち事類相い投じ、更《こも》ごも量擬し難し。若し長途散釈なれば、則ち討論に寡し。必ず相に随い曲《つぶさ》に分かたば、便ち過 繁砕に在り。今は宜しきに随いて約略し、通結して帰するところを指《しめ》し、領を挙げ綱を提《しめ》して、毛目自《おの》ずから整えしむ。載《すなわ》ち舒べ載ち覧て、事に随い依るに随え。

［訳文］

【冒頭部】

四分律刪繁補闕行事鈔序〈名称の吟味によって物事の区別を厳密に行うことを趣旨とする〉

京兆崇義寺の沙門釈道宣 撰述す

そもそも戒徳は思議し難く、〔形や現象として示された〕あらゆるものを超越していて、全ての仏教者〔五乗〕の軌範であり、三宝〔を未来へと運んでいく〕舟である。戒・定・慧三学の教えによって修行の筋道を確立していくという点では、定・慧二学の功と〔戒の功とが〕同じということはなく〔戒が最も重要であり〕、仏法をこの時代社会にとどめるという点では、〔経蔵・論蔵などの〕あらゆる典籍は〔律蔵に対して〕声を失ってしまう。大師仏陀は在世中、ひたすら律の教えを広められ、依り所とすべき四種の修行者たち〔人四依＝出世の凡夫・須陀洹及び斯陀含・阿那含・阿羅漢〕にその教えは及び、仏陀の遺風がすたれることはなかった。〔しかし〕像法時代になると、時代とともに誤った方向へ変化していき、無意味に口を揺り動かして論争し、実体のない抽象的議論に明け暮れている。だから中国へ仏教が伝来してから、九つの王朝にわたって伝承され、傑出した仏教者もいたが、〔彼らは〕ただ智術としての高度な哲学・思想を有するのみであった。具体的な行動軌範を明らかに示し、目に見えるかたちとして残った教えを正しくして、訓誡を示して後進の者に教え、さらにはすでに伝承が途絶えようとしている深い律の教えを存続させ、すでに倒れようとしている仏の教えを立て直そうと思えば、〔もう少し〕詳細に論評することもできよう。抽象的な教えに依るほど形や声で表現しがちである一方、具体的実践を規範としてそれを明確に表明しようとすることは難しいものなのである。そうであれば、前代の諸師は律蔵に基づいて、具体的実践のたびに律文を読んでそれを用いていたから、確かな典拠に基づいていたといえるのであるが、具体的事例に対応させようとすると繁雑と混乱が生じた。その上さらに学問的に精彩を欠いていて、一人よがりな見解がとりわけ多く、〔よくわからないような箇所について〕他の律の類似した例を引用する際も厳密に検討することが少なくて、従来からのそのような誤った見解はたくさんあった。罪科を分析して罪を決める際には軽罪と重罪の分類が混乱し、教団行事を維持するにも〔寺院・教団ごとに〕同異の区別が生じてしまう。教意の興廃を統括して、諸説の虚実を考察できる者でなければ、誰にも〔出家生活に関する〕重なり合った疑いを断って積み重なった心のふさがりを取り除き、諸律の異同を検討して実践の具体的作法を説明することはできない。私が常々残念に思うことは、前代の諸師が世間に伝えた戒律関係の著述が、ただ文疏・廃立・問答・要抄を論じているのみであり、具体的作法を誰にも分かるように明らかにして、将来の初学者の規範となり得る書物となると、百に一つも存在しないのである。時には思いを現実的実践の把握に努め励ます者がいて、律文を意味ごとに集めて戒律文献を撰集することがあっても、言葉が浮ついていて的確ではなく、出家者達の現状に対処していくには不足する面がある。或いは単に羯磨の名称を記すのみで、〔その規定の〕具体相は述べられておらず、律文に基づいていても、実際の僧事（前事）に関する事柄を処理できていない。これらは皆、文章や章立てが乱雑であり、未だに紐解いて学ぶ対象とはならない。よって学ぼうとしてもよほど学問を積んだ者でもない限りは理解し得ないし、意味を了解しようとしてもよほど練達した者でなければ知り尽くすことはできないのである。

私は師の講席で学んでいた頃、時間を見つけては前代の諸師によって著された戒律文献を一通り読んできたが、どれも皆私が心を寄せるものではなく、どの書にも長短優劣があった。私は一通り律学を成就し、その成果をそのまま記して〔以下に〕詳しく述べ、他の部派（『四分律』を伝承した法蔵部以外の部派）の律の正文や、律規定と相応する内容が説かれる諸経典を包括する。インドや西域の賢者・聖者が残した記載、中国の先学の文章については、異同があれば取捨選択して、十分な検討を加える。〔その中で〕優れた記載や見解があれば必ず採用して、〔将来の学徒に〕広く理解してもらえるように便宜を図り、また誤解や混乱を招くような記載があれば取り除いて、意味が通じるようにしたい。また、文章が煩瑣であれば実践する際に有用なものとなるように編集し、逆に簡略に記載されていて不明瞭な場合には〔他の仏典の〕同類の事柄によって補い、説明の文が欠けている場合には意味内容を考察して補い、語に考察の余地があれば問答体によって明らかにする。このような方針によって〔本書は〕始終一貫して前後矛盾なくさせ、隠れた意味（隠）は明確にし、すでに明瞭な記載（顕）はそのまま示していく。実用するために示された羯磨や、様々な出家生活上の是非、在家者を導き教化する正しい方法、その他出家者の多くの規範〔がこの書に示してあるが〕、これらは全てこの宗の見解であり、〔それは〕新学の者〔が煩瑣な戒律を学ぶ際〕の苦労を成就させようと思うからである。しかし私と同じ見解をもった人であれば大いに賞賛してくれるであろうが、異なった見解をもった人はこの書の煩瑣な内容や文章を批判してくるかもしれない。文章が煩瑣なことは誰も好まない。実際この様になってしまったのはやむを得ないことだと思っている。なぜなら、もし省略を重ねてその梗概のみを示せば、実践する際に常に説明不足となるかもしれないし、〔また一方で〕いまどき必要ではない言葉をむやみに議論すれば、この鈔（『行事鈔』）に於いて避けるべきところ〔を残すこと〕となる。今、〔両者を折衷できるように〕推し量ってその中間をとり、あわせて文章を簡略にすることに努め、現在急務である事柄を優先的に取り上げ、まとめて三巻の書とする。出家者としての現実的・時代的課題の解決を果たす思いがそこになければ、もとより戒律の実践に欠落が生じよう。よっておおよその旨趣を示して、その後に詳細を述べることにしたい。しかし、この書物全体の文章は、内容で分けると三種類になる。上巻では出家者の様々な集団の務め（羯磨）を包括して、実用に際しての作法を明らかにする。中巻では戒体にしたがって、持犯や懺悔の方法について明らかにする。下巻ではその他様々な状況での必須の戒行を、事例に即して明らかにする。どれも文に沿って欠けることなく述べており、そこには混乱の要素はない。但し、出家者の務めはまことに多岐に及ぶため、分科・章立てすることはまことに難しい。今は類似や関連がある事柄をその章に収めて、篇首に名称をしるす。大綱を統括するということになると、恐らく末端の事柄までは詳しく言及できない。更に十門を設けて一門ごとに述べたいことを包括し、そこで深遠な教えを鏡に照らすように明らかにしていきたい。

（以下、目録省略）

【末尾「鈔興本意」】

最後にこの「鈔」を制作した本意を述べたい。そもそも「鈔」とは、正文〔たる仏説や祖師たちの説〕を節略して抜き出し、諸意を包括させること〔を意味する語〕である。私の見識は蛍の光のようにかすかなもので、才能も実に粗末であるので、道しるべとしての教えを軽んじるようなことをして、無意味な論争〔戯論〕をなす者では決してない。そうであっても〔私の〕学問は師から受け継いだものであり、師から学んだことであれば必ずおおもとの立場に帰ることができる。〔この書では〕常に引用する際に、それに先立って十分な検討を行う。すると一つの事柄でも、〔仏典によって異同があるため〕廃止する解釈と採用する解釈とが多くなり、また先学諸師の残した著作中にも、広く様々な見解がある。今これらを〔一々引用していると煩瑣になるので〕削って省略し、証拠となる文章のみを示すことにしたい。〔律の〕教えは諸論書〔の教え〕にも通じ、その〔教えの根拠としての〕理は知り難く、よほど博識な者でない限りは、究め尽くすことができない。その詳細は『四分律拾毘尼義鈔』で述べたとおりである。そこで〔この書では〕律文献の要文を抜き出すことにして、多くの場合詳細な説明はせず、ただ文とその意味〔義〕について『四分律』〔宗〕と相応する説を取り入れる。他にも十分説明し尽くせていない文があるが、〔それ以上に〕検討して詳細を知ろうとすることは、私〔鈔者〕の意図するところではない。その理由は〔『四分律』の〕文に「諸比丘が〔説法する際〕詳細には文句を説こうとしなかったとき、仏は「これを聴《ゆる》す」と述べているからである。また『毘尼母論』には「〔説法する際〕仏は経中の要となる重要な言葉〔要言妙辞〕を引いて直ちにその意味を明らかにする〔ことを聴《ゆる》した〕」と説かれている。ぜひ〔この書が〕様々な人々に応じて実用性のあるものとなり、他人にいちいち質問する必要もなく、具体的実践的事例に即して用いられ、持戒〔福〕か犯戒〔罪〕かの場面でためらい疑うことのないようになってほしい。私が心配なのは、後世になって必ずしも急に必要ではない事柄をもって、文章を増やし、〔私がこの書で目指した〕真の宗《おしえ》を穢して、行者を惑わせるような事態になることである。〔そうなれば経に説かれる〕「鳥鼠の喩」が、再び現実のものとなろう。

この十門（十条）は、出家生活の様々な領域（諸門）を一括して束ね、箇条的に分類して考察した。それでも完全に収載し尽くすことができないときには、以下の諸篇で個別に論じていきたい。そもそも海のように広大な仏道の世界に身を置いて、仏法を味わい頂戴し、僧衆の一員となれば、行は三種があるのみである。正戒を尊んで遵守し、持犯（持戒と犯戒の基準）を熟知することについては、本書の中巻で、〔戒の〕体や相を詳しく述べる。〔このような戒の遵守により〕自行が成就したならば、僧衆の外徳としての行為がそのはたらきをあきらかにする、これについては上巻の中で、綱領を示す。こうして自他の両徳が完成したら、その他の出家生活上の様々な具体相が多くあるが、これらは下巻の中で、細目を立てて誰にも分かるように明らかにする。〔このように分類した〕三種の領域によって実践の具体的作法を明らかにすれば、全てが包括できるし、〔本書はそれを上中下の〕三巻に配当したことによって、文章として詳細にすることができた。ところが、項目ごとに分類するといっても、実際には分類し難い〔面もある〕。〔今はひとまず三行（自行・衆行・他行）に分類してまとめたが〕もしもさらに文章を長々と、また解釈もばらばらにちりばめれば、〔読者が〕検討しにくくなってしまう。〔一方で〕もし一つ一つのテーマを巻ごと篇ごとに詳しく分類しようとすれば、繁雑になるという欠陥が生じる。そこで今は適宜省略しながら、意味が通じるようにし、綱領を明確に示して、そこから派生する細かな問題についても自ずと整理できるようにしたい。〔読者におかれては〕その都度学習して、出家生活を歩む度に常に依り所にしてほしい。

〔語註〕

1 **【崇義寺】** 武徳二年（六一九）に創建され、武徳七年（六二四）に師の慧頵と共に道宣も配住された。

2 **【冠超衆象】**『資持記』巻一・釈序文（以下同）「良以戒徳高広、故非一物可喩。遍挙諸象、各得一端、不能全似、故云冠

超也」（X43, 617c-618a）。他の註釈では、「衆象」を定慧二学のこととして、戒は定慧の基であるからこれらより勝れているとする解釈もある。『鈔批』巻一（以下同）「衆像《ママ》者、是定慧等万善也。戒能生定慧、定慧所依故、徳超二学。故曰冠超衆像《ママ》」（X42, 611b）。『捜玄録』巻一（以下同）「像法中、聖教非一、八万法門、以為衆像《ママ》。……戒為定慧諸法之上」（X41, 844c）。『簡正記』巻三（以下同）「別脱之戒、最為高貴、猶若於冠、為万善之因基。一切定慧、従茲立故。所以超也」（X43, 032a）。

3 【三宝之舟航】本句は「三宝を後の時代へ運んで住持していく」と、「人々を悟りの世界へ運ぶ」という二つの意味に解釈される。『捜玄録』（X41, 846a）・『簡正記』（X43, 032b）は前者の意、『鈔批』（X42, 611b）はおおむね後者の意で解釈する。『資持記』はこの両義を挙げた上で前者の立場をとる。同書「功由戒力運載不絶、故如舟焉。何以然耶、由仏法二宝並仮僧弘。僧宝所存、非戒不立。……或可越度凡流、入三宝位、必須受戒、以合舟喩。文通此釈、前解為正」（X43, 618a）。

4 【四依】仏教者が依り所とすべき四つの対象。これには人四依・行四依・法四依があるが、ここでは人四依を指す。『資持記』「今此所標、即人四依」（X43, 618c）。人四依については北本『涅槃経』巻六・如来性品「善男子、是大涅槃微妙経中有四種人。……何等為四。有人出世、具煩悩性、是名第一。須陀洹人、斯陀含人、是名第二。阿那含人、是名第三。阿羅漢人、是名第四。是四種人、出現於世、能多利益、憐愍世間、為世間依、安楽人天」（T12, 396c）参照。

5 【澆訛】『止観輔行伝弘決』巻一之三「正法将墜、時逢像末、法漸澆訛、衆生起過」（T46, 166c）。『羯磨疏』序や『内典録』巻一・歴代衆経伝訳所従録序には同義語として「浮訛」がみえる。

6 【脣舌之間】『荘子』雑編・盗跖「揺脣鼓舌、擅生是非」。

7 【不形之事】『鈔批』「以其真如理相、既深非可見聞、故曰不形。形由現也。又云虚説至理。……」（X42, 612a）。

8 【抜萃出類】群を抜いてすぐれる。『孟子』公孫丑上「出於其類、抜乎其萃、自生民以来、未有盛於孔子也」。

9 【智術】道宣は前代の仏教者に対する批判的な意味で用い、『祇洹寺図経』では外道や俗人の「五通」「神仙」などと並列する。同書「若有異論邪見外道俗人、誡（試カ）捔智術五通神仙、捔誡（試カ）陰陽日月算数、相陵侮者、鼓即自鳴」

（T45, 886b）。一方、『簡正記』には「智述而已者、情智法述也。此段、明漢地九代之中、古人不依律文、但准典俗行持、住於情智法術。皆是臆見憑虚。如有過犯之徒、罰外及米鋤于収刈苦使周年。並是師心。行斯法術〈故云智述而已也〉。更有釈云、術者神術。謂大智閑閑、小智覼覼。大智若道、小智若術。如古来有呑針噉鉄上釼樹登刀梯、皆是一期約化。……」（X43, 037a）とあり、律に依らず、俗典の記載に従って行ずることであるとし、具体的には刑罰の問題を挙げる。『資持記』も「事出胸襟、謂之智術。此明前代諸師、任意自裁、不憑正教」（X43, 619ab）とし、端的ではあるが類似した解釈をする。なお本文「震嶺伝教、九代聞之、抜萃出類、智術而已」の「九代」について、『鈔批』は「所言九者、謂漢魏晋宋斉梁陳隋唐、名之為九」とする。

10 **【大表】** 目に見える具体的目印となる物を指し、「行儀」「像教」「玄綱」などと同様に前代諸師の「智術」と対の意味で用いられている。『捜玄録』「大表者、亦是喩也。謂表柱也。天涯浦街衢、恐行者致迷。故樹之以表柱。今言大者、簡異街衢之小柱、取津浦之大表。此表若倒、人何以行。故須樹立。今所詮戒表、表示五乗之津路。若無戒表、五乗迷途。今言大者、約相約人而為言也」（X41, 849a）。

11 **【釁戾】**『資持記』「釁戾皆目於罪」（X43, 619c）。『鈔批』「釁者罪也。重罪曰釁、軽罪曰戾」（X42, 612c）。

12 **【軽重倍分】** 重罪を軽罪とし、軽罪を重罪とすること。『鈔批』「軽重倍分者、謂判軽入重、断重入軽也。如属常住物、判入現前得夷、属現前物、判入常住得蘭。故曰倍分也」（X42, 612c）。『資持記』「如盗僧物得重、而言犯蘭。無知得提、例判為吉。此則以重為軽。盗畜物犯吉、而断犯夷。捨堕物貿新衣得吉、而云犯提。此謂以軽為重也」（X43, 619c-620a）。

13 **【同異区別】**『鈔批』「言区別者、謂若綱維衆法、不依律教者、則令他方異処、与此行用不同、寺寺各別」（X42, 612c-613a）。

14 **【前代諸師所流遺記】**『行事鈔』「次明諸師異執。法聡律師、覆律師〈出疏六巻〉、光律師〈両度出疏〉、理・隠・楽三師〈各出抄〉、遵統師〈疏八巻〉、淵律師〈有疏〉、雲・暉・願三師〈各自出抄疏〉、洪勝二師〈有抄〉、首律師〈有疏二十巻〉、礪律師〈有疏十巻〉、基律師〈有疏〉、已外曇瑗・僧祐・霊裕諸師、已下及江表関内河南蜀部、諸余流伝者、並具披括一如義鈔」（T40, 003c）。

15 【文疏廃立問答要抄】『簡正記』（X43, 39bc）は文疏・廃立・問答・要抄をそれぞれ註釈し、本書の訳もこれに拠った。しかし『鈔批』（X42, 613a）・『捜玄録』（X41, 852a）は「文疏〔の〕廃立」「問答〔の〕要抄」との二つに分けて註釈しており、今後慎重に検討する必要がある。なお律学における「廃立」とは、ある事柄について諸律や諸学説を引用する際に不一致があった場合に、その義を廃止するか立てるかを検討することを指す。『高僧伝』巻一一・明律篇・論「於是互執見聞、各引師説、依拠不同、遂成五部。而所制軽重、時或不同、開遮廃立、不無小異」（T50, 403a）。「行事」や「随機」を標榜する道宣は、廃立を論じるという学問的関心によって研究がなされていた以前の中国の律学について、本箇所で批判的に述べている。

16 【世事】『捜玄録』「世事者、当今現世之機要、所行之事也」（X41, 852a）。『資持記』「言世事者、謂是世中合行之事、非世俗之事也」（X43, 620b）。

17 【鋭懐行事】具体的に誰を指すかをめぐっては註釈によって見解が異なる。『資持記』は「即目鎧諦光願四師」（X43, 620c）とし、『捜玄録』は「時者謂教来九代時中、有修撰羯磨者、云時有也」（X41, 852a）とする。一方『簡正記』は「但是鈔主同時制作諸師也」（X43, 039c）とする。

18 【文在義集】広律に散在する諸羯磨文を意味にしたがって章や節に区分してまとめること。このような作業は意味内容を明確にするという点で評価もできるが、道宣の文脈の場合には正文に依らず恣意的な解釈をしてしまうという点で批判的な意図で述べられたものと考えられる。『資持記』「次義集者、即諸本羯磨、以羯磨文散在広律、並以義類、集結成篇、故云文在義集」（X43, 620b）。『鈔批』「不依聖教、多用意言、故称義集」（X42, 613b）。

19 【聴采之暇】『資持記』「聴采暇者、在首師講席、習学之時」（X43, 620c）。

20 【顧眄】辺りをきょろきょろと見回すこと。出家者の行儀作法としては悪い意味で用いられる場合もある。『浄心誡観法』巻上・誡観慢天懼人屏処造過法「凡夫憍諂、威儀不恒。……所謂破諸戒儀、私飲盗食、赤露裸跣、河池澡浴、露地便利、下気出声、擪捫屏処、仰眠伏地、蹲踞支頬、走驟顧眄、吟詠歌嘯」（T45, 823b）。

21 【属意】『史記』巻二・夏本紀「禹子啓賢、天下属意焉」。

22 **【斐然作命】**『論語』公冶長「子在陳、曰、帰与、帰与、吾党之小子、狂簡、斐然成章、不知所以裁之」。

23 **【直筆】**『行事鈔』後批に「但意在行用、直筆書通、不事虯文。故言多蹇陋。想有識通士、知余記志焉」（T40, 156c）とあり、『行事鈔』撰述に際する自分の意図は、実際の出家生活に応用すること（行用）にあるから、自分の律学研究の成果をそのまま書いた（直筆）ため、文章は「虯文」のように流暢にすることを目的とせず、粗末な文（蹇陋）になったと述べていることにも関連すると考えられる。

24 **【衆経随説】**『行事鈔』序「然決判是非者、必総通律蔵之旨、并識随経之文」（T40, 003a）。同「初言正本者、僧祇律……、曇無徳部……、薩婆多部……、弥沙塞……、迦葉遺部……、婆麁富羅部……、毘尼母論、善見論、摩得勒伽論、薩婆多論……、毘奈耶律、明了論……、五百問法、出要律儀……、自余衆部、文広不列。并大小乗経及以二論、与律相応者、名随経律、並具入正録。如費長房開皇三宝録十五巻中」（T40, 003bc）。

25 **【以類相従】**『経律異相』序「以天監七年、勅釈僧旻等、備鈔衆典、……又以十五年末、勅宝唱鈔経律要事、皆使以類相従、令覧者易了。……凡為五十巻、又目録五巻、分為五秩、名為経律異相。将来学者、可不労而博矣」（T53, 001a）。

26 **【徴辞】**『左伝』隠公十一年「不徴辞、不察有罪」。『資持記』「四徴詞者、即推覈之語、謂推覈深隠、必仮問端、以為発起」（X43, 621c）。

27 **【見行羯磨】**受戒・説戒・自恣など現実に行われる（見行）諸羯磨を指す。また「見行」は註釈書では「現行」とされる場合もある。『鈔批』「并現行羯磨者、今鈔中説戒受戒自恣等諸羯磨、是常途現行之事、故曰現行也」（X42, 614a）。『資持記』「対世寡用、故曰見行」（X43, 622a）。

28 **【此宗之一見】**『資持記』によれば、前の句「導俗正儀、出家雑法」は『行事鈔』導俗化方篇・沙弥別行篇を指すとし、この二篇は『四分律』の引用が少なく、他律等の引用の方が多いという。それは著者道宣が諸律の同異を取捨するなどの考察を行った結果であるから、道宣はこの一文を入れることにより、『行事鈔』が全体として「此の宗」の正統な見解であることを述べたとする。『資持記』「下二句即指導俗沙弥篇中諸事。由此二篇、多集群部、少出本宗、故別会之。尋文可見。既並他部、収帰本宗、故云攬為一見等。此宗者、若対余部、即指四分。若対諸家、即帰今鈔一家行事」（X43,

622a)。

29 【同我則撃其大節……】「撃其大節」は拍子をとる、賞賛するの意。『三国志』巻三九・蜀書九・馬良伝「此乃管絃之至、〔伯〕牙、〔師〕曠之調也。雖非鍾〔子〕期、敢不撃節」。『鈔批』「謂同我見者、則能唱和、言大善大好也。如一人唱歌、一人拍掌。故曰撃大節也」（X42, 614a）。本句は、他者が道宣に対して賞賛・批判をするという意味と、道宣が他の戒律文献に対して賞賛・批判をするという意味と二通りの解釈が可能であるが、ここでは前者の意に解す。諸註釈も前者の意で解釈している。『鈔批』「異説則斥其文繁者、謂情見不同者、嫌我鈔文繁言、何須如此繁説」（X42, 614a）。『簡正記』「鈔主意云、与我情和同之者、即唱和云、此鈔三十篇、文堪行用、甚被時機、終無汎濫閑詞、始終並皆如法也。蓋此是撃大節……異説則斥其文繁者、情見不同名為異説。非斥嫌此鈔文太成繁広」（X43, 044a）。『資持記』「同我異説、並指他人情見有順違也」（X43, 622b）。

30 【不急之言】『荀子』天論「無用之弁、不急之察、棄而不治、若夫君臣之義、父子之親、夫婦之別、則日切磋而不舍也」。より具体的には、例えば提婆達多の破僧など、仏在世中の特殊な状況下で起こった戒律問題を指し、これらを議論することは出家者の務めとして直近の課題ではなく、本書撰述の意趣とは異なることを述べたもの。『行事鈔』巻中・随戒釈相篇「或事希法隠、当世寡用〈如謗僧拒僧欲不障道等〉或但有因用、終不弁果。局仏在世有、滅後所無〈即此二破僧違諫者〉如此衆戒、其相極多、終非見用、徒費抄略、並所未詳出」（T40, 063b）。

31 【行詮】『鈔批』「行者戒行也、詮是能詮之教也。謂我思不及、既闕失能詮教所詮行、故曰闕於行詮」（X42, 614b）。『毘尼義鈔』校勘義鈔序「夫毘尼為教、厥号行詮。行之所依、存乎事相」（X44, 753a）。

32 【以広於後】『資持記』「此明今鈔専列時事、義章弁論有不済者、例皆不引。委在余文、故云於後。上巻多指義鈔、中巻多指戒疏、上下多指業疏。凡所指略、皆此意耳」（X43, 622bc）。『鈔批』「則略標指趣以広於後者、立有両解。初云、我今雖作此鈔、但略指而已。余有未尽、付将来碩学之人、広明詮序。又云、今鈔中略標指宗意、広則於後三十門中明也」（X42, 614b）。

33 【衆務】『資持記』によると、本箇所では「羯磨」を意味するという。この点で下巻の「随機要行」とテーマが異なる。

34 『資持記』「衆務、謂四人已上羯磨僧事」（X43, 622c）。

35 【科擬】『資持記』「科謂分節、擬即度量」（X43, 622c）。

36 【物類相従】篇の名称と一致しない事柄でも関連があれば当該の篇に組み込む。『資持記』「言物類者、今先挙示、如安居分房、釈相明法体、懺六聚中明事理両懺、二衣分亡人物、導俗明説法儀、沙弥中出家業、及七篇中所註法附。若拠篇題、実非該摂。然夏中分房、同安居類。故但標安居。其余自摂余皆準此。是則三十首題、並拠一篇之主耳。若爾何以有註法附、或不註者。答有親疎故」（X43, 622c-623a）。『鈔批』「今取物類相従者、以標名首者、且如結界、総有七種。大界有三、小界有三、幷戒場為七。今直標名、云結界方法。雖有七相、従一名。余二十九篇、列之可解。又如説戒、即有心念説戒、及対首衆法説戒、而今合言説戒正儀、故曰物類相従也」（X42, 614b）。

37 【猷言】『鈔批』「猷者法也。謂我何敢軽慢法言」（X42, 623b）。『捜玄録』「猷法也。豈敢軽慢三蔵聖法之真言」（X41, 866b）。

38 【学有所承……】『鈔批』「学有所承等者、謂我親承首律師所也。聴講律得二十余遍也。承必知本者、謂師師相承、相伝不絶、故曰承也。親知如来制之本意、故曰承必知本也」（X42, 623b）。

39 【廃立】前掲註15参照。

40 【集義鈔】『毘尼義鈔』を指す。『行事鈔』は戒律実践に際して具体的な作法を示すという眼目があるため、「刪繁」という方法を用いて、戒律の解釈や学問的論点を省略するスタイルであるのに対して、学問的に議論する事柄は『毘尼義鈔』に詳細を譲ったという。『毘尼義鈔』校勘義鈔序「是知事義両鈔、表裏相資。非事鈔則行無所憑、失乎教本。非義鈔則解無以発、昧於来詮。詳其題号両分、実乃行解兼挙。二部之作、旨在于此」（X44, 753a）。

41 【故文云……】『四分律』巻三五・説戒揵度「時諸比丘、欲分別説義。当説義時、不具説文句、各自生疑。仏言、聴説義不具説文句」（T22, 817a）。またこの箇所の関連では『行事鈔』巻下・導俗化方篇に「四分、為檀越説法、聴説契経及分別義、得不具説文句」（T40, 138a）とある。

【毘尼母論云……】『毘尼母経』巻六「若欲次第説文、衆大文多、恐生疲厭。若略撰集好辞、直示現義、不知如何。以是因縁、具白世尊。仏即聴諸比丘、引経中要言妙辞、直顕其義」（T24, 833a）。

42【臨機有用……】仏道生活全般にわたってこの書を活用して律の規定を守っていくことを、道宣が読者に求めた言葉。『資持記』「臨機有用、即事即行、二句偶対、語別義同」（X43, 641a）。『鈔批』「臨機有用等者、謂如対受説安恣計請等事。即披文而用之、不労問於他人也。豈復疑於罪福者、既執事案文。何所疑。罪福者、福持罪犯、豈疑持犯也」（X42, 623c）。

43【不急之務】前掲註30参照。

44【真宗】道宣の立場、あるいはこの『行事鈔』撰述に関する道宣の立場を示した語。『鈔批』「真宗蕪穢者、指鈔為真宗。謂若更加不急之文、便是荒穢、致使後人行用則昏迷、不識其意、故曰」（X42, 623c）。『簡正記』「真宗蕪穢者、此鈔堪為済世行事、号曰真宗。若加不急之詞、如野草混於良田、名蕪穢也」（X43, 073a）。

45【鳥鼠之喩】『仏蔵経』では、破戒比丘をこうもり（蝙蝠）に例え、鳥を捕まえるときは穴に入って鼠となり、また鼠を捕まえようとするときは空を飛んで鳥になる。しかし本当は鳥でも鼠でもなく、身は臭穢で暗闇を好むような存在であると説き、これを破戒比丘に喩え、もはや出家者でもなく在家者でもないと批判している。『仏蔵経』巻上・浄戒品「舎利弗、譬如蝙蝠欲捕鳥時、則入穴為鼠、欲捕鼠時、則飛空為鳥。而実無有大鳥之用、其身臭穢、但楽闇冥。舎利弗、破戒比丘、亦復如是。既不入於布薩自恣、亦復不入王者使役、不名白衣、不名出家。如焼屍残木、不復中用」（T15, 788c）。またこの譬喩は道宣著作の中で、当時の仏教者の現状を批判する際にしばしば用いられる。『行事鈔』巻中・篇聚名報篇「若汚戒起非、違犯教網之処、便云、我是大乗不関小教。故仏蔵立鳥鼠比丘之喩、驢披師子之皮。広毀譏訶、何俟陳顕」（T40, 050a）。『釈門帰敬儀』巻上・敬本教興篇「覆器之喩、塵露於目前、捕鼠之誣、頻繁於胸臆。可不誡歟、可不誡歟」（T45, 855b）。

46【僧伍】『行事鈔』後批「余於唐武徳九年六月内、爾時捜揚僧伍、無傷俗誉、且閉戸、依所学、撰次」（T40, 156c）。『続高僧伝』巻二七・遺身篇・大志伝「開皇十年、来遊廬岳住峰頂寺。不隷公名、不予僧伍」（T50, 682b）。

47【事類相投……】律行の正確な分類の困難さを述べたもの。本序文では「事類相投」のほか「以類相従」「物類相従」などの表現がみられ、これらの語は『行事鈔』の書物としての性格やスタイルを示す語である。前掲註25及び註35参照。

また註釈書では、上中下巻にそれぞれ配当させた先の三行を踏まえて、自行（巻中）・衆行（巻上）・共行（巻下）にきれいに分類できていないことを指していると解釈する。『資持記』「謂事随篇類、則使三行互有投寄。如上巻標宗、亦明法体行相及捨戒六念別人説恣識疑発露之類。則衆行兼自共也。又中巻懺六聚中、衆別悔法、則自行兼衆共也。下巻摂衣摂食亡物等諸羯磨法幷雑行等、則共行兼衆自也。三行相参、不可一判、故云難也」（X43, 462a）。

48 【長途散釈……】『資持記』「長途散釈者、謂不約三行収束也。寡討論者、謂不称機宜也。以言無所帰、人難披撿」（X43, 642ab）。『鈔批』「若長途散釈寡討論者、勝云、若今十門、更長途、一一散説、下三十門事意、此則不可尽其底。故曰寡於討論也」（X42, 624a）。『僧史略』巻上・造疏科経「或曰、注経与造疏全別。何推安公為首耶。答、注是解経。与別行疏義、殊号而同実。矧分其科節、不長途散釈、自安之意乎」（T54, 239b）。

49 【随相曲分……】『資持記』「言曲分者、謂逐巻随篇、明三行簡判。過在繁砕者、乱於教旨也」（X43, 642ab）。

50 【随宜約略……】戒律文献を制作する場合に生じる難点を述べた前文を受けて、本書撰述の意趣を述べたもの。『資持記』「随宜者、離前寡討論過也。約略者、翻前曲分也。通結者、謂大分三行、翻上散釈也。指帰者、雖有相投、挙行摂属、離上繁砕過也」（X43, 642b）。

51 【挙領提綱……】主要な眼目を大きく括ることにより、それに伴う細かな事柄も自然に整理されてくること。『資持記』「使謂令於後人也。綱領即三行、毛目即諸篇行相、整理也」（X43, 642b）。

52 【載舒載覧……】『資持記』「載下結勧。上句勧学開其解也。下句勧修成其行也。載即重也」（X43, 642b）。

『四分律比丘尼鈔』

［釈文］

四分律比丘尼鈔巻上并序

終南山沙門釈道宣述

原夫別解脱戒、始制鹿野之初[1]、毘尼法蔵、終被鶴林之後[2]。窯治《ママ》七衆、藻鏡四依、慈風扇於五天[3]、徳音[4]播於三界。繇是坦群類之夷途、拯含霊之弱喪[5]、為四生之標幟、作六趣之舟航者也。

時有愛道[6]一人、舍夷五百。宿樹芳因、嘉声[7]遠著、深明業果、妙達苦空。迺能厭悪生死、訶毀家法、憑仗尊親、請仏求度。蓋大聖玄鑑、知有自行之功、闕無弘伝之利。故逆止於内心[8]、恐将生於外結。姨母情楽道門、愛重福田之服、自毀髪容、瞻恋祇垣[a]之室。殷勤三請、仏遂許之、正法理合千年[9]、度尼減其五百。阿難憂泣、請度出家。仏令遵崇[10]八敬[11]、虔奉三尊、愛道聞持、正法弗墜。洎如来晦跡、慧日潜暉、女人戒徳、漸将訛替。逢縁起障、解境生迷[12]、遂有明暗異途、昇沈殊趣。故知、浮海棄囊[13]、巨壑終為難渡、渉途毀足[14]、長路実不易行。若非精懃護持、戒品理難牢固。

余忝預道門、早承師訓。自慨、庸識闇短、冥若夜遊、竭愚不已、稍染毫藤[15]。毎一事可観、輒再詳心首、施身口之関鑰[16]、識持犯之亀鏡。務存至簡[17]、逐事省功。

恐大本難通、労而寡効。故制之以限分、遵之以積漸。猶天地二化[18]、始合於自然、斉魯二変[19]、終臻於至道。若文義倶弁、復非鈔者所明。今輒研覈諸篇、撮其枢要、立章三十、勒成三巻。今所撰者、用四分為宗。斯文[20]不具、更将諸部補闕、易簡[21]為義、兼以人語会通。余之不尽、文露可尋。

［校勘］

a 垣＝桓（続蔵）

［訓読］

四分律比丘尼鈔巻上幷序

終南山の沙門釈道宣 述ぶ

原《たず》ぬるに夫れ別解脱戒は、始めて鹿野の初めに制せられ、毘尼の法蔵は、終に鶴林の後に被《およ》ぶ。七衆を窯治《ママ》して、四依を藻鏡とし、慈風は五天に扇ぎ、徳音は三界に播《し》く。是れに繇《よ》り群類の夷途を坦《たい》らにして、含霊の弱喪を拯い、四生の標幟と為《な》りて、六趣の舟航と作《な》る者なり。

時に愛道一人、舎夷五百有り。宿《つと》に芳因を樹てて、嘉声 遠きより著われ、深く業果を明らかにして、妙《ふか》く苦空に達す。迺ち能く生死を厭悪《おんお》し、家法を訶毀し、尊親に憑伏し、仏に請いて度さんことを求む。蓋し大聖 玄鑑もて、自行の功有るも、闕きて弘伝の利無きを知る。故に逆《あらかじ》め内心に止め、将に外結を生ぜんとするを恐る。姨母は情 道門を楽《ねが》い、福田の服を愛重し、自ら髪容を毀ち、祇垣の室に瞻恋す。殷勤に三たび請い、仏は遂に之を許していえらく、正法は理 合に千年なるべきも、尼を度せば其の五百を減ぜんとすと。阿難は憂泣し、度して出家せしめんことを請う。仏は八敬を遵崇し、三尊に虔奉せしめ、愛道は聞持して、正法 墜ちず。如来 跡を晦まし、慧日暉きを潜《かく》すに洎《およ》び、女人の戒徳、漸く将に訛替せんとす。縁に逢いて障りを起し、境より解かれんとして迷いを生じ、遂に明暗 途を異にし、昇沈 趣《みち》を殊にする有り。故に知んぬ、海に浮び嚢を棄つるは、巨壑 終に渡り難しと為し、途を渉り足を毀つは、長路 実に行き易からずと。若し精懃護持するに非ずんば、戒品は理として牢固なり難し。

余 忝くも道門に預かり、早に師訓を承く。自ら慨く、庸識闇短にして、冥きこと夜遊《ゆ》くが若く、愚を竭して已まず、稍く毫藤に染まるを。一事観るべき毎に、輒ち再び心首を詳らかにし、身口の関鑰を施し、持・犯の亀鏡たるを識る。務めて至簡に存し、事を逐いて功を省く。

恐るらくは大本 通じ難く、労して効寡し。故に之を制するに限分を以てし、之に遵うに積漸を以てす。猶お天地二つながら化されて、始めて自然に合し、斉魯二つながら変じ、終に至道に臻《いた》るがごとし。文義 倶に弁ずるが若きは、復た鈔者の明らかにする所に非ず。今輒ち諸篇を研覈し、其の枢要を撮り、章三十を立て、勒して三巻と成す。今撰する所の者は、四分を用って宗と為す。斯の文 具わらざれば、更に諸部を将《もっ》て闕を補い、易簡を義と為し、兼ねて人語を以て会通す。余の尽さざるあれば、文露 尋ぬべし。

［訳文］

四分律比丘尼鈔巻上幷びに序

終南山の沙門釈道宣 述ぶ

別解脱戒を尋ねてみると、鹿野苑《サールナート》において初めて法を説いた時に制定されてより、仏陀の説いた律の教えは、ついにクシナガラの鶴林において仏陀が入滅するまで説き続けられた。あらゆる仏教徒たち（七衆＝比丘・比丘尼・

沙弥・沙弥尼・式叉摩那・優婆塞・優婆夷）を陶冶して、四依〔の修行者〕を導きとし、慈悲の風《おしえ》はインド全土に扇ぎ広まり、仏陀の言葉はあらゆる世界（三界＝欲界・色界・無色界）に響き渡った。これにより衆生の行くべき道を安堵せしめ、迷える衆生を救い、あらゆる生きものたち（四生＝胎生・卵生・湿生・化生）の指標となり、衆生の輪廻する境界（六道＝地獄・餓鬼・畜生・阿修羅・人・天）を超えわたる渡し舟となったのである。

仏陀の当時、大愛道《マハー・プラジャーパティー》と釈迦族の女性五百人は、宿世の因縁によって〔出家したいと願う〕芳《よ》き因を起こし、嘉《よ》き声《ほまれ》ははるか過去の世より著れて、善き果を深く明らかにして、苦・空無我の理法を妙《ふか》く悟っていた。生死の輪廻を離れ、家庭や世俗の縛りを棄てて、釈氏の尊族として、仏陀に得度を求めた。仏陀は玄い智慧によって、大愛道等には出家者となって修行し悟りを得る功徳は有るものの、人々に仏法を弘め伝えて利益を齎すことはないことを知っていた。それゆえ〔仏陀は大愛道の〕出家を求める心を内に起こすに止めさせ、外界に出して障りを生じさせることを恐れられたのである。叔母は仏道に入ることを心より願い、人々に福徳を齎す袈裟を大切に思い、自ら剃髪して、祇園精舎において仏陀を仰ぎ慕う心を示した。懇ろに三たび請うたので、かくて仏陀は女性の出家を許されたが、〔次のようにもいわれた。これによって〕正法は千年間続くはずが、比丘尼を得度させたことで五百年を減損するであろうと。阿難は憂い悲しんで泣き、度して出家させていただきたいと願い出た。仏陀は、比丘尼が八敬法を尊びて遵い、虔《つつし》んで仏・法・僧の三宝に仕えることを教え、大愛道は〔この後〕これを聞いて違えず、正法の時が減ることは無かった。如来が涅槃に入って俗世から姿を隠され、その太陽の如き智慧の輝きも見えなくなると、女人が戒律をたもつことによって得られる功徳は、次第に衰え失われていった。様々な因縁に逢って煩悩を起こし、煩悩の世界からの解脱を願って却って迷いを生じ、かくて生まれる世界ははっきりと明と暗に分かれ、天上世界に昇るか地獄に沈むか赴くところが異なることとなった。だから煩悩の海に沈まぬよすがは浮き袋たる戒律にあるにも拘わらず、それを棄て去ってしまうことで、大海を渡ることはついに叶わず、道を進もうとして足を傷つけてしまっては、悟りへの長途も困難な道となることを知るのである。もし戒律を謹み喜んで護持しなければ、固く守ることが難しいことは当然の道理である。

私は忝くも仏門に入り、早くに師から教えを受けたが、知識は凡庸な愚か者であり、あたかも闇夜に道を歩くかのように何らも見えず自覚もせず、愚考を尽くすばかりで、縺れ合った藤蔓に絡みつかれるように〔煩悩に〕染まってしまうことを慨嘆する者である。一つの対象を観察する毎に、三業の初めたる心のはたらきを再三再四詳らかにし、身と口の行為を整える戒律を実践し、持戒と犯戒の基準を知るのである。意と身・口の三業をこの上なく簡約《つづまやか》な境地におき、余計な物を省きひたすらに修行してきた。

四分律のような広本は煩雑で一貫して理解し難く、労して効なしとなることを恐れている。それ故、〔一つ一つの〕制《さだめ》の範囲を適度に設けて、戒律に無理なく遵い、〔その成果を〕次第次第に積み上げて行けるように工夫した。天と地と二つながら道に教化されて始めて無為自然の境地に合致し、斉と魯の二国がそれぞれ一変して道義を重んずる国となったように、〔大きな枠組みを示し、項目立てて理解の進むように〕説明をした。戒文の意味をすべて明らかにするなどとは、また私の目的ではない。今は〔仏典の〕諸篇を詳しく調べて、その篇の枢要の部分を採り集めて、三十の章を立て、まとめて三巻とした。ここに撰した『四分律比丘尼鈔』は、四分律を根本としている。さらに他の部派由来の各律典によって欠けている箇所を補い、理解しやすく、実践しやすいことを旨として、他の戒律注釈の言葉を用いて意味を無理なく通じさせた。その他に意を尽くしていない箇所があれば、関連する文を示して考究してもらいたい。

［語註］

1【鹿野之初】いわゆる初転法輪、『四分律』巻三二・受戒揵度（T22, 788a-789b）等に詳しい。また本書『内典録』註4参照。

2【鶴林之後】北本『涅槃経』巻一・寿命品「爾時、拘尸那城娑羅樹林、其林変白、猶如白鶴」（T12, 369b）。

3【五天】五天竺、インド全域。『大唐西域記』巻二・濫波国「五印度之境、周九万余里、三垂大海、北背雪山、北広南狭、形如半月。畫野区分、七十余国」（T51, 875bc）。

4【徳音】『続高僧伝』巻九・義解篇・羅雲伝「躬臨法席、咸誦徳音」（T50, 493a）。

5【弱喪】幼くして故郷を失うこと。『荘子』内篇・斉物論「予悪乎知悪死之非弱喪、而不知帰者邪」。また郗超「奉法要」（『弘明集』巻一三）「本起経云、九十六種道術、各信所事。皆楽安生、孰知其惑。夫欣得悪失、楽存哀亡、蓋弱喪之常滞、有生所感同」（T52, 088c）。

6【愛道】大愛道または摩訶波闍波提。仏陀の叔母であり乳母、比丘尼となった最初の女性。その経緯について詳しくは『四分律』巻四八・比丘尼揵度（T22, 922c-923c）等を参照。

7【嘉声】『続高僧伝』巻三・訳経篇・慧浄伝「由是嘉声遠布、学徒欽属」（T50, 442a）。

8【止於内心……】『出曜経』巻八・念品「内心城者亦当如是。常当三事防護。恐外結使賊来入境内」（T4, 652b）。

9【正法理合千年……】『中阿含経』巻二八・瞿曇弥経「阿難。若女人、不得於此正法律中、至信捨家、無家学道者、正法当住千年。今失五百歳、余有五百年」（T1, 607b）。また前掲註6参照。

10【遵崇】『続高僧伝』巻九・義解篇・霊裕伝「朕遵崇三宝、帰向情深、恒願闡揚大乗、護持正法」（T50, 496b）。

11【八敬】八敬法、女性の正式な出家を許す条件として仏陀が定めたとされる八種の規則。『十誦律』巻四七・尼律・比丘尼八敬法「釈迦牟尼仏・多陀阿伽度・阿羅呵・三藐三仏陀・知者・見者、為比丘尼、説半月八敬法。何等八。一者、百歳比丘尼、見新受具戒比丘、応一心謙敬礼足。二者、比丘尼、応従比丘僧、乞受具戒。三者、若比丘尼、犯僧残罪、応

従二部僧、乞半月摩那埵法。四者、無比丘住処、比丘尼不得安居。五者、比丘尼、安居竟、応従二部僧中自恣、求見聞疑罪。六者、比丘尼、半月従比丘、受八敬法。七者、比丘尼、語比丘言、聴我問修多羅毘尼阿毘曇。比丘聴者応問、若不聴者不得問。八者、比丘尼、不得説比丘見聞疑罪。是為八」（T23, 345c）。

12 【解境生迷】「境」と「迷」の関係については、『続高僧伝』巻二九・興福篇・論「豈得心用浮動、触境増迷、妄計為道」（T50, 700b）。また『法苑珠林』巻七六・十悪篇・悪口部・述意部「凡夫毒熾、恚火常然。逢縁起障、触境生瞋。所以発言一怒、衝口焼心。損害前人、痛於刀割。乖菩薩之善心、違如来之慈訓」（T35, 854a）。

13 【浮海棄囊】北本『涅槃経』巻一一・聖行品「譬如有人、帯持浮囊、欲渡大海。爾時海中、有一羅刹。即従其人、乞索浮囊。其人聞已、即作是念、我今若与、必定没死。答言、羅刹、汝寧殺我、浮囊叵得。……菩薩摩訶薩護持禁戒、亦復如是、如彼渡人、護惜浮囊」（T12, 432b）。『涅槃義記』巻五「広中先挙浮囊之譬、人喩菩薩、浮囊喩戒、海喩生死、羅刹喩於諸煩悩心、欲得破戒、怪而不与、喩持戒心」（T37, 730b）。

14 【毀足】『四分律比丘戒本』「譬如人毀足、不堪有所渉、毀戒亦如是、不得生天人。欲得生天上、若生人間者、常当護戒足、勿令有毀損」（T22, 1015b）。

15 【毫藤】ここは葛藤として、煩悩の喩えに解す。『出曜経』巻五・愛品「其有衆生、堕於愛網者、必敗正道、不至究竟、是故説愛網覆也。猶如葛藤纏樹、至末遍則樹枯」（T4, 635b）。

16 【身口之関鑰】『続高僧伝』巻二二・明律篇・論「若能関鍵身口、附相摂持、虚蕩慮知、体道懐徳、則安遠光憑、斯其人矣」（T50, 621c-622a）。

17 【至簡】江逌「諫鑿北池表」（『芸文類聚』巻九）「伏承当鑿北池及立閣道。雖湫阨陋小、用功甚微。又役不擾民、賦不及外。至簡至約、誠不可加。然於愚懐、実有眷眷」。

18 【天地二化……】『老子』二五章「有物混成、先天地生。寂兮寥兮、独立不改、周行而不殆。可以為天下母。吾不知其名。字之曰道、強為之名曰大。大曰逝、逝曰遠、遠曰反。故道大、天大、地大、王亦大。域中有四大、而王居其一焉。人法地、地法天、天法道、道法自然」。

19 **【斉魯一変……】**『論語』雍也「子曰、斉一変至於魯。魯一変至於道」。

20 **【斯文】**『論語』子罕「子畏於匡。曰、文王既没、文不在茲乎。天之将喪斯文也、後死者不得与於斯文也。天之未喪斯文也、匡人其如予何」。

21 **【易簡】**『易』繫辞上「易則易知、簡則易従。……易簡而天下之理得矣。天下之理得、而成位乎其中矣」。

『四分律比丘含注戒本』

〔釈文〕

四分律比丘含注戒本序

太一山沙門釈道宣述

四分戒本者、蓋開万行之通衢、引三乗之正軌也。自法王利見[1]、弘済[2]在縁、程上聖之悽惶[a]、悼小凡之沈溺。故能闢不諱之門、示秘密之深術、張無問之説[3]、顕初学之津塗[4]。遂静処[5]而興教源、集衆而宣玄範。前明由序[6]、広陳発致之功、後列大宗[7]、盛羅機欲所被。約時敷演、通行[8]於是承遵、合潔等聞、正法由茲久住。但以時来[b]不競[9]、情変所流、経陣[c]夢氈之徵[10]、律舒分杖之喩[11]。致使教随文結、理任情移、雲飛二部五部[12]之殊、山張十八五百[13]之異。取其元始所被、無非計情、窮其要会之心[14]、倶通正業。

逮乎曹魏之末、戒本創伝、終於隋運之初、芟改[15]者衆、或依梵本[16]、或写隷文、或以義求、或以縁抛。讎校諸説、成務蒙然、濫罔前修、翳昏後学。梵本則文旨乖互、方言[17]未融、準律則得在宗帰、失於弁相[18]。義求雖有深会[19]、未静論端、縁抛似是具周、止存別見。

原夫正戒明禁、唯仏制開、賢聖緘黙、但知祇奉。故律論所述[20]、咸宗本経、自余位班、曾未揣度。総叙諸見、師心[21]者多、考定昔縁、良所未暇。今以戒本繁略[22]、隠義局文、用則失儀、捨則非抛。若不顕相、人難具依。

余少仰玄風[23]、志隆清範[24]。昔在帝京、周流講肆、伏膺請業、載紀相尋。何嘗不執巻臨文、慨斯壅結。遂以貞観四年、庚寅之歳、薄遊嶽瀆、広評律宗。但見誦語紛綸、未思弘遠、高譚[25]有務、事用無施。纔羅七五之名[26]、妄居一字之首[27]。但述行蔵之要[28]、寧開決正之心。問以戒律廃興、妙憑疏解、約之情通[29]本拠、無文可依。自有博[d]学生知、行名双顕、而神用[30]莫準、情取天乖[31]。余意之所未安、義当依法為定、則諍輪[e]自弭、何俟繁辞。

今試敢依律本、具録正経、仍従仏解、即為注述。文唯一巻[32]、同昔所伝、持犯両明、今便異古。庶令初後兼学、愚智斉遵。龕知則具三種持律[33]、精練則是一師大化[34]。以斯用求、成済為極。又以戒各縁起、妄説非無、若不鏡暁、終帰虚託。故随戒類引、刪要補之。俾夫顕相通班、軽重昭現、足以潤身光徳、足以護法匡時。臨文無取謬於文、思義則不資他義。豈直自貽[35]無漏。亦将兼済有縁。故輒筆記、序之云爾。

［校勘］ ＊略号は以下の通り：「谷」＝大谷大学所蔵和刻本／「続蔵A」＝『四分律比丘含注戒本』所収（X39, 525）／「続蔵B」＝『四分律含注戒本疏行宗記』所収（X39, 700）

a悽惶＝悽遑（続蔵A） b但＝伹（続蔵A・谷） c陣＝陳（続蔵B・谷） d博＝愽（続蔵A・谷） e輪＝論（続蔵B・谷）

［訓読］

四分律比丘含注戒本序

太一山の沙門釈道宣 述ぶ

四分戒本とは、蓋し万行の通衢を開き、三乗の正軌に引《みちび》くものなり。法王の利見、弘済 縁に在りてより、上聖の悽惶するを程《しめ》し、小凡の沈溺するを悼む。故に能く不諱の門を闢《ひら》き、秘密の深術を示し、無問の説を張《の》べ、初学の津塗を顕す。遂に静処にして教源を興し、集衆にして玄範を宣ぶ。前に由序を明かして、広く発致の功を陳べ、後に大宗を列ねて、盛んに機欲の所被を羅《つら》ぬ。時に約して敷き演べ、通行 是こに於いて承遵し、潔《きよき》に合《かな》いて等しく聞き、正法 茲れに由りて久住す。但だ時来 競わず、情変 流《さすら》う所なるを以て、経は夢氎の徴を陳べ、律は分杖の喩を舒ぶ。教をして文の結ぶに随わしめ、理をして情の移ろうに任せしめ、雲のごとく二部五部の殊なるを飛ばし、山のごとく十八五百の異なるを張《の》べしむるを致す。其の元始の所被を取らば、計情に非ざること無きも、其の要会の心を窮むれば、倶に正業に通ず。

曹魏の末に、戒本創めて伝わるに逮びてより、隋運の初めに、芟改する者衆きに終わるまで、或いは梵本に依り、或いは隷文を写し、或いは義を以て求め、或いは縁を以て拠る。諸説を讎校するに、務めを成すに蒙然たり、前修を濫罔して、後学を翳昏す。梵本は則ち文旨乖互し、方言未だ融《とお》らず、律に準ずれば則ち宗もて帰するに在るを得るも、弁相を失う。義もて求むるは深く会《かな》うこと有りと雖も、未だ論端を静めず、縁もて拠るは是れ具周に似たれども、止だ別見に存するのみ。

原《たず》ぬるに夫れ正戒明禁は、唯だ仏の制開するのみにして、賢聖も緘黙し、但だ祇奉するを知るのみなり。故に律論の述べる所、咸く本経を宗とし、自余の位班、曾て未だ揣度せず。総じて諸見を叙べるも、心を師とする者多く、昔縁を考定するに、良《まこと》に未だ暇あらざる所なり。今 戒本繁略にして、隠義局文なるを以て、用いるときは則ち儀を失い、捨つるときは則ち拠りどころに非ず。若し相を顕らかにせざれば、人 具さには依り難し。

余 少《わか》くして玄風を仰ぎ、志 清範を隆《さか》んにせんとす。昔 帝京に在りて、講肆を周流し、伏膺して業を請い、載紀相い尋《つ》ぐ。何ぞ嘗て巻を執り文に臨みて、斯の壅結を慨《なげ》かざらんや。遂に貞観四年、庚寅の歳を以て、薄か嶽瀆に遊び、広く律の宗を評《はか》る。但だ誦語紛綸たりて、未だ弘遠を思わず、高譚は務むること有るも、事用は施《おこな》うこと無きを見るのみ。纔かに七五の名を羅ね、妄りに一字の首に居《お》らしむるのみ。但だ行蔵の要を述べんよりは、寧ろ決正の心を開かんのみ。問うに戒律の廃興を以てすれば、妙に疏に憑りて解するも、之れを情通の本拠に約すれば、文の依るべきもの無し。自ら博学生知有りて、行名双つながら顕わるるも、而れども神用 準莫く、情もて取るは天乖たり。余の意の未だ安んぜざる所、義として当に法に依りて定めと為さば、則ち諍論自ずから弭《や》み、何ぞ繁辞を俟たん。

今 試みに敢えて律本に依り、具さに正経を録し、仍お仏解に従い、即ち注述を為せり。文は唯だ一巻なるは、昔より伝うる所に同じきも、持犯両つながら明らかにするは、今便ち古に異なる。庶くは初後をして兼ね学び、愚智をして斉しく遵わしめん。麁知すら則ち三種の持律を具え、精練なれば則ち是れ一師の大化ならん。斯れを以て用いて求むれば、成済するを極と為す。又た戒は各おの縁より起これども、妄説無くんば非ざるを以て、若し鏡暁せざれば、終に虚託に帰さん。故に戒に随い類もて引き、要を删《けず》り之れを補う。夫《か》の顕相をして通《あま》ねく班《わか》ち、軽重をして昭現せしむれば、以て身を潤し徳を光《かがや》かすに足り、以て法を護り時を匡《ただ》すに足る。文に臨みては謬を文に取ること無く、義を思いては則ち他の義に資《よ》らず。豈に直《た》だ自ずから無漏に貽《のこ》すのみならんや。亦将に兼ねて有縁を済わんとす。故に輒ち筆記して、之に序すとしか云う。

[訳文]

四分律比丘含注戒本の序

太一山の沙門釈道宣 述ぶ

四分戒本とは、そもそもすべての仏道修行に通ずる道を開き、さとりに至る三種（三乗＝声聞乗・縁覚乗・菩薩乗〉の正しい道に導くものである。法王仏陀が出現して、〔時や機の〕縁にしたがって〔教えを〕弘め〔人々を〕救済して以来、聖者の〔抱く衆生への〕慈悲を示し、〔苦しみの世界に〕沈み溺れる凡夫を痛ましく思っていた。故に何者もおそれはばかることのない教えを開き、仏が秘めていた教えを示し、問われることなく説いた教えを述べ、初学の仏道の出発地を明らかにした。そして静かな場所で〔三昧の境地に入って〕教えの源を興隆し、人々の集まるところでは奥深い定めを宣揚した。前〔冒頭部〕で序〔戒序〕を明らかにして、教えの起こった由来を示す功徳を広く述べ、その後で教えの中心部分を列挙して、出家者に必要とされる教えをもれなく列ね記していく。時代に応じて教えが説かれ、そこで戒律の実践が受け継がれ、清廉な行いに合致する者によって等しく聞き伝えられ、これによって正法は長く世にとどまったのである。但し時の経過には抗いようもなく、〔人々が〕伝承する中で心情〔や教えの受けとめ〕は変化し、経には夢氎の徴候が説かれ、律には分杖の譬喩が説かれている〔ように部派分裂を起こした〕。〔これらは〕教えが文に基づいて理解されているのであるが、〔結果的に〕雲のように二部や五部に飛散分裂し、山のように十八部や五百部にまで異部が主張され分派することになった。〔教えを〕被る衆生についてそのそもそもの元始《はじめ》から取り上げて考えてみると、時代や人々の心情の変化によらないものはなく、その肝心となる中心部分を究めることは、どれも〔戒律の〕正しい実践に通じているのである。

曹魏の末頃に、戒本が初めて〔中国へ〕伝わってから、隋の初め頃に、〔戒本を〕約略して編集する者が多くなってくる間に、あるものは梵本に依り、あるものは隷書〔漢文〕で書かれた文を写し、あるものは意味を探ることにより、あるものは律制定の由来によっている。諸説を対校してみると、戒本の編成に何の基準もなく、すでに修行している者を惑乱させ、将来修行しようとする者を混迷に導いている。梵文テキスト〔に依るもの〕は文章と意味とがかけ離れ、中国の言葉に解釈してもその意味が通じず、律文に準拠すれば、戒律の本義によることができるのであるが、戒の条文の語句の解説を欠いている。意味の探求は〔根本の立場に〕深く合致することがあるけれども、〔戒律解釈をめぐる〕論争の発端を静めることができていない。律制定の由来によるものは完全なようではあるが、ただ個別の見解によるだけのものである。

そもそも〔仏の定めた〕戒律や禁止事項とは、仏だけが禁止や許可をできるものであり、賢者・聖者であっても口を閉じて沈黙し、ただ敬い奉るのみである。故に律論の述べるところも、全てこの戒経を根本的立場としており、それ以外の段階にある者は、きちんとした考察を曾て一度もしていない。皆さまざまな見解を述べているが、〔仏説ではなく〕自分の心を師とする者が多く、昔の〔戒本編集の〕諸事情を検討しようにも、実に時間が足りないのである。今は戒本に〔どれも〕繁雑すぎるものと簡略すぎるものとがあり、意味が隠されていたり文も限定された箇所のみを対象としていたりし、これを用いれば出家作法を失うことがあるし、用いなければ基準となるものがなくなってしまう〔のが現状である〕。もし〔そこに出家生活の〕具体相が明らかにされていなければ、人々の確かな拠り所とはなり難い。

私は若いころから奥深い風《おしえ》を仰いで〔学問に励み〕、清らかな戒律の教えを隆《さか》んにしたいと志してきた。昔、都にいた頃、講席をあまねく巡り、心に教えを受けて忘れることなく、その間、年を重ねてきた。戒本を手に取って実際に文章を読んでみては、戒律の解釈がうまくいかずに慨かない日はなかった。かくて貞観四年（六三〇）庚寅の歳より、いささか山間や河川を歴遊し、広く律の根本義を評《はか》り求めた。但し〔各地の状況を〕見渡してみると、読誦される律文は混乱しており、〔戒律の〕遠大な教えにまで思いが及ばず、高尚な議論には務めているものの、具体的実践に関しては行動がともなっていない。おこがましくも七聚《じゅ》や五篇《ひん》などの〔罪の〕名を列挙する程度で、妄りに〔「律」という〕一字の全てを理解する律師のようにふるまっている。ただ〔戒律の文章を取捨して〕実用に供されるか否かの要点を述べるよりは、戒律に基づく正しい心のあり方を開き示す方がよい。戒律の廃止と許可を問題にしたとして、巧みに〔過去の〕注釈書に依って解釈しているのであるが、自分の心情による〔その解釈の〕根拠を尋ねたところで、その文章には何の依るべきものもない。博学でかつ生まれながらの知性を持ち合わせている者であれば、自ずと実践と名声の両方共に世間に知られることになろうが、何らの基準なく精神《こころ》がはたらけば、〔仏陀の真意とは〕天ほどにも大きくかけ離れた自己本位の選択がなされる。それが未だに安らぐことのない私の思いであり、仏法によって定められていくことが正しいあり方なのであって、〔そうなれば〕論争はおのずと終息し、煩瑣な言葉も必要なくなるのである。

今、試みに律のテキストに基づいて、詳細に正経（戒本・戒経）を記録し、その上になお仏の教えにしたがって、注を施して述べていく。本文がただ一巻であるところは、これまでに伝えられてきた戒本と同じであるが、持戒と犯戒の基準が明瞭な点が、現在〔の戒本〕と昔〔の戒本〕との異なる点である。初学者にも後学者にもひろく学ばれ、愚かなる者にも智慧ある者にも等しく〔戒律の教えに〕遵わせたいと思う。粗雑な知識を持ち合わせているに過ぎない初学者すら三種の持律を具えるのであるし、〔戒律に〕精練した者であれば〔この戒本は〕仏陀の偉大な教えを人々に広める師となろう。これによって仏道を求めていけば、仏道成就と衆生済度は完成しよう。また戒はそれぞれ因縁より起こるが、〔そこに従来は〕妄説があったので、もし〔その点を〕照らし合わせて暁らかにして行かなければ、根拠のない誤った規範となってしまう。よって戒ごとに同類のものを引用し、要点を〔律から〕抜き取って〔この戒本に〕補っていく。さらに〔戒のもつ〕明瞭な相貌をすべて分類し、〔罪の〕軽重〔の違い〕も明確に表現すれば、十分に〔一人一人の〕身に利益を与えて戒徳を輝かせ、仏法を護って時代社会を正していくことも十分にできよう。この〔戒本の〕文章には誤解を招くものはなく、他の〔過去の戒本の〕解釈に頼って意味を考察しようとする必要もない。その上で己だけを無漏の境地におくことをせず、またひろく有縁の者を済わんとするのである。故に以上のように筆記し、序とする。

〔語註〕

1 【利見】『易』乾「飛龍在天、利見大人」。道宣著作には「出現する」「出現して利益・教化していく」という意味で、「法王利見」「随機利見」「三宝利見」などが用いられる。『続高僧伝』巻二二・明律篇・論「試為論曰、自法王之利見也、将欲清澄二死、翦除三障。所以張大教網、布諸有流」(T50, 620a)。『祇洹寺図経』巻下「自上已来、叙諸功徳、並是諸仏浄業所為。随機利見、種種化導」(T45, 890a)。

2 【弘済】『行事鈔』序「夫教不孤起、必因人。人既不同、教亦非一。故摂誘弘済、軌用実多」(T40, 001c)。

3 【無問之説】『法華玄義』巻六「無問自説経者、聖人説法、皆待請問。然亦為衆生作不請之師、故無問自説。又仏法難知、人無能問。若不自説、衆則不知為説不説、又復不知為説何法、故無問自説」(T33, 752a)。

4 【津塗】『百論』僧肇序「百論者、蓋是通聖心之津塗、開真諦之要論也」(T30, 167c)。

5 【静処】『浄心誡観法』巻下・誡観修習安那般那仮相観法「夫坐禅要法、当有十種。一者先託静処、遠於水火禽獣音楽八難土境、令心安隠」(T45, 827c)、同「遠衆近静処、端坐正思惟」(同 828a)。

6 【由序】経の冒頭部分(序分)のことで、『四分律』の戒本では「稽首礼諸仏」から「半月半月説」までの偈頌を指す。この部分について道宣は『四分律比丘含注戒本』の中で「広略二教の通序」と呼び、偈頌の次の句「和合」から始まる箇所を「二教の大宗」と称している。経典の冒頭部分(序分)を「由序」と呼ぶ用例は、例えば吉蔵の『仁王般若経疏』に「始自道安法師、分経以為三段。第一序説、第二正説、第三流通説。序説者、由序義、説経之由序也」(T33, 315c)とある。道宣の場合、戒本所説の教え(戒)を広略二教に分ける点は変則的であるが、一般の経典注疏の伝統と同様に序分・正宗分・流通分に分科している。『四分律比丘含注戒本』巻上「已前偈文、法護尊者所作。為広略二教通序。前開

持毀之言、以成説聴之本也。和合已下、二教大宗。自分三分、序正流通」(T40, 429c)。

7 【大宗】前掲註6参照。

8 【通行】仏陀の教えが広く行きわたること。『行事鈔』では戒律を遂行していくという意味でも用いられる。『行事鈔』序「若四分判文有限、則事不可通行、還用他部之文、以成他部之事」(T40, 002c)。

9 【時来不競】『左伝』襄公十八年「師曠曰、不害。吾驟歌北風、又歌南風、南風不競、多死声、楚必無功」。

10 【夢氎之徴】夢の中で綿布が五つに裂けて部派分裂の徴候を知らせたという逸話。『出三蔵記集』巻三、新集律分為五部記録「又有因縁経説、仏在世時有一長者、夢見一張白氎、忽然自為五段、驚詣仏所、請問其故。仏言、此乃我滅度後、律蔵当分為五部」(T55, 019c-020a)。吉川忠夫・船山徹訳『高僧伝(四)』(岩波文庫、二〇一〇年)参照。道宣は『含注戒本疏』の中で『大集経』の説として引用する。『含注戒本疏』巻一「大集云、夢氎一段、後分為五。仏告長者、我滅度後、有諸弟子、顛倒解義、及以説法、覆隠法蔵、名曇摩毱多。此云法正、律名四分。……」(X39, 726c)。

11 【分杖之喩】コーサンビーの比丘がお互いを誹謗し合って争った際に、仏陀が金杖を二分してもどちらも金であるように、在家者の布施も二分するよう説いた譬喩。『四分律』巻四三・拘睒弥揵度「若有檀越布施、応分作二分。此亦是僧。彼亦是僧。居士如破金杖為二分。二俱是金。如是居士布施物、応分為二分、此亦是僧、彼亦是僧」(T22, 883b)。

12 【二部五部】小乗部派の数。二部は上座部と大衆部。五部は、付法蔵第五世優婆毱多の五人の弟子によって、律蔵に五派を生じたもの。『大集経』巻二二・虚空目分・初声聞品に曇摩毱多(曇無徳部)・薩婆帝婆(薩婆多部)・迦葉毘部(迦葉遺部)・弥沙塞部・婆嗟富羅(犢子部)を挙げ、「善男子、如是五部雖各別異、而皆不妨諸仏法界及大涅槃」(T13, 159ab)という。

13 【十八五百】小乗部派の数。『智度論』巻六三・信謗品「過五百歳後、各各分別有五百部」(大正蔵は「五部」、宋・元・明・宮・聖本に拠る)(T25, 503c)。『部執異論』「旧所出経論中、亦有十八部名」(T49, 022b)。

14 【要会之心】「要会」はもともと会計の帳簿を意味し、一か月や一年の決算を指す。『周礼』天官・小宰「八日、聴出入、以要会。〔鄭玄注〕要会、謂計最之簿書、月計曰要、歳計曰会」。

15【芟改】『続高僧伝』巻一八・習禅篇・慧瓚伝「周武誅剪、避地南陳、流聴群師、咸加芟改」(T50, 575a)。

16【或依梵本……】過去の戒律文献の特徴を分類して各書の欠点を指摘した箇所は、本書後掲『羯磨疏』序にも類似した文が見られる。

17【方言】『高僧伝』巻三・訳経篇・論「其後鳩摩羅什、碩学鉤深、神鑑奥遠、歴遊中土、備悉方言」(T50, 345c)。

18【弁相】戒の条文(波羅提木叉)の語句解説。『行宗記』巻一「〔道宣疏〕又解一部律宗、雖明縁起弁相開遮法聚等文、倶調身口、各有正儀、応同名律。〔元照注〕……縁起等者、即二部戒本、初明国土・犯人・起過・白仏、即縁起也。後有広解、即弁相開遮也。戒本後有□(二カ)十犍度等、即法聚也」(X39, 744b)。

19【深会】『大般涅槃経疏』巻二〇・徳王品「私謂準彼釈意、与今大経文理雅合、深会彼文無生之観、咸契涅槃無生之文」(T38, 157c)。『続高僧伝』巻八・義解篇・僧範伝「嘗宿他寺、意欲聞戒。有僧昇座、将欲竪義。乃曰、竪論法相、深会聖言。……」(T50, 483c)。

20【律論所述……】『行事鈔』序では律蔵の使用基準について『善見律毘婆沙』を引用し、「故善見云、毘尼有四法。諸大徳有神通者抄出令人知。一本者、謂一切律蔵。二随本。三法師語者、謂仏先説本、五百羅漢、広分別流通。即論主也。四意用、謂以意方便度用、及三蔵等広説也。先観根本、次及句義、後観法師語。与文句等者用、不等者莫取〈第六巻中広明律師法〉。正文如此」(T40, 002b)という。『善見律毘婆沙』巻六(T24, 716bc)の該当箇所では「随本」を「四大処」とするが、その意は不明で、道宣も引用の際「随本」のみ説明を省略する。『資持記』巻一も「論文難解、諸釈不同」(X43, 631a)と述べており、注釈にも混乱の形跡が見られるが、『簡正記』巻四は「二随本者、謂律中釈諸戒句義処〈有記中将四繁為随本者、恐不然也〉」(X43, 58b)という。

21【師心】自らの心を師として自分勝手な見解や解釈を用いること。『荘子』人間世篇「仲尼曰、夫胡可以及化、猶師心者也」。北本『涅槃経』巻二八・師子吼菩薩品「願作心師、不師於心」(T12, 534a)。『行事鈔』序「若不鏡覧諸部、偏執一隅、渉事事則不周、挍(続蔵「校」)文文無可拠。遂師心臆見、各競是非、互指為迷、誠由無教」(T40, 002c)。

22【戒本繁略……】前代の戒本の欠点を述べたもの。『行事鈔』序「宗則有其多別。且如薩婆多部、戒本繁略、指体未円」

（T40, 001c）。

23 【余少仰玄風……】以下、道宣自身の行跡については本書『量処軽重儀』序及び同書「後批」（T45, 853c-854b）を併せ参照。

24 【清範】『続高僧伝』巻二〇・習禅篇・論「然而観彼両宗、即乗之二軌也。稠懐念処、清範可崇。摩法虚宗、玄旨幽賾。可崇則情事易顕、幽賾則理性難通」（T50, 596c）。「続略浄住子浄行法門序」（『広弘明集』巻二七）「自教流震土、六百余年、道俗崇仰、其蹤可悉。至於知機明略、弘賛被時、垂清範於遺黎、導成規於得信者、斯文在斯、可宗鏡矣」（T52, 306a）。

25 【高譚】ここでは「事用」と対になっていることから、「高談」と同義と解した。『行事鈔』巻下・四薬受浄篇「今奉法者、希有一二、多並任痴心、抑挫仏法、得便進噉、何論浄穢。高談虚論、世表有余、摂心順教、一事不徹。焉知未来悪趣、且快現在貪痴。有識者深鏡大意」（T40, 124a）。『資持記』巻下・釈四薬篇「高談謂超世之語、虚論謂言過其実」（T40, 384b）。『続高僧伝』巻五・義解篇・僧旻伝「自晋宋相承、凡論議者、多高談大語、競相誇罩。及旻為師範、稜落秀上、機変如神、言気典正、座無洪声之侶」（T50, 462b）。

26 【七五之名】『釈四分戒本序』「讒下次明学問荒疎。初四句叙学浅。上二句謂名不称実。七五名者、即五篇七聚之名。讒能識達一字首者、即律師也。涅槃云、善解一字是名律師」（X40, 179c）。

27 【一字之首】『行事鈔』巻下、道俗化方篇「若学戒律、不近破戒、見順律者、心生歓喜、善能解説、是名律師善解一字」（T40, 138b）。『資持記』巻下「一字即律字。以律訓法、総含大小開遮重軽。故雖博通、指帰一字」（T40, 404c）。また前掲註26参照。

28 【行蔵之要】『論語』述而「子謂顔淵曰、用之則行、舎之則蔵。唯我与爾有是夫」。ここでは律文の取捨についていう。『行事鈔』序「然行蔵之務実難、取捨之義非易。且述其大詮、以程無惑」（T40, 002c）。『鈔批』巻一「行者則取也。蔵者則捨也。欲明諸部、既軽重異勢、持犯分途、有無遮出、廃興互顕。今欲取欲捨大難也」（X42, 619a）。

29 【情通】『摩訶止観』巻七「三経論矛盾、言義相乖。不可以情通、不可以博解。古来執諍、連代不消」（T46, 097c）。

30 【神用】道恒「釈駁論」（『弘明集』巻六）「咸共嗟詠、称述其善云、若染漬風流、則精義入微、研究理味、則妙契神用」（T52, 035a）。『行事鈔』巻下・諸雑要行篇「所謂誦持、未必須多、道貴得要、而神用莫準、互有強弱、有人聞誦極多、於義不了、此則入道遅鈍」（T40, 147ab）。

31 【天乖】朱広之「疑夷夏論諮顧道士」（『弘明集』巻七）「若以其道邪、道固符合矣。若以其俗邪、俗則天乖矣」（T52, 044c）。『量処軽重儀』末「二文両義、双皆倶違。情理天乖、事用同轍。何角張於正教、自負罪於将来。今以当律無制量之文、此即未了之説、宜用外部通判、便決滞於本条」（T45, 853c）。

32 【文唯一巻】現行の戒本は三巻であるので、調巻の異なりか。『釈四分戒本序』「上二句、叙古同。一巻数同、今文三巻者、乃後分耳。或可古有写隷文者、今文準律事可同焉」（X40, 180a）。

33 【三種持律】『釈四分戒本序』（X40, 180ab）に拠れば、『行事鈔』巻中、持犯方軌篇で持戒のあり方を上中下の三品に分類した箇所を指す。同書同篇「先就止持、明有無軽重罪之分斉。初明可学事、作九句分三品。上品一句、識事識犯。中品四句、初識事疑犯、二識事不識犯、三識犯疑事、四識犯不識事。下品四句、初疑事疑犯、二疑事不識犯、三不識事疑犯、四不識事不識犯」（T40, 093b）。

34 【大化】『高僧伝』巻二・訳経篇・鳩摩羅什伝「什曰、大士之道、利彼忘軀。若必使大化流伝、能洗悟矇俗。雖復身当爐鑊苦、而無恨」（T50, 331a）。「西明寺僧道宣等序仏教隆替事簡諸宰輔等状一首」（『広弘明集』巻二五）「自大化東漸、六百余年。三被誅除、五令致拝」（T52, 285c）。

35 【自貽】僧馥「菩提経注序」（『出三蔵記集』巻九）「性疎多漏、故事語而書紳。豈曰注解。自貽来哂。庶同乎我者、領之文外耳」（T55, 065a）。『行事鈔』巻中・篇聚名報篇「今若氷潔其心、玉潤其徳者、乃能生善種号曰福田。不然縦拒、自貽伊戚、便招六聚之辜。報入二八之獄」（T40, 046b）。『鈔批』巻六・篇聚名報篇「言自貽伊戚者、爾疋云、貽者遺也。遺者与也。又貽者招也。伊者爾疋云、発語辞也。亦爾也。深也。戚者憂苦也。此明違犯教者、自招其苦、非他与也」（X42, 776a）。

『新刪定四分僧戒本』

［釈文］

新刪定四分僧戒本序

終南山沙門釈道宣撰

余以貞観二十有一年[a]仲冬、於終南山豊徳寺[1]、刪定戒本。故其序曰、自戒本之行東夏也、曹魏中世、法護[2]創伝羯磨、乃明戒本蓋闕。姚秦関輔、方訳広文。覚明法師[3]、首開律部、因出戒本、附訳伝写。高斉御暦、盛昌仏日、三方釈侶[4]、二百余万。法上大統[5]、総而維之。沙門慧光[6]、当時僧望[7]、聯班上統、摂御是図。以夫振紐[8]提綱、修整煩惑、非戒不立[9]、非戒不弘。更以義求、纂緝遺逸、重出一本[10]、広流于世。則其本首題帰敬者是也。隋運并部沙門法願[11]、鄙光所出、宗理爽文、後学憑附、卒難通允、乃準的律部、連写戒心。通被汾晋、最所傾重。則其本首題戒徳者[12]是也。参互三本、讎校同異、通会皆附正経、摘理義無不可。是以、先達晩秀、奉而莫遺。意在忘筌[13]、豈惟文綺。世有惰学浮侈之徒[14]、博観未周、随言計執。同我則審難為易、異聴則達是言非、比周成俗、卒未懲暁。

嘗以余景、試為通之。如光所詮、我今説戒[15]、願之所出、云説木叉。及披律解、木叉戒也[16]。願出初戒則云不還、光所伝辞、便言不捨。検律誠釈、違願附光[17]。取意統文、莫非還浄。如斯挙例、其相可知。

若夫戒徳戒宗[18]、誠明定慧、銷煩静務、超世[19]超生。初渉問津[20]、会帰[21]舟済[22]、非文不啓[23]、非義不通。妙識両縁、双祛二執[24]、蕩焉無累、紛諍何従。令余所述、還宗旧轍、芟略繁蕪、修補乖競、辞理無昧、投説有蹤。庶幾言行并伝、愚智通解。悠悠来裔、未達斯帰。略為題引、序之云爾。

〔校勘〕

a 有一（日本延宝五年刊本）＝一有（続蔵）

〔訓読〕

新刪定四分僧戒本序

終南山の沙門釈道宣　撰す

余　貞観二十有一年仲冬を以て、終南山豊徳寺に於て、戒本を刪定す。故に其の序に曰く、戒本の東夏に行われてより、曹魏中の世に、法護　創めて羯磨を伝うるも、乃ち戒本を明らかにすること蓋し闕く。姚秦の関輔に、方《はじ》めて広文を訳す。覚明法師は、首《はじ》めに律部を開き、因りて戒本を出し、訳に附して伝写す。高斉　暦を御して、盛んに仏日を昌《あき》らかにし、三方の釈侶は、二百余万なり。法上大統は、総べて之れを維《たも》つ。沙門慧光は、当時の僧望にして、班を上統に聯《つら》ね、摂御是れ図る。

以《おも》んみるに夫れ提綱を振紐し、煩惑を修整するは、戒に非ざれば立たず、戒に非ざれば弘まらず。更に義を以て求め、遺逸を纂緝し、重ねて一本を出し、広く世に流《およ》ぶ。則ち其の本の首めに帰敬と題する者　是れなり。隋の運《とき》　并部の沙門法願、光の出だす所は、理を宗とするも文に爽《たが》い、後学　憑附して、卒に通《ひろ》く允《あ》たり難きを鄙しとし、乃ち律部に準的して、戒心を連写す。通《ひろ》く汾晋に被《およ》び、最も傾重する所なり。則ち其の本の首めに戒徳と題する者 是れなり。三本を参互して、同異を讎校するに、通会 皆正経に附《つ》き、理を摘《と》りて義として可ならざる無し。是《ここ》を以て、先達晩秀は、奉じて遺《す》つるなし。意は忘筌に在り、豈に惟だに文綺のみならんや。世に惰学浮侈の徒有り、博観 未だ周《あまね》からず、言に随いて計り執わる。我に同ずれば則ち難を審らかにするを易と為すも、聴を異にすれば則ち是《これ》に達するを非と言い、比周して俗を成し、卒に未だ懲暁せず。

嘗て余景を以て、試みに為に之れを通ず。光の詮《あき》らかにする所の如きは、「我今説戒（我は今戒を説く）」とし、願の出だす所は、「説木叉（木叉を説く）」と云う。律解を披くに及び、木叉は戒なり。願は初戒を出だすときには則ち「不還」と云い、光の伝える所の辞には、便ち「不捨」と言う。律を検べ釈を誠にするに、願を違として光に附す。意を取りて文を統べ、「還浄」に非ざるは莫し。斯の如く例を挙ぐ、其の相 知るべし。

夫の戒徳戒宗の若きは、誠に定慧を明らかにするものにして、煩を銷《け》し務を静め、世を超え生を超ゆ。初めて問津に渉り、会《あつ》まりて舟済に帰すれども、文に非ざれば啓《ひら》かれず、義に非ざれば通ぜず。妙に両縁を識り、双つながらにして二執を祛《さ》り、蕩焉として累《わずら》い無くんば、紛諍 何ぞ従《よ》らん。余の述ぶる所をして、還《ま》た旧轍を宗として、繁蕪を芟略し、乖競を修補し、辞理 昧きこと無く、説を投ずるに蹤有らしむ。庶幾《こいねがわく》は言行丼びに伝え、愚智通解せん。悠悠たる来裔は、未だ達せざるものも斯に帰さん。略《ほぼ》題引と為し、之れに序すと爾《し》か云う。

〔訳文〕

新刪定四分僧戒本の序

終南山の沙門釈道宣 撰す

私は貞観二十一年十一月に、終南山豊徳寺において、『四分僧戒本』を編定整理した。よってその序として以下に述べる。戒本が東夏《ちゅうごく》に伝来してから、三国〔曹〕魏の世に、曇無徳部〔法蔵部〕の羯磨が初めて伝訳されたが、戒本はいまだ明らかには伝えられていなかった。〔その後〕姚秦時代の長安において、はじめて広律〔四分律〕が訳された。覚明法師〔仏陀耶舎〕が、初めにこの四分律を翻訳した際に、戒本も訳出されて、四分律の訳文共々に書写された。高〔氏の建てた北〕斉が世を治め、仏教が輝きを増すと、北斉領域の当時の僧尼は、二百万人以上にのぼった。沙門大統の法上は、これらの僧を全て管掌した。沙門慧光は、その当時の第一人者として、〔仏教界統率の〕地位を法上に受け伝え、僧団を統御するよう図らった。

そもそも〔律の〕根本を調べて綱要を示し、悩み惑う点を修め整えることとは、戒律がなくては成り立たず、戒律によらなければ〔仏の教えは〕弘まらない。〔これらの人々によって〕更に意味内容を正しく探り求めて、遺《わす》れ逸《うしな》われた箇所を集めまとめ、再び戒本として編成し、広く世に流《ひろ》められた。すなわち冒頭部に「帰敬」と記されている戒本がそれである。隋の時代に并州〔山西省〕の沙門法願は、慧光が編んだ戒本に、理《すじみち》あることを宗としながら、文章に誤りがあり、後世の学徒が〔慧光の戒本を〕拠り所とした結果、結局は通《ひろ》く戒律に本づきながら実践が允《ゆる》される範囲から逸脱させてしまう結果となると批判し、そこで四分律の条文に準《のっと》って、戒心〔戒本〕を次々と写した。〔法願の戒本は〕汾州や晋州〔太原〕など汾水の流域に広く行われ、最も心を傾け重んぜられた。すなわち冒頭部に「戒徳」と記されている戒本がそれである。〔仏陀耶舎・慧光・法願の〕三本を互いに調べて、異同を対校し、正経〔戒本・戒経〕によって相違点を会通し、出家の義《ただ》しい在り方として必ず可《ゆる》される条文を筋道立てて摘記した。

かくして、先学やその後に続いて現われた秀でた人々は、〔仏陀耶舎・慧光・法願の三本を〕遺《あま》さずに大切に伝持した。そこには、戒律の実践と悟りの目的が達成されれば道具の筌《ふせご》は忘れられるように、文章の修飾を競うような意《おもい》はさらさらなかった。世の中には戒律の実践に怠惰でうわべを飾る軽薄な者がおり、〔律典を〕博く十二分に観るということもなく、言葉の運びにばかり執着している。自分と同見解であれば難解の説も理解し易いとなし、異なった説を聞けば正しい理解に至る説ですら誤りとして非難するような偏見の俗説が広まれば、ついに正しく理解して厳しく自らをいましめることがない。

〔私は〕嘗て別のときに、試みにこのような難点に一貫性を持たせようとして、前に示された戒本を検討した。慧光の明らかにした戒本には、「我今説戒（我は今戒を説く）」とあり、法願の示した戒本では、「説木叉（木叉を説く）」と言っている。律の解釈を披閲すると、木叉とは戒のことである。法願は初戒（婬戒第一）を示すときに〔捨戒して還俗しないことを〕「不還」と言い、慧光が伝えた言葉では、「不捨」と言う。律を調べて正しい解釈を示せば、法願の説を仏説に違背するものとして慧光の解釈に従う。意味を汲み取って文章を統一し、本源に戻って心を清浄にする。このような例を挙げ示すので、その実相を知ってもらいたい。

そもそも戒律による徳性の陶冶やその教えは、誠に禅定と智慧を明らかにするものであって、煩いを消し去って僧務の活動を静謐にし、俗世を超え、生死を超えている。初めて律学の第一歩をしるそうとして一同もろ共に、大船に乗って帰入するのであるが、まず渡し場としての戒律を問い尋ね、〔彼岸への渡し〕舟や渡し場へ集い来るには、戒本によらなければその道は啓き示されず、戒本に義《ただ》しい内容がなければ弘まらない。戒本の文章とその内実を深く知り、我執と法執の二執をともに除き去って、累《わずらい》から離れた蕩々たる心には、乱れも争いも決して起こらない。私の述べた戒本に対して、また以前に〔仏陀耶舎・慧光・法願によって〕示された説を宗《おしえ》としつつ、言葉多く錯雑している箇所を整理し、食い違う点に修正補足を施し、筋道立った文章を覆い隠すことなく、的確な拠り所を示して説述する。〔この戒本によって、出家者としての〕言葉や行動を伝持し、愚者も智者も〔戒律を〕よく理解することを願うものである。将来、来るべき数多の僧衆の中、戒本の理解に達していない者も、この戒本によって悟りへの仏門に帰入するであろう。あらまし表題と序文を作成した。以上、序として述べる。

［語註］

1 【終南山豊徳寺】豊徳寺は終南山豊谷の寺。道宣は本書撰述の前年に移住し、のち本寺にて入滅した。『続高僧伝』巻一九・習禅篇・智蔵伝「開皇三年、乃卜終南豊谷之東阜、以為終世之所也。即昔隠淪之故地矣。山水交映、邑野相望。接叙皂素、日隆化範」（T50, 586c）。

2 【法護】『四分律』を伝承した曇無徳部の意訳。『続高僧伝』巻二二・明律篇・論「曁乃東川、創開戒業、曹魏嘉平、方弘具戒。爾前法衆、同号息慈、師弟乃聞、纔移俗耳。行羯磨也、憑准法護之宗。論布薩也、翻誦僧祇之戒」（T50, 621b）。

3 【覚明法師】仏陀耶舎。生卒年不詳、罽賓（カシミール）の人。弘始十年（四〇八）から十二年（四一〇）にかけ、後秦の校尉姚爽の請により竺仏念と共に『四分律』を訳出した。『高僧伝』巻二・訳経篇・仏陀耶舎伝「仏陀耶舎、此云覚明、罽賓人也」（T50, 333c）。『四分律』訳出の次第については『出三蔵記集』巻三・新集律来漢地四部序録（T55, 020bc）等参照。

4 【三方釈侶……】『歴代三宝紀』巻一一・訳経斉梁周序「（北周武帝）毀破前代関山西東数百年来官私所造一切仏塔、掃地悉尽、融刮聖容、焚焼経典、八州寺廟、出四十千、尽賜主公、充為第宅、三方釈子、減三百万、皆復軍民、還帰編戸」（T49, 094b）と記し、これは道宣の『内典録』巻五・後周宇文氏伝訳仏経録（T55, 271a）にもそのまま用いられている。「二百余万」については『魏書』巻一三〇・釈老志の釈部末尾と後掲註5参照。

5 【法上大統】四九五～五八〇年。姓は劉氏、朝歌（河南省淇県）の人。後出の慧光より具足戒を受けた。東魏から北周にかけて四十年にわたり沙門統に任ぜられ、北斉の文宣帝の時に、沙門統の最上位である沙門大統となる。『続高僧伝』巻八・義解篇・釈法上伝「故魏斉二代、歴為統師、昭玄一曹、純掌僧録。令史員置五十許人、所部僧尼二百余万、而上綱

領、将四十年。……」（T50, 485ab）。

6【慧光】四六九～五三八年。姓は楊氏、定州長盧（河北省滄州市）の人。東魏の初代沙門統、四分律宗の祖、『四分律疏』等を著した。『続高僧伝』巻二一・明律篇・慧光伝「又再造四分律疏百二十紙、後代引之為義節。并羯磨戒本、咸加刪定、被於法侶、今咸誦之」（T50, 608a）。

7【僧望】『続高僧伝』巻一・訳経篇・宝唱伝「〔僧〕祐江表僧望、多所製述」（T50, 426b）。

8【振紐】『続高僧伝』巻二六・感通篇・法揩伝「及受具後、専攻四分。〔道〕雲〔道〕暉両匠、振紐斉都、備経寒暑、伏面諮稟、皆賜其深奥、無所孑遺」（T50, 675b）。

9【非戒不立……】『続高僧伝』巻二二・明律篇・論「誠以、摂御門学、非戒不弘、相善住持、非戒不立。其猶行必渉戸、言必有由」（T50, 621c）。

10【重出一本……】前掲註6参照。

11【法願】五二四～五八七年。姓は任氏、西河（山西省汾陽県）の人。法上に師事し、隋代に幷州大興国寺主に勅任された。『四分律義疏』十巻や『是非鈔』二巻等を著した。『続高僧伝』巻二一・明律篇・法願伝（T50, 610ab）及び同篇「論曰」（T50, 620c）参照。

12【首題戒徳】戒本冒頭の偈頌で三宝への帰敬偈を省略して「戒如海無涯……」の戒の功徳の偈から始まること。『行宗記』「題戒徳者、直云戒如海無涯等」（X39, 711c-712a）。

13【意在忘筌】『荘子』雑篇・外物篇「荃者所以在魚、得魚而忘荃。蹄者所以在兎、得兎而忘蹄。言者所以在意、得意而忘言。吾安得忘言之人、而与之言哉」。

14【惰学浮侈之徒……】『大唐内典録』巻一〇・歴代所出衆経録目「序曰、……比多惰学、無暇博観、競撮本経、少有通贍。所以伝述義解、斯文蓋闕」（T55, 336a）。

15【我今説戒】『四分律含注戒本疏』巻一「〔慧〕光師戒本云、我今説戒者、以名顕時心、略隠果号」（X39, 755b）。

16【木叉戒也】波羅提木叉。『四分律』巻三五・説戒揵度「若彼比丘、憶念有罪、欲求清浄者、応懺悔。懺悔得安楽。波羅提木叉者戒也。自摂持威儀、住処行根面首、集衆善法、三昧成就。我当説、当結、当発起演布開現、反復分別」（T22, 817c）。

17 **【違願附光】** 婬戒第一では、戒を捨てずにこれを犯すと波羅夷になると説くため、法願の「不還」より、慧光の「不捨」のほうが意味上適切であると判断するということ。『四分僧戒本』婬戒第一「若比丘、共戒、同戒、不捨戒、戒羸不自悔。犯不浄行、乃至共畜生。是比丘波羅夷。不共住」（X39, 263a）。

18 **【戒宗】** 『続高僧伝』巻二二・明律篇・智首伝「自玄化東被、未有斯蹤。以〔智〕首膝下相親、素鍾華望、施欲早服道味、濡沫戒宗。乃啓旻授其具足。而未之許也」（T50, 614a）。

19 **【超世】** 『無量寿経』巻上「仏告阿難、爾時法蔵比丘、説此願已而説頌曰、我建超世願、必至無上道、斯願不満足、誓不成等覚。我於無量劫、不為大施主、普済諸貧苦、誓不成等覚」（T12, 269b）。

20 **【問津】** 『論語』微子「長沮・桀溺耦而耕、孔子過之、使子路問津焉。長沮曰、夫執輿者為誰。子路曰、為孔丘。曰、是魯孔丘与。曰、是也。曰、是知津矣」。

21 **【会帰】** 『尚書』周書・洪範「王道正直、会其有極、帰其有極」。

22 **【舟済】** 『易』繋辞伝下「刳木為舟、剡木為楫、舟楫之利、以済不通、致遠以利天下。蓋取諸渙」。

23 **【非文不啓】** 『論語』述而「子曰、不憤不啓、不悱不発、挙一隅不以三隅反、則不復也」。

24 **【二執】** 『摂大乗論釈』巻一〇・釈入因果修差別勝相・対治章「釈曰、真如法界、於一切法中、遍満無余。何以故、諸法中、無有一法非無我故。人法二執所起分別、覆蔵法界一切遍満義。由此障故、願行位人、不得入初地。若除此障、即見真如遍満義、人法二執、永得清浄。由観此義、得入初地」（T31, 222a）。『釈門帰敬儀』巻下・功用顕迹篇「十明修習正観者、至理真極、不越人法二空。唯仏道有、余道則無。由人法二空、則二執斯断、一切煩悩、無因得生」（T45, 868b）。

『四分律含注戒本疏』

［釈文］

四分律含注戒本疏序

終南太一山沙門釈道宣撰

四分戒本者、斯乃統万行之関鍵、寔三乗之階轍者也。昔夢氎告徴、機分利鈍之本。喩金顕道、教無離合之宗。然則二部五部、随務或張、五百十八、任縁時挙。同乎声教[1]、並会真空、導達化源、通明理性。故能乗津五衆、覆燾[2]群萌、開務[3]摂持、允符玄旨。

至如四分肇興、祖習綿遠、正法初百、便列其宗、斯人博考三機[4]、殷鑑両典、包括権実、統収名理[5]。集結茲蔵、通被時賓、故使韋編[6]成規、欽承無絶。自諸部遠流、咸開衢術、独斯一宗、未懐支派、良由師稟有蹤、知時不墜故也。蘊結西土、千有余年、訳伝東夏、将四百載、諸有伝授、同異非無。元魏季暦、慧光律師、随義約文、重出一本。首題帰敬者是也。此与姚秦覚明所出、頗得相符。高斉末祀、法願律師、誦律討文、又出一本。略於帰敬、首題戒徳者是也。斯則三本行世、弘魏者多。見心紛擾、于今未静。考覈諸集、蓋不足陳、経遠大観、義無讎抗[7]。

余以暇日、遍覧群篇、互撃波瀾、僅分其異、至於行事、盛結遅疑。豈非単写本文、通略正解、致令後鋭罔冐愈深。所以敢依律部、具集正経、仍随本律、即為注述。巻成流広、随務可帰、至於義理、未遑修葺。今有二三遊学、共結山門、毎以戒為入道之清途、出有之明略。講通既寡、悟入何従。本律広而難求、斯経約而易授。故不獲已、試復叙之。博要適機、已絶唱于前達、舒演義類、敢程器[8]于将今。且酬来贶[9]、隠括[10]詳後。

［校勘］ なし

［訓読］

四分律含注戒本疏序

終南太一山の沙門釈道宣 撰す

四分戒本とは、斯れ乃ち万行を統べるの関鍵にして、寔に三乗の階轍なり。昔 曇を夢みて徴を告げるは、機の利鈍を分かつの本なり。金に喩えて道を顕わすは、教の離合無きの宗なり。然れば則ち二部五部は、務に随い或いは張り、五百十八は、縁に任せ時に挙ぐ。同じく声教を孚《まこと》とし、並びに真空に会《かな》い、導きて化源に達し、通《あま》ねく理性を明らかにす。故に能く乗せて五衆を津《わた》し、覆いて群萌を燾《つつ》み、開きて摂持に務むるは、允《まこと》に玄旨に符《かな》う。

四分の肇まり興り、祖習綿遠なるが如きに至りては、正法初めの百は、便ち其の宗を列ね、斯の人博く三機に考え、殷《ふか》く両典に鑑み、権実を包括し、名理を統収す。茲の蔵を集結して、通《あま》ねく時賓に被らし、故に韋編をして規を成し、欽承して絶えること無からしむ。諸部の遠流してより、咸《みな》衢術を開くも、独り斯の一宗、未だ支派を懐かざるは、良に師稟に蹤有れば、時の墜ちざるを知るに由るが故なり。

西土に蘊結してより、千有余年、東夏に訳伝して、将に四百載ならんとし、諸有《あらゆ》る伝授に、同異無くんば非ず。元魏の季暦に、慧光律師、義に随いて文を約し、重ねて一本を出す。首に帰敬と題する者是れなり。此れ姚秦の覚明の所出と、頗る相い符することを得。高斉の末祀に、法願律師、律を誦して文を計り、又一本を出す。帰敬を略し、首に戒徳と題する者是れなり。斯れ則ち三本世に行われ、魏を弘むる者多し。心に紛擾を見《あら》わし、今において未だ静まらず。諸集を考覈するに、蓋し陳べるに足らず、経遠大観するに、義として讎抗無し。

余 暇日を以て、遍ねく群篇を覧るに、互いに波瀾を撃ち、僅かに其の異を分かつも、行事に至りては、盛んに遅疑に結ぼる。豈に単に本文を写し、通じて正解を略《おさ》むるのみにして、後鋭をして罔冒 愈いよ深からしむるを致すに非ざらんや。所以に敢えて律部に依り、具さに正経を集め、仍お本律に随い、即ち注述を為《つく》る。巻成りて流広し、務めに随いて帰すべきも、義理に至りては、未だ修葺するに遑あらず。今二三の遊学有り、共に山門に結び、毎に戒を以て入道の清途、出有の明略と為す。講通するもの既に寡し、悟入 何にか従らん。本律は広くして求め難きも、斯の経は約にして授け易し。故に已むを獲ずして、試みに復た之を叙ぶ。博く機に適《かな》うことを要《もと》むるも、已に唱を前達に絶《うしな》えば、義類を舒演し、敢えて器を将今に程《しめ》す。且らく来眖に酬い、隠括して後に詳かにせん。

〔訳文〕

四分律含注戒本疏の序

終南太一山の沙門釈道宣 撰す

四分戒本とは、万行を統べる枢要であり、まことに三乗の順序・経路である。昔〔ビンビサーラ王の〕夢の中で織り目の細かい綿布が〔十八片に分かれて、部派分裂の〕徴候を告げたことは、機根に利鈍を分ける根本である。〔コーサンビーの比丘が闘諍してお互い誹謗し合って分裂したときに仏が「此れも亦是れ僧、彼も亦是れ僧」と述べて在家信者に〕金杖〔を布施する際は二分するよう〕に喩えて道理を誰にもあきらかにしたことは、教説に離合のないことの宗〔おおもと〕である。そうであれば二部や五部〔に部派分裂したこと〕は、〔各々〕務めによって設けられており、五百部や十八部〔に分裂したという伝承〕は、縁によって時に興起したのである。〔部派に分かれても〕同じく釈尊の声によって説かれた教えを真実として、真空の教えに符い、〔衆生を〕釈尊の教えの源に導き至らしめ、理性をあまねく明かしている。よって〔出家の〕五衆〔比丘・比丘尼・式叉摩那・沙弥・沙弥尼〕を乗せて彼岸に渡らせ、衆生をあまねく包み込み、人々のこころを開発して仏法の維持に務めることは、〔仏法の〕奥深い旨に符合している。

『四分律』が初めて興って、はるかに長く教えを誤りなく学び伝えてきたことについては、正法の初めの百年は、すなわちそれぞれが教えを列ね示し、この当時の人たちはひろく機根に三種あることを考え、盛んに大小両乗の仏典に殷《ふか》く照らし見て、権〔方便〕と実〔真実〕を包括し、名と理を一つにまとめた。〔その後〕この〔律〕蔵を結集して、あまねく当時の出家者たちに披《ひら》き示し、よって尊い律蔵の書物を繰り返し読むことによって規律が作られ、尊い教えが伝承されて絶えさせなかった。諸部派が長く続いて、どの部派もみちを分かってから、ただこの一宗〔『四分律』を伝承した法蔵部〕だけが今日まで支派をもとうとしなかったのは、師から弟子への伝承にたしかな足跡があれば、時代の風潮の中で失墜することがないことを知っていたからである。

インドで〔律蔵が〕まとめられてから、千年あまり、中国に訳出されてから、四百年にもなろうとするので、多くの伝授の際にどうしても異同が生じてしまう。元魏〔北魏〕の末頃に、慧光律師が、文意にしたがって文章を簡約にして、再度〔戒本を〕世に示した。冒頭部に「帰敬」と題するものがそれである。これは姚秦の仏陀耶舎〔覚明〕の訳出した戒本とよく一致している。高斉〔北斉〕の末頃には、法願律師が、律を誦して文を推しはかり、再び一本を世に示した。「帰敬」を省略して、冒頭部に「戒徳」と題するものがそれである。すなわち三本〔の戒本〕

が世に流布し元魏〔の慧光の戒本〕を広める者が多い。〔しかし諸本によって〕自説ばかりを主張する者が多く、今に至っても未だに諸説紛々として静まらない。〔だから〕諸集を検討してみれば、およそ陳べるに足らず、仏説にもとづく大局観に立ってみれば、意味するところも〔文章の正しさを求める〕対校がなされていない。

私は時間をつくってはあまねく多くの書物を読み、その都度相互の異同を検討し、いささかその〔諸本間の〕相違するところを分析したが、具体的な持戒のあり様ともなると、疑惑ばかりが次から次へと湧いてくる始末である。〔それは〕単に本文を写して、正しい解釈をひろく略《おさ》めるにすぎないものであって、後代の俊英に無知とそれによる犯戒をますます深めさせることになろう。それ故ここは律部の記載によって、律典に即応する経文を集め、その上で本律（『四分律』）に随い、それに即して注述をつくった。本書が出来上がって広く流布されたからには、本来の務めに戻るべきであるが、本書の義理を明らかにするとなると、未だ編纂・補修するゆとりがない。今、数名の同学者と、共に山門に集まり、常に、戒こそが仏道に入る清浄な行、迷いの世界を出る明解な教えであると考えていたが、〔しかし〕『四分律』の講説に十分通じている者は少なく、〔律学の奥義に〕悟入するために何の手立てもない有様であった。本律は内容が広大で〔奥義を〕求め難いが、この〔戒〕経は簡約であり、授けて示しやすい。故にやむなく〔戒本について〕試みにこれを叙述した。ひろく機根にかなう解釈を求めようとしても、すでに先達の教えは絶《うしな》われてしまっているので、戒本各条の意味を分類整理して、律僧としてのあり様を後代に示そうと思う。ひとまず人々の要請にこたえて、〔誤りについては〕後に訂正し詳しく述べたいと思う。

〔語註〕

1 【声教】『行宗記』「教由声説、故云声教」（X39, 711a）。

2 【覆燾】『礼記』中庸「仲尼祖述堯舜、憲章文武、上律天時、下襲水土。辟如天地之無不持載、無不覆幬」。

3 【開務】「開物成務」の略。万物の道理を開発して務めを成し遂げる。『易』繫辞伝上「子曰、夫易何為者也。夫易開物成務、冒天下之道。如斯而已者也。是故、聖人以通天下之志、以定天下之業、以断天下之疑」。『続高僧伝』巻一五・義解篇・志寛伝「加以開務誘引、弘済為業。道俗胥悦、慶其幸遇」(T50, 543b)。『行宗記』「開務即各布行教」(X39, 711a)。

4 【三機】声聞・辟支仏・菩薩の三種の機根。『三論玄義』「於漸教内開為五時。一者三乗別教、為声聞人説於四諦、為辟支仏演説十二因縁、為大乗人明於六度。行因各別得果不同、謂三乗別教。二者般若、通化三機、謂三乗通教。……」(T45, 005b)。『金光明最勝王経疏』巻一「若法華経、説有三機。序品云、為求声聞者説応四諦法、為求辟支仏者説応十二法、為諸菩薩説応六波羅蜜」(T39, 178a)。

5 【名理】『行宗記』「名謂能詮名句、理謂所詮義趣」(X39, 711b)。

6 【韋編】「韋編三絶」の略。『史記』巻四七・孔子世家「孔子晩而喜易、序彖・繫・象・説卦、文言。読易、韋編三絶。曰、仮我数年、若是、我於易則彬彬矣」。

7 【讎抗】『続高僧伝』巻一五・義解篇・玄会伝「因爾改前旧章、更新戸牖、穿鑿之功、難与讎抗。造涅槃義章四巻」(T50, 542c)。

8 【程器】自らの度量や意志などを世に示すこと。『釈門帰敬儀通真記』巻下「(『釈門帰敬儀』程器陳迹篇)、篇名中程示也。器謂懐抱」(X59, 517a)。

9 【来眖】司馬相如「子虚賦」(『文選』巻七)「烏有先生曰、是何言之過也。足下不遠千里、来眖斉国。王悉発境内之士、備車騎之衆、与使者出畋、乃欲戮力致獲、以娯左右、何名為夸哉。〈郭璞曰〉言有恵賜也」。また、人から来た書簡、来信の意もある。『後漢書』文苑列伝七〇下・趙壹伝「乃奉其情。輒誦来眖、永以自慰」。

10 【隠括】詳細にはかる。よく調べる。『塩鉄論』巻一〇・大論「是猶不用隠括斧斤、欲撓曲直枉也」。

『曇無徳部四分律刪補随機羯磨』

京兆[a]崇義寺沙門道宣集[b]

〔釈文〕

曇無徳部四分律刪補随機羯磨序

原夫大雄御宇[c]、意[d]惟[e]拯抜[1]一人、大教膺期[2]、総[f]帰為顕一理。但由群生著欲、欲本所謂我心、故能随其所懐、開示止心之法[3]。然則心為生欲之本、滅欲必止心元[g]。止心由乎明慧、慧起仮於定発。発定之功[h]、非戒不弘。是故特須尊重於戒。故経云[4]、戒為無上菩提本、応当一心[i]持浄戒。持戒之心、要唯[j]二轍。止持則戒本、最為標首、作持則羯磨、結其大科。後進前修[k]、妙宗斯法。故律云[5]、若不誦戒羯磨、尽形不離依止。

自慧日[l]西隠、法水東流、時兼像正、人通淳薄[6]。初則二部五部之殊、中則十八五百之別、末則衆鋒互挙、各競先駆。人或従縁、法無傾墜。然則道由信発、弘之在人。人幾顚危、法寧澄正。所以羯磨聖教、綿歴古今、世漸[m]増繁、徒盈巻軸。考其実録[7]、多約前聞、覆[n]其宗緒、略無本拠。師心制法者不少、披而行誦者[o]極多。軽侮聖言[8]、動罣[p]刑[q]網。皆務異同之見[9]、競執[r]是非之迷。不思反隅[s][10]、更増昏結、致使正法与時潜[t]地矣。故仏言[11]、若作羯磨、不如白法作白、不如羯磨法作羯磨、如是漸令正法疾滅。当随順文句、勿令増減、違法毘尼。当如是学。慈誥[12]若此。妄指寔[u]難。

昔已在諸関輔、撰行事鈔。具[v]羅種類、雑相畢陳。但為機務[13]相訓、卒尋難了。故略挙羯磨一色、別標銓[w]題。若科択出納、興廃是非者、彼鈔明之。此但約法被事、援引証拠者、在巻行用。然律蔵残欠[x]、義有遺補。故統関諸部[14]、撮略正文[15]。必彼此[y]倶無、則理通決例[z]。並至篇具顕、便異古蔵迹[16]。夫羯磨雖多、要分為八[17]。始従心念[18]、終乎白四[19]、各有成済之功[20]。故律通標一号。今[A]就其時用顕要者、類聚編之。文列十篇、義通七衆。豈敢[B]伝諸学司。将以自明恒務也。

［校勘］ ＊略号は以下の通り：「谷」＝大谷大学所蔵和刻本／「続蔵A」＝『四分律刪補随機羯磨疏済縁記』所収（X41, 81c-82a）／「続蔵B」：『毘尼作持続釈』所収（X41, 351c-355a）

a 京兆＝唐京兆（明） b 集＝撰（宋・元・明・宮） c 宇（谷）＝寓（大正蔵）。＝寓（続蔵AB） d 意＝豈（明・続蔵AB） e 惟＝唯（谷） f 総＝指（谷） g 元＝源（谷） h 功＝法（宮） i 一心＝具足（谷） j 唯＝准（宮） k 修＝脩（谷） l 日＝月（宋・元・明・宮・続蔵AB） m 漸＝衛（宮） n 覆＝覈（宋・元・明・宮・続蔵AB） o 誦＝用（谷） p 罫＝絓（谷） q 刑＝形（宋・元・明・宮・続蔵A） r 非＝昔（宮・谷） s 反＝返（宋・元・明・宮・続蔵A） t 地＝於地（谷） u 寔＝実（明・続蔵AB） v 具＝其（宋・元・明・宮・続蔵AB） w 銓＝詮（続蔵B） x 欠（欽）＝闕（続蔵B） y 彼此＝彼（宋・元・明・宮・続蔵B） z 決例＝例決（谷） A 今＝敢（宋・元・明・続蔵AB）。＝念（宮） B 敢＝今（宋・元・明・続蔵AB）

［訓読］

曇無徳部四分律刪補随機羯磨序

京兆崇義寺の沙門道宣 集む

原ぬるに夫れ大雄の宇を御するや、意一人を拯抜せんと惟《おも》い、大教の期を膺《う》くるや、総帰して一理を顕わさんと為《おも》う。但だ群生は欲に著し、欲本は所謂《いわゆる》我心なるに由り、故に能く其の所懐に随いて、止心の法を開示す。然れば則ち心は欲を生ずるの本為《た》り、欲を滅するは必ず止心の元なり。止心は明慧に由り、慧の起こるは定の発《お》こるに仮《よ》る。定を発こすの功、戒に非ざれば弘まらず。是の故に特《た》だ須く戒を尊重すべきのみ。故に経に云わく、戒は無上菩提の本為《た》り、応当《まさ》に一心に浄戒を持《たも》つべしと。持戒の心、要は唯だ二轍あるのみ。止持は則ち戒本にして、最も標首為《た》り、作持は則ち羯磨にして、其の大科を結す。後進前修、妙に斯の法を宗とす。故に律に云わく、若し誦戒羯磨せざれば、尽形に依止を離れずと。

慧日 西に隠れ、法水 東に流れてより、時は像正を兼ね、人は淳薄に通ず。初めは則ち二部五部の殊あり、中ごろは則ち十八五百の別あり、末は則ち衆鋒互いに挙げ、各おの先駆を競う。人は或いは縁に従うも、法は傾墜する無し。然れば則ち道は信に由りて発こり、之れを弘むるは人に在り。人幾ど顚危すれば、法寧くんぞ澄正ならんや。所以に羯磨の聖教、古今を綿歴して、世に漸く増繁し、徒らに巻軸に盈つるのみ。其の実録に考うれば、多くは前聞を約《つづ》め、其の宗緒に覆《しら》ぶれば、略して本拠無し。心を師として法を制する者少なからず、抜きて行誦する者極めて多し。聖言を軽侮し、動《ややもす》れば刑網に罥かる。皆 異同の見に務め、競いて是非の迷に執す。反隅を思わず、更に昏結を増し、正法をして時と与に地に潜《ひそ》ましむるを致す。故に仏言わく、若し羯磨を作すに、白法の如くせずして白を作し、羯磨法の如くせずして羯磨を作す、是くの如くすれば漸々に正法をして疾く滅せしむ。当に文句に随順し、増減して法と毘尼に違わしむること勿かるべし。当に是くの如く学ぶべしと。慈誥 此の若し。妄指 寔に難し。

昔 已に諸の関輔に在り、行事鈔を撰す。具さに種類を羅ね、雑相 畢《ことごと》く陳ぶ。但だ機務相い訓《こた》えんと為すも、卒に尋ぬるに了し難きのみ。故に略して羯磨一色を挙げ、別に標《あら》わして題を銓《はか》る。科択の出納、興廃の是非の若きは、彼の鈔に之れを明らかにす。此こには但だ法に約し事に被《およ》ぼし、証拠を援引するは、巻に在りて行用す。然れども律蔵は残欠し、義もて遺補すること有り。故に諸部を統関し、正文を撮略す。必ず彼此倶に無くんば、則ち理として通じて例に決す。並びに篇に至りて具さに顕わし、便ち古の蔵迹に異なる。夫れ羯磨多しと雖も、要ず分ちて八と為す。心念従り始め、白四に終わるまで、各おの成済の功有り。故に律は通じて一号を標す。今は其の時の用に就いて要を顕わし、類聚して之れを編す。文は十篇を列ね、義は七衆に通ず。豈に敢えて諸れを学司に伝えんや。将に以て自ら恒務を明らかにせんとすればなり。

〔訳文〕

曇無徳部四分律刪補随機羯磨の序

京兆崇義寺の沙門道宣 集む

そもそも仏陀がこの世を御《おさ》められたとき、ただ一人だけでも救済することを思われ、偉大な教えをその生涯をかけて説かれ、全ての人々に帰依の心を生じさせ唯一の真理を明らかにしようと願われた。ただ衆生は欲望にとらわれ、その欲は自身の心〔から起こるもの〕であるとして、〔仏陀は〕それぞれ〔群生〕の心のあり方にしたがい応じて、心〔のはたらき〕を静止する教えを開き示されたのである。そうであれば、心は欲を生じる根源であり、欲を滅するには必ず心の根源を静止させなければならない。心の静止は明らかなる智慧により、智慧が起こることは禅定の発《お》こることによる。〔そして〕禅定を発《お》こすはたらきは、戒律でなければ〔人々に〕弘まらない。したがって〔戒定慧の三学の中でも〕特に戒を尊重するべきなのである。故に〔華厳〕経に「戒は無上菩提の本源であり、一心に浄戒を受持すべきである」と説かれている。その持戒の中心は、ただ二つである。〔第一に〕止持〔戒〕であり、これは戒本に説かれており、〔出家者の生活にとって〕第一に位置づけられるものである。〔第二に〕作持〔戒〕であり、これは羯磨のことで、大項目の整理・分類が成されている。将来の仏道を歩む者も前代の修行者も、深くこの教えを根本とするものである。故に律に「もし誦戒・羯磨をしなければ、終身、〔師への〕依止を離れることができない」と説かれている。

慧日〔仏陀〕が西で姿を隠し、水流のようにその教えが東へ伝わってから、正法と像法の時代が続き、人〔の信仰〕も〔時代に応じ〕厚いときから薄いときに移った。〔仏教教団は〕初めは二部や五部に分かれ、中頃になると十八部や五百部と言われるほどの部派に分かれ、最終的には無数の議論が巻き起こり、それぞれ自分が第一人者であると競い合っている。〔しかし〕人は縁によ〔って様々に変わるものであ〕るが、法が失墜するということは〔けっしてありえ〕ない。そうであれば、道〔悟り〕は信によって起こり、それを弘めていくのは人である。人〔の理解能力〕が全くと言ってよいほど危殆に瀕すれば、法が法として正しく清浄なままでおれようか。よって羯磨の聖教は、古より今に至るまで、世につれて増加し繁雑になり、沢山の書物の中に満ちているが、それらを事実に基づいた記録〔実録・仏陀の言葉〕に〔照らして〕考察すると、過去の伝承に基づいてつづめているに過ぎず、それらを本来の戒律の学に当てて検討してみれば、根拠というものがない。自分の心を師として戒律を制定する者が少なくなく、〔そのような書物を〕繙いて実践・読誦しようとする者はとても多い。仏陀の偉大な言葉を軽んじ侮り、ややもすれば刑罰の網に掛かってしまう。皆〔諸律や諸文献の〕異なっているか同じであるかに拘泥し、〔戒律に関する事柄の〕どれが是でどれが非であるかという迷妄の世界に執着している。一つの事例から更にその先にある真理に思いを及ばせず、さらに煩悩を増やし〔て智慧から遠ざかり〕、正法を時代の推移とともに地にかくれさせようとしている。故に仏は「もし羯磨を行うときに、表白法のようにせず表白をし、羯磨法のようにせず羯磨をする。このようなことを続ければ着実且つ急速に正法を消滅させてしまうであろう。〔律に説かれている〕文句によくよくしたがって、それを増減させたり、法や戒律に違反したりすることのないようにするべきである。まさにこのように学習・実践するべきである」と説かれた。慈悲の教えとはこのようなものである。〔それによる限り〕誤った教えを示すことは誠に難しいものなのである。

昔、都長安やその近辺にいた頃、『行事鈔』を撰述した。詳細に〔律行を〕種類ごとに分類して列挙し、さまざまな〔出家生活の〕具体相をすべて説いた。ただそれは〔出家生活上の〕さまざまな場面に応じた務めに対して回答を提示しようとしたものであるが、〔全ての課題について〕尋ねて了解することは難しい。よって他を省略して羯磨という一つのテーマを取り上げ、〔『行事鈔』と異なる〕別題を選定した。〔律の〕科目選択の出入や、〔規定を〕廃止するか立てるかの是非については、『行事鈔』で明らかにした。本書では、律の明文に基づきつつ事柄に応じて、証拠となる律文を引用して、それを巻ごとに配置して実践していく。しかしながら律蔵には欠けて不完全な箇所もあり、〔その場合は〕意味によって〔文を〕遣《す》てたり補ったりすることもある。よって諸部〔の律〕を相互に関連付けて統括し、正文（律文）を抜き出していく。確かに『四分律』にも他の諸律にも〔正文が〕ないときには、〔大抵の場合〕意味を通じさせ他の例文から類推して決定していく。これらはみな各篇で詳細に明らかにしていくので、過去の律文献が根拠を明確にしていないのとは異なっている。そもそも羯磨の数は多いものの、それらは要点から八つに分類される。最初の心念法から、最後の白四羯磨まで〔の八種類〕には、それぞれに〔出家者としての〕完成という功徳がある。故に律では〔「羯磨」という〕一つの呼称で一括して示していても、今は時々の実践に際してそれぞれの要点を明らかにするという目的から、内容ごとに分類編集した。文章は十篇にまとめて示し、内容は七衆すべてに通じるようにする。律学の専門家たちに伝えるようなものでは到底ない。自ら日常の務めを明らかにしたいと思っての故である。

〔語註〕

1 【拯抜】『四分律含注戒本疏』巻一「斯乃大聖降臨、創開化本、将欲拯抜諸有、同登彼岸」(X39, 713a)。

2 **【膺期】** めぐり合わせを受けること。『隋書』巻三・煬帝紀「命世膺期、蘊茲素王」。『釈門帰敬儀』済時護法篇「是以能仁膺期、出世説法度人、開八正之妙門、示一直之平道。近出人天之欲泥、遠登賢聖之津筏」（T45, 857c）。

3 **【止心之法】**『大乗義章』巻一〇・止観捨義八門分別「第一釈名。止観捨者、……止者外国名奢摩他。此翻名止。守心住縁、離於散動。故名為止。止心不乱、故復名定」（T44, 665c）。

4 **【故経云……】** 六十巻『華厳経』巻六・賢首菩薩品「戒是無上菩提本、応当具足持浄戒、若能具足持浄戒、一切如来所讃歎」（T9, 433b）。

5 **【故律云……】** 一例として『十誦律』巻一〇・七法中受具足戒法に「従今聴比丘、有五法成就、満五歳、不受依止。何等五。一知犯、二知不犯、三知軽、四知重、五誦波羅提木叉利広説。雖復受戒歳多、不知五法、応尽寿依止他住」（T23, 151a）とある。

6 **【淳薄】** 時代やそこに生きる衆生によって、仏道の信仰や実践のあり方に秀でたときと劣ったときとがあること。その様相は「淳薄」あるいは「澆淳」という語で道宣著作にしばしば見られる。『広弘明集』巻六・弁惑篇・列代王臣滞惑解上「所以宋唐両帝、王顔等賢、鑑物性之昏明、暁時縁之淳薄」（T52, 123c）。『釈門帰敬儀』巻上「謂時渉澆淳、情分利鈍」（T45, 854c）。

7 **【実録】**『出三蔵記集』序「秉牘凝翰、志存信史。三復九思、事取実録。有証者既標、則無源者自顕」（T55, 001b）。『行事鈔』巻下・沙弥別行篇「有人言、下三衆、律並制罪者、謂是剰結、非是実罪、此是人語。聖教正翻実録、弥須敬行」（T40, 151c）。

8 **【軽侮聖言……】**『行事鈔』序「余智同蛍曜、量実疎庸、何敢軽侮猷言、動成戯論」（T40, 003c）。

9 **【異同之見】** 後句「是非之迷」と併せ、異なった部派の律が中国に複数伝来したことによる、諸律間の不一致を意味する。『行事鈔』序「自仏法東流、幾六百載、諸師穿鑿、判割是非、競封同異、不可称説。良由尋討者不識宗旨、行事者昏於本趣」（T40, 002b）。

10 **【反隅】** 事物の一端（一隅）から他（三隅）を類推することを指すか。『論語』述而「挙一隅而示之、不以三隅反、則吾

不復也」。『正源記』巻一「反隅者、隅即方隅也。謂遍執一隅之見。若能挙一知三、方曰通解」（X40, 790c）。

11 【故仏言……】 たとえば『四分律』巻四四・瞻波揵度に「作白四羯磨、不如白法作白、不如三羯磨法作羯磨、非法非毘尼、羯磨不応爾」（T22, 887a）、巻五七・毘尼増「是故諸比丘、汝等当随順文句、勿令増減違法毘尼。当如是学。仏説如是」（T22, 990b）とある。『行事鈔』巻上・通弁羯磨篇「故律云、若作羯磨、不如白法作白、不如羯磨法作羯磨。如是漸漸令戒毀壊、以滅正法。当随順文句、勿令増減違法毘尼。当如是学」（T40, 011a）。

12 【慈誥】『続高僧伝』巻一四・義解篇・慧頵伝「余（道宣）学年奉侍、歳盈二紀。慈誥温洽、喜怒不形、誨以行綱、曲示纖密」（T50, 534ab）。なお、律の教えと慈悲との関連は『阿毘曇毘婆沙論』巻一「復次修多羅依力故説、毘尼依大慈故説、阿毘曇依無畏故説」（T28, 002a）や『四分律』巻六〇・毘尼増「爾時世尊、在跋闍国池水辺、告諸比丘、汝等謂我為衣服飲食疾病医薬床臥具、而説法耶。諸比丘白仏言、大徳、我等不敢生如是意。謂世尊為衣服乃至臥具故而説法。仏言、若不以是、為作何心。諸比丘答言、我等作如是意。世尊慈念衆生故、而為説法」（T22, 1013b）等にみえ、道宣もこれらを引用する。『行事鈔』序「第一序教興意。夫至人興世、益物有方、随機設教、理無虚授。論云、依大慈門、説於毘尼。故律云、世尊慈念故、而為説法」（T40, 001c）。

13 【機務】 嵆康「与山巨源絶交書」（『文選』巻四三）「又人倫有礼、朝廷有法、自惟至熟、有必不堪者七、……心不耐煩、而官事鞅掌、機務纏其心、世故繁其慮、七不堪也」。『戒壇図経』戒壇賛述弁徳「維唐乾封二年仲春八日、京師西明寺沙門釈道宣、乃与宇内嶽瀆諸州沙門、商較律儀、討撃機務」（T45, 817b）。

14 【統関諸部】 道宣の戒律研究の方法論を表わす語。『行事鈔』序「或義雖必立、当部無文、則統関諸部、以息余謗」（T40, 002c-003a）。『量処軽重儀』「即以当律為正、上下求文。文或隠顕、非明断者、則統関諸部、例決相成」（T45, 840ab）。

15 【撮略正文】 前掲註14に同じく、道宣の律学の特色を表わす語。『行事鈔』序「夫鈔者、固令撮略正文、包括諸意也」（T40, 003c）。

16 【蔵迹】 徐陵「東陽双林寺傅大士碑」（『全陳文』巻一一）「夫至人無己、屈体申教、聖人無名、顕用蔵跡」。

17 【要分為八】 羯磨には、心念法・対首法・衆僧法の三種があり、さらに心念法には但心念法・対首心念・衆僧心念の三種があり、対首法には但対首法・衆法対首の二種があり、衆僧法には単白・白二・白四の三種があり、合計で八種となる。『行事鈔』巻上・通弁羯磨篇（T40, 011c-012a）参照。

18 **【心念】**突吉羅を懺悔するときなど、軽い事柄の際に用いられる羯磨。『行事鈔』巻上・通弁羯磨篇「心念法者、事是微小、或界無人、雖是衆法及以対首、亦聴独秉、令自行成、無犯戒事。発心念境、口自伝情、非謂不言而弁前事。毘尼母云、必須口言。若説不明了、作法不成」（T40, 011c）。

19 **【白四】**受戒など重要な事柄を決議するときに用いられる羯磨。『行事鈔』巻上・通弁羯磨篇「三者白四。受戒・懺重・治挙・訶諫。事通大小、情容乖舛。自非一白告知三法量可、焉能弁得。以三羯磨、通前単白、故云白四」（T40, 012a）。

20 **【成済之功】**『三国志』巻四・魏書四・高貴郷公紀「見其好書疏文章、冀可成済、而情性暴戻、日月滋甚」。『行事鈔』巻上・通弁羯磨篇「謂施造遂法、必有成済之功焉」（T40, 011a）。

『四分律刪補随機羯磨疏』

［釈文］

四分律刪補随機羯磨疏序

大唐沙門釈道宣　於終南山豊徳寺撰

観夫聖人之利見也、妙以清澄界繫[1]、亡我静倒[2]、以為言焉。故張三学之教源、顕八正之道業、揚四部之清訓、樹五衆之良規、莫不横厲重関[3]、高翔極有者矣[4]。然則学雖多位、誡戒居先。豈不以衆善宏基依因之所本也。自古詳教、咸分両途。化教[5]則通被道俗、専開信解[6]之門。行教[7]則局拠出家、唯明修奉之務。三輪[8]則摂於憶念、四蔵[9]則統在毘尼。義約則行教所収、従文則帰承法聚[10]。止作両善[11]、名実昧於即機、受随二戒[12]、願行標於時衆。所以前修後進、成誦維持、代漸浮訛、不無沿濫。

自法流東夏、開務寔繁、戒本羯磨、争分異轍。良由受体止持、摂修之極、無越戒本、拠行作持、量処之要、其唯羯磨。戒本序致[13]、如別所陳。羯磨衆氏[14]、義須詳顕。或単翻出〈即古本。曹魏所翻者[15]〉、或依律文〈即今一家[16]〉。依本直誦〉、或準義用〈即光師所述。首云三蔵者〉、或引縁拠〈即願師後述。広子注者〉。酬校諸本、成務紛綸、増減繁略、互見得失。単翻則失於文旨、包挙難尋。依本則得在執拠[17]、前後易惑。準義理雖無爽、蔵跡可嫌。縁拠似是具周、止存別見。並随事尋誦、臧否冥然、唯可巻収、信殊亀鏡。又依本綴疏、広引游辞、附文摘義、尠逢其器。逮于近世、継有作者、盛解律文、空張辞費、至於行事、未見其帰。撫務懐仁、実増労想。

今不揆庸昧、試纂聖言、削彼繁蕪、増其遺漏。具依正量、傍出行用、各顕部類、仍随義挙。指瑕則知過宜改、摘理則思択有蹤、時務則広樹厥儀、同廃則略題名相。本雖行世、於理未陳。故復相従、勒開文義。余[a]老矣。恐徒移日晷、妄損正功、耽滞無益之辞、以送有涯之命。誠不可也。大集法行之言[18]、律頌常一之教[19]、此而不審、余竟何言。

所題曇無徳者、中梵本音、唐言訳之、名為法鏡。部謂党類之別名、運起正法之初位。四分即説之断章、言律乃行所詮教。対彼繁略故題删補、対彼潜務故曰随機。羯磨天音[20]、人翻為業、凡百所被、莫不成済。且開大略、広要如後。

［校勘］

a　余（大谷大学所蔵和刻本）＝餘（続蔵）

［訓読］

四分律删補随機羯磨疏序

大唐の沙門釈道宣　終南山豊徳寺に於いて撰す

観ずるに夫れ聖人の利見たるや、妙に以て界繫を清澄にし、我を亡じ倒を静めて、以て言と為す。故に三学の教源を張《の》べ、八正の道業を顕し、四部の清訓を揚げ、五衆の良規を樹て、横に重関を厲《わた》り、高く極有に翔ける者ならざるは莫し。然れば則ち学に多位ありと雖も、誠に戒 先に居る。豈に以て衆善の宏基・依因の本づく所とせざらんや。古より教を詳らかにするに、咸く両途に分かつ。化教は則ち通じて道俗に被《およ》び、専ら信解の門を開く。行教は則ち局《かぎ》りて出家に拠り、唯だ修奉の務を明らかにす。三輪もてすれば則ち憶念に摂められ、四蔵もてすれば則ち毘尼に統べらる。義もて約せば則ち行教の所収、文に従れば則ち法聚に帰承す。止作の両善は、名実 即機に昧く、受随の二戒は、願行 時衆に標《しめ》す。所以に前修・後進、誦を成して維持するも、代《とき》漸く浮訛にして、沿濫無くんばあらず。

法の東夏に流れてより、開務 寔に繁く、戒本・羯磨、争いて異轍を分かつ。良に受体止持の、摂修の極みは、戒本を越えること無く、拠行作持の、量処の要は、其れ唯だ羯磨のみなるに由る。戒本の序致は、別に陳べる所の如し。羯磨の衆氏は、義 須らく詳顕すべし。或は単翻の出〈即ち古本。曹魏に翻ずる所の者なり〉、或は律文に依る〈即ち今の一家。本に依り直誦す〉、或は義用に準ず〈即ち光師の述べる所。首に三蔵と云う者なり〉、或は縁拠を引く〈即ち願師 後に述ぶ。子注を広くする者なり〉。諸本を酬校しては、成務紛綸として、増減繁略あり、互いに得失を見る。単翻なれば則ち文旨を失い、包挙して尋ね難し。本に依れば則ち執拠に在ることを得るも、前後 惑い易し。義に準ずれば理として爽《たが》うこと無しと雖も、跡を蔵《かく》すは嫌《いと》うべし。拠に縁《よ》れば是れ具周なるが似《ごと》きも、止だ別見を存するのみ。並びに事に随い尋ね誦するも、臧否冥然として、唯だ巻収すべきも、信に亀鏡に殊なる。又本に依りて疏を綴るも、広く游辞を引き、文に附いて義を摘《と》るも、其の器に逢うこと尠なし。近世に逮び、継ぎて作る者有り、盛んに律文を解するも、空しく辞費を張《の》ぶるのみにして、行事に至りては、未だ其の帰を見ず、務に撫《やす》んじ仁を懐くも、実に労想を増す。

今庸昧を揆《はか》らず、試みに聖言を纂《あつ》め、彼の繁蕪を削り、其の遺漏を増す。具さに正量に依り、傍《あま》ねく行用を出だし、各おの部類を顕し、仍お義挙に随う。瑕《あやまり》を指《しめ》しては則ち過ちの宜しく改めるべきを知り、理を摘《と》りては則ち択ぶことの蹤有るを思い、時務は則ち広く厥の儀を樹て、同廃は則ち略して名相を題す。本より世に行わると雖も、理に於いて未だ陳べず。故に復た相従いて、文義を勒開す。余 老いたり。恐らくは徒らに日晷を移し、妄りに正功を損ね、無益の辞に耽滞し、以て涯り有るの命を送らん。誠に可ならざるなり。大集法行の言、律頌常一の教、此こにして審らかにせざれば、余は竟に何をか言わん。

題する所の曇無徳とは、中梵の本音、唐言もて之を訳せば、名づけて法鏡と為す。部の謂いは党類の別名、運の起《はじまり》は正法の初位なり。四分は即ち説の断章、律と言うは乃ち行詮《あき》らかにする所の教なり。彼の繁略に対するが故に刪補と題し、彼の潜務に対するが故に随機と曰う。羯磨は天音、人翻じて業と為し、凡百の被ぶ所、成済ならざるは莫し。且く大略を開《しめ》し、広要は後の如し。

［訳文］

四分律刪補随機羯磨疏の序

大唐の沙門釈道宣　終南山豊徳寺において撰す

考えてみるに、仏陀がこの世に出現されて以来、三界の繋縛を取り払ってまことに清澄《きよらか》にされた〔ことこそが衆生に施された利益《やく》であり〕、我への執着をなくし、顚倒した考えを静めるという教えを言葉に乗せて示された。それ故〔その教えとは〕、〔戒・定・慧〕三学の教えを述べ、八正道（正見・正思惟・正語・正業・正命・正精進・正念・正定）を明らかに示し、出家・在家の四部の衆（比丘・比丘尼・優婆塞・優婆夷）の履むべき清らかな訓戒を示し、出家の五衆の正しい生活規則を樹立し、〔それらは〕横さまに迷いの世界の重い扉を開き渡って、高く有頂天を飛び越える〔教え〕に他ならない。そうであれば仏道を学ぶには多くの位があるが、その中でも実に戒学は筆頭に位置付けられる。これこそ諸々の善行の広《おお》いなる軌範であり拠り所である。古くから仏一代の教説は、すべて二つに分類されて示されてきた。化教は出家・在家に共通する教えであり、専ら仏説に対する信仰と理解のあり様を開示するものである。行教は出家者を対象とする教えであり、ひたすら出家生活の務めを明らかにするものである。〔戒学は〕三輪によって分類すれば憶念輪に摂められ、四蔵によって分類すれば毘尼蔵に収められる。戒律の教えの意味内容によれば行教に分類され、文章形式によれば法聚に分類される。止持と作持の二つの善行の教えは名と実の関係が出家者に理解されず、受戒と随戒は受戒が願で随戒が行であることがその時々の出家者に示されていた。よって先学や後学が口誦によって維持してきたが、その後時代はだんだんと衰え乱れ、時代とともに誤った理解がなされるようになった。

仏法が中国へ伝来してから、弘法に務めてきたことはまことに盛んであるが、戒本・羯磨〔のテキストに関して〕は、競って異説を主張している。これは実に、戒本こそが戒体を受けて止持戒をたもち出家者としての摂め修するべきことの極みであるし、羯磨だけが戒行を実践して作持戒をたもち量処の要であることによる。戒本の経緯については別に述べたとおりである。〔諸家によって編集された〕羯磨の諸本のあり様についてはこれから内容を詳しく示したい。あるものは翻訳者が単一のもの〈古本。曹魏の時代に訳出されたもの〉、あるものは律文によるもの〈今の一家の本。律本によって直ちに誦するもの〉、あるものは意味内容に準じているもの〈慧光律師の書き記したもの。冒頭に「三蔵」とあるもの〉、あるものは律の縁起によるもの〈法願律師が後に書き記したもの。注を多く付けているもの〉である。諸本を対校してみると、テキストの作成に混乱があり、それぞれに増と減や繁と略があり、互いに長所と短所がある。翻訳者が単一のものは〔比較検討すべきものがないから〕戒文の趣旨を見失い、〔他のテキストに〕包含されれば特色が見えにくい。律本に依るものは筋道に立ち典拠もあるが、前後の次第が整理されておらず困惑し易い。意味内容に準ずれば筋道を踏み外すことはないものの、仏意を分かりにくくさせてしまう欠点がある。律の縁起によるものは完備しているようであるが、別の解釈をしているに過ぎない。これら

（四種類の諸本）は皆具体的な事柄に沿ってその都度意味を尋ねたり読み上げたりすることもできるが、長所・短所の違いがはっきりせず、収載することはできるものの、まことに軌範とはならない。また律本によって疏を作っても、不正確な言葉が多く引かれ、文にしたがって意味を選びとってはいても、それぞれの器量に合致することが少ない。近年に至っても〔彼らの疏を〕継承して新たに作成する者がいて、律文の新解釈が盛んであるが、空しく言葉を費やすのみで、具体的な事柄（行事）に至ると未だにその帰着点を見ず、務めはげんで、人を救わんとする仁心を抱いている反面、実に徒労感ばかりが増している。

今、自らの凡愚を思わず、試みに仏説を集め、その煩瑣な点を削り、不足している点は増広して、ことごとく正しい根拠に基づいて、あまねく作法（行用）の具体例を示して、それぞれテーマごとに明瞭に分類し、その上で意味にしたがって按排した。欠点があればそれを指摘して間違いは誤りとして改めるべきを知らしめ、正しい理《みち》を選びとればそれは仏の教えを選択した〔ことに他ならない〕ことを思わしめ、当世に必要な務めであればその作法を確立し、当世に必ずしも必要でない事柄は省略してその題名のみを示すことにする。もとより世に実践されていると雖も、正しい意味内容が説明されているわけではない。だから、本来の順序にしたがって羯磨文の意味するところを取りまとめて開示する。私は老いてきた。いたずらに時間ばかりが過ぎ、妄りに仏の教えの功徳を損ね、意味のない言葉に沈溺し、限りある命をむなしく送っている。誠によろしくないことである。『大集経』に説かれる法行としての教説や、『四分律』の常爾一心の教えが、今になっても世の出家者に明瞭に説明できないならば、それ以外の事柄の何を語ろうというのか。

題字の「曇無徳」とは、中インドの本音であり、唐の言葉で訳せば「法鏡」という。「部」は党類の別名であり、その部派の興起は正法の初位《はじめ》である。「四分」は全体の区分のことであり、「律」とは、実践の具体的作法を説明する教え〔行教〕のことである。広律の繁略に対して〔繁を〕「刪」〔り〕〔略を〕「補」〔う〕と題し、広律が具体的実践について不明瞭であることに対して「随機」と名付けた。「羯磨」はインドの音であり、中国の人々の言葉では「業」と訳し、およそすべての業が果を成立させる。ここにしばらく大略を開き示したので、より詳しい要点は後に示すとおりである。

〔語註〕

1 **【界繫】**『倶舎論』巻二・分別界品「十八界中、幾欲界繫、幾色界繫、幾無色界繫。……繫謂繫属、即被縛義」（T29, 007b）。

2 **【静倒】**「倒」は四顚倒。無常と常、苦と楽、無我と我、不浄と浄とにおいて、顚倒して物事を考えること。南本『涅槃経』巻七・四倒品「謂四倒者、於非苦中、生於苦想、名曰顚倒。……以於苦中、生楽想故、名為顚倒。……無常常想、常無常想、是名顚倒。……無我我想、我無我想、是名顚倒。……浄不浄想、不浄浄想、是名顚倒」（T12, 647c-648a）。

3 **【重関】**小乗『涅槃経』巻下「我等従今、誰為帰依。猶若嬰児、失於慈母。三悪道径、日就開闊。解脱之門、方巨重関。一切衆生、沈淪苦海。亦如病人、遠於良医。又似盲者、失所牽導。我等既去無上法王、煩悩之賊、日見侵逼」（T1, 205a）。『離垢慧菩薩所問礼仏法経』道宣序「惟夫、幔幢難偃、三界由此輪迴。愛水未清、四惑因茲流湎。自非独抜、開士出有至人。何能裂愛網而闢重関、質深疑而啓昏趣」（T14, 698b）。

4 **【極有】**三界中の無色界の頂点。『済縁記』巻一「無色天頂、謂之極有」（X41, 084b）。

5 **【化教】**『大乗義章』巻一・三蔵義七門分別「化教所説、名修多羅。行教所説、名曰毘尼。汎宣理事因果是非、是化教也。弁彰行儀、是行教也」（T44, 469a）。『行事鈔』序「顕理之教、乃有多途。而可以情求、大分為二。一謂化教、此則通於道俗、但汎明因果、識達邪正。科其行業、沈密而難知、顕其来報、明了而易述。二謂行教、唯局於内衆、定其取捨、立其網致、顕於持犯、決於疑滞。……」（T40, 003a）。

6 【信解】『法華義疏』巻二・序品「種種信解者、始名為信、終称為解。又鈍根名信、利根名解」（T34, 471b）。

7 【行教】前掲註5参照。

8 【三輪】仏陀の神足・憶念・説法による三種の教化。『四分律』巻三三・受戒犍度「時世尊、度此千梵志、授具足已、将至象頭山中、於象頭山中、有千比丘僧、以三事教化。一者神足教化、二者憶念教化、三者説法教化」（T22, 797a）。『四分律含注戒本疏』巻一「有人言、如来化用、必約三輪。創通道務、要先神足、為無信也。由蒙俗愚識、未暁正邪、雖為闡揚、事如聾瞽、故須顕異駭、動耳目畏威拝手信是聖人。身雖伏従、智開無路、故説法為無解也。神解乃明、煩惑猶結、非可口説、為得清除、義須依行、剋証在己、故須憶念、為無証也。……今此戒学、是後輪収」（X39, 714c-715b）。

9 【四蔵】経・律・論・雑蔵。『智度論』巻一一・初品中・檀波羅蜜法施義「復次有人言、以四種法蔵教人。一修妬路蔵、二毘尼蔵、三阿毘曇蔵、四雑蔵。是為法施」（T25, 143c）。

10 【法聚】犍度（skandhaka, khandhaka）の意訳、ここでは部類別に集められた書物の形式を指す。『済縁記』巻一「且就本律、二衆戒本、二十犍度、皆名法聚。準五百結集文、比丘事、聚在一処、名比丘戒本。尼戒亦然。受戒法、聚在一処、名受戒犍度、乃至諸犍度亦爾。犍度梵言、即翻法聚。是則一部始末、通帰法聚」（X41, 084c）。

11 【止作両善】止持戒と作持戒。『行事鈔』巻中・持犯方軌篇「言止持者、方便正念、護本所受、禁防身口、不造諸悪、目之曰止。止而無違、戒体光潔、順本所受、称之曰持。持由止成、号止持戒。如初篇之類。二明作持、悪既已離、事須修善。必以策勤三業、修習戒行、有善起護、名之為作。持如前解」（T40, 091a）。

12 【受随二戒】受戒と随戒。『行事鈔』巻中・随戒釈相篇「受謂壇場戒体、随謂受後対境。護戒之心、方便善成、称本清浄故也」（T40, 052c）。同「二者戒行、謂受随二戒。遮約外非、方便善成、故名戒行。然則受是要期思願、随是称願修行。……」（T40, 054b）。

13 【戒本序致……】道宣当時までに流布していた戒本には三種ないし四種あったという。本書『比丘含注戒本』序及び『含注戒本疏』序参照。

14 【衆氏】『済縁記』巻一「衆氏猶言諸家」（X41, 085a）。『内典録』巻一〇・歴代所出衆経録目・序「今所撰録、該括衆氏、勘閲正偽、研訪遺逸、偽無所取」（T55, 336b）。

15 【或単翻出……】『内典録』巻二・前魏朝曹氏伝訳仏経録第二「僧祇戒本一巻。右戒本一巻。中天竺国沙門曇柯迦羅、魏云法時。……以嘉平年、於白馬寺、出此戒本一巻、且備朝夕。中夏戒法、始自此焉」（T55, 226c）。同「曇無徳羯磨一巻。右一巻。曇無徳者、魏云法蔵。……後安息国沙門曇諦、以高貴郷公正元二年、届于洛汭。妙善律学、於白馬寺、衆請訳出」（T55, 227a）。なお『大正蔵』では、曹魏・康僧鎧訳『曇無徳律部雑羯磨』及び曇諦訳『羯磨』（いずれもT22所収）が該当するが、別の説もある。後掲註16参照。

16 【即今一家……】本句について諸家の注釈は解釈が一致しない。すなわち允堪『正源記』は先の「曹魏所翻者」を康僧鎧訳の羯磨、「今一家」を曇諦訳とするのに対して、元照『済縁記』は「曹魏所翻者」を康僧鎧・曇諦の二本とする。『正源記』巻一「一家依文者、即曹魏曇諦於洛陽集題云、羯磨一巻出曇無徳律。以結大界為首受日、増乞牒入羯磨。魏郡礪師、受持此本、分為両巻、幷造義釈」（X40, 788c）。『済縁記』巻一「今詳鎧諦二本、並是単翻、倶出曹魏、意以此句、通収二本」（X41, 085a）。

17 【執拠】『行事鈔』巻下・諸雑要行篇「是以僧有法能造、俗有事能作。終日相由、而執拠恒別」（T40, 147bc）。

18 【大集法行之言】『大集経』巻六・宝女品「世尊、云何菩薩修行法行。宝女、菩薩摩訶薩不捨親旧、知恩報恩憐愍一切、有帰依者終不捨棄、至心念於菩提之道、修於忍辱、難施能施摂取衆生慈心護戒、思惟善義護持正法、楽法念法持法楽静、独処空閑心無悔退、善護衆生浄身口意、為四無量発大荘厳、常勧衆生於菩提道、凡所講論先讃大乗、不先許人後生悔心、清浄其行知足少欲、不慳不妬不断聖種、心無諍訟了知因果、信聞戒施慚愧智慧、親近善友随師長教、心無憍慢、恭敬礼拝長老有徳、離貪恚痴我及我所、常念仏法僧施戒天、得供養時其心不高、常勤修行六波羅蜜空無相願諸善方便、不見我常衆生寿命士夫之相、修四念処乃至八正道分、是名菩薩修行法行」（T13, 037c-038a）。

19 【律頌常一之教】『四分律』巻四〇・衣揵度「仏告諸比丘、慎汝心念、摂持威儀、此是我教。云何比丘慎汝心念。若比丘観内身身意止、精勤摂持念不散乱、調伏貪嫉世間憂悩、観外身身意止、精勤摂持念不散乱、調伏貪嫉世間憂悩。観内外身観受心法亦如是。如是比丘得正心念。云何摂持威儀。比丘若出若入屈伸俯仰、執持衣鉢若飲若食若服薬、大小便利、若眠若覚、若来若去、若坐若住、若睡若覚、若語若黙。常爾一心、是謂比丘摂持威儀」（T22, 856a）。『続高僧伝』巻二二・明律篇・論「律又述云、常爾一心念除諸蓋。固復懐斯試叙、微有箴銘。将用体鏡如流。且復昭彰于後耳」（T50, 622c）。

20 **【羯磨天音……】**『羯磨疏』巻一「初釈名者、所言羯磨者、中梵本音、此翻為業。業謂成済前務、必有達遂之功。故明了論中、亦同翻業。現今訳経、声伝羯磨、必翻称業」（X41, 088a）。

『釈門集僧軌度図経』

［釈文］

釈門集僧軌度図経

終南山沙門道宣述

序曰、若夫撃鼓誡兵[1]、鳴椎集衆、将欲整群有之参差、節凡情之壅滞也。況復撞鐘撃鼓、則道振三千、鳴磬撾搥[a][2]、則教弘万載。声聞雖往、而風彩若新、正軌乃遥、而乗機不絶。重以法螺法鼓法電法雷[3]、莫不発越淪胥、疎通視聴。斯則導幽途之明略、開至道之康衢。性相[4]以之逾明、真俗由之通悟。若乃苦輪[5]未静、至人興停毒之悲、畏道靡夷、大聖懐塗炭[6]之切、所以立斯節度、勗示[7]蒙心[8]。故使滅定開士、響徹而起深禅、散慮明人、声伝而入顕衆。落塵封於念後、息凍爍於目前、啓迷夢之生常、発情識之聾瞽[9]。

大小両食[10]、成済在於犍槌[11]、同別二衆[12]、匡護由乎声動。六時因茲而察念、七衆自此以来儀、三業寄而擒績、八部因之廻首[b]。

故得懸諸簨簴[13]、処以楼台、鐘鏞於巨細之端、鏘洋於聖凡之耳。至此器也、名実高之、応秋霜之響亮、乗鳧氏[14]之余則。和揚之治、夏庭起於扈川[15]、陜側之渦[16]、周器鳴於晋諜。昔有飲光聖者[17]、位列維那[18]、豆姓真人[19]、員充日直[20]。諸余凡小、無足渉言。

是知、聖徳鴻猷、意存遠挙、正績偕於下武[21]、乗時或在上流、義網施張、陶化[22]恒準。然則有為生滅、静乱[23]難常。越度乖儀[24]、致虧名器。初学軽侮、未摂慮於心猿[25]、前達縦迷、莫控情於意馬[26]。忽有鍾鼓撃作、失定而発狂、攪杵振槌、神惕而心悸。是用籌諸物議、僉曰、非学、不知。敢立様式、委示諸後。言雖繁縟、臨事多迷、剋念切躬、方登正度。足使済済[c]盛徳、緩歩而応疎鍾、鏘鏘[d]令儀、粛然而陞位席。是則六和[27]之侶、不爽於玄模、三念[28]之徒、無虧於法務。当斯時也、豈不盛哉。故知、悦衆[29]之名、義帰於此。遠承遺寄[30]、誠明在斯。図経両鏡、貽諸鋭葉云耳。

［**校勘**］ ＊略号は以下の通り：「日」＝日本享保十八年刊本

a 搥＝槌（日） b 廻＝迴（日） c 済＝々（日） d 鏘＝々（日）

［**訓読**］

釈門集僧軌度図経

終南山の沙門道宣 述ぶ

序に曰く、夫の鼓を撃ちて兵を誡め、椎を鳴らして衆を集むるが若きは、将に群有の参差を整え、凡情の壅滞を節せんと欲すればなり。況や復た鐘を撞き鼓を撃てば、則ち道 三千に振い、磬を鳴らし撾《た》搥《つい》すれば、則ち教え万載に弘む。声聞 往《ふる》きと雖も、而れども風彩 新なるが若く、正軌 乃ち遥かにして、機に乗じて絶えず。重ねて法螺法鼓法電法雷を以てし、淪湑に発越して、視聴に疎通せざるはなし。斯れ則ち幽途を導くの明略にして、至道を開くの康衢なり。性相 之れを以て逾いよ明らかにして、真俗 之れに由りて通《あまね》く悟る。乃ち苦輪の未だ静まらざれば、至人　停毒の悲を興し、畏道の夷らぐるなく、大聖　塗炭の切を懐くが若きは、斯の節度を立てて、蒙心に昜示する所以なり。故に滅定の開士をして、響　徹《とお》りて深禅より起たしめ、散慮の明人をして、声　伝えられて顕衆に入れしむ。落塵は念後に封ぜられ、息湅は目前に爍《と》かされ、迷夢を生常に啓き、情識を聾瞽に発す。

大小の両食《じき》、成済は犍槌《けんつい》に在りて、同別の二衆、匡護は声動に由る。六時は茲に因りて察念し、七衆は此れよりして以て来儀し、三業は寄りて績《いさお》を擒《とら》え、八部は之れに因りて首を廻《めぐ》らす。

故に諸《これ》を簨簴《しゅんきょ》に懸け、処するに楼台を以てするを得、鍾鏞は巨細の端《はじめ》に於てし、鏘洋は聖凡の耳に於てす。此の器に至るや、名実　之れに高く、秋霜の響亮に応じ、鳬《ふ》氏の余則に乗ず。和揚の治は、夏庭　扈川より起こり、陜側の渦は、周器　晋諜に鳴る。昔　飲光聖者は、位　維那に列し、豆姓《づしょう》真人は、員　日直に充たる有り。諸余の凡小は、言に渉るに足る無し。

是に知んぬ、聖徳の鴻猷は、意　遠挙に存して、正績　下武に偕《ととの》い、時に乗じて或いは上流に在り、義網　施張し、陶化　恒準するを。然れば則ち有為　生滅して、静乱　常なり難し。度を越え儀に乖れば、名器を虧くを致す。初学は軽侮して、未だ慮《おもい》を心猿に摂めず、前達は縦迷して、情《こころ》を意馬に控える莫し。忽ち鍾鼓　撃作すること有らば、定を失いて狂を発し、杵《つち》を攬《と》り槌《つち》を振えば、神　惕《おそ》れて心　悸《わなな》く。是を用て諸《これ》を物議に籌るに、僉《みな》曰く、学ぶにあらず、知らざればなりと。敢て様式を立てて、委《くわ》しく諸《これ》を後に示す。

言　繁縟なりと雖も、事に臨みて多く迷い、剋念　躬《み》に切にして、方に正度に登る。済済たる盛徳をして、緩歩して疎鍾に応《こた》え、鏘鏘たる令儀をして、粛然として位席に陞らしむるに足る。是れ則ち六和の侶は、玄模に爽わず、三念の徒は、法務に虧く無し。斯の時に当たるや、豈に盛んならずや。故に知んぬ、悦衆の名は、義　此に帰するを。遠く遺寄を承け、誠明　斯に在り。図経の両鏡、諸を鋭葉に貽《のこ》すと云うのみ。

〔訳文〕

釈門集僧軌度図経

終南山の沙門道宣　述ぶ

序として述べる。太鼓を打ち鳴らして兵士を整然と動かし、犍稚《けんち》を打ち鳴らして僧達を集めるのは、僧衆が勝手に動かないように節度を整え、修行僧の怠惰な心を正そうとするからである。ましてや、また鐘を撞き鼓を打ち鳴らせば、仏道は三千大千世界に響き渡り、磬を鳴らし犍稚を打てば、仏の教えは万年の先まで弘まるのである。仏陀の教えは古より伝えられながら、風彩《おしえ》は常に古びず、正しい軌《おしえ》は遥かな過去より、その時々の人々に適うべく絶えることがない。加えて、法螺・法鼓・法電・法雷をも用い、苦海に淪む人々に菩提心と解脱への思いを起こさせ、よく人々の視聴に働きかける。これこそが冥途の世界より導き出す明快な教えであり、至高の道を開き示す大道である。仏性は即ち真〔言語を超えた本体〕、現象は即ち俗〔言語形象〕であり、この両者を明瞭に示し悟らしめる。それは、生死輪廻の苦が静まらないからこそ、仏陀は〔貪・瞋・痴の〕三毒の世界に苦しむ人々を救わんとの慈悲心を興し、世俗の畏るべき道《さだめ》が夷《のぞ》かれないからこそ、仏陀は〔泥にまみれ炭火に焼かれるような〕甚だしい苦しみに生きる人々を救わんと懐う。これこそが、衆僧の修行にあやまりなきよう、この世間における定めを立て、蒙《くら》い心に覆われた人々に往くべき道をいましめ教える理由である。それ故、鐘・鼓や犍稚・磬の音色を深い禅定の境地にまで徹らせて、そこにある菩薩を起ちあがらせ、思慮分別の世界を解脱した智慧の人にこれらの響きが伝えられて、彼らに僧伽の僧衆の中に入らせるのである。衆生の煩悩は〔開士・明人の〕菩提心の中に封じ込められ、世俗の人々の氷の如くに結ぼれた煩悩も目の前で溶け去るように、日常の生活のうちにありながら迷夢《まよい》に気づかせ、音も形も認識できない誤った状態にあるのが、己の情識《こころ》であることに思いを至らせる。

大食《じき》と小食《じき》の食事は、犍稚を打ち鳴らすことによって滞りなく行われ、同衆（サンガの定めに沿う僧衆）もそうではない僧衆も、その音の響きによって己を匡して戒律を護るのである。六時（晨朝・日中・日没・初夜・中夜・後夜）を告げる犍稚によって僧衆は禅定修行に入り、七衆はこの合図を目途に集まって会座に就き、〔身・口・意〕三業の績《はたらき》に心を集中させ、仏法を守護する八部衆（天・龍・夜叉・乾闥婆・阿修羅・迦楼羅・緊那羅・摩睺羅迦）は振り返って僧衆の修行を見守る。

それ故、犍稚を吊り木に懸けて、楼台に安置し、巨細の別なくひとしなみに鐘や鏞《よう》（大鍾）の音を響かせ、聖者と凡夫の区別なくその鐘や磬の音をその耳に届かせる。このような道具ともなると、それは名称と実体とがともに高く一致し、秋霜の如き明亮な響き、〔周の楽官〕鳧《ふ》氏が鳴らした音にのせるようである。人々の心を和合させる鐘の音は、有扈氏の討伐を誓う夏朝の響き、陝の地が混乱におちいれば、晋によって周朝の明器が安らかに奏でられる。その昔、飲光《おんこう》聖者（摩訶迦葉）は、僧衆を統括して維那の役割を果たし、豆姓《づしょう》真人（目犍連）は、日直の任を務めて、僧団を取りまとめた。言うまでもなく、それ以後多くの凡小《ふつう》の僧達がこの任に当たって来ている。

聖徳《ブッダ》ははるか遠くにまで、その大いなる教えを示された。それは後世の人々によって正しく受け継がれ、時代に応じて般涅槃の境地に在る者が現われ、威儀を正しく整える戒律が広く説き示され、それが基準となって人々を陶冶教化してきた。そうした中にあっても、生・滅、静・乱を繰り返す有為転変の世においては、鐘の音律を無視して叩くことをすれば、いかなる名器であってもその能《はたらき》は発揮されず破壊してしまう結果を見る。初学者は〔鐘の打ち方を〕簡単なことと軽んじ侮り、猿のようにせわしく騒ぐ心を摂《おさ》めようとせず、先に進む者も心が乱れ迷って、馬のように走り回る情《こころ》を抑えられない有様である。〔そのような心持ちのまま〕たやすいこととして鍾や鼓を打つようなことがあれば、心身の安定を失ってもの狂いとなり、杵や槌を手に取り振りまわせば、神《こころ》は恐れわななく。

そこで、どうしてこうなるのかを僧団の議論の場にあげてみると、皆、〔鐘の打ち方を〕学んでおらず、知らないからだと言うので、鐘を打つ様式をあえて立てて、その詳細を後世に示そうと思う。

事柄の説明に費やす言葉は多い反面、実際に鐘を打つに当たって大抵の場合どのようにしてよいのか迷っており、よく心に念《おも》いよく躬ら実行すれば、そこで初めて迷いのない世界（正度）に登るのである。威儀を具えた高徳の僧が、音律にかなった鐘の音に応えるように緩やかに歩き、令《よ》き響きを具えた鐘声は、高徳の人々を粛然たる中にそれぞれの座席に登らせる。こうして〔互いを敬いあう〕六和敬を実践する修行僧は、玄妙な規範に背くことなく、〔憂いや喜びに心を動かされない〕三念処を保つ僧は、定められた法務を欠くことがない。この時にこそ、仏法は盛んとなる。それ故、悦衆の名の意味は、法務を司るというところに帰着する。遠く先人から受け継がれてきた誠に明らかな教えはここに記されている。〔鐘の打ち方について〕『軌度図経』と『祇洹寺図経』の両書を秀れた人々に伝えたいと思うのみである。

〔語註〕

1 【撃鼓誡兵……】 北本『涅槃経』巻一三・聖行品「善男子、世法有五種、一者名世、二者句世、三者縛世、四者法世、五者執著世。……云何法世。如鳴搥集僧（搥＝元・明・宮本「椎」）、厳鼓戒兵、吹貝知時、是名法世」（T12, 443ab）。

2 【撾搥】 用例未詳。撾《た》はうつ、搥《つい》は槌で打つ、ここでは犍稚あるいは打木を打つ。

3 【法螺法鼓法電法雷】『無量寿経』巻上「釈梵祈勧、請転法輪。以仏遊歩、仏吼而吼。扣法鼓、吹法螺、執法剣、建法幢、震法雷、曜法電、澍法雨、演法施。常以法音、覚諸世間。光明普照、無量仏土、一切世界、六種震動。総摂魔界、動魔宮殿。……」（T12, 266a）。また『無量寿経義疏』巻上（T37, 096bc）参照。

4 【性相】『智度論』巻三一・釈初品中・十八空義「性言其体、相言可識」（T25, 293b）。

5【苦輪】『仁王般若経』巻上・菩薩教化品「今於仏前以偈歎曰……仏衆法海三宝蔵、無量功徳摂在中。十善菩薩発大心、長別三界苦輪海」（T8, 827b）。

6【塗炭】『尚書』商書・仲虺之誥「有夏昏徳、民墜塗炭。天乃錫王勇智、表正万邦、纘禹旧服」。

7【勗示】『高僧伝』巻二・訳経篇・鳩摩羅什伝「故託意九経、遊心十二、乃著通三世論、以勗示因果」（T50, 332b）。

8【蒙心】「長沙王答（神滅論）」（『弘明集』巻一〇）「睿旨淵凝、機照深邈、可以筌蹄惑見訓誘蒙心」（T50, 060c）。

9【聾瞽】『法鏡経』序「鬄髪毀容、法服弥為、靖処廟堂、練情攘穢、懐道宣徳、開導聾瞽」（T12, 015a）。

10【大小両食】時食（比丘が午前中にとる食事）のうち、大食は正午前の昼食、小食は朝の軽食。『四分律』巻一〇・三十捨堕法「時諸比丘、朝受小食已、入村乞食。足食已、還僧伽藍中、以朝所受食、与諸比丘。諸比丘足食已不食、便棄之。衆鳥諍食鳴喚」（T22, 627a）。『行事鈔』巻下・訃請設則篇「五百問云、但打犍椎、即得食供。不問請与非請。何以故。打犍椎本、為集僧故。二往計法。四分云、若欲受請、応往衆僧常小食大食処住。若檀越白時到者、上座応在前、如雁行而去、諸比丘、応偏袒右肩、在後行」（T40, 135c）。

11【犍槌】犍稚・犍椎に同じ。訳文では「犍稚」に統一した。寺院で用いる木製や銅製の打楽器。『行事鈔』巻上・集僧通局篇「出要律儀引声論、翻犍〈巨寒反〉稚〈音地〉。此名磬也。亦名為鐘」（T40, 006c）。

12【同別二衆】同衆は、衆比丘と同一界に住する僧。別衆は、衆比丘と同一界に住しながらも、自ら乖離して法事を同じくしない僧。『行事鈔』巻上・足数衆相篇「次明別衆〈謂同一界住、相中有乖、不同僧法。故云別衆也〉」（T40, 009a）。

13【簨簴】簴は虡に同じ。簨はよこ木、虡は縦木。鍾・磬・鼓等を懸けるつり木のこと。『礼記』檀弓上「孔子曰、……是故竹不成用、瓦不成味、木不成斲、琴瑟張而不平、竽笙備而不和、有鐘磬而無簨虡。其曰明器、神明之也」。

14【鳧氏】鳧氏は周礼の官名。音楽を掌り、鐘を鋳る。『周礼』冬官・考工記「攻金之工、築氏執下斉、冶氏執上斉、鳧氏為声、栗氏為量。段氏為鎛器、桃氏為刃。……鳧氏為鍾、両欒謂之銑、銑間謂之于、于上謂之鼓、鼓上謂之鉦、鉦上謂之舞」。

15【夏庭起於扈川】父の禹を継ぎ夏帝に即位した啓は、自らに従わない有扈氏（陝西省鄠県）を討伐した。戦いに先立ち、

啓が六卿に対し宣誓したのが「甘誓」である。『尚書』夏書・甘誓「啓与有扈戦于甘之野、作甘誓。大戦于甘、乃召六卿、王曰嗟、六事之人、予誓告汝、有扈氏威侮五行、怠棄三正、天用勦絶其命。今予維共行天之罰。左不攻于左、右不攻于右、汝不共命。御非其馬之政、汝不共命。用命、賞于祖。弗用命、戮于社、予則孥戮汝」。

16【陝側之渦……】春秋五覇のひとり晋の文公（重耳）は、周の内乱を治めて異母弟の叔帯に放逐されていた襄王を復位させた。陝側は陝原（河南省三門峡市）を東西分割の境界に定めた周王朝を指す。『史記』巻四・周本紀「〔襄王〕十七年、襄王告急于晋、晋文公納王而誅叔帯。襄王乃賜晋文公珪鬯弓矢、為伯以河内地与晋」。

17【飲光聖者】飲光すなわち摩訶迦葉は仏十大弟子の一人、頭陀第一。『法華文句』巻一下「摩訶迦葉、此翻大亀氏。其先代学道。……亦云飲光。迦葉身光、亦能映物」（T34, 009c）。

18【位列維那】『十誦律』巻三四・八法中臥具法「仏在舎衛国。爾時、祇陀林中僧坊中、無比丘知時限唱時、無人打揵稚、無人掃灑塗治講堂食処、無人次第相続敷床榻、無人教浄果菜、無人看苦酒中虫、飲食時無人行水、衆散乱語時、無人弾指。是事白仏、仏言応立維那」（T23, 250b）。『僧史略』巻中・僧寺綱糾「案西域知事僧総曰羯磨陀那、訳為知事、亦曰悦衆。謂知其事、悦其衆也。稽其仏世、飲光統衆於霊鷲、身子涖事於竹林」（T54, 242bc）。

19【豆姓真人】豆姓すなわち摩訶目揵連は仏十大弟子の一人、神通第一。『法華文句』巻一下「大目揵連、姓也、翻讃誦。文殊問経翻莱茯根。真諦云、勿伽羅、此翻胡豆」（T34, 013b）。

20【員充日直】『賢愚経』巻三・貧女難陀品「是時、目連次当日直、察天已暁、収灯摒擋。見此一灯、独燃明好、膏炷未損、如新燃灯、心便生念。白日燃灯、無益時用。欲取滅之、暮規還燃。即時、挙手扇滅此灯、灯焔如故。無有虧滅。復以衣扇、灯明不損。仏見目連欲滅此灯、語目連曰、今此灯者、非汝声聞所能傾動。正使汝注四大海水、以用灌之、随嵐風吹、亦不能滅。所以爾者、此是広済、発大心人所施之物。仏説是已」（T4, 371a）。

21【下武】『詩』大雅・下武「下武維周、世有哲王。三后在天、王配于京」。

22【陶化】『淮南子』巻八・本経訓「天地之合和、陰陽之陶化万物、皆乗人気者也。是故上下離心、気乃上蒸、君臣不和、五穀不為」。

23 【静乱】慧遠「廬山出修行方便禅経統序」(『出三蔵記集』巻九)「是故洗心静乱者、以之研慮。悟微入微者、以之窮神也」(T55, 065c)。

24 【越度乖儀……】興善寺の神鐘が、打ち方を知らない維那によって壊されてしまったことを指す。本書「摘要」参照。

25 【心猿】煩悩や欲情のために散乱して定まらない精神を譬える。『維摩経』巻下・香積仏品「以難化之人心、如猿猴故、以若干種法、制御其心、乃可調伏。譬如象馬、𢤱悷不調、加諸楚毒、乃至徹骨、然後調伏。如是剛強難化衆生、故以一切苦切之言、乃可入律」(T14, 553a)。『続高僧伝』巻七・義解篇・亡名伝「英賢才芸、是為愚弊。捨棄淳樸、耽溺淫麗。識馬易奔、心猿難制。神既労役、形必損斃。邪経終迷、修塗永泥。莫貴才能、是曰惛懵」(T50, 482a)。

26 【意馬】前掲註25参照。

27 【六和】六和敬、すなわち身業同・口業同・意業同・同戒・同施・同見。『資持記』上一下・釈集僧篇「和者有六。戒見利三名体和。身口意三名相和。又初果已去名理和。所証同故内凡、已還名事和。即六和也」(T40, 185c)。

28 【三念】『大乗義章』巻一九・三念処義「三念処義、如経中説。一切衆生、是仏如来生念境界、故云念処。念処不同、随境分三。一是正衆。二是邪衆。三非正非邪。如来自知己法最勝、然於所受者、不生喜心、是初念処。於不受者、不生瞋心、第二念処。於彼非受及非不受中容人所、不生痴捨、常得浄心、第三念処。……久於衆生修習平等大捨心故、深観衆生無我人故、了知諸法性空寂故、故於三衆得平等心」(T44, 845c)。

29 【悦衆】前掲註18参照。

30 【遺寄】『続高僧伝』巻二四・護法篇・論「但令法住、投鼎鑊其如帰、既属慧明、処濁世其如夢。故能不負遺寄、斯伝之有蹤乎已矣」(T50, 641a)。

『教誡新学比丘行護律儀』

［釈文］

教誡新学比丘行護律儀

終南山沙門道宣述

観夫創入道門、未即閑其妙行[1]、要遵承以法訓、方乃暁其律儀。事若闕於師承、持護冥然無準。故知、不有教誡、行相誰宣、不有学人、軌模奚設。

然釈迦行化、法本西天、自金口収光、言流東域。化教含其漸頓[2]、灑定水[3]於三千、制教軽重斯分、熏戒香[4]於百億[5]。律制五年依止[6]、意在調伏六根。有智聴許離師、無智猶須尽寿。屢有初心在道、触事未諳、曾不尋其教章、於法毎纏疑網。或非制而制[7]、是制便違。或云、我是大乗之人、不行小乗之法。如斯者衆、非一二三。此則内乖菩薩之心、外闕声聞之行、四儀既無法潤、乃名枯槁衆生[8]。若此等流、古今不絶。自非持法達士、孰能鑑之者哉。時有学人、運情疏躁、求行者少、求解者多。於制儀門、極為浮漫。

夫以、不修禅那三昧、長乖真智之心、不習諸善律儀[9]、難以成其勝行。是以古今大徳、実為世者良田[10]、浄業成於道儀[11]、清白円於戒品。気高星漢、威粛風雲、徳重丘山、名流江海。昂昂聳傑、秀学[a]千尋、浩浩深慈、恩波万頃。懐師子之徳[12]、現象王之威[13]。人天讃承、龍神欽伏。実謂、蒼生有感、世不空然[14]。所以徳焔聯輝、伝光靡絶。雅行堅操、真僧宝[15]焉。

予乃愧省下流[16]、実懐慚於[b]上徳[17]、準教纂斯清訓、以将呈誨未聞。夫戒律之宗、理[c]有任持之志[18]。遂使内自増其心善、外令儀軌[19]可観。凡諸行条、件録之[d]後、用光新学。幷題序云。行相法都四百六十五[e][20]条、在下具明。

［校勘］＊略号は以下の通り：「宗」＝安政五年刊宗教大学蔵本

a学＝嶽カ（宗）。＝嶽（続蔵） b於＝なし（宗・続蔵） c理＝なし（宗・続蔵） d之＝之於（宗）。＝於之（続蔵） e五＝六カ（宗）。＝六（続蔵）

［訓読］

教誡新学比丘行護律儀

終南山の沙門道宣 述ぶ

観ずるに、夫れ創めて道門に入るに、未だ即ち其の妙行に閑《なら》わざれば、要ず遵承するに法訓を以てし、方に乃ち其の律儀を暁《さと》らん。事 若し師承に闕けば、持護するも冥然として準るもの無し。故に知んぬ、教誡有らずんば、行相 誰か宣べん、学人有らずんば、軌模 奚ぞ設けん。

然れども釈迦 化を行うは、法 西天を本とし、金口 光を収めてより、言 東域に流る。化教は其の漸頓を含みて、定水を三千に灑ぎ、制教は軽重 斯に分かたれて、戒香を百億に熏ず。律に五年の依止を制するは、意 六根を調伏せしむるに在り。智有るものは師より離るるを聴許し、智無きものは猶お須らく寿を尽くすべし。屢しば初心の道に在りて、事に触れては未だ諳《あきら》かならざるもの有り、曾て其の教章を尋ねず、法に於て毎に疑網に纏わる。或いは制に非ざるに而も制とし、制を是として便ち違う。或いは云く、我は是れ大乗の人、小乗の法を行ぜずと。斯の如き者は衆く、一二三にあらず。此れ則ち内は菩薩の心に乖り、外は声聞の行に闕き、四儀 既に法の潤い無く、乃ち枯槁の衆生と名づく。此の若き等の流は、古今絶えず。法を持《たも》つの達士に非ざるよりは、孰れか能く之れに鑑みる者ならんや。時に学人有るも、運情疏躁にして、行を求むる者は少なく、解を求むる者多し。制・儀の門に於ては、極めて浮漫為り。

夫れ以えらく、禅那三昧を修めざれば、長く真智の心に乖り、諸善律儀に習わざれば、以て其の勝行を成じ難し。是を以て古今の大徳の、実に世の良田為るは、浄業は道儀に成り、清白は戒品に円かなればなり。気は星漢に高く、威は風雲に粛《つつし》み、徳は丘山より重《とうと》く、名は江海に流《し》かる。昂昂たるかな聳傑、秀学千尋たり、浩浩たるかな深慈、恩波万頃なり。師子の徳を懐きて、象王の威を現ず。人・天 讃え承け、龍・神 欽しみ伏す。実に謂えらく、蒼生に感有れば、世は空然ならずと。所以に徳焔は輝きを聯《つら》ね、伝光は絶えること靡し。雅《ただ》しき行い堅き操は、真に僧宝なり。

予 乃ち愧じて下流に省み、実に懐いて上徳に慚じ、教に準《のっと》りて斯の清訓を纂め、以て将に誨《おしえ》を未だ聞かざるものに呈《しめ》さんとす。夫れ戒律の宗《おしえ》は、理として任持の志有り。遂に内は自ずから其の心の善を増せしめ、外は儀軌をして観るべからしむ。凡諸の行条、件は之れを後に録して、用って新学を光《て》らす。幷びに序に題すとしか云う。行相の法は都て四百六十五条なり、下に在りて具に明らかにす。

［訳文］

教誡新学比丘行護律儀

終南山の沙門道宣が述べる

新学の比丘が仏道に入門した時を観てみると、まだ戒律に基づく修行に熟達しておらず、必ず仏の法訓《おしえ》に遵って継承し、そこで始めて戒律の儀《おしえ》を暁るのである。〔戒律の〕事柄について師からの教えの授受が万全でなければ、仏の教えを冥然たる仏力を以て護持しようとしても、拠り所がなくなってしまう。だから、教導し誡める者がいなければ、具体的作法を明らかにしてくれる者もおらず、仏道を学ぶ者がいなければ、戒律が設けられることもない。

ところで、釈迦の教化は、西天《インド》の法に基づく。仏陀が涅槃に入り、その金口の説法が終わると、その言葉は東方に伝わり、〔経典・論書に説かれた〕化教には漸教と頓教が含まれ、仏の教えである禅定の水は三千世界に洒がれ、仏によって制《さだ》められた教えとして戒律は軽戒と重戒に分けられて、その戒香《おしえ》を百億の国に薫り立たせている。律に五年の間、師の下にあって修行すると制定されているのには、六根（眼・耳・鼻・舌・身・意）の働きを制御するところに意図がある。智慧の有る者は師のもとを離れることを許され、智慧の無い者は寿命が尽きるまで師の下を離れることができず、修行しなければならない。しばしば初心の修行者に仏道修行の際、何事も折にふれ理解できぬままの者がおり、かつて一度として戒律の条文を学ばず、仏法を学ぶ場においてはことあるごとに疑問にからめとられてしまう。例えば禁制されていないことを禁制と誤解し、または禁制されていることを禁制されていないと誤解して違反してしまったりする。あるいは、私は大乗仏教の実践者であるから、小乗の法は行わないと言う者もいる。このような者は多く、一人二人や三人にとどまる数ではない。こういった人々は、内面は菩薩乗の心にもとり、外形も声聞乗の実践を欠いており、行・住・坐・臥の四威儀を守ってもそこには仏法によってもたらされる潤いも無く、枯れ果てた生命のない衆生の名があるばかりである。このような人々は、昔も今も絶えることがない。持律堅固の高僧でなければ、誰がこのような仏の禁戒に己を映して慎み、実践し得ようか。時々に、戒法を学ぶ者がいても、心映えは情に流されて騒がしく、自ら求めて実践する者は少なく、先ず理解を求めてから実践する者が多い。行・住・坐・臥を慎む戒律の門においては、浮漫の極みである。

そもそも思うに、禅那三昧（禅定）を修得しなければ、永遠に真智の心にもとり、諸善をもたらす戒律の教えに熟達しなければ、〔修行に勤《いそ》しむ新学の僧としての〕勝《とうと》い実践は成就し難い。それが為に、古今の大徳が、実に世間に生きる人々の良田であったのは、その清浄なる実践行が仏陀の教えの下に完成され、その清白《きよらか》な姿が戒律の条項を実践することによって円満成就されていたからである。その出家僧としての心意気は天の川を超えて高く、その威風は風や雲よりも粛み深く、その戒徳は丘や山よりも重《とうと》く、その名声は大河や海の如く広く世に流《つた》えられている。他に秀れて高々と聳えるその学殖は、千尋もの深さ、浩く深い慈悲の心は、大海原の如く慈恩の波となって人々を洗い、仏法を獅子吼する仏陀の徳を懐いとし、象王の威厳を現実のものとする。天人も人もこのような僧を讃嘆し、その教えを承け継ぎ、龍も神々もこのような僧の徳を欽《よろこ》び受けてひれ伏す。実《まこと》に次のように思う。生きとし生けるものが仏徳に感応すれば、世の中は満ち足りたものとなり、それ故に、仏徳の炎は輝き続け、仏の教えを伝える光明も絶えることがない。雅《ただ》しい修行と僧たるに相応しい心映えは、真に僧伽の宝である。

私は僧伽の下流にある自らを省み愧じ、実に上徳たる先達に対し慙愧の念を懐いとし、仏の教えに準《のっと》ってこの〔新学の比丘が履むべき〕清訓を編纂して、仏陀の誨《おしえ》をこれまで聞くことがなかった新学の比丘に呈《しめ》したいと思う。そもそも戒律の宗《おしえ》とは、仏陀の教えを自らの意志で持《たも》つところに道理がある。そうであればこそ、自らの内には自ずとその善心を増やし、外に現われては戒律の教えを遵守させて人々の前にその僧たるに足るすがたを示すのである。凡そこれらの条々について、以下に記録して、新学の修行僧の前途を光《てら》したいと思い、并せて序文として述べた。実践行の相《すがた》を法として示すこと全て四百六十五条を、以下に具《くわ》しく明らかにした。

［語註］

1 【妙行】宗炳「宗答何書」（『弘明集』巻三）「勵妙行以希天堂、謹五戒以遠地獄、雖有欲於可欲、実践日損之清塗、此亦西行而求郢。何患其不至哉」（T52, 018c）。

2 【漸頓】『法華玄論』巻三「答、宋道場寺恵観法師、著涅槃序明教有二種。一頓教、即華厳之流、二漸教、謂五時之説」（T34, 382b）。

3 【定水】『智度論』巻一七・釈初品中・禅波羅蜜「禅為守智蔵、功徳之福田。禅為清浄水、能洗諸欲塵」（T25, 180c）。

4 【戒香】『続高僧伝』巻一七・習禅篇・智顗伝「今開皇十一年十一月二十三日、於揚州総管寺城、設千僧会、敬屈授菩薩戒。戒名為孝、亦名制止。方便智度、帰宗奉極、作大荘厳。同如来慈、普諸仏愛、等視四生、猶如一子云云。即於内第、躬伝戒香、授律儀法」（T50, 566b）。

5 【百億】『梵網経』巻下・盧舎那仏説菩薩心地戒品「我今盧舎那、方坐蓮花台、周匝千花上。復現千釈迦。一花百億国、一国一釈迦。各坐菩提樹、一時成仏道。如是千百億、盧舎那本身」（T24, 1003c-1004a）。

6 【五年依止】『大唐西域求法高僧伝』巻下・貞固律師伝「律云、五歳得遊方、未至歳而早契。十年離依止、不届年而預合」（T51, 010c）。

7 【非制而制】『四分律』巻五七・毘尼増「仏告諸比丘、若比丘非制而制、是制便断。作衆苦業、以滅正法。若比丘非制不制、是制不断。是故汝等、非制不応制、是制不応断。当随所制戒而学、諸比丘聞歓喜」（T22, 990c）。

8 【枯槁衆生】『法華経』巻三・薬草喩品「我為如来、両足之尊。出于世間、猶如大雲。充潤一切枯槁衆生、皆令離苦、得安隠楽、世間之楽、及涅槃楽」（T9, 020a）。

9 【善律儀】梁武帝「断酒肉文」（『広弘明集』巻二六）「又勅捨云、……若謂於善律儀、受殺生分、於不殺戒、無所欠者、是不善律儀人、持八戒斎。是悪律儀、猶応相続。若悪律儀人、持八戒斎。悪律儀不復相続者、是知善律儀人、受諸殺分。是不殺戒、即時便欠別解脱戒、不復解脱。悪律儀人、無論持八戒斎。但起一念善、心悪律儀即。断若一念不断、多念亦応不断。若多念断、是知一念時断。善律儀人、其事亦爾」（T52, 303bc）。『行事鈔』巻中・随戒釈相篇「因明正義、戒者性也。性通善悪、故悪律儀、類亦通周。故云不律儀也。若此立名、戒当禁也。悪法禁善、名之為律。楽殺前生、行順此法、名之為儀。若就善律儀、反解即是。此則以戒、従教立名。又律云、木叉者戒也。此因従果、為号也」（T40, 50c）。

10 【良田】『行事鈔』巻中・篇聚名報篇「出俗五衆、所以為世良田者、実由戒体故也。是以、智論云、受持禁戒為性、剃髪染衣為相。今若氷潔其心、玉潤其徳者、乃能生善種、号曰福田」（T40, 046b）。

11 【道儀】『中本起経』巻上・還至父国品「王告宗室曰、阿夷相言、仏不出家、当作聖王、君四天下。左右侍従、率当端政。今諸弟子類、無姿観。今欲礼娉有道儀容足者、充備僧数、光暉世尊」（T4, 155c）。『釈門章服儀』立体抜俗篇「致使於衣知足、務在無瑕、事清心浄、便懐入道。故十種遺棄之衣、世情所捨、三聖服之無厭、道儀所帰。観事無異俗之嫌、渉理有資神之用」（T45, 835c）。

12 【師子之徳】『智度論』巻七・釈初品中・放光釈論「又如師子、四足獣中、独歩無畏、能伏一切。仏亦如是。於九十六種道中、一切降伏無畏、故名人師子」（T25, 111b）。

13 【象王之威】北本『涅槃経』巻二三・光明遍照高貴徳王菩薩品「善男子、譬如有河、第一香象、不能得底、則名為大。声聞縁覚至十住菩薩、不見仏性、名為涅槃、非大涅槃。若能了了、見於仏性、則得名為大涅槃也。是大涅槃、唯大象王、能尽其底。大象王者、謂諸仏也」（T12, 502b）。

14 【空然】『荘子』外篇・知北遊「光曜問乎無有曰、夫子有乎。其無有乎。光曜不得問、而孰視其状貌、窅然空然、終日視之而不見、聴之而不聞、搏之而不得也」。

15 【僧宝】『大般涅槃経集解』巻九・長寿品「宝亮曰、……故言一仏体之三宝。以覚察之義、為仏宝。体無非法、具衆功徳、故称法宝。体不隔物、必与理和、号曰僧宝也」（T37, 420b）。

16 【下流】『論語』陽貨「子貢曰、君子亦有悪乎。子曰、有悪、悪称人之悪者、悪居下流而訕上者、悪勇而無礼者、悪果敢而窒者」。

17 【上徳】『老子』四一章「故建言有之。明道若昧、進道若退、夷道若纇。上徳若谷、大白若辱、広徳若不足。建徳若偷、質真若渝、大方無隅。大器晩成、大音希声、大象無形」。

18【任持之志】『続高僧伝』巻二四・護法篇・論「遍告、常行其務。遂有撾揵搥於霊岳、声告但為任持、重結法於剡洲、教旨惟尊弘理。……所以身子策名、顕法輪之大将、鞠多徽号、標無相之後仏。五百門学、通号任持、行徳相高、皆称第一。至於乗時御化、通法開宗、弘救之極、勿高身子。良由闢樹園之福地、蕩邪寇之高鋒、偃目連之神力、覆富那之弁慧。此即護法之縁、蓋惟斯矣」(T50, 640ab)。

19【儀軌】『三国志』巻三五・蜀志・諸葛亮伝「評曰、諸葛亮之為相国也、撫百姓、示儀軌、約官職、従権制、開誠心、布公道」。

20【四百六十五条】本文中には全四六六条がみえる。本書「摘要」参照。

『量処軽重儀』

［釈文］

量処軽重儀[1]〈謂亡五衆物也〉本

唐貞観十一季[a]　神州遺僧釈迦道宣緝叙〈乾封二年　重更条理〉

序曰、余昔在帝京、周流講肆[2]、深文伏義[3]、力志幽求。頗嘗清叙、惟以軽重為要。而附事臨機、多随意情、博訪明拠、文義莫憑。先所宗承首律師者[4]、孤情絶照[5]、映古奪今[6]。鈔疏山積[7]、学徒雲踊、斉流五部之輝、通開衆見之表。而準事行用、浩汗難分、学者但可望崖尋途、未通鑽仰。

余曾請訣斯要、直断非疑。便告余云、夫講説者、是通方之大解、豈局一見、而為成済乎。其猶身計国謀[8]、誠不可両遂矣。又以、受通諸部、随相偏闕、若限之一文、則不流衆説。余乃撫膺[9]独慨。学本自摂兼他。今随以微縁、而闇於決滞者、豈名博瞻機教、弘済時俗耶。然則諸律持犯[10]、互説是非、物類重軽、拠量者衆。但約之受体、紛諍自銷。

今此神州、通行四分〈関中先用僧祇[11]、江表由来十誦[12]。及行受戒律儀、皆多四分羯磨〉、即以此律為本。捜括諸部成文、則何事而不詳、何義而非決。遂刪補旧章、撰述事鈔。雖体相[13]諧允、文拠的明、猶恐意用未周、事須広流視聴[14]。至大唐貞観四年、発憤関表[15]、四出求異[16]、伝見者多。并部誦語守文[17]、河陽[18]準疏約断、繁詞瑣語、結軫[19]連衡。有魏郡礪律師[20]者、即亦一方名器。撰述文疏、独歩山東。因往従之、請詢疑滞。而封文格義、語密竟沈。学士守句而待銷、外聴披章而絶思。亦以軽重難断、別録疏文、而前後乱繁、事義淆紊、乃是一隅之慧、猶未通方共行。今約先旧鈔、更引所聞、科約事類、録成別件、名為量処軽重儀也。

［校勘］

a季（日本貞享五年刊本）＝季（大正蔵）

［訓読］

量処軽重儀〈謂うこころは亡き五衆の物なり〉本

唐貞観十一季に、神州の遺僧釈迦道宣 緝叙す〈乾封二年に重ねて更に条理す〉

序に曰く、余 昔帝京に在りて、周く講肆を流《めぐ》り、深文伏義は、力《つと》めて幽求に志す。頗《いささ》か嘗て清叙するに、惟軽重を以て要と為すのみ。而れども事に附し機に臨みては、多く意情に随い、博く明拠を訪ねては、文義 憑るなし。先に宗承する所の首律師は、孤情絶照にして、古を映し今を奪う。鈔疏 山積して、学徒 雲踊し、斉しく五部の輝きを流し、通《あまね》く衆見の表を開く。而れども事に準じて行用するに、浩汗として分け難く、学者 但だ崖に望みて途を尋ね、未だ通くは鑚仰せざるべきのみ。

余 曾て斯の要を訣して、直ちに非疑を断ぜんことを請う。便ち余に告げて云く、夫れ講説とは、是れ通方の大解にして、豈に一見に局《かぎ》りて、成済を為さんや。其れ猶お身計国謀の、誠に両つながら遂ぐべからざるがごとし。又た以えらく、受は諸部に通ずるも、随の相は偏り闕き、若し之れを一文に限れば、則ち衆説を流《つた》えずと。余 乃ち膺《むね》を撫でて独り慨く。学は本より自ら摂めて他を兼ぬ。今 随うに微縁を以てし、決滞に闇き者は、豈に博く機教を瞻て、弘く時俗を済《すく》うと名のらんや。然れば則ち諸律の持犯は、互いに是非を説き、物類の重軽は、量に拠るもの衆し。但だ之れを受体に約せば、紛諍 自ずから銷ゆ。

今 此の神州、通く四分を行い〈関中は先に僧祇を用い、江表は由来十誦なり。受戒律儀を行ずるに及びては、皆 多く四分羯磨なり〉、即ち此の律を以て本と為す。諸部の成文を捜括すれば、則ち何の事として詳らかならざらんや、何の義として決するに非ざらんや。遂に旧章を刪補して、事鈔を撰述す。体相 諧允にして、文拠 的明なりと雖も、猶お恐るらくは意用 未だ周からず、事は須く広く視聴に流《つた》うべし。

大唐貞観四年に至り、憤りを関表に発し、四《よも》に出で異を求むるに、見を伝える者多し。并部は語を誦えて文を守り、河陽は疏に準りて約断し、繁詞瑣語もて、結軫連衡す。

魏郡の礪律師なる者有り、即ち亦一方の名器なり。文疏を撰述し、山東に独歩す。因りて往きて之れに従い、疑滞を詢《と》わんことを請う。而して文を封じ義を格《いた》し、語 密にして竟に沈なり。学士は句を守りて銷《つ》きるを待ち、外聴は章を抜きて思いを絶つ。亦た軽重は断じ難きを以て、別に疏文を録するも、前後 乱繁して、事義 淆紊し、乃ち是れ一隅の慧たりて、猶お未だ通方共行せず。今 先の旧鈔を約して、更に聞く所を引き、科もて事類を約し、録して別件と成し、名づけて量処軽重儀と為すなり。

〔訳文〕

『量処軽重儀』〈軽重を量処するとは亡くなった五衆（比丘・比丘尼・式叉摩那・沙弥・沙弥尼）の所有していた物品〈を分配する際の軽物と重物の判断〉を謂う〉本

唐の貞観十一年（六三七）に神州の遺僧釈迦道宣 事例を集めて述べる

〈乾封二年（六六七）にさらに推敲を加えた〉序として以下に述べる。私は昔、都に在って、広く講席を巡り、経典に隠された奥義を深く求めようと努力してきた。ただ〔戒律の〕軽と重こそが重要であると思い、これまでにもいささか明らかに述べてきた。しかし、事柄や人それぞれの個性に対応して、大抵はそれぞれの意《おもい》と情態に合わせて解決しようと明白な根拠を広く渉獵してみても、〔経律論の中に〕典拠となるべき文章は無かった。これより先、私が尊び仰ぐ智首律師は、そのお心とお姿が〔当時の誰よりも〕孤り屹立し、古〔の律学の伝統〕は律師によって今に伝えられている。『五部区分鈔』や『四分律疏』などの戒律著作は山の積み重なるように多く、大勢の学徒が雲が湧き上がるように走り集まり、五部の律蔵の輝かしい教えを斉しくしき弘め、様々な見解を人々にひろく開き示した。しかし、個々の事例に即して実践しようとしても、〔その内容は〕浩瀚であり明瞭に判別して理解することは難しく、律学を学ぶ者は崖を目の前にして行く道を尋ねるようなもので、いまだ〔律の教えを〕理解して讃仰するまでには至っていない。

私はかつて〔智首律師に〕このような要点を訣《さだ》めて、直ちに間違いや疑問点を説き示して下さることをお願いした。すると、私に対して次のように告げられた。

そもそも講説というものは、普遍的に通用するようにひろく解き示されるものであり、一部派の見解に拘わっていては、律学の成就などできはしない。個々人が五部派それぞれ所伝の律典に拘泥して修めようとすることと、仏陀の教えである律典全体を学ぶこととは、個人の孝による斉家と公たる忠による治国が、両立しがたいことと同様である。また、各部の律典に通じて受戒したとしても、持戒のときに〔一部派への〕偏りや〔他部派への〕無理解があり、律の一文に拘われば、数多の戒律の教えを〔世間に〕伝えられないであろう。

私はその言葉を聞いて胸を打って自分の至らなさを独り慨いた。律学を学ぶとは自ら拠り所とする律を摂めて他の律を兼ね持《たも》つことである。今、微かばかりの機縁によって、〔戒律の〕判断に迷う者には、〔衆生の〕根機と〔仏陀の〕教えを博く見て、衆生を弘く救済するなどとは名乗れる筈もない。だからこそ、諸部派の戒律の持戒・犯戒については、五部派の律がそれぞれ是非を説いており、軽物と重物の判断は、推し量〔って判断す〕ることが多い。受戒した戒律に集約して〔持《たも》てば〕、〔諸部派の律の異なりをめぐる〕乱れや争いは自ずと消えていくのである。

今、この中国では、広く『四分律』が行われており〈関中（渭水盆地）では先に『僧祇律』が用いられ、〔一方、〕江南では以前から『十誦律』によっている。受戒の儀式の際には、『四分羯磨』を用いている〉、この律を根本とする。諸部派の律の明文を探し求め統括すれば、戒律のどのような事柄も詳しく説明され、どのような意味内容も明確に判断できるのである。かくて先達が記した注釈の文章について〔繁雑な箇所を〕刪り〔簡略な箇所を〕補って、『四分律刪繁補闕行事鈔』を撰述した。戒体と戒相は理《すじみち》に適っており、典拠も明らかである。しかしそれでも、意味内容が全て書き尽されてはいないことを恐れるが、実践事項は他の人々の視聴に広く供すべきであると思う。

唐の貞観四年（六三〇）になって、律学を究めようとして関中を出発し、四方を巡り優れた教えを探し求めると、それぞれ見解を伝える者は多かったが、并州（山西省）では律文を唱えて、その文章を墨守し、河陽（河南省孟州）では〔そこにだけ通用する〕注釈書に則って判断し、〔いずれも〕繁雑で瑣末な言葉ばかりが、筋道無く連なり続く有様であった。

魏郡（河北省邯鄲）の法礪律師は、〔智首律師と並んで四分律学における〕もう一方の名匠である。『四分律疏』等の著作を撰述して、山東（旧北斉領域）では並ぶ者がいなかった。そこで彼のもとへ行って教えを受け、未解決の疑問点について教えを請うた。すると、文章に認《したた》めて意味内容を説き明かして下さり、その言葉は深い含蓄に富むものであった。法礪律師門下の学僧たちは疑問が氷解するまで〔法礪律師の注釈の〕一字一句を護り、講義を聴きに来た門下以外の学僧は法礪律師の文章を読んで自らの考えを絶《こ》えた世界に触れるのである。また、軽物と重物の判断は難しいため、別に注釈が記されてあったが、文章の前後が繁雑かつ乱れており、事例ごとの解説も錯雑としてまとまりが無く、そのため、一地方の学説にとどまり、いまだに全土に通《ひろ》く行われないままとなっている。今は先に撰述した『旧鈔』(『行事鈔』)を約《まと》め、さらに自ら聞き集めた解釈も引用して、科目ごとに同類の事例を要約し、〔『行事鈔』に対して〕独立した書物として書き記し、『量処軽重儀』と名付けた。

〔語註〕

1 **【量処軽重】**『続高僧伝』巻二二・明律篇・論「知法世寡、誰弁薫蕕、任縦科治、是非一乱。軽重由其量処、禍福自其心神。出語成刑、曾無再覆」(T50, 622b)。

2 **【講肆】**叡法「毘摩羅詰堤経義疏序」(『出三蔵記集』巻八)「自慧風東扇、法言流詠已来、雖曰講肆、格義迂而乖本、六家偏而不即」(T55, 059a)。

3 **【深文伏義】**『続高僧伝』巻二一・明律篇・智首伝「但関中専尚、素奉僧祇、洪遵律師、創開四分。而兼経通誨、道俗奔随。至於伝文律儀、蓋蔑如也。〔智〕首乃播此幽求、便即対開両設。沈文伏義、亘通古而未弘。碩難巨疑、抑衆師之不解、皆標宗控会、釈然大観」(T50, 614b)。

4 **【首律師】**智首。五六七～六三五年。姓は皇甫氏、安定朝那(甘粛省平涼市)の人。大業十一年(六一五)、道宣に具足戒を授けた。『五部区分鈔』二十一巻や『四分律疏』二十巻を著わす。『続高僧伝』智首伝(T50, 614b-615a)及び「大唐弘福寺故上座首律師高徳頌」(王建中「唐《弘福寺首律師碑》考釈」『碑林集刊』一〇、二〇〇四年)参照。

5 **【孤情絶照】**『高僧伝』巻七・義解篇・道猷伝「及孝武升位、尤相歎重、乃勅住新安、為鎮寺法主。帝毎称曰、生公孤情絶照、猷公直轡独上、可謂克明師匠、無忝徽音」（T50, 374c）。

6 **【映古奪今】** 用例未詳。

7 **【鈔疏山積】**『続開元釈教録』巻中「謹案四分律者、梵云曇無徳、秦言法蔵。……有智首律師、述疏二十一巻。次有慧満律師、造疏二十巻。事各一時流通絶矣。初高祖神堯皇帝、武徳元年歳在戊寅、有相州日光寺法礪律師製疏、至九年景戌成就。総分十巻。宗依成実論、今称旧疏是也」（T55, 760ab）。前掲註4及び『行事鈔』註14を併せ参照。

8 **【身計国謀……】**『顔氏家訓』巻五・帰心篇「釈四曰、……抑又論之。求道者、身計也、惜費者、国謀也。身計国謀、不可両遂。誠臣徇主而棄親、孝子安家而忘国、各有行也」。

9 **【撫膺】**『列子』説符篇「有斉子亦欲学其道、聞言者之死、乃撫膺而恨」。

10 **【持犯】**『資持記』中四上・釈持犯篇「持犯名義、如下名字門自釈。持謂執持、犯即侵犯」（T40, 331b）。

11 **【関中先用僧祇】**『続高僧伝』巻二一・明律篇・洪遵伝「先是関内、素奉僧祇、習俗生常、悪聞異学。乍講四分、人聴全稀。還是東川、讃撃成務。遵欲広流法味、理任権機。乃旦剖法華、晩揚法正、来為開経、説為通律。屢停炎澳、漸致附宗。開導四分、一人而已。迄至于今、僧祇絶唱」（T50, 611c）。また前掲註3参照。

12 **【江表由来十誦】**『続高僧伝』巻二二・明律篇・論「自律蔵久分、初通東夏、則薩婆多部十誦一本、最広弘持。寔由青目律師、敷揚晋世、廬山慧遠、讃撃成宗。爾後璩穎、分鑣而命路。祐瑗波騰於釈門、澄一江淮、無二奉矣。而恨受遵四分、随依十誦。可為商之」（T50, 620b）。

13 **【体相】**『続高僧伝』巻二二・智首伝「自律部東闡、六百許年。伝度帰戒、多迷体相。五部混而未分、二見紛其交雑。海内受戒、並誦法正之文。至於行護、随相多委、師資相襲、緩急任其去取、軽重互而裁断」（T50, 614b）。

14 **【広流視聴】**『続高僧伝』巻一・訳経篇・菩提流支伝「遍通三蔵、妙入総持。志在弘法、広流視聴。遂挟道宵征、遠莅葱左、以魏永平之初、来遊東夏」（T50, 428a）。

15 **【発憤関表】**『続高僧伝』巻二二・智首伝「〔智〕首乃銜慨披栝、往往発蒙、商略古今、具陳人世。……余嘗処末座、向経十載、具観盛化。不覚謂之、生常初未之欽遇也。乃発憤関表、具覿異徒、溢目者希。将還京輔、忽承即世、行相自崩。

汲望当時、有逾天岸。嗚呼可悲之深矣」（T50, 615a）。

16 【四出求異】道宣は長安を出発した後、現在の山西省を中心に河北・河南地域へ遊方した。『含注戒本疏』後批「貞観初年、周遊講肆、尋逐名師若山若世、遂以所解、造鈔三巻。未及覆治、人遂抄写。貞観四年、遠観化表、北遊幷晋、東達魏土。有厲律師。当時峰岫、遠依尋読。始得一月、遂即物故。撫心之痛、何可言之。乃返沁部山中、為沢律師、又出鈔三巻。乃以前本、更加潤色、筋脈相通」（X40, 175a）。

17 【守文】僧順「答道士仮称張融三破論」（『弘明集』巻八）「釈曰、……今沙門者、服膺聖師、遠求十地。剃除鬚髪、被服法衣。立身不乖、揚名得道、還度天属。有何不可、而入毀傷之義。守文之徒、未達文外之旨耳。輪扁尚不移術於其児、予何言哉」（T52, 053a）。

18 【河陽】『続高僧伝』巻一五・義解篇・智徽伝「懐州都督鄖国公張亮、欽抱徳教、遠延講説。道俗屯赴。又結河陽、乃請為菩薩戒師、珍敬道風、誓為善友」（T50, 541c）。

19 【結軫】『楚辞』九弁「閔奇思之不通兮、将去君而高翔。心閔憐之惨悽兮、願一見而有明。重無怨而生離兮、中結軫而増傷」。

20 【礪律師】法礪。五六九～六三五年。姓は李氏、趙州の人。相部宗の開祖、『四分律疏』十巻や『軽重叙』（『新唐書』芸文志は「軽重儀」とする）一巻の著作がある。『続高僧伝』巻二二・明律篇・法礪伝（T50, 615c）及び前掲註7・註16参照。藤善眞澄『道宣伝の研究』（京都大学学術出版会、二〇〇二年）に拠れば、道宣は貞観九年（六三五）九月に法礪のもとを訪れた。

#『釈門章服儀』

［釈文］

釈門章服儀

神州沙門釈道宣述

有漢陰沙門[1]、告於秦山開士[2]曰、僕聞、慈済之道、通古之所式瞻、弘施之方、由来於焉景仰。豈非仁育成化[3]、則覆燾冠於両儀、摂御開業、則恵沢逾於三大。固当恢広夷路[4]、顕性命於四生、疏解精霊、暢慈悲於九有。比見諸沙門、威容崇盛、言行殊倫。深登耆域之譏[5]、重納隠侯之責[6]。蚕糸被体、非華綺無以肆其心、柔茵仰藉[7]、非軽軟無以安其慮。衣食斯恥[8]、既失徳於儒宗、聖種頓亡、固喪道於玄府[9]。是則専門静訓、徒張誡誥之儀、遵途蓋寡、妄設譏遮之約。将非正法頽紐[10]、終於千六百年乎。輒以所疑、請為披釈。

開士曰、自法王利見、盛開導於慈悲、博愛之道、寔津梁於品彙[11]、欲界乱善[12]、尚兼済為言初、色有静縁、亦四弘[13]為導首。況復道超区宇、徳跨樊籠。非安忍於不仁、豈容情於殺戮。断可知矣。卿不聞乎。重為開引。肉食之与蚕衣、随機開制[14]、損生之与害命[15]、終期頓断。是知、適化之挙、妙以達性為功、摂用之略[16]、畢帰資理為務。但以淳源久謝[17]、澆風不追、遂使袈裟有変白之徴[18]、沙門絶捜玄之路。擁膝長想。伊何具言。

彼沙門曰、僕本漢陰、荊楚外屏、薄蒙余慶[19]、叨倖[20]望蹤。毎聞、変俗[21]形服[22]、為入道之初門、静処思微、樹出世之元旨。至於衣食之累、久捐擲於俗塵、見愛之纏、未解散於胸臆。所以不遠千里[23]、問道三秦。至止已来、更新其致。向蒙余論、薄示規猷[24]、而昏識未萌、倒情難暁。請重書紳[25]、広開衢路[26]。庶使儀形有拠、法炬之照常明、幽途重朗、道樹之風逾遠。

余重諭曰、原夫道隆下土、綱領一焉。理則廓紛累於清心、事則顕嘉相於形有。良以正道玄漠、長劫之所未窺、霊胤昭彰[27]、含識於斯攸仰。是知、鹿園創啓、鶴樹終期、開萌済世之模、昌示容光之迹[28]。剃染之異[29]、変俗習之生常、量拠之儀[30]、必幽求[31]於正撿[32]。且四含八蔵、難用備尋、一襲三衣、何容昏暁。既是釈門常務、無時不経、義匪妄存、事符真教。固使住法万載、唯承形服之功、出有[33]三聖、咸祖前修之業。今略為子、位以十篇、随篇組織、務光陳迹[34]。

【後序】

余以貞観末暦、擯景山林、終於顕慶二年、十有二載、年立耳順[35]、朽疾相尋、旦夕守死、無容於世[36]。不以庸薄、曾預見聞、輒舒引示、式酬来貺。諸後遇者、幸究遠図、願不以情累於文也。顕慶四年、重於西明寺[37]、更為陶練、文不逮意[38]。略可詳之、終擬諸後。披而抜俗者可、不爾徒虚言爾。終南山沙門呉興釈道宣、記其程器時序。

〔校勘〕なし

〔訓読〕

釈門章服儀

神州の沙門釈道宣　述ぶ

漢陰の沙門有り、秦山の開士に告げて曰く、僕 聞く、慈済の道は、通古の式《のっと》り瞻《み》る所にして、弘施の方は、由来 焉に於て景仰す。豈に仁育 化を成せば、則ち覆燾 両儀に冠たりて、摂御 業を開けば、則ち恵沢 三大に逾えるに非ざらんや。固に当に夷路を恢広して、性命を四生に顕わし、精霊を疏解して、慈悲を九有に暢べるべしと。比《ちか》ごろ諸もろの沙門を見るに、威容 崇盛にして、言行 倫《ともがら》に殊にす。深く耆域の譏りに登り、重く隠倹の責めに納る。蚕糸 体を被うも、華綺 以て其の心を肆《ほしいまま》にする無くんばあらず、柔茵 仰ぎ藉くも、軽軟 以て其の慮に安んずる無くんばあらず。衣食 斯に恥じれば、既に徳を儒宗に失い、聖種 頓に亡べば、固より道を玄府に喪う。是れ則ち門を専らにして訓に静《とど》まり、徒《いたずら》に誡詰の儀を張《の》べ、途《みち》に遵うもの蓋し寡く、妄りに譏遮の約を設く。将た正法 頹紐して、千六百年に終るに非ざらんや。輒ち疑う所を以て、披釈を為さんことを請うと。

開士曰く、法王の利見、盛んに慈悲に開導し、博愛の道、寔に品彙に津梁してより、欲界の乱善は、尚お兼済を言初と為し、色有の静縁も、亦た四弘を導首と為す。況や復た道は区宇を超え、徳は樊籠を跨えるをや。不仁に安忍するに非ずんば、豈に情を殺戮に容《ゆる》さんや。断じて知るべし。卿 聞かざるや。重ねて為に開引せん。肉食と蚕衣とは、機に随いて開制するも、損生と害命とは、終期頓に断つ。是に知んぬ、適化の挙は、妙に性に達するを以て功と為し、摂用の略は、畢く理に資するに帰するを務と為すを。但だ淳源 久しく謝し、澆風 追わざるを以て、遂に袈裟をして変白の徴有りて、沙門をして捜玄の路を絶たしむ。擁膝長想せよ。伊れ何ぞ具に言わんと。

彼の沙門曰く、僕はもと漢陰、荊楚の外屏にして、薄《いささ》か余慶を蒙り、叨倖《さいわい》にも蹤を望む。毎に聞く、変俗の形服は、入道の初門と為り、静処の思微は、出世の元旨を樹つと。衣食の累に至りては、久しく俗塵を捐擲するも、見愛の纏は、未だ胸臆に解散せず。所以に千里を遠しとせず、道を三秦に問う。至《いた》止りてより已来、更めて其の致《むね》を新たにす。向《さき》ごろ余論を蒙り、薄か規猷を示さるるも、昏識もては未だ萌さず、倒情もては暁り難し。重ねて紳に書し、広く衢路を開かんことを請う。庶くは儀形 抛る有りて、法炬の照 常に明らかに、幽途 重ねて朗《あき》らかにして、道樹の風 逾いよ遠からしめんことを。

余 重ねて諭して曰く、原《たず》ぬるに夫れ道は下土に隆んにして、綱領は一のみ。理は則ち紛累を清心に廓《むな》しくし、事は則ち嘉相を形有に顕わす。良に以て正道は玄漠にして、長劫の未だ窺わざる所、霊胤 昭彰にして、含識 斯に於て仰ぐ攸なり。是に知んぬ、鹿園に創啓し、鶴樹に期を終えるは、開きしめして世を済うの模を萌《はじ》め、昌らかに容光の迹を示すを。剃染の異は、俗習を生常に変え、量抛の儀は、幽求を正撿に必とす。且つ四含八蔵は、用て備《つぶさ》には尋ね難く、一襲三衣は、何ぞ昏暁を容《ゆる》さんや。既に是れ釈門の常務にして、時として経《おさ》めざるは無く、義は妄りに存するに匪ず、事は真教に符う。固に法を住《とど》めること万載ならしむるは、唯だ形服を承くるの功のみ、出有の三聖は、咸 前修に祖《のっと》るの業のみ。今 略《ほぼ》子の為に、位するに十篇を以てし、篇に随いて組織し、光《かがや》かすに務めて迹を陳ぶ。

【後序】

余は貞観の末暦を以て、景を山林に擯け、顕慶二年に終うるまで、十有二載、年立ちどころに耳順たりて、朽と疾とは相い尋《つ》ぎ、旦夕に死を守るも、世に容れらるること無し。庸薄を以て、曾て見聞に預らざるも、輒ち舒《の》べて引き示し、式《もっ》て来貺に酬ゆ。諸もろの後に遇う者は、幸いに遠図を究め、願わくは情を以て文に累《わずら》わされざらんことを。顕慶四年、重ねて西明寺に於て、更に陶練を為すも、文 意に逮ばず。略《ほぼ》之を詳らかにし、終に諸《これ》を後に擬るべし。披きて俗より抜かん者は可なるも、爾くならざれば徒だ虚言なるのみ。終南山の沙門呉興の釈道宣、其の程器時序を記す。

［訳文］

釈門章服儀

神州の沙門釈道宣　述ぶ

漢陰の沙門が秦山の開士に尋ねていう。

私は〔このように〕聞いております、〔衆生を〕慈しみ済う教えは、古今を通じて敬い仰がれ、教えを敷き弘める手だては、これまで仰ぎ尊ばれてきております。仁徳によって教化が完成するとき、〔その教化は〕天地を覆い、衆生をおさめて教えが示し施されるとき、その恩恵は〔天・地・人の〕三大全てに行き渡るとか。まことに誰しも進むことができる平等の道をより広く大きくし、生きとし生けるものの生命のすがたを〔胎・卵・湿・化の〕四生に分類して明らかにし、精霊のあり方を説き明かして、慈悲を衆生の住む九種の世界（九有＝四禅天・四無色天・欲界）すべてに弘げ示すべきであ〔り、それが出家僧のすがたであ〕ると、このように聞いております。近頃の沙門を見てみると、威厳のある姿でもって外見を誇り、言葉づかいも振る舞いも他の人々と自分とは元来違っているといわんばかりであります。これは深《きび》しい耆域の批判そのもののすがたであり、沈約の絹衣着用への重大な批判として受け止めねばなりません。絹衣を着用すれば、華美な装いによって心は華美を求めてやまなくなり、やわらかい敷物を心のままに使用すれば、軽くて柔らかい物によってその心はますます安逸に流れざるを得なくなります。衣と食とが満ち足りてこそ恥じを知るとする教えならば、仏僧の徳はすでに儒者に及ばず、〔衣服・飲食・臥具に欲心を起こさず、断悪修善に務める〕四聖種の出家僧がなくなってしまっては、道教の教えとはとっくに比べようがなくなってしまいます。その結果、仏典訓詁の学問にばかり専念し、いたずらに戒律の事柄のみを述べ、正しい教えに遵うものは数えるほどであり、やたらと禁止事項を設ける始末であります。今は正法の時代が過ぎてしまい、〔仏滅度後〕千六百年にあたります。どうか私の疑問を、説き明かして頂きたい。

開士がこのようにこたえた。

仏陀がこの世に現われて、盛んに〔人々を〕慈悲の教えの下に開《しめ》し導き、博愛の教えによって、さまざまな衆生を涅槃へと示しすくわれてより、言葉による最初の教えとして、より兼《ひろ》く〔人々を〕救うことが説かれ、それが乱れ散る心で行う欲界の衆生の善行とされ、〔人々を〕導く始めとして四弘誓願が説かれ、色界の衆生が心を静める縁《よすが》とされた。まして仏の道はこの世界を超え、仏の徳は鳥籠のような俗世間を跨え出るのである。慈しみの心で救おうとする限りは、殺生を許容する筈もない。このことは断じて知るべきこと、すでにあなたも聞いているところであるが、重ねて卿に開《しめ》し引《の》べよう。肉食と蚕衣とは、状況に応じて許される場合と禁止される場合があり、生体を棄損し命を害することは、生涯にわたって例外なく禁止される。それぞれに応じた教化は、妙《まこと》に仏性（各々に具わっている仏となりうる可能性）を悟らせるところにその功《はたらき》があり、それぞれの機根に応じて用《はたら》く略《おしえ》は、悉く仏性の道理を悟らせることを務めとすることを知るのであるが、ただ淳徳を根源とする正法の時代からは久しく遠ざかり、末世の風を追いやる術もなく、かくて〔黒い〕袈裟は在家者の衣のように白く変わり、沙門は玄《さとり》に至る道を絶たれてしまったのである。〔以上のことは〕膝を抱えて長考せよ。ここではこれ以上具体的に言わぬ。

沙門がこのように申し上げた。

私は荊楚の地（長江中下流域）を守る漢陰の出身であり、幸いにも祖先の善行の報が私達子孫に及んで、かたじけなくも幸福を受けて仏祖の蹤を仰ぎ慕っております。私は常日頃から、世俗の服を棄てて僧形をととのえることは、仏道に入る最初の入り口であり、静かな場所で微妙の境地を瞑想することは、出世間という本来の志を樹てることであると聞いております。累《わざわい》たる衣と食とは、早くに俗世の塵《けがれ》として棄てているものの、見愛の煩悩については、未だに胸中から解き放てないままにおります。ですから千里の道のりをものともせず、この三秦（関中）の地に道《おしえ》を訪ねました。この地に参りましてからは、改めてその思いを新たにしました。さきほどより仏法について明らかに示して下され、忝くも聴聞いたしましたが、まだ無知の身では解脱の兆しもなく、顚倒した心では悟り難いままです。忘れないように重ねて書き記し、あらゆる方向へ通じる〔悟りへの〕道を開きたいと請《ねが》っております。威儀ある姿を拠り所として、常に法灯のかがやきを明あかと灯し、幽玄の教えを重ねて明らかにし、菩提樹（成道）に吹く風《おしえ》をさらに遠くへ弘めたいと存じます。

私道宣はまた重ねて申し上げる。尋ねてみると仏道は地上の娑婆世界に隆んであり、綱領《おしえ》はただ一つである。清らかな心の中においてさまざまな塵累《わざわい》を解消するのが理《おしえ》であり、出家者としての嘉相《よきすがた》をこの肉体に顕すことがその具体的な教えである。正道《ぶっぽう》は真に奥深く静かであり、長い間窺い知ることができなかったが、如来がこの世界に出現し、現世の衆生はこの世においてそのお姿を仰ぎ見ることができるようになった。〔仏陀が〕鹿野苑《サールナート》にて初めて法を説かれてから、〔クシナガラの〕鶴樹にて入滅されるまでの間、世の人を救う模《おしえ》を開き示し萌《はじ》められ、優れた出家者としての姿を誰の目にも昌らかに示されたことを知るのである。世俗と異なる剃髪染衣という姿は、通常の生活の場にありながらその風習に変化をもたらし、沙門としての生活規範は、律部にこそ幽《ふか》く求めなければならない。また、〔長・中・雑・増一の〕四阿含経や八蔵（大・小乗各々の経・律・論・雑蔵）は、ことごとく探ることは難しいが、一組の三衣（僧伽梨・鬱多羅僧・安陀会）について、無知であることは許されない。これは出家者としての日常の務めであって、どのような時にも怠ることなくおさめ、その義《おしえ》は勝手な解釈でいわれているのでなく、その具体相〔出家者としての姿〕は仏陀の示された教えに適うのである。出家者としての姿形を受け継ぎ守ることによって、実に仏法を万年に亙ってとどめることができ、解脱した〔声聞・縁覚・菩薩の〕三聖は、全て前の聖賢達によって示された教えに従うのである。今、諸氏の為に〔服装に関する文章の〕あらましを十篇に編成し、篇ごとに〔内容を〕構成して、仏典に述べられた教えを人々に示すことに務めようと思う。

【後序】

私は貞観末〔の二十〕年に、人里離れた山林に隠遁し、顕慶二年〔六五七〕、〔『釈門章服儀』を書き〕終えるまでに十二年がたった。その間に、六十歳となり、年をとり病気がちになり、朝夕〔出家者としてのあり様を〕心をこめて守ってきたが、いつ寿命が尽きるか分からない。私は凡庸で知識も足りず、それがためこれまで〔実際のインドの服装等について〕見聞きする機会が少なかった者であるが、文章ごとに順序だてて典拠を引き示し、沙門の要請に応えた次第である。後の世の人たちが、仏陀の遠大な教えを幸いにも究められて、文章の理解ばかりに煩わされないように願っている。顕慶四年〔六五九〕に、再び西明寺にて、もう一度〔文章を〕練り上げてみたものの、心に思うことを言い尽くせなかった。おおむね服装について詳述したので、最後に後世の人たちに意見を求めたい。この書を繙いて超俗を願う者には〔この本は〕役立てられようが、そうでない者にとってはただの虚言《そらごと》にすぎないであろう。終南山の沙門、呉興〔浙江省湖州市〕の釈道宣が、沙門の章服に対する自分の考えと執筆の経緯を述べた。

［語註］

1 【漢陰沙門】漢陰は漢水（長江の支流）の南。湖北省襄陽を中心とする一帯。『荘子』外篇・天地「子貢南遊於楚、反於晋、過漢陰、見一丈人方将為圃畦、鑿隧而入井、抱甕而出灌、搰搰然用力甚多而見功寡」。また後掲註2参照。「漢陰沙門」は東晋の襄陽に住した道安を意識したものか。本書『広弘明集』総序本文及び註53参照。

2 【秦山開士】道宣自身をいう。秦山は終南山。西安南方、秦嶺山脈の支峰。『応法記』「漢陰、即楚地。水南曰陰。楚在漢水之南故也。秦山開士、即祖師自謂也」（X59, 582a）。

3 【仁育】『史記』巻一一七・司馬相如伝「於是大司馬進曰、陛下仁育群生、義征不憓、諸夏楽貢、百蛮執贄、徳侔往初、功無与二、休烈浹洽、符瑞衆変、期応紹至、不特創見。……」。王該「日燭」（『弘明集』巻一三）「無運睒倏、往矣斯復、忍立賢達、忽如渉宿。千師誕化、肇過一六。慈氏方隆、仰期仁育。孰云数遼。瞥若眴目」（T52, 090c）。

4 【夷路】「高明二法師答李交州淼難仏不見形事」（『弘明集』巻一一）「李和南、……望復擢新演異、以洗古今之滞、使夷路坦然、積礙大通也」（T52, 071b）。

5 【耆域之譏】耆域はインド僧、西晋恵帝の時に洛陽に至った。洛陽の僧たちの服装が華美であるとして非難したという。『高僧伝』巻九・神異篇・耆域伝「又譏諸衆僧謂、衣服華麗、不応素法」（T50, 388a）。

6 【隠侯之責】隠侯は沈約の諡。沈約は一切の食肉を禁止した『涅槃経』により、断食肉と共に絹衣を禁絶すべきであることを説いた。沈約「究竟慈悲論」（『広弘明集』巻二六）「釈氏之教、義本慈悲、慈悲之要、全生為重。……夫肉食蚕衣、為方未異、害命夭生、事均理一、蠕蠉爛蛾、非可忍之痛。……斯理一悟、行迷克反、断蚕肉之因、固蔬枲之業。然則含生之類、幾於免矣」（T52, 292c-293a）。道宣も絹衣禁絶の思想を受け継いで、自ら奉持しており、『釈門章服儀』立体抜俗篇においてそのことに言及している。諏訪義純『中国中世仏教史研究』（大東出版社、一九八八年）参照。

7 【柔茵仰藉……】『四分律』巻七・三十捨堕法「時六群比丘、作兜羅綿貯、縄床木床大小褥。諸居士見、皆共嫌之。自相謂言、此沙門釈子、不知慙愧、無有慈心、断衆生命、外自称言、我修正法。乃作兜羅貯、木床及縄床大小褥。如似国王、亦如大臣。如是有何正法」（T22, 693b）。

8 【衣食斯恥……】『管子』牧民篇「凡有地牧民者、務在四時、守在倉廩。国多財、則遠者来、地辟挙、則民留処、倉廩実、則知礼節、衣食足、則知栄辱、上服度、則六親固。四維張、則君令行」。

9 【玄府】玄都に同じく、道家をさす。『仏道論衡』巻四・帝以冬旱内立斎祀召仏道二宗論議事「〔義褒〕便辞譲曰、……夫玄府不足尽其深華、故寄大以目之、水鏡未可喩其澄朗、仮慧以明之、造尽不可得其崖極、借度以称之云云」(T52, 390ab)。

10 【正法頽紐……】道宣は正法・像法千年、末法万年説を採る。宮林昭彦「道宣の末法観と戒学」(『大正大学研究紀要』六一、一九七五年)参照。『続高僧伝』巻二〇・習禅篇・論「故初千年、為正法也。即謂会正成聖、機悟不殊。第二千年、依教修学、情投漸鈍、会理叵階、摂静住持、微通性旨。然於慧釈、未甚修明、相似道流、為象法也。第三千年後、末法初基、乃至万年。定慧道離、但弘世戒、威儀摂護、相等禅蹤、而心用浮動、全乖正受。故並目之、為末法也」(T50, 596b)。

11 【津梁於品彙】『智度論』巻一一・讃檀波羅蜜義「檀為涅槃之初縁、入善人聚中之要法、称誉讃歎之淵府、入衆無難之功徳、心不悔恨之窟宅、善法道行之根本、種種歓楽之林藪、富貴安隠之福田、得道涅槃之津梁、聖人大士智者之所行、余人倹徳寡識之所効」(T25, 140b)。『集沙門不応拝俗等事』巻五・司津監李仁方等議状一首「何以津梁品彙、導引凡庶。聖智之教、豈至於斯」(T52, 467c)。

12 【欲界乱善】『続高僧伝』巻二〇・習禅篇・論「但由欲界乱善、性極六天、色有定業、体封八地、通為世結、愛味不殊、莫非諦集重軽、故得報居苦楽、終是輪迴諸界」(T50, 596a)。

13 【四弘】四弘誓願。すべての菩薩が起こす四つの願い。例えば『摩訶止観』巻一〇では「衆生無辺誓願度・煩悩無量誓願断・法門無尽誓願知・無上仏道誓願成」(T46, 139b)等と説かれる。

14 【随機開制】『量処軽重儀』末「三聴開畜物。謂畜不畜倶得、即供身衆具等。此通軽重〈謂待縁及益、本懐抛道、道在清虚、随機開制故也〉」(T45, 849b)。

15 【損生之与害命】『仏道論衡』巻二・周高祖巡鄴除殄仏法有前僧任道林上表請開法事「詔曰、肉由害命。断之且然。酒不損生。何為頓制。若使無損、計罪無過。言非飲漿食飯、亦応得罪。而実不爾、酒何偏断」(T52, 376bc)。

16 【摂用之略……】『応法記』「下二句、顕上頓断意。摂機用教、既為資理、故須永断。略即是謀。資助也。理即本有、常住仏性、衆生自迷、諸仏已証。今欲稟教学仏修顕、必須行慈、安有害物而得成耶」(X59, 583a)。

17 【淳源久謝……】王巾「頭陀寺碑文」(『文選』巻五九)「質判玄黄、気分清濁。渉器千名、含霊万族。淳源上派、澆風下黷。愛流成海、情塵為岳。皇矣能仁、撫期命世」。

18 【変白之徴】『摩訶摩耶経』巻下「千三百歳已。袈裟変白、不受染色。千四百歳已。時諸四衆、猶如獵師、好楽殺生、売三宝物」(T12, 1013c)。

19 【余慶】『易』坤「積善之家、必有余慶。積不善之家、必有余殃。臣弑其君、子弑其父、非一朝一夕之故。其所由来者漸矣、由弁之不早弁也」。

20 【叨倖】『応法記』「而有所遇、是為叨倖。叨濫也。倖謂非分。而獲望謂瞻慕、蹤謂主人之徳業」(X59, 583b)。

21 【変俗】または革俗。慧遠「沙門不敬王者論」(『弘明集』巻五)「若斯人者、自誓始於落簪、立志形乎変服。是故凡在出家、皆遯世以求其志、変俗以達其道。変俗則服章不得与世典同礼、遯世則宜高尚其跡」(T52, 030b)。

22 【形服】朱昭之「難顧道士夷夏論」(『弘明集』巻七)「然曲礼浄戒、数同三百、威儀容止、又等三千。所可為異、正在道仏之名、形服之間耳」(T52, 043b)。

23 【不遠千里】『孟子』梁恵王「孟子見梁恵王。王曰、叟不遠千里而来、亦将有以利吾国乎」。

24 【規猷】仏法。『続高僧伝』巻一三・義解篇・静蔵伝「大業九年、召入鴻臚、教授東蕃。三国僧義、九夷狼戻、初染規猷、頼藉乗機、接誘並従法訓」(T50, 523b)。

25 【書紳】大帯に重要事を書きつける。『論語』衛霊公「子張問行。子曰、言忠信、行篤敬、雖蛮貊之邦行矣。言不忠信、行不篤敬、雖州里行乎哉。立則見其参於前也。在輿則見其倚於衡也。夫然後行。子張書諸紳」。

26 【衢路】『続高僧伝』巻一五・義解篇・論「晋有道安、独興論旨。准的前聖、商攉義方、広疏注述、首開衢路」(T50, 548a)。

27 【霊胤昭彰】『応法記』「霊胤昭彰、即如来降世」(X59, 583c)。

28【容光之迹】『釈門章服儀』法色光俗篇「明知、不正即袈裟色也。由色外顕、容光易明。見色知人、是解脱者、如上已説」（T45, 837b）。

29【剃染之異】『釈門章服儀』立体抜俗篇「剃染依仏為師、師教拒而不用、自陳損力、謂三途之可推、不思此形、有四山之相逼」（T45, 835c）。

30【量拠之儀】『行事鈔』序「若結篇正罪、窮諸治罰、必令束其方便、攬成業果。使量拠覈其実情、軽重得於理教、則断割皎然、更何蕪濫。此別名持犯也」（T40, 003a）。『簡正記』巻四「量者審量、拠謂憑拠、覈者研覈。謂審量所犯之罪、憑拠所作之事」（X43, 066b）。

31【幽求】王巾「頭陀寺碑文」（『文選』巻五九）「皇矣能仁、撫期命世。乃睠中土、聿来迦衛。奄有大千、遂荒三界。殷鑑四門、幽求六歳。亦既成徳、妙尽無為」。

32【正撿】『応法記』「正撿即律部」（X59, 584a）。

33【出有】「浄住子浄行法門」出家懐道門（『広弘明集』巻二七・誡功篇）「故諸行者、常須遮制。積功不已、漸得出有。迷此不修、還同無始。徒在僧倫、更招苦業」（T52, 311c）。

34【陳迹】『続高僧伝』巻三・訳経篇・慧浄伝「頃観其遺文、久為陳跡、今亦次乎汚簡、貽諸後昆。法師式遵旧章、纂斯鴻烈」（T50, 444a）。

35【耳順】『論語』為政「子曰、吾十有五而志于学、三十而立、四十而不惑、五十而知天命、六十而耳順、七十而従心所欲、不踰矩」。

36【無容於世】『応法記』「無容於世、言其非久也」（X59, 598b）。

37【西明寺】高宗の顕慶三年（六五八）、長安右街の延康坊に建立され、後に道宣が上座として迎えられた。小野勝年『中国隋唐長安・寺院史料集成』（法藏館、一九八九年）参照。

38【文不逮意】『易』繋辞伝上「子曰、書不尽言、言不尽意。然則聖人之意、其不可見乎」。陸機「文賦幷序」（『文選』巻一七）「毎自属文、尤見其情。恒患意不称物、文不逮意。蓋非知之難、能之難也」。

『大唐内典録』

［釈文］

大唐内典録序

麟徳元年甲子歳[a]京師西明寺[b]釈氏[c]撰

原夫正法称宝、誠有其由。良是出俗之津途、入真之軌轍。所以歴劫英聖、仰之如父母[1]、遂古沿今、隆之如日月。豈不以喪我倒[2]之蹄筌、窮[d]無生之宝位[3]者也。

自仙苑告成[4]、金河静済[5]、敷字群品、汲引塵蒙。随機候而設謀猷、逐性欲而陳声教、網羅一化、統括大千。受其道者難訾、伝其宗者易暁。

故尊者迦葉[6]、集四篋於崛山、大智文殊[7]、結八蔵於囲表。遂能流被来際、終七万之修齢、余波東漸、距六百之嘉運。

詳夫爰始梵文、負之億計香象[8]、今訳従於方言[9]、大約五千余巻。遷貿更襲、澆薄互陳、巻部単重、疑偽凡聖、致使集録奔競三十余家[10]。挙統各有憲章[11]、徴覈不無繁雑。今総会群作、以類区分、合成一部、開為十例[e]。依条顕列[f]、無相奪倫、文雖重張、義絶煩乱。

若夫大聖彝訓、其流曰経。述経叙聖、其流曰論。莫非徙滞之方略、会正之格言[12]。珍重則超生可期、疑謗則効尤斯及。故試銓広、余随更陳。序之云爾。

歴代衆経伝訳所従録第一〈謂、代別出経、及人述作無非通法、並入経収。故随経出〉

歴代翻本単重人代存亡録第二〈謂、前後異出、人代不同、又遭離乱、道俗波迸。今総計会、故有重単、縁叙莫知、致伝失訳〉

歴代衆経総撮入蔵録第三〈謂、経部繁多、綱要備列、従帙入蔵、以類相従。故分大小二乗、顕単重両訳〉

歴代衆経挙要転読録第四〈謂、転読尋翫、務在要博、繁文重義、非曰被時。故随部撮挙、簡取通道、自余重本、存而未暇〉

歴代衆経有目闕本録第五〈謂、統撿群録、挍本則無、随方別出、未能通遍。故別顕目訪之〉

歴代道俗述作注解録第六〈謂、注述聖言、用通未悟。前已雖[g]顕、未足申明。今別題録、使尋覧易暁〉

歴代諸経支流陳化録第七〈謂、別生諸経、曲順時俗。未通広本、但接初心。一四句頌、不可軽削故也〉

歴代所出疑偽経論録第八〈謂、正法深遠、凡愚未達、随俗下化、有勃[h]真宗。若不標顕、玉石斯濫〉

歴代衆経録目終始序第九〈謂、経録代出、須識其源〉

歴代衆経応感興敬録第十〈謂、経翻東夏、応感徵祥、而有蒙祐増信、使伝持遠惟〉

［校勘］

a 麟徳元年甲子歳＝なし（明） b 京師西明寺＝唐沙門（明） c 氏＝道宣（宋・元・明） d 蹄筌窮＝筌蹄証（宋・元・明） e 例＝巻（宋・元・明） f 条顕列＝列条顕（宋・元・明） g 雖＝雑（宋・元・明） h 勃＝悖（明）

〔訓読〕

大唐内典録序

麟徳元年甲子の歳、京師西明寺の釈氏 撰す

原《たず》ぬるに、夫れ正法の宝と称えられしこと、誠に其の由《ゆえ》あり。良に是れ俗より出づるの津途、真《さとり》に入るの軌轍なり。所以に歴劫の英聖、之を仰ぐこと父母の如く、古を遂《もと》め今に沿《よ》り、之を隆《とうと》ぶこと日月の如し。豈に以て我倒の蹄筌を喪《す》て、無生の宝位を窮めざる者ならんや。

仙苑に成ずるを告げ、金河に静済してより、字を群品に敷き、塵蒙を汲引す。機候に随いて謀猷を設け、性欲を逐いて声教を陳べ、一化に網羅し、大千を統括す。其の道を受くる者は訾《そし》られ難く、其の宗《おしえ》を伝うる者は暁《さと》り易し。故に尊者迦葉《かしょう》、四篋を崛山《くつせん》に集め、大智文殊、八蔵を囲表に結ぶ。遂に能く来際に流被し、七万の修齢を終《と》げ、余波東漸してより、六百の嘉運を距《へだ》つ。

詳かにするに夫れ爰に梵文に始まり、之を億計の香象に負い、今訳は方言に従い、大約五千余巻なり。遷貿更々襲い、澆薄互々陳ね、巻部単重、疑偽凡聖は、集録して奔競すること三十余家ならしむるを致す。挙げ統べるに各々憲章あるも、徴覈は繁雑無くんばあらざるなり。今 総べて群作を会《あつ》め、類を以て区分し、一部を合成し、開きて十例と為す。条に依りて顕かに列ね、相々倫《みち》を奪うなく、文 重ね張《の》ぶと雖も、義 煩乱を絶つ。

夫の大聖の彝訓の若きは、其の流を経と曰い、経を述べ聖を叙ぶるは、其の流を論と曰う。滞れるを徙すの方略、正しきに会《かな》うの格言にあらざるはなし。珍重すれば則ち超生期す可く、疑謗すれば則ち効尤斯に及ぶ。故に試みに銓らかにし広め、余は更《こも》ごも陳ぶるに随う。之に序すと爾《し》か云う。

歴代衆経伝訳所従録第一〈謂く、代ごとに別《わ》けて経を出だし、及び人の述作の法に通ずるに非ざるなきものは、並びに経に入れて収む。故に経に随いて出す。〉

歴代翻本単重人代存亡録第二〈謂く、前後異り出で、人代同じからず、又離乱に遭いて、道俗波のごとく迸《はし》る。今総て計《かぞ》え会《あつ》め、故に重・単あるも、縁叙知るなくして、伝えて訳を失うを致す。〉

歴代衆経総撮入蔵録第三〈謂く、経部繁多なるも、綱要備さに列ね、帙に従いて入蔵し、類を以て相従わしむ。故に大小の二乗に分け、単・重の両訳を顕らかにす。〉

歴代衆経挙要転読録第四〈謂く、転読して尋ね覔《め》でるは、務めは要博に在り、繁文重義は、時に被《およ》ぶと曰うにあらず。故に部に随いて撮挙し、簡びて道を通《ひろ》むるに取り、自余の重本は、存すれども未だ暇あらず。〉

歴代衆経有目闕本録第五〈謂く、群録を統撿するに、挍本則ち無く、方に随いて別に出だすも、未だ能く通遍ならず。故に別《わ》けて目を顕わし之を訪ぬ。〉

歴代道俗述作注解録第六〈謂く、注して聖言を述べ、用て未だ悟らざるものを通ぜしむ。前に已に顕らかにすと雖も、未だ申明するに足らず。今別《わ》けて録に題し、尋ね覧るものをして暁ること易からしむ。〉

歴代諸経支流陳化録第七〈謂く、別生の諸経は、曲に時俗に順《つぶさ》う。未だ広本に通ぜざるものは、但だ初心に接せしむるのみ。一四の句頌も、軽がるしく削るべからざるが故なり。〉

歴代所出疑偽経論録第八〈謂く、正法は深遠にして、凡愚のもの未だ達《さと》らず、俗の化《おしえ》を下《いや》しくするに随いて、真の宗《おしえ》に勃《もと》るあり。若し標顕せざれば、玉石斯に濫れん。〉

歴代衆経録目終始序第九〈謂く、経録は代々出づ、須く其の源を識るべし。〉

歴代衆経応感興敬録第十〈謂く、経 東夏に翻ぜられてより、応感徴祥ありて、祐《たす》けを蒙りて信を増し、伝持し

て遠く惟《おも》わしむ。〉

［訳文］

大唐内典録の序

麟徳元年甲子の歳、京師西明寺の釈氏 撰す

正法が世の宝と称えられるのは誠に由《ゆえ》あってのことである。正法は俗世を超え出づる出発地、真《さとり》に入る第一歩であればこそ良《まこと》に宝と称えられる。それがために歴代の英聖《すぐれ》た人々は久しき昔よりまるで父母に対するように仰ぎ尊び、古の中に範を遂《もと》め、今の時代に拠りつつ、あたかも太陽と月とを上にいただくように隆《とうと》んできた。それはまた自我への執着を説く妄説を消し去り、無生《さとり》の宝位を窮めた人々にほかならない。

仙苑（鹿野苑）において仏陀が悟りを開き、クシナガラの金河のほとりにおいて涅槃に入り人々を済われてより、字《ことば》によって多くの人々に教えは敷《ひろ》められ、蒙昧の衆生はおさめとられ導かれた。世の人々の動きにつれて謀猷《おしえ》は設けられ、衆生の本性と欲望に逐《したが》いつつ声《ひびき》にのせて教は陳べられ、これらは仏陀一代の教化に網羅され、三千大千世界を統括するものである。その道《おしえ》を受ける者は呰《そし》られることなく、その宗《おしえ》を伝える者はたやすく教えに通ずることができるようになった。

このために摩訶《まか》迦葉《かしよう》尊者は、経律論の三蔵と雑蔵とをおさめた四つの篋《はこ》を耆闍崛山《ぎじやくつせん》に集め、大智の文殊菩薩は、八部の法蔵を鉄囲《てつち》山《せん》の表《そと》に結集《けつじゆう》した。かくて〔辟支仏《びやくしぶつ》の〕七万年の寿命を持つ時代が終わる時まで未来の世に流被《ひろ》められ、その余波の中で東方中国に伝来してより、六百年の嘉《よ》き運《とき》が経過したのである。

詳かに述べるならば、それはインドにおいては梵文に始まり、億をもって計《かぞ》える香象に背負われ、現在は中国の

言葉に翻訳されて、大約《おおよそ》五千巻余りとなっている。時代の変遷は更なるもの、それにつれて人のこころも澆薄《うす》くなり、結果として、翻訳された仏典の巻数・部数、翻訳が単一の訳に終わっているか、複数の訳が重ねられているか、仏典翻訳の疑・偽、凡・聖に関わる真偽問題にわたって、競いあうように三十数種の経典目録が編纂された。これらはそれぞれに憲章《すじみち》を立てて系統的に仏典を収録しているものの、その調査検討の結果にどうしても繁雑未整理の嫌いがある。今、これらの経典目録の内容を総合して、十例の部類をたてて区分し、一部として編成した。各仏典の来歴を十例の項目にそって分類し明示し、したがって文章が重複することとなるが、それらの説明によって翻訳仏典にまつわるこれまでの煩雑且つ乱雑を絶ち切ることとなろう。

そもそも大聖仏陀の彝訓《おしえ》を記したものは、その流《ぶるい》を経といい、経典とそこに示される聖《おしえ》を解き叙べるものは、その流《ぶるい》を論という。これらはまことに疑惑を解消する方略《はかりごと》、正しき法に合致する格言であって、これらを珍重《とうと》べばこの俗世を超え出でることが可能となり、疑い謗ればその効尤《とがめ》はその身に及ぶであろう。故に試みにこれら仏典・集伝の数々を分類収集することによって人々に広め示し、その他のものはそれぞれ関連するところに収載する。以上、序として述べる。

（目次部分省略）

〔語註〕

1 **【仰之如父母……】**『春秋左氏伝』襄公十四年「愛之如父母、仰之如日月」。

2 **【我倒】** 四顚倒（現実の無常・苦・無我・不浄を、常・楽・有我・浄であると執着する誤り）の一。『行事鈔』巻下・瞻

病送終篇「大徳順仏正教、依教而修、内破我倒、外遣執著。此則成聖正因、勿先此業。如是等随其学処、於後誉之」（T40, 144b）。

3 【無生之宝位】『仁王般若経』巻上・観空品「爾時、大王復起作礼、白仏言、世尊、一切菩薩云何護仏果。云何護十地行因縁。仏言、菩薩化四生、不観色如、受想行識如、衆生我人常楽我浄如、知見寿者如、菩薩如、六度四摂一切行如、二諦如。是故一切法性真実空、不来不去、無生無滅、同真際、等法性、無二無別如実空」（T8, 825c）。

4 【仙苑告成】仙苑は仙人論処・仙人住処の略、鹿野苑の異名。仏陀成道の後、五比丘に行なった初転法輪の地。波羅奈《ヴァーラーナシー》国東北のサールナート。

5 【金河静済】金河は阿恃多伐底河の訳。仏陀入滅の地・拘尸那掲羅《クシナガラ》を流れる河。

6 【尊者迦葉……】『智度論』巻一〇〇・釈曇無竭品「復次、有人言、如摩訶迦葉、将諸比丘、在耆闍崛山、中集三蔵。仏滅度後、文殊尸利、弥勒諸大菩薩、亦将阿難、集是摩訶衍」（T25, 756b）。『撰集三蔵及雑蔵伝』「仏涅槃後、迦葉阿難於摩竭国僧伽尸城北、撰集三蔵及雑蔵伝。……仏涅槃後、迦葉阿難等、於摩竭国僧伽尸城北、造集三蔵正経及雑蔵経。常所云四篋者、合雑言也。凡二百首盧。……」（T49, 001a-004a）。

7 【大智文殊……】『法苑珠林』巻一二・千仏篇・結集部「此中広明結集、具有四時。第一依智度・金剛仙二論。如来在此鉄囲山外、共文殊師利及十方仏、結集大乗法蔵。……」（T53, 373a）。

8 【億計香象】失訳『大方便仏報恩経』巻四・悪友品「復次、提婆達多雖復随仏出家、嫉妬情深、規望利養。雖復能多読誦六万香象経、而不能免阿鼻地獄罪」（T3, 147a）。

9 【今訳従於方言……】『法苑珠林』巻一〇〇・伝記篇・述意部「今列前後翻訳、総有一十八代所出衆経五千余巻。仏法東流、三度滅法、失訳経本、三百一十部、五百三十八巻」（T53, 1019b）。なお同記事の典拠と思われる『内典録』巻一・歴代衆経伝訳所従録第一之初には「……都合一十八代、所出衆経、総有二千二百三十二部〈七千《ママ》二百巻。失訳経三百一十部五百三十八巻〉」（T55, 219c）とみえる。

10 【集録奔競三十余家】『大唐内典録』巻一〇・歴代所出衆経録目「序曰、名教設位、戡済淪亡。将使真偽分流、邪正異轍。

所以歴代道俗、崇重教門、皆敦編次、沿時無替。考校存没三十余家、銓定人代、皆遵安録」（T55, 336a）。

11 **【憲章】**『高僧伝』巻五・義解篇・道安伝「安既徳為物宗、学兼三蔵。所制僧尼軌範・仏法憲章、条為三例。一曰行香定座上講《ママ》経上講之法。二曰常日六時行道飲食唱時法。三曰布薩差使悔過等法。天下寺舎、遂則而従之」（T50, 353b）。

12 **【会正之格言】**『三国志』魏書四・三少帝紀「斉王諱芳、字蘭卿。明帝無子、養王及秦王詢。……〔裴松之注〕捜神記曰、……及明帝立、詔三公曰、先帝昔著典論。不朽之格言。其刊石於廟門之外及太学、与石経並、以永示来世」。

『続高僧伝』

［釈文］

続高僧伝序

大唐西明寺沙門釈道宣撰[a]

原夫至道無言[b]、非言何以範世[1]。言惟引行[2]、即行而乃極[c]言。是以布五位以擢聖賢、表四依以承人法。龍図成太易之漸[3]、亀章啓彝倫之用[4]。逮[d]乎素王[5]継轍、前修挙其四科、班生著詞[6]、後進[e]弘其[f]九等、皆所謂化道[g][7]之恒規、言行之権致者也。

惟夫大覚之照臨也、化敷西壌、迹紹東川[8]。踰中古[9]而弥新、歴諸華而転盛。雖復応移存没、法被澆淳、斯乃利見之康荘、欠有之弘略。

故使体道欽風之士、激揚影響[10]之賓、会正解而樹言、扣玄機[11]而即号。並徳充[12]宇宙[13]、神冠幽明。象[h]設煥乎丹青、智則光乎緇[i]素。固以詳諸経部、誠未纘其科条。

窃以、葱河[14]界於剡洲、風俗分於唐梵。華胥撰列、非聖不拠。其篇則二十四依付法之伝[15]是也。神州所紀、賢愚雑引[j][16]。其題則六代所詳群録是[17]也。然則統斯大抵、精会所帰、莫不振発蒙心、網羅正理。俾夫騁足[18]九達貴[k]蹤、望而可尋、徇目[19]四馳高山、委而仰止[20]。

昔梁沙門金陵釈宝唱[21]撰名僧伝[22]、会稽釈恵皎[23]撰高僧伝[24]。創発異部、品藻恒流、詳覈可観、華質有拠。而緝裒[l]呉越、叙略魏燕。良以博観未周、故得随聞成采[m]。加以有梁之盛、明徳云繁、薄伝五三[n]、数非通敏。斯則同世相侮、事積由来。中原隠括、未伝簡録。時無雅贍、誰為譜之[o]。致使歴代高風颯焉終古。

余青襟之歳[25]、有顧斯文。祖習乃存、経綸[26]攸欠。是用憑諸名器、竚対殺青、而情計栖遑、各師偏競、逖聴成簡、載紀相尋、而物忌[27]先鳴、蔵舟[28]遽往。徒懸積抱、終擲光陰。敢以不才、輒陳筆記、引疏聞見、即事編韋。諒得列代因之、更為冠冕。

自漢明夢日之後、梁武光有已[p]前、代別釈門、咸流伝史。考酌資其故実、删定節其先聞。遂得類纉[q]前駆、昌言大宝。季世情縶、量重声華、至於鳩聚風猷、略無継緒。

惟隋初沙門魏郡釈霊裕、儀表綴述、有意弘方。撰十徳記[29]一巻。偏叙昭玄師保、未奥[r]広嗣通宗。余則孤起支文、薄言行状。終亦未馳高観、可為長太息矣。故使[s]霑預染毫之客、莫不望崖[30]而戻止、固其然乎。

今余所撰、恐墜接前緒。故不獲已而陳之[t]。或博諮先達、或取訊行人、或即目舒之、或討讎集伝。南北国史、附見徽音、郊郭碑碣、旌其懿徳。皆撮其志行、挙其器略。言約繁簡、事通野素、足使紹胤前良、允師後聴。

始岠[u]梁之初運、終唐貞観十有九年、一百四十四載。包括岳瀆、歴訪華夷。正伝三百四十人[v]。附見一百六十人。序而伸之。大為十例。一曰訳経、二曰解義《ママ》、三曰習禅、四曰明律、五曰護法、六曰感通、七曰遺身、八曰読誦、九曰興福、十曰雑科。凡此十条、世罕兼美。今就其尤[w]最者、随篇擬倫。自前伝所叙、通例已頒、迴互抑揚、寔遵弘撿。

且夫経道両術、掩映於嘉苗、護法一科、綱[x]維於正網。必附諸伝述。知何績[z]而非功。取其抜滞宏規[A]、固可標於等級。

余則随善立目、不競時須。布教摂於物情、為要解紛諍[B][31]。節総帰于末[C]第、区別世務者也。

至於韜光[32]崇岳、朝宗百霊、秀気逸於山河、貞槩銷於林薄、致有声諠玄谷、神遊[D]紫煙、高謝於松喬[33]、俯眄於窮轍。

斯皆具諸別紀。抑可言乎。或復匿迹城闉、陸沈浮俗、盛業可列、而吹嘘[34]罕遇。故集見勣風素[35]、且樹十科、結成三帙、号曰続高僧伝。

若夫捜擢源派[E]、剖析憲章、組[F]織詞令[G]、琢磨行業、則備于後論、更議而引之、必事接恒篇。終成[H]詞費、則削同前伝。猶恨逮于末法、世挺知名之僧、未覿嘉猷、有淪典籍。庶将来同好、又塵斯意焉。

［校勘］

a大唐西明寺沙門釈道宣撰＝唐釋道宣撰（宋・元・明・宮） b無＝絶（宋・元・明・宮） c乃極＝成立（大正蔵）。＝乃極（宋・元・明）。＝極（宮） d乎＝于（宋・元・明・宮） e弘＝引（宮） f九＝尤（宋） g道＝導（宋・元・明・宮） h象＝像（宋・元・明・宮） i緇＝油（大正蔵）。＝緇（宋・元・明） j雑引＝雑（大正蔵）。＝雑引（註16参照） k貴＝遺（宋・元・明） l緝裒＝損褒（宮） m采＝彩（宋・元・明・宮） n五三＝三五（宋・元・明・宮） o譜＝補（宋・元・明・宮） p已＝以（宋・元・明・宮） q纉＝続（宋・元・明・宮） r奥＝粤（宮） s故使＝故（大正蔵）。＝故使（宋・元・明・宮） t之＝なし（宋・元・明・宮） u岠＝距（元・明） v四十＝三十一（宋・元・明・宮） w尤＝九（宮） x綱＝網（宋・宮） z績＝続（宋・元・明・宮） A宏規＝開元（宋・元・明・宮） B紛諍＝紛静（註31参照） C末＝未（宮） D遊＝凝（宋・元・明・宮） E派＝泒（大正蔵）。＝派（麗・宮） F組＝粗（宋・元・明・宮） G詞令＝今詞（宋） H成＝我（宮）

［訓読］

続高僧伝序

大唐西明寺の沙門釈道宣 撰す

原《たず》ぬるに夫れ至道には言無きも、言に非ずんば何ぞ以て世に範《のり》せんや。言は惟れ行を引《みちび》き、行に即きて乃ち言を極《つく》す。是を以て五位を布きて以て聖賢を擢で、四依を表して以て人と法とを承く。

龍図 太易の漸を成し、亀章 彝倫の用を啓く。素王 轍を継ぎ、前《さき》に修めしもの其の四科を挙げ、班生 詞を著わし、後に進むもの其の九等を弘むるに逮《およ》びては、皆、所謂化道の恒規、言行の権致なる者なり。

惟うに夫れ大覚の照臨するや、化は西壌に敷かれ、迹は東川に紹がる。中古を踰えて弥いよ新たに、諸華を歴て転《うた》た盛んなり。復た応は存没に移ろい、法は澆淳を被ると雖も、斯れ乃ち利見の康荘、欠有の弘略なり。故に道を体し風《おしえ》を欽ぶの士、影響を激揚するの賓をして、正解を会《え》して言を樹て、玄機を扣《う》ちて号に即かしむ。並びに徳は宇宙に充ち、神は幽明に冠たり。象設は丹青に煥《かがや》き、智則は緇素に光《あき》らかなり。固《まこと》に以て諸《これ》を経部に詳らかにするも、誠に未だ其の科条を纉《あつ》めざるなり。

窃かに以えらく、葱河は剡《えん》洲を界《さかい》し、風俗は唐梵を分つ。華胥の撰列は、聖に非ずんば拠らず。其の篇は則ち二十四依・付法の伝是れなり。神州の紀す所は、賢愚雑《まじ》え引けり。其の題は則ち六代詳らかにする所の群録是れなり。然れば則ち斯の大抵を統べ、精会の帰す所にして、蒙心を振発し、正理を網羅せざるはなし。夫《か》の駘足《たいそく》をして貴き蹤に九達すれば望みて尋ねしむべく、徇目をして四もに高き山に馳すれば委《したが》いて仰止《あお》がしむ。

昔 梁の沙門金陵の釈宝唱 名僧伝を撰し、会稽の釈恵皎 高僧伝を撰す。異部を創発し、恒流を品藻し、詳覈観るべく、華質拠るあり。而《しか》れども呉越を緝裒して、魏燕に叙略たり。良《まこと》に博観未だ周ねからざるを以て、故に聞くに随いて采《と》るを成すを得るのみ。加うるに以て有梁の盛んなるときにして、明徳云《ここ》に繁《おお》し、薄《いささ》か五三を伝うるのみにして、数《しば》しば通敏に非ず。斯れ則ち同世相侮り、事 由来を積めばなり。中原は隠括せるも、未だ簡録に伝えず。時に雅贍なくんば、誰か為に之を譜《しる》さんや。歴代の高風をして終古に颯焉たらしむるを致さん。

余 青襟の歳より、斯文を顧みるあり。祖《のっと》り習うは乃ち存せしも、経綸に欠くる攸《ところ》あり。是《ここ》を用て諸々の名器に憑《よ》り、竚《ま》ちて殺青に対《むか》うも、而れども情計栖遑にして、各師偏えに競い、逖《とお》く成簡を聴かば、載紀相尋ぬるも、而れども物忌先んじて鳴き、蔵舟遽《にわ》かに往く。徒《いたず》らに積抱を懸け、終に光陰を擲《なげす》てるのみ。敢て不才を以て、輒ち筆記に陳べ、聞見を引疏し、即ち編韋を事とす。諒《まこと》に列代之に因り、更々冠冕たるを得るなり。

漢明 日を夢みてよりの後、梁武 光有已前、代よ釈門を別ち、咸《みな》伝史を流《つた》う。考酌して其の故実を資とし、刪定して其の先聞を節《さだ》む。遂に前駆を類纉し、大宝を昌言するを得たり。季世の情繫、声華を量重するも、風猷を鳩聚するに至りては、略《ほぼ》継緒なし。

惟《ただ》 隋初の沙門魏郡の釈霊裕、儀表もて綴述し、弘方に意あり。十徳記一巻を撰す。偏えに昭玄の師保を叙ぶるのみにして、未だ広嗣通宗を奥《きわ》めず。余は則ち孤《ひと》り支文を起こし、薄《いささ》か行状を言うのみ。終に亦未だ高観を馳せざること、長太息を為すべし。故に染毫に霑預するの客をして、崖を望みて戻止せざることなからしむるは、固《もとよ》り其れ然らんか。

今 余の撰する所は、恐らくは前緒を接ぐを墜《うしな》う。故に已むを獲ずして之を陳ぶ。或いは博く先達に諮《と》い、或いは訊《たず》ぬるを行人に取り、或いは目に即きて之を舒べ、或いは集伝を討讎す。南北の国史は、徽音を附見し、郊郭の碑碣は、其の懿徳を旌《あら》わす。皆其の志行を撮り、其の器略を挙ぐ。言は繁簡に約し、事は野素に通じ、前良を紹胤し、後聴に允師たらしむるに足る。

梁の初運より始《はじ》まり、唐の貞観十有九年に終るまで、一百四十四載。岳瀆を包括し、華夷を歴訪す。正伝は三百四十人。附見は一百六十人。序《つい》じて之を伸べ、大よそ十例と為す。一に訳経と曰い、二に義解《ぎげ》と曰い、三に習禅《しゅぜん》と曰い、四に明律と曰い、五に護法と曰い、六に感通と曰い、七に遺身と曰い、八に読誦《どくじゅ》と曰い、九に興福と曰い、十に雑科と曰う。凡そ此の十条は、世に美を兼ぬること罕なり。今 其の尤も最《すぐ》れたる者に就いて、篇に随いて倫《ともがら》を擬る。前伝の叙ぶる所、通例已に頒たれてより、迴互に抑揚し、寔に弘撿に遵えり。且つ夫れ経道の両術は、嘉苗に掩映し、護法の一科は、正網を綱維す。必ず諸《これ》を伝述に附す。知れば何の績《いさおし》あってしてしかも功に非ざらんや。其の滞れるを抜き規《のり》を宏むるものを取りしるし、固り等級に標わすべし。余は則ち善に随いて目を立て、時の須《もと》めに競わず。教を布きて物情を摂めるは、紛諍を解くを要《もと》めんが為なり。総を節《わ》けて末第に帰せしむるは、世務を区別すればなり。

光を崇岳に韜《かく》し、百霊を朝宗し、秀気は山河に逸《すぐ》れ、貞槩は林薄に銷《き》えるに至りては、声《ほまれ》玄谷に諠《かまびす》しく、神《こころ》紫煙に遊び、高くしては松喬に謝し、俯しては窮轍を眄《み》るあるを致す。斯れ皆諸《これ》を別紀に具う。抑《そもそも》言うべけんや。或いは復《また》迹を城闉《いん》に匿し、浮俗に陸沈するものは、盛業列ぬべきも、吹嘘遇うこと罕なり。故に見《いま》の勣《いさお》と風素とを集め、且つ十科を樹て、結《あつ》めて三帙と成し、号して続高僧伝と曰う。

夫の源派を捜擢し、憲章を剖析し、詞令を組織し、行業を琢磨するが若きは、則ち後論に備《つく》せるも、更に議して之を引《もち》い、事は恒篇を接ぐを必せり。終《つい》に詞費を成すも、則ち削ること前伝に同じ。猶《なお》恨むらくは末法に逮び、世よ名を知らるるの僧を挺《ぬ》きいだすも、未だ嘉猷を覿《しめ》さず、典籍に淪《しず》むあらんことなり。庶《こいねがわく》は将来の同好、又斯の意を塵とせよ。

〔訳文〕

続高僧伝序

大唐西明寺の沙門釈道宣　撰す

根本をたずねてみれば、この上なく至《とうと》い道には元来言葉は無用であるが、しかし言葉のはたらきがなければ、世の人々に範《おしえ》を示すことができない。言葉は行動を引《みちび》き、行いに即して言葉は極《つく》される。ここから〔資糧位・加行《けぎょう》位・通達位・修習《しゅじょう》位・究竟《くきょう》位といった〕修行の五段階が広く示されすぐれた聖人賢者が現われ、四依の教えを表わして人に依り法に依ることを承けつぎつたえた。

龍馬によって黄河よりもたらされた図が大いなる易の教えの漸《きざし》を成し、神亀の背に乗せられて洛水よりもたらされた文字によって人倫として用《はたら》く教えが啓き示された。素王たる孔子によってそれまでの聖賢の教えの轍《あと》が継承され、前《さき》だっては孔子の門弟に徳行・言語・政事・文学の四科が挙げ示され、後進に対しては、班固は『漢書』を著わす中で、学術を九種に分類してその教えを弘め、これらは皆、いわゆる道に一体化する恒常不変の規範、言・動に伴う実践すべき指針である。

惟《おも》うに、大いなる覚者たる釈尊がこの娑婆世界に照臨されると、西方の世界に教化は弘められ、その足跡は東方の国土にまで連続し、周の文王の中古の時代を踰えていよいよ新たとなり、中国の国々を歴《へ》てますます盛んとなった。またその視聴に現われる応《すがた》は時代のながれにそって存没を繰り返して移ろい、法そのものも時代の気風の澆《うす》さ淳《あつ》さに影響されるとはいえ、これこそ聖人の大いなる道、存没・澆淳いずれをも摂めとる釈尊の弘《おお》いなる略《はかりごと》である。

故に仏道を我がものとし風《おしえ》を欽《よろこ》ぶ人士、形に伴う影、声と即応する響のように、仏陀のおしえを人々に力強く教え示す出家の賓《ともがら》を導いて、釈尊の正解《さとり》〔の内容〕を理解しやすく注釈を施して言葉に乗せ、さとりをもたらす根機がいかに玄《おお》いなるものであるかを仏陀の御名に相即実践〔し唱え〕させるのである。その徳はみな宇宙《せかい》に満ち、その神《こころ》は幽・明両世界において冠たるものであって、仏の象《すがた》は丹《に》や青の色彩に描かれて煥《かが》やき、その智慧は出家・在家の両者の心に光としてかがやいている。以上のことはもとより経典のなかに詳細に述べ示されているのであるが、しかしそれらのことがらを〔この世間におけるあり方として〕類別し順序だてて編纂するとなるとまことにもってなされていない。

ひそかにつらつら考えるに、葱河《パミール》によってこの剡洲《えん》（閻浮提）は区切られ、人々の風俗《ありかた》も唐《ちゅうごく》と梵《インド》に分かたれており、平等無欲の華胥氏の国の如き仏陀の母国における仏教伝承の著述は、聖者によって継承されない限りは拠り所ある記録とはならない。摩訶迦葉以下の二十四祖による師資相承けての付法の伝こそそのような篇《きろく》であるが、神州《ちゅうごく》では、賢人による記録も愚者の著作も雑多に用いられ、その表題は六代にわたる詳細且つ群《おお》くの記録として今に残されている。従ってこれらは、皆、〔歴代高僧の記録として〕それらの大抵《おおよそ》の姿を〔仏法相伝を主体として〕述べられるもの、仏道に精進する僧衆のよりどころとなるものであって、無明の心を発菩提心へ振り向け、仏陀の正しい理《おしえ》を網羅するものであった。〔それらはまた〕かの足切られた刑余の聖人王駘のように、九つの大道を通って何物にも捉われない貴い世界に到達し、耳目によってもたらされる相対的価値の世界を超えて真理の高みをきわめた聖者の下には、自ずと人々が仰止《あお》ぎ望んで尋ね集う〔ように、高徳の出家僧も同様のはたらきを持つ〕。

昔、梁の沙門・金陵（江蘇省南京）の釈宝唱は名僧伝を撰し、会稽（浙江省紹興）の釈恵皎は高僧伝を撰して、異《すぐ》れた僧伝を創造し、出家の僧衆の偉業を部門に分けて記録した。それらの記録の詳細且つ精確さには観るべきものがあり、外面の華やかさと内面の実質とに均衡のとれた文章には拠るべきものがある。しかしながらその記事は江南・呉越の地方に偏って緝裒《あつ》められ、華北・魏燕地方に少ない。良《まこと》に記録を博く観て収集するという点においていまだ不十分であったために、記録があればその都度収載して記事とする結果となってしまったのである。しかも、かてて加えて南朝梁代の盛世には、明徳の僧がことのほか繁《おお》かったのであるが、収録された僧伝数は〔それに比べ〕いささか僅かなものとなってしまい、内容としても記録されるに値する高僧が網羅されていない。これは当時の南朝と北朝が〔史書に「索虜」「島夷」と記すように〕互いを侮蔑し、伝えられるべき高僧の記録が伝えられず、その事態が積み重なった結果である。北朝魏の都・洛陽を中心とする中原地方ではこうした記録の偏在の是正が図られたものの、書物として伝えられなかった。記録を雅《ただ》しく且つ贍《ゆた》かにしようとする人がその時々に現われないならば、高僧伝を継続して記録する者はおらず、歴代の高僧によって伝えられた風《おしえ》も、永久に継承されないままに衰えて行くであろう。

余《わたくし》は青襟《がくせい》の歳《とき》より仏教を学び問い、経典を聖典として一字一句も疎かにせず習熟することに勤めてきたが、仏教の全体を修め学ぶには欠けるところがあった。そこで各地の名匠大徳の下で学び、書物に著わそうと準備したが、計画をたてても状況が慌しく、それぞれの師匠たちも競いあっているばかり、逖《とお》くより書物を著わした人がいると聴くたびに、その史料を見聞したいと尋ねてみれば、既にその人は亡くなられた後であったり、著わされた書物も行方不明であったり、いたずらに積み重なる抱《おもい》を心に懸けて、光陰《とき》ばかりが打ち過ぎて行く始末であった。〔ここに〕敢えて不才の身をもって、高僧の伝記を書き記し、これまでに耳に聞き目にした条々を引用しつつ書き付けて、高僧伝の編纂を行ない、時代を追って叙述する中で、これらの高僧たちが諒にその時代の最も優れた人々であることを記録することができた次第である。

後漢の明帝が耀く光背を負う仏陀の存在を夢に見て以後、梁の武帝がこの中国世界を領有するまで、それぞれの時代ごとに仏教の歴史上に功績を遺した僧を部門別に類別し、それらについて伝記や史的記録が〔作られ〕流布された。〔それらは〕故事来歴を史料として考証し、先代からの言い伝えに添削を加えて定説としたもので、かくて先達の跡を類別・編纂し、大いなる法宝を世に広め伝え得たのである。しかしながらこの煩悩に縶《とら》われた末世にあっては、そのような高僧名徳の輿望を付度し尊ぼうとしても、彼等によって伝えられた仏陀の風猷《おしえ》を全て聚収しようとするに相応しい方法はとなると、大概のところ継承した人はいない。

ただ、隋の初めの沙門で、魏郡出身の釈霊裕だけは、天下の儀表《てほん》として高僧の伝記集を編述し、それらの人々を広く世に伝えたいと意図して、『十徳記』一巻を撰したのであるが、それは〔北斉の〕昭玄大徳の肩書きを帯びた十名の指導者を述べるに過ぎず、仏教界全体の英才を網羅しているものではない。その他のものは、本筋に関わらない生前の行実を僅かに記すに過ぎず、かくて高徳の先達の仰ぎ見るべき姿はどこにもなく、深く嘆息するほかない出来映えである。それ故、いやしくも高僧の姿を筆に載せようとしてこれらの文章に接する客人が失望せずにはおれなくなるのも、まことにもっともな仕儀であろう。

今、私が編纂したこの『続高僧伝』も、これまで伝えられてきた先人の功績を失墜させはしないかと恐れるものであるが、しかし〔先述した現状に鑑み〕やむを得ずして述べたものである。様々なことを多くの先達に問い、時には旅行く人に各地の状況を尋ね、あるいは自ら実見したことに沿って書き記し、更には文集や記伝類を比較検討した。また南北両朝の国史やそれぞれの都市の内外に施された碑碣《いしぶみ》に記されるよき教えや大いなる徳を讃える言葉は、皆、その人々の志と行跡、その高い人格を表わすものとして取り上げた。〔その際に〕言葉は繁多に過ぎず簡略に過ぎないように均衡に勉め、事《ふるまい》を記すには広くありのままに、且つ質素を旨として記したので、良き先達の後を継承し、後に続く聞法者の良き師となるに相応しい出来映えとなった。

南朝梁代の初め・天監（五〇二年～）の時代から唐の貞観十九年（六四五）までの一四四年間、〔その地理的記録は〕山岳や河川を包括し、華夷・内外を歴訪するもの、かくて正伝三四〇人・附伝一六〇人を取り上げ、それらを大よそ次の十例に分け、順序立てて列ね述べた。一は訳経、二は義解《ぎげ》、三は習禅、四は明律、五は護法、六は感通、七は遺身、八は読誦《どくじゅ》、九は興福、十は雑科声徳である。ここに分類した十箇条とは僧としての善美の十箇条であり、これらを兼《あわ》せ持つ者は世に稀である。今は、これら各条に該当する最も優れた者を類別して各篇に配した。前伝たる梁の『高僧伝』が既に十科に分けられて各伝が記述されて以降、文章表現の調子は相互に抑揚が取れ、史料の検索もまことに広く行なわれている。且つまた訳経・義解と、習禅・明律の両者の学術は、嘉《よ》き伝統の後継者達に実践反映される一方、護法の一科こそは、仏教の正しい姿を法網《さだめ》として維持するものである。これらに努めた人々〔の言動〕は必ずそれぞれの伝記の中に述べられているように、出家僧として記録すべき実績がある人は、功績ある者として記録し後世に示す。世の人々を苦の世界から済度し、仏の規《おしえ》を宏めた僧を取り挙げ、十科に分類収載してここに標わし示し、その他の僧については善行に随い、科目を立てて立伝し、時流の求めに応じて優劣を競うような掲載はしていない。出家僧が教えを布《し》き広めて人々の思いを摂め取るのは、争いの世界から解脱させたいと求めてのことであり、全体を科目に分けて出家僧のあり方の順序に従わせるのも、世俗社会の務めとを区別させるためである。

八百万の神々を集めるほどの才徳の光《かがや》きを、崇《たか》くそびえる岳《やま》の中に人知れず隠し、山・河に抜きん出て逸《すぐ》れた秀気とともに、心正しく持戒に努める姿を林や草むらの中に銷《け》し去って、玄妙の真理の谷にその名声をとどろかせ、神仙の紫煙の世界にその神《こころ》を遊ばせる〔感通・遺身の〕高僧は、赤松之・王子喬を超えて高く仰がれ、俯いて地上を眄《み》れば、自ら捨身行を実践している。これらは皆別紀として遺身篇に具《つぶさ》に述べられており、これ以上の贅言を要しない。或いはまた足跡を城郭の中に匿《かく》した者、浮俗の世界の中にあってその姿を隠した隠者は、その盛《おお》いなる業績こそ列ね記すべきものでありながら、それらの人々を誉め称えて世間に知らしめようとしても遇うことすらままならない。それ故、現在知り得る功績やそれらの人品骨柄に関する史料を集めてしばらく十科を立て、全体を結《あつ》めて三帙とし、『続高僧伝』と号《よ》ぶ。

仏教の源流を捜索・選択し〔義解篇〕、憲章《さだめ》を分析・解明し〔明律篇〕、詞《ことば》による布教を組み立て〔読誦・興福・雑科声徳各篇）、実践に本づく行業《ぎょうごう》を琢磨《みが》きあげる（感通篇の）各科は、以下の各篇に備《つ》くされている。更に内実を議《はか》ってこれらに関する伝記史料を引き用いて行けば、将来に必ずや恒常普遍の編目として引き継がれて行くであろう。こうして多くの詞《ことば》を費やして編成が終了したが、蛇足の部分を削ることは前の梁の『高僧伝』と同様である。

末法の世に及ぼうとする今、世々代々の世に知られている高僧を抜き出してみたものの、なおその人々の嘉《よ》き猷《おしえ》が示し記されぬままに、典籍の中に埋没してしまいかねないことを残念に思う。将来の同好の士にお願いする、筆者のとりとめもないこの思いを思いとして受けとめてもらいたい。

〔語註〕

1 **【至道無言……】**『礼記』学記「雖有嘉肴、弗食、不知其旨也。雖有至道、弗学、不知其善也」。『出三蔵記集』巻一・序「夫真諦玄凝、法性虚寂。而開物導俗、非言莫津」（T55, 001a）。

2 **【言惟引行……】**『左伝』襄公二十四年「大上有立徳、其次有立功、其次有立言、雖久不廃、此之謂不朽。〔孔穎達疏〕其身既没、其言尚存」。『漢書』芸文志・六芸略・春秋小序「古之王者世有史官、君挙必書、所以慎言行、昭法式也。左史記言、右史記事、事為春秋、言為尚書、帝王靡不同之」。

3 **【龍図成太易之漸】**『易』繋辞伝上「河出図、洛出書、聖人則之。易有四象、所以示也。繋辞焉、所以告也。定之以吉凶、所以断也」。『風俗通』山沢・四瀆「河者播也。播為九流、出龍図也」。『法琳別伝』李懐琳序「詳夫、太極元気之初、三光尚匿。木皇火帝之後、八卦爰興。是知、仁義漸開、仮龍図而起字、道徳云廃、因鳥跡以成書」（T50, 198a）。

4 **【亀章啓彝倫之用】**謝晦「悲人道」（『宋書』謝晦伝）「分河山之珪組、継文武之亀章」。『尚書』洪範「惟天陰騭下民、相協厥居、我不知其彝倫攸敘」。

5 **【素王】**『論衡』定賢「孔子不王、素王之業在春秋」。『左伝』序「或曰、……説者以為、仲尼自衛反魯、修春秋、立素王、丘明為素臣」。

6 【班生著詞】本書「広弘明集」総序註13参照。

7 【化道】『荀子』勧学「神莫大於化道、福莫長於無禍」。

8 【東川】『高僧伝』巻二・訳経篇・鳩摩羅什伝「什既道流西域、名被東川。時符堅僭号関中」（T50, 331b）。

9 【中古】『易』繫辞伝下「易之興也、其於中古乎」。

10 【影響】本書「三宝感通録」瑞経録序註20参照。

11 【玄機】『肇論』答劉遺民「書若能捨已心於封内、尋玄機於事外、斉万有於一虚。暁至虚之非無者、当言至人終日応会。与物推移、乗運撫化」（T45, 157a）。

12 【徳充】『荘子』内篇・徳充符「徳充符第五〔郭象注〕徳充於内、応物於外、外内玄合、信若符命、而遺其形骸也」。

13 【宇宙】『荘子』外篇・知北遊「若是者、外不観光乎宇宙、内不知乎大初。〔成玄英疏〕天地四方曰宇、往古来今曰宙。大初、道本也」。

14 【葱河】『弁正論』巻六・十喩九箴篇・答李道士十異論「内三喩曰……開士曰、……婁炭経曰、葱河以東名為震旦」（T52, 525b）。

15 【二十四依付法之伝】本書「三宝感通録」神僧感通録序本文及び註6参照。

16 【雑引】釈文で「神州所紀、賢愚雑引、其題則六代所詳群録是也」とした一文は、大正蔵および高麗版初雕本・再雕本、宋・元・明の三本では「神州所紀、賢愚雑。其題引則六代所詳群録是也」としている。しかし、この前文に「華胥撰列、非聖不據。其篇則二十四依付法之傳是也」とあり、当該文章との対句を形成していることがわかる。「賢愚雑」という句切りや「其題引則」という句造りは不自然であるため、ここでは「引」字を「雑」字の下に置き、句を改めて訓んだ。

17 【六代所詳群録】道宣が『内典録』編纂に際し、多くを負った『歴代三宝紀』の巻一五・総目並序の末には「前六家録、捜尋並見」（T49, 127b）として開皇十七年（五九七）当時に現存し利用し得た（宋時）衆経別録・梁出三蔵集記・元魏衆経録目（李廓録）・斉代衆経目録（法上録）・梁代衆経目録（宝唱録）・大隋衆経目録（法経録）を挙げている。

18 【駘足】『荘子』内篇・徳充符の主役四名のうち、兀者（足切りの刑を受けた者）王駘。同書同篇「魯有兀者王駘、従之遊者与仲尼相若。……常季問於仲尼曰、王駘、兀者也。従之遊者与夫子中分魯。……是何人也。仲尼曰、夫子、聖人也。丘也直後而未往耳。丘将以為師。而況不若丘者乎。奚仮魯国。丘将引天下而与従之」。

19 【徇目】『荘子』内篇・人間生「夫子曰、……夫徇耳目内通而外於心知、鬼神将来舎。而況人乎。是万物之化也」。「俾夫駘足……」に始まるここの一文は難解であるが、『高僧伝』『続高僧伝』の編纂とそこに立伝される出家の賢聖による教化布教と護法感通の事例を例えて『荘子』を引用したものと解する。

20 【仰止】『詩』小雅・車舝「高山仰止、景行行止」。

21 【宝唱】生没年不詳。梁・天監十三年（五一三）に『名僧伝』三〇巻を編纂。同十五年には『経律異相』五五巻を勅命により編纂した。『続高僧伝』巻一・訳経篇に立伝。

22 【名僧伝】編目は前半二〇巻に法師・律師・禅師を立て、法師と禅師に外国・中国の区別を行い、後半一〇巻は神力・苦節・導師・経師が立てられ、苦節は更に兼学・感通・遺身・守素・尋法出経・造経像・造塔寺の七に分けられている。

23 【恵皎】慧皎。四九七～五五四年。会稽上虞（浙江省紹興）の人。後漢・明帝永平十年（六七）より梁・武帝天監十八年（五一九）までを収録範囲とする『高僧伝』一四巻を編纂。『続高僧伝』巻六・義解篇に立伝。

24 【高僧伝】本書は全体を訳経・義解・神異・習禅・明律・亡身・誦経・興福・経師・唱導の十科に分け、この十分類は後の道宣『続高僧伝』、北宋・賛寧『宋高僧伝』に範として用いられた。

25 【青襟之歳】『詩』鄭風・子衿「青青子衿、悠悠我心〔毛伝〕青衿、青領也。学子之所服」。

26 【経綸】『礼記』中庸「惟天下至誠、為能経綸天下之大経」。

27 【物忌】鮑照「代君子有所思」（『文選』巻三一）「器悪含満欹、物忌厚生没」。

28 【蔵舟】『荘子』内篇・大宗師「夫蔵舟於壑、蔵山於沢、謂之固矣。而夜半有力者負之而走、昧者不知」。

29 【十徳記】『歴代三宝紀』巻一二・大隋録に「十徳記一巻」（T49, 105a）、『内典録』巻一〇・歴代道俗述作注解録に「昭玄十徳記」（T55, 332a）、『続高僧伝』巻九・義解篇・霊裕伝には「光師弟子十徳記」（T50, 497c）とあり、北斉・慧光の弟子・昭玄大統法上をはじめとする北斉の昭玄寺に属する僧官制度の記録であろう。『内典録』によれば、霊裕にはほかに『僧尼制』もあった。

30【望崖】『高僧伝』巻五・義解篇・竺道壹伝「今若責其属籍、同役編戸、恐遊方之士望崖於聖世、軽挙之徒長往而不反、虧盛明之風、謬主相之旨」(T50, 357a)。

31【紛諍】大正蔵、高麗蔵初雕本・再雕本など諸本いずれも「紛静」であるが、それでは意味通ぜず、ここは仮に「紛諍」として字を改めて訓んだ。

32【韜光】「陶淵明集」蕭統序「聖人韜光、賢人遁世」。

33【松喬】赤松之と王子喬。班固「西都賦」(『文選』巻一)「庶松喬之群類、時遊従乎斯庭、実列仙之攸館、非吾人之所寧。〔李善注〕列仙伝曰、赤松之者時雨師也。服水玉以教神農。又曰、王子喬周霊王太子晋也。道人浮丘公接以上嵩高山」。

34【吹嘘】『宋書』巻七四・沈攸之伝「逆賊沈攸之、出自萊畝、寂寥累世、故司空沈公以従父宗蔭、愛之若子、卵翼吹嘘、得升官秩」。

35【風素】『宋書』巻六〇・王准之伝「准之究識旧儀、問無不対、時大将軍彭城王義康録尚書事、毎歎曰、何須高論玄虚。正得如王准之両三人、天下便治矣。然寡乏風素、不為時流所重」。

『釈迦氏譜』

［釈文］

釈迦氏譜序[a]

終南山釈氏[b]

古徳流言[1]、祖仏為師[2]、羞[c]観仏之本系[3]、紹釈為姓、恥尋釈氏之源[d]。以今抛量[4]、頗為実録、既云革俗[5]、義匪憑虚。

昔南斉僧祐律師者、学通内外、行総維持、撰釈迦譜一帙十巻。援引事類、繁縟[6]神襟、自可前修博観、非為後進標領。余年迫秋方[7]、命臨悲谷[8]、屢獲勧勉、力復陳之、試挙五科、用開三返。想同族法種、詳斯意焉。

［校勘］

a序＝一（元）。＝巻上（明）　b終南山釈氏＝大唐釈道宣撰（宋・元・宮）。＝唐釈道宣撰（明）　c羞＝著（宋・宮）　d源＝根源（明）

［訓読］

釈迦氏譜の序

終南山の釈氏

古徳の流の言えらく、仏を祖とし師と為すに、仏の本系を観るを羞じ、釈を紹ぎて姓と為すに、釈氏の源を尋ぬるを恥ず、と。今を以て揣量するに、頗る実録と為し、既にして俗を革むると云うは、義として憑虚に匪ざるなり。昔 南斉の僧祐律師、学は内外に通じ、行は維持を総べ、釈迦譜一帙十巻を撰す。事類を援引して神襟を繋縟し、自《おの》ずから前修の博く観る可きものなるも、後進の標領と為すに非ず。余 年は秋方に迫りて、命は悲谷に臨み、屢《しば》しば勧勉を獲たれば、力めて復た之を陳べんとし、試みに五科を挙げ、用て三返を開く。想うらくは、同族の法種、斯の意を詳らかにせんことを、と。

〔訳文〕

釈迦氏譜の序

終南山の釈氏

先の世の高徳の僧〔である彦琮師〕は言われた。〔世間の沙門たちが〕仏陀を開祖とし師と仰いでいるにもかかわらず、世界の起こりから仏陀の誕生に至るまでの正しい歴史を〔今さら〕学んでいることを恥ずかしく思い、釈迦仏の弟子として「釈」の姓を名乗っているにもかかわらず、自身と釈迦仏とをつなぐ法の系譜を〔今さら〕調べていることを情けなく思う、と。いま現在の状況と照らし合わせて考えてみても、出家僧の系譜はまったく事実の記録であると言ってよく、もはや〔俗人と一線を画して〕仏弟子となったというからには、〔法流の末席に連なる者として〕その意味するところは、より所のない存在という非難などは全く当たらないということである。

昔日、南斉の僧祐律師は、学識は内典・外典に通達して、堅持すべき行いはみな修め、『釈迦譜』一帙十巻を撰述された。〔これは〕様々な事柄をひろく引用して仏陀の事跡や教えをこと細かに述べており、前代のすぐれた諸師たちにとっては総覧するに有用のものであるが、後進の徒にとって明快な手引きとはならない。私は老境にさしかかりいつ寿命が尽きるとも知れぬし、しばしば他人より勧められたこととて、もう一度〔私なりに〕心を砕いてまとめてみようと思う。〔構成は〕五つの節に分かち、何度でも〔簡便に〕仏陀の足跡を振り返れるようにした。願わくば同学の沙門たちよ、私の意図をつぶさに汲んでもらいたい。

［語註］

1 【古徳】『続高僧伝』巻一三・義解篇・道岳伝「〔慧〕安曰、願聞其志。〔岳〕曰、余前学群部、悉是古徳所伝。流味広周、未尽於後、惟以倶舎無解、遂豈結於当来耶」（T50, 527b）。ここでは彦琮を指す。後掲註2参照。

2 【祖仏為師……】本節以下は『続高僧伝』巻二・訳経篇・彦琮伝「〔彦琮〕著弁正論、以垂翻訳之式、其詞曰、……奚仮落髪翦鬚、苦違俗訓、持衣捧盋、頓改世儀、坐受僧号、詳謂是理。遥学梵章、寧容非法。崇仏為主、羞討仏字之源、紹釈為宗、恥尋釈語之趣。空覩経葉、弗興敬仰、総見梵僧、例生侮慢。退本追末、吁可笑乎。象運将窮、斯法見続。用茲紹継誠可悲夫」（T50, 438a-439b）を踏まえたもの。

3 【本系】『続高僧伝』巻二四・護法篇・智実伝「伏見詔書、国家本系、出自柱下、尊祖之風、形于前典。頒吾天下、無徳而称。令道士等処僧之上、奉以周施。豈敢拒詔」（T50, 635b）。

4 【拠量】また量拠に同じ。『内典録』巻一・後漢伝訳仏経録「序曰、教流源起、寔本姫周、秦正殄之、遺蹤間出、劉向挍書天閣、往往見有仏経。依此拠量、不止漢明之世、余如別顕、叙其光俗中興之始、故肇列之」（T55, 220ab）。

5 【革俗】また改俗・変俗。『高僧伝』巻七・義解篇・竺道生伝「後値沙門竺法汰、遂改俗帰依、伏膺受業。既践法門俊思奇抜、研味句義即自開解」（T50, 366b）。

6 【繁縟】『晋書』巻九二・文苑伝・序「及金行纂極、文雅斯盛、張載擅銘山之美、陸機挺焚研之奇、潘夏連輝、頡頏名輩、並綜採繁縟」。

7【年迫秋方】『隋書』巻五七・盧思道伝・労生論「余年在秋方、已迫知命、情礼宜退、不獲晏安」。

8【悲谷】西南方にある幽谷、さしかかる人を悲しませるという。『淮南子』天文訓「日至於悲谷、是謂餔時〔許慎注〕悲谷、西南方之大壑、言、其深峻、臨其上令人悲思、故曰悲谷也」。『続高僧伝』巻一三・義解篇・僧鳳伝「既而厚夜悽感。常志前言、悲谷増慨、彌隆遐想。以其年暮月二十三日、因疾終於彼寺、春秋七十有七」（T50, 526c）。

『釈迦方志』

〔釈文〕

釈迦方志序[a][b]

終南太一山釈氏[c][d]

惟夫大唐之有天下也、将四十載、淳風[1]洽而澆俗[2]改、文徳修而武功暢。故使青丘[3]丹穴[4]之候並入堤封[5]、龍砂[6]雁塞[e][7]之区聿遵声教。英髦[f]稽首、顒朝宗[8]之羽儀[9]、輸賝奉贄、表懐柔之盛徳[10]。然則八荒[11]内外、前史具舒[g]、五竺方維、由来罕述、豈非時也。

雖復周穆西狩、止届昆[h]丘[12]、舜禹南巡、不踰滄海[13]、秦皇画野、近袤[14]臨洮[15]、漢武封疆、関開鉄路[16]、厥斯以降、遐討未詳。所以崆峒問道[17]、局在酒泉之地[18]、崑崙謁聖、実惟[i]玉門之側[19]。至於弱水[20]洞庭[21]三危[22]九隴[23]煙[j]然[24]龍勒[25]沙障[26]黎河[27]、具暦夏書[28]、咸図雍部。

及博望之尋河[29]也、創聞大夏之名[30]、軒皇之遊夢[31]也、初述華胥之国[32]。弐師之伐大宛、定遠之開鉄門、由余入秦[33]、日磾仕漢[34]。声栄覆於葱嶺、帝徳亙於耆山[35]、赫奕皇華[36]、其徒繁矣。而方土所記、人物所宜、風俗之沿革、山川之卓詭、雖陳之油素[37]、略無可紀、豈不以経途遼遠、遊詣之者希乎。

以事討論、縦有伝説、皆祖行人、信非躬覿。相従奔競、虚為実録、何以知其然耶。故積石河源[38]、西瞻赤県、崑崙天柱、東顧神州、鳴砂[39]以外、咸称胡国、安用遠籌[40]、空伝緗簡[41]。是知、身毒之説重訳臻焉[42]、神異等伝断可知矣。自仏教道東[k]、栄光燭漢、政流十代、年将六百、輶軒[43]継接、備尽観方[44]、百有余国、咸帰風化。莫不梯山貢職[45]、望日来王[46]、而前後伝録、差互不同、事迹罕述[l]、称謂多惑、覆尋斯致、宗帰訳人[47]。

昔隋代東都上林園翻経館沙門彦琮、著西域伝[48]一部十篇。広布風俗、略於仏事、得在洽聞、失於信本。余以為、八相顕道[49]、三乗陶化。四儀所設、莫不逗機[50]、二厳攸被、皆宗慧解。今聖迹霊相雑沓於華胥[51]、神光[52]瑞影氤氳於宇内。義須昌明形量、動発心霊。

洎[m]貞観訳経[53]、嘗参位席、傍出西記[54]、具如別詳。但以紙墨易繁、閲鏡難尽、仏之遺緒[55]、釈門共帰、故撮綱猷、略為一巻、貽諸後学、序之云爾。

釈迦方志一部八篇

封疆篇第一　統摂篇第二
中辺篇第三　遺跡篇第四
遊履篇第五　通局篇第六
時住篇第七　教相篇第八

仰尋諸仏之降霊也、不可以形相求之、随機顕晦、故得以言章述矣。然学教者統挙為先、傍窮枝葉、終非遠致。故於篇首、摽其致焉。

【後序】

大唐永徽元年歳維庚戌、終南太一山豊徳寺沙門呉興釈道宣、往参訳経、旁観別伝。文広難尋故略挙其要、并潤其色、同成其類。庶将来好事、用裨精爽[56]云。

［校勘］

a志＝誌（宋・元・明） b序＝序上（宋・元） c終南＝唐終南（明） d釈氏＝釈氏道宣撰（宋・元）。＝釈道宣撰（明） e雁＝鳥（宋・元・明） f英髦＝膜拝（宋・元・明） g舒＝書（宋・元・明） h昆＝崑（宋・元・明） i惟＝唯（宋・元・明） j煙＝燕（宋・元・明） k道東＝東伝（宋・元・明） l述＝迷（宋・元・明） m洎（宋・元・明）＝泉（大正蔵）

［訓読］

釈迦方志序

終南太一山の釈氏

惟うに夫れ大唐の天下を有《たも》つや、将に四十載ならんとし、淳風洽《あまね》くして澆俗改まり、文徳修めて武功暢ぶ。故に青丘・丹穴の候をして並びに堤封に入らしめ、龍砂・雁塞の区をして聿《とも》に声教に遵《したが》わしむ。英髦 稽首して、朝宗の羽儀を顕わし、賝を輸《おく》り贄を奉りて、懐柔の盛徳を表わす。然れば則ち八荒の内外、前史具さに舒すも、五竺の方維は、由来述ぶること罕《まれ》なるは、豈に時に非ざらんや。

復た周穆 西のかた狩して昆丘に止届し、舜禹 南のかた巡りて滄海を踰えず、秦皇 野を画して臨洮に近袤たり、漢武の封疆 鉄路を関開すると雖も、厥れ斯れ以降、遐《とお》く討ぬるも未だ詳らかならず。所以に崆峒にて道を問うは、局 酒泉の地に在り、崑崙にて聖に謁するは、実に惟れ玉門の側なり。弱水・洞庭・三危・九隴・煙然・龍勒・沙障・黎河に至りては、具さに夏書に暦《しる》さるるも、咸な雍部に図《えが》かる。

博望の河を尋ぬるに及ぶや、創めて大夏の名を聞き、軒皇の夢に遊ぶや、初めて華胥の国を述ぶ。弐師の大宛を伐ち、定遠の鉄門を開き、由余 秦に入り、日磾 漢に仕う。声栄 葱嶺を覆い、帝徳 耆山に亙り、赫奕たる皇華、其の徒繁し。而るに方土の記す所、人物の宜しき所、風俗の沿革、山川の卓詭は、之を油素に陳ぶると雖も、略《ほ》ぼ紀す可きこと無きは、豈に経途の遼遠たりて、遊詣の者希《まれ》なるを以てせざらんや。

事を以て討論するに、縦《たと》い伝説有るとも、皆な行人に祖りて、信《まこと》に躬ら観るに非ず。相従い奔競して、虚しく実録を為るも、何を以てか其の然るを知らんや。故《もと》より積石の河源は西より赤県を瞻《み》、崑崙の天柱は東のかた神州を顧み、鳴砂より以外は咸な胡国と称するは、安んぞ遠籌を用いて空しく細簡を伝えん。是に知んぬ、身毒の説は訳を重ねて焉に臻り、神異等の伝は断じて知る可きことを。

仏教 道東して、栄光 漢を燭《てら》してより、政流十たび代りて、年将に六百ならんとし、輶軒 継接して、備尽《ことごと》く方を観、百有余国は咸な風化に帰す。山に梯して貢職し、日を望みて来王せざるはなきも、而れども前後の伝録、差互して同じからず、事迹述ぶること罕にして、称謂惑うこと多し。斯の致《むね》を覆尋するに、宗は訳人に帰せん。

昔、隋代東都上林園翻経館沙門彦琮、西域伝一部十篇を著わす。広く風俗を布くも、仏事に略たり、洽聞に在るを得たるも、信本に失あり。余 以為《おもえら》く、八相 顕道して三乗 陶化す。四儀の設くる所、機に逗ぜざること莫く、二厳の被る攸《ところ》、皆な慧解を宗とす。今、聖迹霊相 華胥に雑沓し、神光瑞影 宇内に氤氳たり。義として須く形量を昌明《あきらか》にして、心霊を動発すべし。

貞観の訳経に嘗て位席に参ずるに洎びて、傍ら西記を出すこと、具さには別に詳かにする如し。但だ紙墨の繁《おお》くなり易くして、閲鏡すること尽し難きも、仏の遺緒は、釈門共に帰するを以て、故に綱猷を撮り、略 一巻と為し、諸《これ》を後学に貽りて、之に序すとしか云う。

釈迦方志一部八篇

封疆篇第一　統摂篇第二
中辺篇第三　遺跡篇第四
遊履篇第五　通局篇第六
時住篇第七　教相篇第八

仰いで諸仏の降霊を尋ぬるや、形相を以て之を求むるべからざるも、機に随いて顕晦し、故に言章を以て述ぶるを得たり。然れども教を学ぶ者は統べ挙ぐるを先と為し、傍ら枝葉を窮むるは、終に遠致に非ず。故に篇首に於いて、其の致《むね》を摽せん。

【後序】

大唐永徽元年歳維庚戌、終南太一山豊徳寺沙門呉興の釈道宣、訳経に往参して、旁らに別伝を観る。文広くして尋ね難きが故に其の要を略挙し、幷びに其の色を潤《うつくしく》し、同《とも》に其の類を成す。庶わくば将来の好事、用て精爽に裨せしめんことをとしか云う。

〔訳文〕

釈迦方志の序

終南太一山の釈氏（撰す）

考えてみるに、偉大なるわが唐王朝が創業してより四十年にならんとし、人民の間には真心ある素直な気風があまねく広がり、先の世のかるがるしく情薄い風俗は一新され、礼楽を始めとする学問による教育がととのい、武の力による統治もはるか遠くにまで行き届いている。さればこそ東ははるか朝鮮半島の青丘の地から北はもと突厥治下の丹穴の地まで、〔異民族の君王たちが唐の封爵を受けて〕本朝の版図となり、西域の大砂漠である龍砂や梁州の南に聳える雁塞といった絶域〔の人々〕も、中国と同じ礼教を学び尊ぶこととなったのである。〔国中の〕優れた人々は参集し〔頭を地につける〕最上の礼をおこなって天子の威儀を示し、〔異国の者たちは〕珍宝を差し出し進物を尽して慕い来り、中国の輝かしい文徳を明らかにしている。してみると〔中華の文明が及ぶ〕世界の内外についてはは前代の史書に詳しく記録されているのに、天竺《インド》の五つの地域についての言及が古来稀であったのは、まだ時宜を得ていなかったからなのであろう〔。今日の隆盛に至って漸く機が熟してきたのである〕。

また周の穆王は西方の崑崙山を訪れて〔西王母と会見し〕、〔帝〕舜や〔夏の〕禹王は南方を巡視して海際にまで達し、秦の始皇帝は〔長城を築いて〕領域を定めその西端は臨洮〔甘粛省定西市〕に至り、漢の武帝の支配領域は西域の彼方、鉄門〔ウズベキスタン〕にまで広がったけれども、何分絶域のこととてその詳細は明らかにならなかった。そのため、かの〔黄帝が仙人の広成子を訪ね道について教えを乞うたという〕崆峒山の所在地が酒泉地域に比定され、〔穆王が〕神仙〔である西王母〕に謁見したという崑崙山は、玉門関附近にあると考えられてきた。弱水や洞庭、三危や九隴、燕然や龍勒、沙障や黎河といった地名に至っては、『尚書』夏書につぶさに記されているのだが、それらは全て雍州に属することになっている。

博望侯張騫が〔西域に使いして〕黄河の源流を探検した時になって初めて大夏という国の存在を知り、〔黄帝〕軒轅氏が夢の中で訪れて、初めて理想郷である華胥の国が語られたのである。弐師将軍李広利が〔漢武帝の命を受け〕大宛〔フェルガナ〕を討伐し、〔後漢時代には〕定遠侯班超が再び鉄門にまで勢力を及ぼし、〔西戎王の使者であった賢人〕由余が秦に入って〔繆公の〕家臣となり、〔匈奴休屠王の太子であった〕金日磾が武帝に近侍するに及んで、中国の声望は西域の西端パミール高原にまで響き渡り、皇帝の御徳は天山の南麓焉耆地方にまで覆い広がり、威風堂々たる天子の使者たちがひっきりなしに〔西域を〕往来することとなった。しかしながら、それぞれの地域の歴史や〔輩出された〕優れた人物、社会風俗の沿革、山川の名勝について、これをこと細かに記そうとするとほとんど述べるべきことがないのは、およそ〔西域への〕道のりがあまりに遠く、人々の交流も非常に少ない〔ので情報が伝わらない〕からに他ならない。

西域の事物を何か論じる際に、〔材料となりそうな〕伝説の類があったとしても、それらはみな旅人たちが齎した情報に基づいており、実際に自分の目で確かめたものではない。〔そのような不確かな〕話に飛びつき競い争って「実録」と称するものを編んでも、いったい何を証拠としてその記述が正しいと分かるであろうか。およそ、積石山を流れる黄河上流を最西端とし、天柱のごとく聳える崑崙山から東の疆域をわが神州赤県《ちゅうごく》となし、敦煌鳴砂山より以西はすべて「胡国」と一括するのは、深い知識や考えがあってのことではなく、古い記録をいたずらに踏襲しているだけなのである。だから、身毒《インド》に関する情報は多くの人々の仲介を経て中国の耳目に届くのであり、〔東方朔の著作とされる〕『神異経』などの伝説は一旦措いておかねばならないことが知れるであろう。

仏教が東漸して法の光が漢の世を燭《てら》して以来、王朝は幾度も交替して六百年に及ぶ歳月が流れ、天子の使者が絶え間なく派遣されてあらゆる地方を巡察し、百あまりもある〔西域〕諸国はみな中国の教化に帰服している。険しい山に梯子をかけ〔るように危険な道をものともせず〕貢物を持ち来たり、太陽を仰ぎみ〔るように天子を慕っ〕てお目通りを願わないものはない。しかしながら古今の伝承や記録は、〔内容に〕相違が生じており、〔そもそも〕言及されること自体が少ない上に〔地名などの〕名称の表記がばらばらで混乱させられることも多い。このような事態に至った理由を考察するに、責任の所在は歴代の翻訳者にあろう。

かつて隋の時代に東都上林園の翻経館沙門彦琮が『西域伝』一部十篇を著した。広く西域の文化・習俗を集めているけれども、仏教に関する事柄は省略され、博聞ではあるが真に大切な根本には触れられていない。私が思うに、仏陀が降誕されてこの世にさとりの法を明らかにし、三乗の教えによって教化が行われた。およそ一切の人間の生活行動である四威儀（行・住・座・臥）のうち、みな機根に応じて説かれないものはなく、智慧と福徳の二種によって自らを荘厳《うつくしく》し、何よりも正しい知識と判断によって物事をわきまえてゆく〔ことが示された〕。今や聖なる仏の遺跡や霊妙不可思議なすがたは華胥《インド》の地にひしめき合い、諸仏の光明やめでたいしるしは宇内《ちゅうごく》の諸処に盛んに顕れている。これら仏陀の聖跡や瑞応が明らかに示されれば、必ず〔衆生の〕こころを〔帰依へと〕動かすのである。

〔わたくし道宣が〕貞観年中に行われた〔玄奘の〕仏典翻訳の訳場に参加した際、〔玄奘が仏典を翻訳しながら、その〕一方で『大唐西域記』を著述したことについては別途詳しく述べている通りである。ただ、この書は〔大部であって〕ともすれば紙や墨ばかりが消費され、かえって全部を読み尽くすことも難しく、〔それでも〕仏陀の偉大な足跡〔についての知見〕は、仏門にある者みなが心を寄せるべきであるから、〔『大唐西域記』十二巻の〕綱要を抜出し簡略にして一巻の書となし、後学の者に遺そうと思う。以上、序として述べる。

釈迦方志一部八篇（以下目録省略）

仰いで諸仏の地上への降臨をたずねるには、目に見える形でもってとらえることはできない。人々の機根に応じて娑婆世界に現前もし、隠れもするのであって、それらの現象は、言葉ではっきりと述べ得るのである。仏教を学ぶ者は、機根に応じた諸仏化現の全体を一体のものとして挙げ示すことを優先するのであって、枝葉末節ばかりひたすら窮めようとする学び方は、遠致《さとり》〔へのおしえ〕とするには程遠い。そこで、各篇の冒頭にその意図するところを明らかにしておく。

【後序】

大唐の永徽元年（六五〇）庚戌の年、〔わたくし〕終南太一山豊徳寺の沙門・呉興の釈道宣は、〔玄奘の〕訳場に参加して、訳経の間に著述された『大唐西域記』を目にした。〔この書は〕大部で内容が豊富であるが〔それゆえ〕読み解き難いので、要点を略述し、文章や構成に手を加えて、他書からの引用もつけ加えた。願わくば将来の関心ある人々が〔本書を〕智慧の力を高めるよすがとしていただきたい。

〔語註〕

1 【淳風】『三国志』魏書五・明帝毛皇后伝「〔裴松之注〕孫盛曰、古之王者、必求令淑以対揚至徳、恢王化於関雎、致淳風于麟趾」。

2 【澆俗】『宋書』巻六八・劉義宣伝「夫澆俗之季、少貞節之臣。氷霜競至、靡後彫之木。並寝処凶世、甘栄偽朝、皆纓冕之所棄」。

3 【青丘】『史記』巻一一七・司馬相如伝「〔史記正義〕服虔云、青丘国在海東三百里。郭璞云、青丘、山名。上有田、亦有国、出九尾狐、在海外」。貞観二十二年（六四八）、高句麗討伐に際して薛万徹が青丘道行軍大総管に任じられている（『旧唐書』巻六九・薛万徹伝）。

4 【丹穴】『旧唐書』巻五三・李密伝「普天之下、率土之浜、蟠木距於流沙、瀚海窮於丹穴、莫不鼓腹撃壌、鑿井耕田、治致昇平、駆之仁寿」。瀚海はゴビ砂漠周辺、太宗の時代より突厥鉄勒部の内附に伴って当地に瀚海都護府が設けられた。

5 【提封】堤は提に通ず、すべての領土。『漢書』巻六五・東方朔伝「盩厔以東・宜春以西、提封頃畝、及其賈直、〔顔師古注〕提封、亦謂提挙四封之内、総計其数也。賈読曰価」。

6 【龍砂】『後漢書』巻四七・班梁列伝賛「定遠慷慨、専功西遐。坦歩葱雪、咫尺龍沙。〔李賢注〕葱領雪山、白龍堆沙漠也。八寸曰咫。坦歩言不以為艱、咫尺言不以為遠也」。

7 【雁塞】盛弘之『荊州記』（『太平御覧』巻九一七）「雁塞北接梁州汶陽郡、其間東西嶺、属天無際、云飛風翥、望崖回翼。惟一処為下翔、雁達塞、矯翼裁度、故名雁塞、同於雁門也」。

8 【朝宗】諸侯が天子に拝謁すること。『周礼』春官・大宗伯「以賓礼親邦国、春見曰朝、夏見曰宗、秋見曰覲、冬見曰遇、時見曰会、殷見曰同」。

9 【羽儀】堂々たる威儀。『晋書』巻一二二・呂光伝「初光之定河西也、杜進有力焉、以為輔国将軍・武威太守。既居都尹、権高一時、出入羽儀、与光相亜」。

10 【懐柔之盛徳】『尚書』文侯之命「父往哉、柔遠能邇、恵康小民、無荒寧。〔孔安国伝〕懐柔遠人、必以文徳、能柔遠者必能柔近、然後国安」。

11 【八荒】『漢書』巻三一・項籍伝賛「八荒、八方荒忽、極遠之地也」。

12 【昆丘】崑崙山の別名。西王母の住処、また黄河の源ともされた。『爾雅』釈丘「釈曰、崐崘山、記云崐崘山、一名崐丘、三重高万一千里是也、凡丘之形三重者因取此名云耳」。後掲註38参照。

13 【不踰滄海】『尚書』禹貢「東漸于海、西被于流沙、朔南曁声教、訖于四海。禹錫玄圭、告厥成功」。滄海（蒼海）は一般には渤海を指す。

14 【近袤】校勘なし。ただし慧琳『一切経音義』巻七七・釈迦方志音義には「延袤」とみえる（T54, 808b）。延は東西、袤は南北の長さ。訳文は「延袤」に拠った。また後掲註15も併せ参照。

15【臨洮】秦長城の西の起点。『史記』巻八八、蒙恬伝「秦已幷天下、乃使蒙恬将三十万北逐戎狄、収河南。築長城、因地形、用制険塞、起臨洮〔集解、徐広曰、属隴西。〕至遼東、延袤万余里」。

16【鉄路】典拠未詳、鉄門とそこに至る通行路の意に解した。鉄門はソグディアナからトハリスタンに越える山中の門。『大唐西域記』巻一・羯霜那国条「東南山行三百余里入鉄門。鉄門者、左右帯山、山極峭峻。雖有狭径、加之険阻、両傍石壁其色如鉄。既設門扉又以鉄錮。多有鉄鈴懸諸戸扇。因其険固遂以為名。出鉄門至覩貨邏国」（T51, 872c）。

17【崆峒問道】『荘子』外篇・在宥「黄帝立為天子十九年、令行天下、聞広成子在於空同之山、故往見之」。崆峒（空同）山の所在には諸説あり、甘粛省平涼市の崆峒山ほか数か所が知られる。

18【酒泉之地】『隋書』巻二九・地理志上・雍州張掖郡「福禄〔県〕、旧置酒泉郡、開皇初郡廃。仁寿中以置粛州、大業初州尋廃。又後周置楽涫県、尋廃。有祁連山・崆峒山・崑崙山、有石渠」。

19【玉門之側】崑崙山が敦煌玉門関附近にあったとする説は、『漢書』巻二八下・地理志下「〔敦煌郡〕広至〔県〕、宜禾都尉治昆侖障。莽曰広桓」等に基づく。本節の関連史料として「叙列代王臣滞惑解」（『広弘明集』巻六）「〔蔡謨曰、〕……盈尺径寸之珠璧、本惟絶域。窮神達理之叡聖、不限方維。故崆峒非九州之限、崑崙乃五竺之地。而黄帝軒轅、幷西奔而趣之。李老尹喜、又接武而登之。斯何故耶、知可帰矣」（T52, 127a）が挙げられる。

20【弱水】『尚書』禹貢・導水「導弱水至于合黎、余波入于流沙。〔孔安国伝〕合黎水名、在流沙東」。

21【洞庭】『史記』巻六五・呉起伝「〔呉〕起対曰、在徳不在険。昔三苗氏左洞庭、右彭蠡、徳義不修、禹滅之」。

22【三危】『史記』巻一・五帝本紀「遷三苗於三危。〔史記正義〕括地志云、三危山有三峯、故曰三危、俗亦名卑羽山、在沙州敦煌県東南三十里」。

23【九隴】九隴県は現在の四川省彭州市に置かれたが、本書にいう九隴と同一かは不詳。『旧唐書』巻四一・地理志四・彭州「九隴、州所治。漢繁県地、宋置晋寿郡、古城在県西北三里。梁置東益州。後魏為天水郡、仍改為九隴」。

24【煙然】また燕然。『漢書』巻九四上・匈奴伝上「弐師聞之、斬長史、引兵還至速邪烏燕然山。〔顔師古注〕曰、速邪烏、地名也、燕然山在其中」。

25 **【龍勒】**『漢書』巻二八下・地理志八下・敦煌郡「龍勒。有陽関・玉門関、皆都尉治。氐置水出南羌中、東北入沢、漑民田」。

26 **【沙障】**流沙・大砂漠の意か。固有の地名としては未詳。

27 **【黎河】**合黎水か。前掲註20参照。

28 **【具暦夏書】**上述の地名は必ずしも『尚書』夏書にみえるわけではない。前掲註20～27参照。

29 **【博望之尋河】**『史記』巻一二三・大宛伝「太史公曰、……今自張騫使大夏之後也、窮河源、……」。

30 **【大夏之名】**大夏は一般的にはバクトリア地域に存在した王国を指すが、道宣はしばしば「大夏」をインドの意で用いており、本箇所もその一つである。バクトリアの大夏は、前漢武帝期には大月氏に征服され、張騫も実際に大夏に滞在しているため、本文「創聞大夏之名」と合わない。むしろ張騫が大夏の滞在中にその存在を耳にした「身毒」即ちインドを指すと解される。『史記』巻一二三・大宛伝「〔張〕騫曰、臣在大夏時、見邛竹杖・蜀布。問曰、安得此。大夏国人曰、吾賈人往市之身毒。身毒在大夏東南可数千里。其俗土著、大与大夏同、而卑溼暑熱云。……」。道宣は天竺中土説（インドを世界の中心＝中土とし、中国を辺地とみる）をとなえており、本来中国の称である「夏」をインドに用いたと考えられる。『釈迦方志』巻上・中辺篇「出凡入聖必先中国。故大夏親奉音形、東華晩開教迹。理数然矣」（T51, 949a）。また本書『広弘明集』総序冒頭参照。

31 **【軒皇之遊夢】**『列子』黄帝「又十有五年、憂天下之不治。……昼寝而夢、遊於華胥氏之国。華胥氏之国在弇州之西、台州之北、不知斯斉国幾千万里」。

32 **【華胥之国】**道宣は華胥を天竺と解する。『弁正論』巻四「典略云、黄帝夢遊華胥氏之国。華胥氏者即天竺国也、在仏神遊之所」（T52, 520b）に依ったものか。

33 **【由余入秦】**由余は秦繆公（前七世紀）の宰相。もと戎王の使者として秦に赴き、のち秦は由余の策を用いて戎王を討った。『史記』巻五・秦本紀参照。

34 **【日磾仕漢】**金日磾は匈奴休屠王の太子で、霍去病の匈奴討伐に際し捕らわれて漢の宮廷に送られた。のち武帝に近侍して忠実に仕えた。『漢書』巻六八・金日磾伝。

35 【耆山】焉耆山の略称、或いは仏典にいう耆闍崛山の略か。訳文は前者に拠った。後者であれば耆闍崛山すなわちインドとなる。『漢書』巻九四上・匈奴伝「明年春、漢使票騎将軍去病将万騎出隴西、過焉耆山千余里、得胡首虜八千余級、得休屠王祭天金人」。

36 【皇華】『詩』小雅・皇皇者華序「皇皇者華、君遣使臣也、送之以礼楽、言遠而有光華也」。

37 【油素】また油絹。織り目がこまかく滑らかな絹布。『大唐西域記』巻一・敬播序「邈矣殊方、依然在目。無労握槧已詳油素、名為大唐西域記、一帙十二巻」(T51, 867c)。

38 【積石河源……】『尚書』禹貢・導水「導河積石至于龍門」。ただし、同書同篇・雍州に「浮于積石至于龍門西河。〔孔安国伝〕積石山在金城西南、河所経也」とあり、道宣も『釈迦氏譜』所託方土で「崑崙三層、号曰天柱。寔維河源水之霊府。禹貢、導河自積石者、拠其伏流涌出為言也」(T50, 087c)と述べている。

39 【鳴砂】大正蔵のみ「嗚《お》砂」に作る。『後漢書』志二三・郡国志五・涼州「敦煌郡、武帝置。雒陽西五千里。〔劉昭注〕耆旧記曰、国当乾位、地列艮墟、水有県泉之神、山有鳴沙之異」。

40 【遠籌】『晋書』巻一・宣帝紀「言於魏武曰、昔箕子陳謀、以食為首。今天下不耕者蓋二十余万、非経国遠籌也。雖戎甲未巻、自宜且耕且守」。

41 【緗簡】また緗素。浅黄色の絹布、転じて書物。『魏書』巻八五・文苑列伝「史臣曰、……及其霊蛇可握、天網俱頓、並編緗素、咸貫儒林、雖其位可下、其身可殺、千載之後、貴賤一焉」。

42 【重訳臻焉】『三国志』魏書三〇・東夷伝「然荒域之外、重訳而至、非足跡車軌所及、未有知其国俗殊方者也」。

43 【輶軒】天子の使者が乗る車。『風俗通』序「周秦常以歳八月遣輶軒之使、求異代方言、還奏籍之、蔵於秘室」。

44 【備尽観方】『続高僧伝』巻四・訳経篇・論「世有奘公。独高聯類、往還振動備尽観方、百有余国君臣謁敬」(T50, 459c)。

45 【梯山貢職】『陳書』巻六・後主本紀「史臣曰、……是以待詔之徒、争趨金馬、稽古之秀、雲集石渠。且梯山航海、朝貢者往往歳至矣」。

46 【望日来王】『尚書』大禹謨「無怠無荒四夷来王、〔孔安国伝〕言天子常我慎無怠惰荒廃、則四夷帰往之」。

47 【宗帰訳人】『続高僧伝』巻四・訳経篇・論「粤自漢明終于唐運、翻伝梵本多信訳人。事語易明義求罕見、厝情独断惟任筆功。縦有覆疎還遵旧緒、梵僧執葉相等情乖。音語莫通是非倶濫」（T50, 459c）。

48 【西域伝】『続高僧伝』巻二・訳経篇・達摩笈多伝「有沙門彦琮、内外通照華梵並聞、預参伝訳偏承提誘。以笈多遊履具歴名邦、見聞陳述事逾前伝、因著大隋西国伝一部凡十篇。本伝、一方物、二時候、三居処、四国政、五学教、六礼儀、七飲食、八服章、九宝貨、十盛列山河国邑人物。斯即五天之良史」（T50, 435c）。

49 【八相顕道】また八相成道。衆生済度のために出世した仏陀の生涯のすがた。『維摩経玄疏』巻三「所言八相成道者。一従兜率陀天下。二託胎。三出生。四出家。五降魔。六成道。七転法輪。八入涅槃也」（T38, 536c）。

50 【逗機】また投機。機と機が投合する。『大慈恩寺三蔵法師伝』彦悰序「即謂、釈尊一代四十九年、応物逗機適時之教也」（T50, 220c）。

51 【雑沓於華胥】『釈迦氏譜』法王化相「義符神運、抑非天授、諒寔人謀。但禎瑞氤氳、嘉祥雑沓、輝煥天地、引輝幽明。然則文物光乎万古、声明高於視聴」（T50, 088b）。

52 【神光】『仏道論衡』巻二・隋文帝詔為降州天火焚老君像事「集論者云、……霊瑞感応、充於凡聖之心。自赤沢降神青丘化及、威徳之清昏識、神光之燭幽都、無不喪胆求師款懐請道」（T52, 378b）。

53 【泊貞観訳経】大正蔵本「泉」はもと「臮」（『一切経音義』巻七七）、「至」の意。『釈門章服儀』立体抜俗篇「余少経律肆、講至斯文。……貞観末歳参伝訳経。顧訪蚕衣、方知莫用、深恨知之晩矣」（T45, 836b）。

54 【西記】玄奘『大唐西域記』を指す。『大唐西域記』巻七・吠舎釐国条「大城西北行五六十里至大窣堵波。栗呫〈昌葉反〉婆子〈旧云離車子訛也〉別如来処」（T51, 909b）を、『翻訳名義集』巻二に「西記云、名栗呫〈昌栗〉婆子。旧訛云離車彌戻車」（T54, 1084c）と引用する。

55 【遺緒】『晋書』巻四六・劉頌伝「借令愚劣之嗣、蒙先哲之遺緒、得中賢之佐、而樹国本根不深、無幹輔之固、則所謂任臣者化而為重臣矣」。

56【精爽】『左伝』昭公七年「是以有精爽至於神明。〔孔穎達正義〕曰、此言従微而至著耳、精亦神也、爽亦明也、精是神之未著、爽是明之未昭、言権勢重用、物多𥺌此、精爽至於神明也」。

『関中創立戒壇図経』

［釈文］

関中創立戒壇図経〈并序〉

大唐京師西明寺沙門釈道宣撰

余以闇昧、少参学府、優柔[1]教義、諮質賢明、問道絶於儒文、欽徳承於道立[2]。故居無常師、追千里如咫尺、唯法是務、跨関河如一葦[3]。周流晋魏、披閲累於初聞、顧歩江淮、縁搆[4]彰於道聴[5]。遂以立年、方尋鉛墨、律儀博要、行事謀猷、図伝顕於時心、鈔疏開於有識。或注或解、引用寄於前経、時抑時揚、専門在於成務。備通即目、流漸可知。至於戒本壇場、曾未陳広、雖因事叙、終非錯言。今年出縦心、旦夕蒲柳[6]、一尋此路、若墜諸隍。力疾書之、遺滞非咎。乃以乾封二年、於京郊之南、創弘斯法。

原夫戒壇之興、所以立於戒也。戒為衆聖之行本、又是三法之命根。皇覚由此以興慈、凡惑仮斯而致滅。故文云[7]、如何得知仏法久住。若中国十人、辺方五人、如法受戒、是名正法久住。是知比丘儀体[8]、非戒不存、道必人弘、非戒不立。戒由作業而克[9]、業必藉処而生。処曰戒壇、登降則心因発越、地称勝善、唱結則事用殷勤。豈不以非常之儀、能動非常之致。然則詳其広也、談論可以処成、尋其要也、行事難為準的[10]。是以諸律文云[11]、方相莫委於分斉[12]、唱令有昧於前縁、衆集不暁於別同、通和憒分於成敗。並曰、非界咸乖聖則。雖受不獲、以無界故。是知、空地架屋[13]、徒費成功、無壇結界、勝心難発。今博尋群録、統括所聞、開法施之初門、仰住法之遺則。若不分衢術、則推歩者不識其由、故略位諸門、使暁鋭者知非妄立云爾。

［校勘］ なし

［訓読］

関中創立戒壇図経〈幷びに序〉

大唐京師西明寺の沙門釈道宣 撰す

余 闇昧なるを以て、少くして学府に参じ、教義に優柔し、賢明に諮質し、道を問いては儒文に絶し、徳を欽しみては道立に承く。故に居に常師無く、千里を追うこと咫尺の如く、唯法のみ是れ務め、関河を跨ぐこと一葦の如し。晋魏に周流し、披閲して初聞を累ね、江淮に顧歩し、縁搆は道聴に彰わる。遂に立年を以て方に鉛墨を尋ね、律儀の博要、行事の謀猷、図伝は時心に顕われ、鈔疏は有識に開かる。或いは注し或いは解し、引用は前経に寄り、時に抑え時に揚げ、門を専らにするは務めを成すに在り。備さに通じ即目し、流漸 知るべし。戒本壇場に至りては、曾て未だ広きを陳べず、事に因りて叙ぶと雖も、終に言を錯《あやま》るには非ず。今 年は縦心を出で、旦夕に蒲柳たれば、一えに此れを路に尋ぬるも、諸《これ》を隍《ほり》に墜とすが若し。疾を力めて之を書く、遺滞するも咎むるに非ざれ。乃ち乾封二年を以て、京郊の南に於いて、創めて斯の法を弘む。

原ぬるに夫れ 戒壇の興るは、戒を立つる所以なり。戒は衆聖の行本為りて、又た是れ三法の命根なり。皇覚 此に由りて以て慈を興し、凡惑 斯に仮《よ》りて滅を致す。故に文に云う、如何にか仏法の久しく住《とど》まるを知るを得んや。

若し中国十人、辺方五人、法の如く戒を受くれば、是れ正法久しく住まると名づく、と。是こに知りぬ、比丘の儀体は、戒に非ざれば存せず、道は必ず人の弘むるも、戒に非ざれば立たず。戒は業を作すに由りて克ち、業は必ず処に藉《よ》りて生ず。処は戒壇と曰い、登降するときは則ち心因発越し、地は勝善と称し、唱結するときは則ち事用殷勤たり。豈に非常の儀を以て、能く非常の致《むね》を動かさざらんや。然れば則ち其の広を詳らかにするや、談論は処を以て成すべきも、其の要を尋ぬるや、行事は準的と為し難し。是こを以て諸もろの律文に云う、方相 分斉を委《つまび》らかにすること莫く、唱令 前縁に昧きこと有らば、衆集まるも別同を暁らかにせずして、通和するも成敗を分かつに懵《くら》し、と。並びに曰く、界に非ざれば咸な聖則に乖く。受くと雖も獲ざるは、界無きを以ての故なり、と。是こに知りぬ、空地に屋を架すは、徒らに費やして功を成すも、壇無きに界を結ぶは、勝心発《おこ》し難し。今博く群録を尋ね、聞く所を統括し、法施の初門を開き、住法の遺則を仰ぐ。若し衢術を分かたざれば、則ち推歩する者は其の由を識らず、故に略 諸門に位して、暁鋭なる者をして妄りに立つるに非ざるを知らしむるとしか云う。

〔訳文〕

関中創立戒壇図経〈幷びに序〉

大唐京師西明寺の沙門釈道宣 撰す

私は愚昧ながら、若いころから学問の場に出て、教義をじっくり学び、すぐれた人に教えを請い、経書《けい》に精力を注いで道を問い、仏道を確立せんとして徳を慕い身をつつしんできた。そのようなわけで一所に留まっても特定の師を持たず、千里を遠しとせず出かけていき、ただ仏法を求めることのみに務め、〔函谷関や蒲津関などの〕関所や〔黄〕河をも一跨ぎにするように出向いて行った。晋魏の地を巡り歩き、見聞を積み重ね、江淮の地をあちこちと巡り、道端で聞きかじったような話の中にさえも縁の顚末について明らかにしうるものがあった。そして、三十を過ぎ筆墨を手にし、律儀の特に重要な点や、実践の際の教えについて、戒壇の図面と本文とは現在の多くの人々に明らかにわかるものとし、その注釈は見識ある人々に開き示されたものとした。注を付け解釈を加える際は、これまでに翻訳された経典によっており、時として強調し過ぎないように抑えたりするのは、専ら戒律の学を人々に示し導いて務めを果たさせるためである。全体にわたって目を通していけば、歴史的経緯はその次第を理解できよう。受戒に際して用いられる戒本と壇場については、これまではその全体を叙述してこなかったが、戒本の条々に従って叙べていったとしても、言葉を誤ることはないと思われる。今七十を過ぎて、日々体も衰えているので、一心にこの道を追い求めているのだが、空堀の中に墜ちそうな心もとない状況である。病をおして書いてみた、忘れて書かずじまいになっていることがあっても寛恕願いたい。乾封二年（六六七）に、京城の南において、戒壇を創立し、この法を広めんとするものである。

考えてみると、戒によって僧の立脚地が与えられるのは、戒壇が興隆し盛んになることによる。戒は聖者の修行の根本であり、教・行・証の三法にとって命である。仏陀はそれにより慈悲の心を興し、凡庸な迷える者どもはそれによって滅（さとり）の世界に入るのである。だから戒律文献には次のように言う、仏法がこの世に久しく続くことを、どうすれば知ることができようか。もし中国《インド》では十人、辺境の地では五人を立て、法の通り戒を受ければ、正法は永遠に続くと。比丘としての正しいあり方は、戒に依らなければありえない。道は必ず人によって弘められるものであるが、戒によらなければその人は僧として成立しない。戒は僧として守るべき威儀作法によって成り立ち、それは戒壇によってこそ生じるものである。その受戒の場所は戒壇と呼ばれ、戒壇に登って受戒し戒壇より降りて出家の世界に入れば、心はその時から外に開かれ広がり、戒壇の地は勝れて善きところと称せられて、戒律の条文が唱えられて神聖な結界がなされれば、つつしみ深く戒律に基づいた修行が勤められる。世間の知を超えた非常の儀軌によらなければ、世俗を超えたおしえを起こすことはできないのである。そうであれば、戒壇の広さは詳しく議論しうるも、その要点となる建設上の具体的な標準は示し難い。それゆえ諸々の戒律の文献には、「〔五種の結界のうち〕方相界において境界をつまびらかにすることなく、唱えて令しても前々からの縁には通じていなければ、大衆が集まっても僧の良し悪しを明らかにできず、全体を通して調和していても事の成敗を分けることはできない」という。また、「戒壇を設ける結界がなければ悉く聖則にそむくことになり、受戒したとしても聖則を獲得できない。戒壇を設ける結界がなされていないからである」と。だから、何もない土地の屋根を架けたところで、むなしく労力をついやすだけなのと同じく、戒壇もなく結界しても、さとりを求める勝れた心は発《おこ》し難い。今ひろく多くの記録を尋ねて、聞いたことをまとめ、比丘によって施される法門の第一歩がここに開き示され、この世に遺された仏の教えを仰ぐのである。もしこの進むべき道を分明に示しておかなければ、たずね問う修行者は、由って来るところに無知のままとなるであろう。それゆえ大体のところを十一の項目に分けて、妄りがましい立論ではないことをすぐれた人々に知らしめたいと思う。

〔語註〕

1 **【優柔】**『北史』巻三五・鄭道昭伝「伏惟陛下、欽明文思、玄鑒洞遠、垂心経素、優柔墳籍」。

2 **【道立】**『弁正論』巻六・内九箴篇・答外九迷論・内威儀器服指「内箴曰、夫玄聖創典、以因果為宗、素王陳訓、以名教為本。名教存乎治成、因果期乎道立、立道既捨愛居首、成治亦忠孝宜先。二義天殊、安可同日而言也」（T52, 531ab）。

3 **【一葦】**『詩』衛風・河広「誰謂河広、一葦杭之」。

4 【縁搆】『続高僧伝』巻二七・遺身編・普安伝「於是甑中五石米飯、並成黄色。大衆驚嗟、未知所以、周尋縁構、乃云田遺生女之願也」（T50, 682a）。

5 【道聴】『論語』陽貨「子曰道聴而塗説、徳之棄也」。李師政「内徳論」（『広弘明集』巻一四）・空有篇「良以道聴而途説、遂使謬量而悪取、若博考而深思、必疑釈而迷愈矣」（T52, 194a）。

6 【蒲柳】身体のか弱いこと。『晋書』巻七七・顧悦之伝「顧悦之字君叔、少有義行。与簡文同年、而髪早白。帝問其故。対曰、松柏之姿、経霜猶茂、蒲柳常質、望秋先零」。

7 【故文云……】『戒壇図経』戒壇賛述弁徳「原夫戒定慧法、衆聖之良筌、摂律善生、三仏之津導。是知戒為入聖之本、為出俗之基、皇覚寄此而開権、正法由茲而久住」（T45, 817b）。

8 【儀体】『後漢書』巻四六・陳忠伝「然臣窃聞使者所過、威権翕赫、震動郡県、王侯二千石至為伯栄独拝車下、儀体上僭、侔於人主」。『続高僧伝』巻一二・義解篇・霊幹伝「周武滅法、通廃仁祠、居家奉戒、儀体無失」（T50, 518b）。

9 【作業】『戒壇図経』目録「戒壇作業成敗第八、〈羯磨西言、唐云作業、義当分別成敗、暁了時縁……〉」（T45, 807b）。

10 【行事難為準的】『戒壇図経』戒壇形重相状「最上第三重、止高二寸、表二諦也、欲明諸仏説法常依二諦、用表受戒出家者、必知二諦為宗帰也。何者。以身・口二業、動必依相、相為俗有、心行所期、離相為本、本為出道之所依也。故二寸為準的量相」（T45, 810a）。

11 【諸律文云……】『戒壇図経』戒壇作業成敗「二、依相三唱、必審標相分斉、尺寸灼然、入則有足数別衆之儀、出則非二相之摂也。今時往往有結二界、不集相外之僧、直将五六人往場相地而結者、或於場内通唱二界三相已、具加二界羯磨者、或有場内通唱二界相已、随界而結者、或於大界内不入場中、遥唱場相而結者。如五分中、不唱方相、不成結界。今隔界虚唱、全非正法、唱不明了、不知分斉、咸名不唱、界結不成、如是類知、並是約界分斉之是非也」（T45, 815a）。

12 【分斉】『戒壇図経』戒壇結法先後「原究律文、初大衆創集、莫識界之分斉、故初約自然、次約大界、後為衆集法多、数数労倦、故聴立戒場。……覈論作法、備分三相、一、戒場外相、二、大界内相、三、大界外相。此之三相並入羯磨立法之分斉也。皆定其方維、刻其分斉、標・相・体別三位歴然」（T45, 814bc）。

13 【空地架屋】『行事鈔』巻下之三・頭陀行儀篇第二一「善見、若受上頭陀法、在樹下、若在空地、乃至不得以袈裟為屋、不得将僧臥具在外受用。若能愛護、乃至袈裟覆不令湿、得用。受中頭陀者、無雨時露地、雨時屋下得用僧臥具」（T40, 130c）。

『中天竺舎衛国祇洹寺図経』

［釈文］

中天竺舎衛国祇洹寺図経序

唐乾封二年季春、終南山釈氏感霊所出

夫寺塔之基、其源遠矣。自賢劫[1]創啓、諸仏告成、引四生而開三聖、引五乗而会一極、莫不以革俗為出有之本、通理為入空之致。故使権図匪定而義実[2]斯顕。

所以道場別住[3]、木石土宇、周徹短長、院坊小大、僧仏位殊故、設置斯別、凡聖性異故、礼供分倫。重門洞開[4]、啓三七之嘉謂[5]、林池交映[6]、引四八之康途。表称既彰、其尊亦穆。

故十方清信、帰迹雲集、九界霊祇、投誠霧結。至於六師異道、傾影覆之威奇[7]、四俗[8]懐生[9]、得真教之雅趣、斯並古仏之行事、故蟻窟而猶存[10]、流施不窮、致来聖而同襲。然即世相不停、陵谷[11]交資、能事[12]斯復、故接非常。今則大野丘墟、同黍離之永歎[13]、遺基茫昧、顧寒露而深淒。

自告隠両河[14]、帰真双樹、法流振旦、方聞勝蹤。而法勇[15]法盛[16]之儔、道邃[17]道生[18]之侶、憤発精爽、慷慨未聞、視死若生[19]、追蹤高軌。既達故地、止見遺塵。雅相雖繁、終伝往迹、莫若面覩、用啓幽心。但以昔縁未絶、冥威有従、天人及殊、聞義便挙。敢以所述、用陳幽鏡、遂蒙照示、図而伝之。

自大聖入寂以来千六百歳、祇園興廃[20]、経二十返。増損備欠、事出当機、故使図伝紛綸、藉以定断。其中高者、三度殊絶、自余締構、未足称言。隋初魏郡霊裕法師[21]、名行夙彰、風操貞遠、撰述寺誥[22]、具引祇洹。然以人代寂寥、経籍罕備、法律通会、縁叙未倫[23]。然則布金留樹[24]、重閣層門、七日而騰架於千畝[25]、鐘鑟而各声於百院[26]。語斯大然、事験常経。莫非統機之縁、天人助其成務、通感之義、龍鬼賛其神功。昔聞、輪皇建塔、一時而興八万、大士化物、大室納於両儀[27]。豈惟人謀。乃籌玄承草創、今則無従。

此所伝者、生在初天、即南天王之大将八之一也[28]。見始及終、止過晦朔、親受遺寄、弘護在懐。慈済無蒙、非其視聴、流此図経、伝之後葉。庶或見者、知有所帰、輒録由来、無昧宗緒[29]。

余以祇洹本寺、主久所居、二十五年一期化迹[30]。七処八会[31]之鴻業、形不従於此園、五部四含之玄藉、法多従於斯寺。由是捜採群篇、特事通叙、但以出没不同、懐鉛未即[32]。忽於覚悟、感此幽霊、積年沈鬱、霈然頓写。

然夫冥隠微顕[33]、備聞前絶。干宝[a]捜神之録、劉慶幽明之篇、祖台志怪之書、王琰冥祥之記、広張往往未若指掌。流俗仳璅[34]之儔、或生果論、未達通方之臣、昌斯伝、不足以聞。又有旌異述異之作、冥報顕報[35]之書、額叙煩摂[36]、光問古今。余即所列、事等文宣天王之録[37]、亦同建安石仏之作[38]。覚夢雖異、不足懐疑。

恨以八十位年、情爽[39]頓絶、面藉指授、耳聆曲誨、及至修疎、十不存一[40]。紬絡図伝[41]、発未聞想、諸同儔恕、其梗概之云爾。

【後序】

唐乾封二年春末[b]、感通出之。統[c]詳諸西域聖迹、此為条貫[42]、随語随疎、且存筆受。事超凡表、周絶飾詞。幸有逢者知斯大意。余見前代諸伝、組織表軸、殊有可観、至於時代、罕有存者。覧法師所作、前後表之。敢附後庶、足為亀鏡[43]。開巻鑑目、無昧心神、可不好耶。

［校勘］＊略号は以下の通り：「谷」＝大谷大学所蔵和刻本

a干（谷）＝于（大正蔵）　b末（谷）＝未（大正蔵）　c詳（谷）＝祥（大正蔵）

［訓読］

中天竺舎衛国祇洹寺図経序

唐乾封二年季春、終南山の釈氏 感霊の出だす所なり

夫れ寺塔の基、其の源や遠し。賢劫の創啓《はじま》りて諸仏の成を告げてより、四生を引きて三聖を開き、五乗を引きて一極を会《さと》らしめんとするに、俗を革むるを以て出有の本と為し、理に通ずるを入空の致《おしえ》と為さざるは莫し。故に権図をして定に匪ざらしむるも、義実をして斯く顕わしめたり。

道場の別住、木石の土宇、周徼の短長、院坊の小大ある所以は、僧・仏の位殊なるが故に、設置 斯れ別ち、凡・聖の性異なるが故に、礼供 倫を分てばなり。重門 洞開して、三七の嘉謂を啓き、林池 交ごも映えて、四八の康途に引《みちび》く。表称 既に彰らかにして其の尊も亦た穆《やわ》らぐ。

故に十方の清信 迹に帰して雲集し、九界の霊祇 誠に投じて霧結す。六師の異道、影覆の威奇を傾け、四俗の懐《かい》生《せい》、真教の雅趣を得るに至りては、斯れ並びに古仏の行事にして、故に蟻窟の猶お存《あ》るがごとく、流施窮まらずして、来聖の同《とも》に襲うを致す。然らば即ち世よ相停《や》まず、陵谷交ごも資《よ》り、能事斯れ復すは、故より非常に接すればなり。今は則ち大野の丘墟 黍離の永歎に同《ひと》しくし、遺基の茫昧 寒露の深凄を顧るなり。

隠を両河に告げ、真に双樹に帰してより、法 振旦に流《つた》わりて、方めて勝蹤を聞く。而して法勇・法盛の儔、道邃・道生の侶、憤り 精爽に発して未だ聞かざるを慷慨し、死を視ること生の若くして、高軌を追蹤し、既に故地に達するも、止だ遺塵を見るのみ。雅相 繁しと雖も、終に往迹に伝えられ、面のあたりに覩て用て幽心を啓くに若くは莫し。但だ昔縁の未だ絶たず、冥威 従る有るを以て、天・人 殊なるに及ぶも、義を聞きて便ち挙ぐ。敢えて述ぶる所を以て、用て幽鏡に陳ねんとし、遂に照示を蒙り図《えが》きて之を伝う。

大聖の入寂より以来千六百歳、祇園の興廃は二十返を経たり。増損備欠 事は当機に出づ、故に図伝をして紛綸せしめ、藉《か》りて以て定断せしむ。其の中の高きもの三度殊絶す、自余の締構は未だ称言するに足らず。隋初 魏郡の霊裕法師、名行 夙に彰らかなりて、風操 貞遠、寺誥を撰述して、具さに祇洹を引く。然れども人代 寂寥にして、経籍 備うること罕なるを以て、法・律 通会せんとするも、縁叙するに未だ倫《みち》あらず。然れば則ち金を布きて樹を留め、重閣層門、七日にして架を千畝に騰げ、鐘鏞にして百院に声《ひび》きを各おのにす。語は斯れ大いに然るも、事は常経を駭《けが》す。機を統ぶるの縁は、天人 其の務めを成すを助け、感に通ずるの義は、龍鬼 其の神功を賛《たす》くるに非ざるは莫し。昔聞く、輪皇 塔を建つるに、一時にして八万を興し、大士《だいじ》 物を化するに、大室にして両儀を納ると。豈に惟れ人謀ならんや。乃ち簾して玄《ふか》く草創を承けんとするも、今は則ち従う無し。

此に伝うる所の者は、生れては初天に在り、即ち南天王の大将の八の一なり。始めより終りに及ぶまでを見るに、止だ晦朔を過《へ》るのみにして、親しく遺寄を受けて、弘護は懐《おもい》に在り。慈済 蒙ること無くんば、其の視聴に非ず、此の図経を流《ひろ》めて、之を後葉に伝えん。庶くば或《わく》見の者 帰する所有るを知り、輒ち由りて来るところを録して、宗緒に昧きこと無からしめん。

余 以《おもえら》く、祇洹の本寺は主の久しく居る所、二十五年 一期の化迹なり。七処八会の鴻業、形は此の園に従らざるも、五部四含の玄藉、法は斯の寺に従《よ》ること多し。是れ由り群篇を捜採して特に通叙を事とするも、但だ出没の同じからざるを以て、鉛を懐くも未だ即かず。忽ち覚悟に於いて此の幽霊を感じ、積年の沈鬱　霈然として頓写す。然れども夫れ冥隠　微顕にして、備聞　前に絶ゆ。干宝　捜神の録、劉慶　幽明の篇、祖台　志怪の書、王琰　冥祥の記、広く張《の》べたるも往往にして未だ掌を指すに若かず。流俗仳瑮の儔、或いは果論を生じ、未だ通方に達せざるの臣、斯の伝を昌んにするも、以て聞するに足らず。又た旌異・述異の作、冥報・顕報の書有り、煩摂を額叙し、古今を光問す。余　即ち列ぬる所は、事　文宣天王の録に等しく、亦た建安石仏の作に同《ひと》し。覚夢異なると雖も、疑いを懐くに足らず。

恨むらくは八十の位年にして、情爽　頓絶するを以て、面《まのあたり》に指授を藉《か》り、耳に曲誨を聆《き》くも、修疎に至るに及びては十に一も存せず。図伝を紬絡して、未だ聞き想わざるに発《ひら》き、諸もろの同儔《ともがら》の恕もて、其れ之を梗概すとしか云う。

【後序】

唐乾封二年春末、感通もて之を出す。諸もろの西域の聖迹を統詳して、此こに条貫を為すに、随い語り随い疎し、且つ筆受に存す。事は凡表を超え、周く飾詞を絶《こ》ゆ。逢う者斯の大意を知る有らんことを幸《ねが》う。余　前代の諸伝を見るに、組織表軸は、殊に観る可き有るも、時代に至りては、存する者有ること罕なり。法師の作る所を覧るに、前後　之を表わす。敢えて後庶に附して、亀鏡と為すに足らん。巻を開き目を鑑て、心神に昧きこと無くんば、好《よ》からざるべけんや。

〔訳文〕

中天竺舎衛国祇洹寺図経序

唐の乾封二年（六六七）三月、終南山の釈氏（道宣）霊妙に感じ著述す

寺院堂塔の開かれること、その淵源は遥か昔に遡る。〔世界が〕賢劫の時期に入って諸仏が出世してよりこのかた、〔四生の〕あらゆる生あるものを導いて、〔声聞・縁覚・菩薩の〕三種の教法を開き示し、〔人・天・声聞・縁覚・菩薩の〕五乗に属するあらゆる仏教徒を導いて、ただ一つの究極の境地を会《さと》らしめるために、必ず、俗服を改め捨てて出家することを有（煩悩世界）から解脱する第一歩とし、道理《ダルマ》に通暁することを空の境地に入る致《おしえ》とした。さればこそ方便の教えは涅槃寂定の境地を教えるものではないとされるものの、真実の教えを内容とするものとして、このように（祇洹精舎の結構を）顕らかに示されている。

従って道場内に別に三十六院を置き、木や石の標識に名を刻んで建物を識別し、それぞれの全周の長さが異なり、院や坊の規模に違いがあるのは、僧衆と仏陀とは位が隔たっているが故に、その居るべき設置場所は別にされ、凡俗と聖人とはその本性が異なっているが故に、その礼拝供養のあり方がそれぞれに分けられているためである。〔寺院の〕幾重にも連なる門が開《あ》け放たれて〔仏陀が二十一日間にわたる熟慮の末説くことを決心された〕三乗の教えへの道を啓《ひら》き示し、境内の樹林と池水とが互《こも》ごもに輝いて三十二種の相好を具えた仏陀の姿を現出させる。外観がこのように明らかであれば、〔そこに止住する〕尊像もやわらぐ。

それで〔威儀の整った寺院には〕十方のあらゆる地域の信者が仏法の在処を慕って雲のごとく集まり、菩薩界から地獄界に至る九つの迷いの世界すべての神々が誠心を尽くして霧のごとく凝集するのである。六師外道が〔祇洹精舎近くの〕影覆精舎において舎利子と神通力を競うも敗れて仏陀に帰心し、四種の民衆がまことの教えを得て優

れた境地に達したというのは、みな古の仏・菩薩の実事であり、それ故過去仏の世に精舎が布施されるたびにその土地に蟻が住みついていたように、〔祇洹精舎もまた〕寄進され続け、世界の消滅にも正しい人々によって護り伝えられてきた。そうであればこそ世々停止されることなく、世の変遷変化のうちにも、このような精舎建立の福事が続けられたのは、凡俗の世界を越えた仏・菩薩の世界の出来事であったからである。しかしながら現今、その地はただ広大な荒れ果てた地に黍離の歎き（亡国の悲しみ）を重ね、朽ち果てて原型を留めない遺構に寒露（晩秋）の寂寥を思うばかりである。

〔仏陀が〕尼連禅《ネーランジャラー》河のほとりで成道し跋提《ヒランヤバティー》河のほとりで涅槃に入られて以来、仏法が中国に伝わり聖跡の存在もまた広く知られた。かつて法勇や法盛、道邃や道生といった先達は、仏の教えが中国の人々の耳にいまだ届いていないことを嘆いて清らかな心を奮い立たせ、死をも恐れずひたすらに尊い人の足跡を追い求め、ついに仏陀ゆかりの地に到達したのであるが、もはやその余映を眺めるのみであった。正しく仏陀の相《すがた》を伝えるものは当時多かったとしても、今は過去に行われた仏陀説法の跡として伝えられているばかりであり、自らの幽《ふか》い心《おもい》を啓き気づかせるには、目の当たりに見ることが最上である。〔仏法との〕宿縁は今も途切れることなく、かけ離れた境界である天と人との間を越え、義《おしえ》を聞くことによって仏陀説法の場が挙《しめ》されるのである。これまでおそれ多くも述べ記してきたところを、天上世界の幽《おくぶかい》鏡に照らし合わせようとして、この度明らかな啓示を受け、図面に描いてこれを世に伝えることとした。

仏陀の入滅より千六百年あまり、〔その間〕祇園精舎の興廃は二十度を数える。仏陀の時代、衆生の根機に応じて建立がなされ、〔寺院の設備が〕増えたり損なわれたり、充分であったり不足だったりしており、そのために図面や伝承に混乱が生じ、その時々の規格に応じて仮定のもとに建設された。〔興廃の〕うち、程度の激しいものは三度、その他の事例についてはも述べようもない程多い。隋の初めに、魏郡に霊裕法師があり、名声も行状もつとに名高く、まことに出家者としてその姿を堅持した人であって、『寺誥』を撰述し、その中で詳しく祇洹精舎のことを述べている。しかしながら、当時は廃仏直後の時代とて経典は不足し、仏法と戒律との間に一貫性をもたせて、それらに関連する叙述をしようとしても、〔祇洹精舎の〕縁起を述べるものがなかったのである。だから、〔祇洹精舎は〕須達長者が黄金を敷き詰めて〔土地を買い取り〕、祇陀太子が園林を寄進し、わずか七日で千畝もの広大な園地に重厚な楼閣と門が層をなして連なり続き、鉄鐘の音が百院に重なり響いた〔と経典の言葉を用いて描写している〕。このように語られている内容は誠にその通りであるが、事実は経典と乖離している。まことに、機縁を結ぶのは天人がその成功を助け、感通を得るのは龍王鬼神がその不可思議の働きを賛助するからに他ならない。昔、〔転輪王たる〕阿育王は一日にして八万の舎利塔を興し、菩薩は天地をおさめいれる大いなる部屋に於いて衆生を遍く教化したという。このようなことは、人間の謀の範疇を越えており、〔祇洹精舎の〕始まりの姿そのままを伝承してゆこうとしても、今は昔通りに実現させるようすがもない。

〔私に祇洹精舎の様相を〕伝えたのは、〔色界のうち第一〕初天〔梵衆天〕に住まうもの、すなわち南天王〔増長天〕八将軍のひとり〔韋将軍〕である。〔祇洹精舎の〕一部始終を見届けること、〔韋将軍にとっては〕たった一月を過ごすようなものであり、仏の遺嘱を親しく受けて、弘法護持の想いを抱き続けている。〔かれの〕慈悲心による救済を蒙ることがなければ、〔私は〕見ることも聞くこともできなかったであろう。よってこの『祇洹寺図経』を流《ひろ》めて後世に備えようと思う。願わくば〔祇洹精舎の現状に〕迷いの心を生じている者が、祇洹寺こそが心を寄せるところであることを知り、そして由来を記録して、〔仏教寺院の〕出発点である祇洹寺の姿に無知であるということがないようにさせたいと思う。

私が思うに、もとの祇洹の寺院は主〔仏陀〕が久しく滞在し、二十五年ものあいだ教化がなされた場所である。〔『華厳経』のように〕様々な場所で様々な機会に行われた大いなる説法は、必ずしもこの祇洹を舞台としたのではないけれども、五派の律部や四部の阿含の奥深い経典は、大体においてこの寺院が全ての出発点である。そこで様々な文献を捜し求め取材して〔祇洹精舎における〕優れた事跡をあまねく叙述しようと考えたのだが、しかしそれぞれの文献に記事の存・逸があるために、まだ筆を執るに及ばなかった。それが突如として明晰な意識のもとに神霊〔の啓示〕を感じ、長年の鬱屈した想いが激しい雨に洗い流されるように取り除かれて一気に書き上げたのである。

しかしながら、奥深く隠された真理はほとんど明かされることもなく、〔記録が〕完全に備わった文献は既に失われてしまった。干宝の『捜神録』、劉義慶の『幽明録』、祖台之の『志怪』、王琰の『冥祥記』は、それぞれ広く取材して述べられているものの、往々にして掌を指すほどの明快さではない。俗世間の小人等があたかも仏陀の教化を因として現われた奇瑞の如くに論じたて、祇洹寺の地理や由来に広く通じてもいない臣《ひと》が著作したものを盛んに喧伝していても、それらは皇帝に申し上げるに値しない。また〔侯君素の〕『旌異記』や〔祖沖之の〕『述異記』といった著作、〔唐臨の〕『冥報記』や『顕報』〔未詳〕等の書物は、雑多な事例を多く取り上げて述べ、古今の伝承をあまねく問い集めている。いま私が書き記した事柄は、蕭子良の『浄住子』のそれに等しく、また〔梁武帝の弟〕建安王蕭偉の石仏造像時にまつわる事跡と同様である。〔感通を得たのが〕現か夢かの違いはあれども、現実に為された文宣王の仕事、夢のお告げに由来する建安王の石仏造営と同等の、全く疑いを入れる余地のない事実である。

ただ恨みとするのは、仏陀が八十の寿命を一期として入滅し、そのこころを伝えるよすがも突然に絶たれてしまった。そのために〔天人に〕直接対面して教えを受け、この耳につぶさに聞いたことも、書き列ね得たものといえば十分の一にも満たないことである。しかし誰一人として聞いたこともなく、想いも及ばなかった祇洹寺に関わることを、同学の諸士の寛恕のもと、梗概としてつづりあつめ、『図経』とした。

【後序】

大唐の乾封二年（六六七）季春、感通によって本書を撰述した。西域の聖跡（祇洹寺）について詳述し一貫した叙述を為すのに、〔天人の〕言葉のままに書き起こしたものを更に文章とした。その内容は一般世界を超越しており、いかなる修飾の言葉も及ぶところではない。本書を目にした者が祇洹寺のおおよそについて理解することを願うものである。私が前代までの諸記録を見るところ、その構成や体裁に見るべきものがあっても、時代ごとの変遷が記されているものは殆どない。〔霊裕〕法師の著作を見てみると、事柄の前後の次第があきらかに示されている。後世の人々が充分に手本とされんことを願い、あえて以上のことを後序に附した。本書を繙き項目に目を通して、こころに一点の曇りもなくなれば、誠に喜ばしいことである。

〔語註〕

1【賢劫】世界の生起から破壊、次の世界の生起までを四つの期間に分けた四劫（成劫・住劫・壊劫・空劫）のうち、賢劫は現在の世界における劫をいう。すなわち住劫（安定した期間）にあたり、多くの仏が出世する。闍那崛多『仏本行集経』巻三四・転妙法輪品「爾時仏告五比丘言、汝諸比丘、今応当知。此賢劫中、有五百仏、出現於世、三仏已過入般涅槃。我今第四、出現於世、余者当来続復興顕」（T3, 810b）。

2 【義実】沈休文「究竟慈悲論」（『広弘明集』巻二六）「然則一歳八蚕、已驚其騄。終朝未肉、尽室驚嗟。拯危済苦、先其所急。敷説次序、義実在斯」（T52, 293a）。『釈門帰敬儀』巻上・寄縁真俗篇「是知、修道行人、常観正理。不可執文、便乖義実」（T45, 860a）。

3 【道場別住……】訳文は以下に拠った。『行事鈔』巻下、僧像致敬篇「祇桓《ママ》図中、凡立木石土宇、並有所表、令人天識相知釈門多法。故能影覆邪術、禽獣畏威。儀形隠映、為世欽仰」（T40, 135a）。『鈔批』巻一三「此是唐三蔵玄奘法師於西国得祇陀太子与給孤独長者無為造寺図様来。其中大有法式。寺内有三十六院、院別標名。並是梵天工匠所造。其藍中別院、仏院塔院僧院、各豎表刹或立碑牓、云是某院。皆立木石等作表、謂有所表彰、令人無識知相別也」（X53, 419a）。

4 【重門洞開】左思「蜀都賦」（『文選』巻四）「内則議殿爵堂、武義虎威、宣化之闥、崇礼之闈、華闕双邈、重門洞開、金鋪交映、玉題相暉」。

5 【三七之嘉謂】『法華経』巻一・方便品「我始坐道場、観樹亦経行、於三七日中、思惟如是事」（T9, 009c）。『法華義疏』巻四「於三七日中者、……今明如来久知応説不説、但為示法深妙、衆生鈍根、随従世法故、示三思而後説耳。七是一数之窮、三思是俗之常法、故有三七之言也」（T34, 508b）。

6 【林池交映】前掲註4参照。

7 【影覆之威奇】『大唐西域記』巻六「〔給孤独園〕伽藍東六七十歩、有一精舎、高六十余尺、中有仏像、東面而坐。如来在昔、於此与諸外道論議。次東有天祠、量等精舎。日旦流光、天祠之影不蔽精舎。日将落照、精舎之陰遂覆天祠。影覆精舎東三四里、有窣堵波、是尊者舎利子与外道論議処。初、善施長者買逝多太子園、欲為如来建立精舎。時尊者舎利子随長者而瞻揆、外道六師求角神力、舎利子随事摂化、応物降伏」（T51, 900b）。

8 【四俗】「浄住子浄行法門」（『広弘明集』巻二七）奉養僧田門「御法綱而弘護於万齢、由是道被天下、徳光四俗、能生善種、号曰福田」（T52, 319b）。

9 【懐生】『漢書』巻五七下、司馬相如伝「懐生之物、有不浸潤於沢者、賢君恥之」。

10 【蟻窟而猶存】『賢愚経』巻一〇・須達起精舎品「時舎利弗語須達言、汝於過去毘婆尸仏、亦於此地、為彼世尊起立精舎、而此蟻子在此中生。尸棄仏時、汝為彼仏、亦於是中造立精舎、而此蟻子亦在中生。毘舎浮仏時、汝為世尊、於此地中起立精舎、而此蟻子亦在中生。……乃至今日、九十一劫、受一種身、不得解脱。生死長遠、唯福為要、不可不種。是時須達、悲怜愍傷」(T4, 421a)。

11 【陵谷】『詩』小雅、十月之交「百川沸騰、山塚崒崩、高岸為谷、深谷為陵」。

12 【能事】『易』繋辞伝上「引而伸之、触類而長之、天下之能事畢矣。〔孔穎達疏〕天下万事、皆如此例、各以類増長、則天下所能之事、法象皆尽。故曰天下之能事畢矣也」。『釈門帰敬儀』済時護法篇「既而能事已隆、告以数終之運、非色現色、表法身之不亡、無形留骨、示化迹之無泯」(T45, 857c)。

13 【黍離之永歎】『詩経』王風・黍離「彼黍離離、彼稷之苗、行邁靡靡、中心揺揺」。

14 【告隠両河】『寄帰伝』序「可謂化縁斯尽能事畢功。遂乃跡滅両河、人天掩望。影淪双樹、龍鬼摧心」(T54, 205a)。

15 【法勇】梵名は曇無竭。姓は李氏、幽州黄龍の人。法顕の事績を慕い南朝宋代に僧猛ら二十五人と共に西方に赴いた。罽賓(北インド)から舎衛国(中インド)を巡り南インドより海路広州へ帰還した。『出三蔵記集』巻一五・法勇伝、『高僧伝』巻三・訳経篇・曇無竭伝参照。

16 【法盛】姓は李氏、隴西の人、高昌に寄寓していたがのちインド・西域諸国を歴訪、再び高昌に帰還した。『名僧伝』巻二六・法盛伝(X77, 358c)及び『高僧伝』巻二・訳経篇・曇無讖伝参照。

17 【道邃】『続高僧伝』巻二・訳経篇・闍那崛多伝「有斉僧宝暹道邃僧曇等十人、以武平六年(北斉・五七五)、相結同行採経西域。往返七載、将事東帰。凡獲梵本二百六十部」(T50, 433c)。

18 【道生】『続高僧伝』巻四・訳経篇・玄奘伝「前後僧伝往天竺者、首自法顕法勇、終于道邃道生。相継中途一十七返、取其通言華梵、妙達文筌、揚導国風、開悟邪正、莫高於奘矣」(T50, 458c)。『釈迦方志』巻下、遊履篇「後魏神亀元年(五一八)、燉煌人宋雲及沙門道生等、従赤嶺山傍鉄橋、至乾陀衛国雀離浮図所」(T51, 969c)。ただし道生の名は他の史料には見えず、北魏胡太后の命を受け宋雲と共に西方に赴いた「恵生」のことであろう。

19 【視死若生】『荘子』外篇・秋水「白刃交於前、視死若生者、烈士之勇也」。『続高僧伝』巻二九・興福篇・道積伝「貧道聞、人不畏死、不可以死怖之。今視死若生、但懼不得其死。死而有益、是所甘心」（T50, 696c）。

20 【祇園興廃】『戒壇図経』戒壇高下広狭「自爾至今千七百載、前後重造凡二十返。形相不同、不足可怪、且拠元始、如前略存」（T45, 812b）。

21 【霊裕法師】五一八～六〇五年。姓は趙氏、定州鉅鹿の人。北斉仏教界の指導者であったが北周の廃仏に遭い隠棲。隋代に入り洛陽や長安等で教化活動を再開した。著作も多く、道宣は『寺誥』『塔寺記』『聖迹記』等を引用するが、現在ではいずれも散逸している。『続高僧伝』巻九・義解篇・霊裕伝、『内典録』巻一〇・歴代道俗述作注解録参照。

22 【寺誥】前掲註21参照。

23 【縁叙未倫】『続高僧伝』巻二二・明律篇・論「統叙五部支分、此方已獲其四。若拠摂末従本、則二部是其所宗、此方已獲其一。自余群部、多是西域賢聖、纘述行事。其中聚類、自分区別、縁叙難裁、略言之矣」（T50, 620b）。

24 【布金留樹】『祇洹寺図経』「祇陀太子保愛此園、須達逼買不辞金費。太子情恪、殷殷重悔、須達志堅、確乎不動。太子見其不悋黄金情欣供養、告長者曰、吾自造寺、不仮於卿。須達不許。太子立願、樹金不須可以供養。後若荒廃、願樹還生。恰至被焼、屋宇都尽、所立樹者、如本不殊」（T45, 883b）。

25 【七日而騰架於千畝】典拠未詳。

26 【鐘鑌而各声於百院】『祇洹寺図経』「経律大明寺之基趾、八十頃地百二十院、准的東西近有十里、南北七百余歩」（T45, 883b）。

27 【両儀】『易』繋辞伝上「是故易有太極、是生両儀、両儀生四象、四象生八卦、八卦定吉凶、吉凶生大業」。

28 【南天王之大将八之一】『律相感通伝』序にみえる南天韋将軍のこと。本書同訳註参照。

29 【宗緒】『続高僧伝』巻三・訳経篇・波頗伝「自古教伝詞旨、有所未踰者、皆委其宗緒、括其同異。内計外執指掌釈然、徴問相讎披解無滞」（T50, 440a）。

30 【二十五年一期化迹】『智度論』巻九「舎衛城中九億家、三億家眼見仏、三億家耳聞有仏而眼不見、三億家不聞不見。仏在舎衛国二十五年、而此衆生不聞不見、何況遠者」（T25, 125c）。

31 【七処八会】もとは『華厳経』について言うが、様々な場所や機会に仏の説法が行われたことを指す。『華厳経探玄記』巻二「今此三万六千偈、経有七処八会。謂人中三処天上四処為七、重会普光為八会」（T35, 125a）。

32 【懐鉛未即】『西京雑記』巻三「楊子雲好事、常懐鉛提槧。従諸計吏、訪殊方絶域四方之語、以為裨補輶軒所載、亦洪意也」。

33 【微顕】『易』繋辞伝下「夫易彰往而察来、而微顕闡幽」。「微顕」は「顕微」とする説もあり、これにより解釈も「明らかなことが隠される」「微妙なことを明らかにする」の二通りがある。訳文では前者の意に解したが、例えば道安「陰持入経序」（『出三蔵記集』巻六）「有捨家開士、出自安息、字世高。大慈流洽、播化斯土。訳梵為晋、微顕闡幽」（T55, 44c）では後者の意に解される。

34 【仳璅】「仳」は醜い・小さい。「璅」は「瑣」の本字。『爾雅』釈訓「仳仳瑣瑣、小也」。或いは「仳」は「玼」か。『仏道論衡』巻三・大唐高祖問僧形服利益事「斯即季代護法之開士也。当時同代相侮、逝後惜之。自余玼瑣未足言議。其対晤重沓、如後広之。此但叙其風素耳」（T52, 381a）。

35 【顕報】具体的な書名としては未詳。或いは劉義慶の『宣験記』等を指すか。

36 【額叙煩摂】用例未詳。

37 【文宣天王之録】「統略浄住子浄行法門序」（『広弘明集』巻二七）「昔南斉司徒竟陵王文宣公蕭子良者、……或通夢於独尊、諡天王之嘉称。或冥授於経唄、伝神度之英規。其徳難詳輒従蓋闕。以斉永明八年、感夢東方普光世界天王如来樹立浄住浄行法門、因其開衍」（T52, 306a）。

38 【建安石仏之作】南斉のとき僧護・僧淑が石城山隠嶽寺（現在の新昌大仏寺）で弥勒石像を製作するが未完成のままであった。梁代に始豊県令陸咸が夢に三人の道人をみ、僧護の石仏を完成させれば建安王の病が治癒すると告げられる。建安王はこれを聞いて僧祐に工事を監督させ、天監十五年（五一六）に石像が完成したのち平癒したという。『高僧伝』巻一三・興福篇・僧護伝（T50, 412ab）参照。道宣は『三宝感通録』巻中に本話を載せるが、建安王がみずから夢に感じて僧祐に造像を依頼したとする（T52, 420a）。

39 **【情爽】** 用例未詳、或いは「精爽」の訛か。

40 **【十不存一】** 『宋高僧伝』巻一四・明律篇・道宣伝「〔乾封二年春〕又有天人云、曾撰祇洹図経、計人間紙帛一百許巻。〔道〕宣苦告口占、一一抄記上下二巻」（T50, 791a）。

41 **【図伝】** 『大唐西域求法高僧伝』巻上・慧輪伝「〔義浄〕曾憶在京見人画出祇洹寺様、咸是憑虚。為広異聞略陳梗概云爾」（T51, 006a）。

42 **【条貫】** 『史記』巻八四・屈原伝「上称帝嚳、下道斉桓、中述湯武、以刺世事。明道徳之広崇、治乱之条貫、靡不畢見」。

43 **【亀鏡】** 『隋書』巻五八・魏澹伝「五帝之聖、三代之英、積徳累功、乃文乃武、賢聖相承、莫過周室、名器不及后稷、追諡止於三王、此即前代之茂実、後人之亀鏡也」。

『集神州三宝感通録』

巻上序・舎利表塔序・振旦神州仏舎利感通序

［釈文］

集神州[a]三宝感通録巻上[b]

唐[c]麟徳元年[d]終南山釈道宣撰

夫三宝利見、其来久矣。但以信毀相競、故有感応之縁。

自漢泊唐年余六百、霊相肸蠁[e][f][1]、群録可尋。而神化無方[2]、待機而扣。光瑞[3]出没、開信於一時、景像垂容、陳迹於万代。或見於既往、或顕於将来。昭彰於道俗、生信於迷悟。故撮挙其要、三巻成部[g]云

初明舎利表塔[4]、次列霊像垂降、後引聖寺瑞経神僧。

【舎利表塔序】

初明[h]舎利表塔[i]。昔如来行乞[5]、有童子戯於路側。以沙土為米麪、逆請以土麪奉。仏因為受之、命侍者以為土漿、塗仏住房、足遍南面。記曰、此童子者、吾滅度後一百年、王閻浮提、空中地下四十里内、所有鬼神並皆臣属。開前八塔所獲舎利、於一日夜、役諸鬼神造八万四千塔。広如衆経、故不備載。〈此土即洲之東境故、塔現不足以疑。〉舎利西梵天言、此云骨身也。〈恐濫凡夫之骨故、依本名而別[j]之。〉

振旦[k]神州[6]仏舎利感通序

原夫大聖謀権通済為本[7]。容光或随縁隠[8]、遺景[9]有可承真。故将事拘尸[10]、従於俗化、入金剛定、砕此金軀[l]、欲使福被天人功流海陸。至於牙歯髪爪之属、頂蓋目精[m]之流、衣鉢瓶杖之具、坐処足蹈之迹、備満中天、罕被東夏。而歯牙髪骨、時聞視聴。昔育王土中之塔、略顕於前、而偏感別[n]応之形[11]、随機又出。自漢洎唐、無時不有、既称霊骨、不可以事求。任縁而挙[12]、止得以敬。及通信之士、挙神光而応心、懐疑之夫、仮琢磨[13]而発念。所以討尋往伝、及以現祥、故依纘序。庶有披者識釈門之骨鯁[o][14]、万載之後難可塵没矣。

［校勘］

a神州＝神州塔寺（宋・元・明）　b上＝第一（明）　c唐＝なし（宋・元）　d麟徳元年＝なし（明）　e朌＝盻（宋）。＝肸（元・明）　f嚮＝蠁（元）。＝響（明）　g部＝一部（宋・元・明）　h初明＝なし（明）　i塔＝塔者（宋・元・明）　j別＝列（宋・元・明）　k振旦＝震旦（明）　l金軀＝全軀（宋・元・明）　m目精＝目睛（宋・元・明）　n別＝なし（宋・元・明）　o骨鯁＝骨梗（宋・元・明）

［訓読］

集神州三宝感通録巻上

唐麟徳元年、終南山釈道宣　撰す

夫れ三宝の利見は、其の来るや久し。但だ信毀相い競うを以て、故に感応の縁有るのみ。

漢より唐に泊《およ》ぶまで年余六百、霊相の朌嚮《きつきよう》、群録　尋ぬ可し。而るに神化に方無く、機に待ちて扣《う》つ。光瑞　出没して信を一時に開き、景《えい》像　容を垂れて迹を万代に陳ぬ。或いは既往に見《あら》われ、或いは将来に顕わる。道俗に昭彰して、信を迷悟に生ぜしむ。故に其の要を撮挙し、三巻もて部と成すとしか云う。

初めに舎利の表塔を明らかにし、次に霊像の垂降を列ね、後に聖寺・瑞経・神僧を引く。

【舎利表塔の序】

初めに舎利の表塔を明らかにす。昔 如来の行乞するに、童子の路側に戯れる有り。沙土を以て米麪と為し、逆《むか》えて土麪を以て奉らんことを請う。仏因りて為に之を受け、侍者に命じて以て土漿と為し、仏の住房に塗らしむに、南面に遍くするに足る。記して曰く、此の童子は、吾れ滅度しての後の一百年に、閻浮提に王たりて、空中地下四十里内の、所有《あらゆる》鬼神は並びに皆な臣属せん。前《さき》の八塔を開きて獲る所の舎利もて、一日夜に於いて、諸の鬼神を役して八万四千の塔を造らんと。広くは衆経の如し、故に備《ことごと》くには載せず。〈此の土は即ち洲の東境なるが故に、塔の現ずるは以て疑うに足らず。〉舎利とは西梵の天言、此こには骨身と云うなり。〈凡夫の骨に濫るを恐れるが故に、本の名に依りて之を別つ。〉

振旦神州仏舎利感通の序

原ぬるに夫れ大聖の謀権は通済を本と為す。容光 或いは縁もて隠るるに随うも、遺景 真を承くる可き有り。故に将に拘尸を事とせんとして、俗化に従い、金剛定に入りて、此の金軀を砕くは、福をして天・人に被《およ》び、功をして海・陸に流《およ》ばしめんと欲すればなり。牙歯髪爪の属、頂蓋目精の流、衣鉢瓶杖の具、坐処足蹈の迹に至りては、備く中天に満つるも、東夏に被《およ》ぶこと罕なり。而れども歯牙髪骨は時に視聴に聞こゆ。昔 育王土中の塔は、略ぼ前に顕われ、而して偏感別応の形は、機に随いて又た出づ。漢より唐に洎ぶまで、時として有らざるは無く、既に霊骨と称せらるるも、事を以て求むる可からず。縁に任《ゆだ》ねて挙げられ、止だ得て以て敬うのみ。通信の士に及びては、神光を挙げて心に応《こた》え、懐疑の夫も、琢磨に仮りて念を発《おこ》す。所以に往伝を討尋して、現祥に及以《およ》び、故に纘《あつ》むるに依りて序《つい》ず。庶くは披く者 釈門の骨鯁を識り、万載の後にも塵没す可きこと難からしむる有らんことを。

［訳文］

集神州三宝感通録巻の上

唐麟徳元年（六六四）、終南山の釈道宣 撰

三宝〔のはたらきとして〕の感通が、中国に伝えられて久しい。しかし信仰と排斥とのふたつが互いに競い合うところに、人々を仏教に導く縁《よすが》として感応〔という奇瑞〕が示された。漢から唐に至るまで六百年余りの間、盛んに起こった瑞相については様々な文献によって知ることができる。ただ人智を超えた神通力による仏陀の教化はあらゆる地域に及び、臨機応変に現出するものである。瑞光が放たれて衆生を照らし、一度に信心を呼び覚まし、その景像《すがた》は仏陀のありさまを人々に垂《しめ》し、感通の跡を万代の後にまで伝える。あるときは遠い過去にその教えを人々に明らかに示し、あるときは未来にわたって示し教える。沙門と俗人とを問わずに顕現し、迷えるものにも悟れるものにも信ずる心を生じさせる。そこで大切な感通の事例を取り上げ、編集して三巻とした。

〔三巻の内容は、〕初めに舎利を納める仏塔〔に関わる感通〕を明らかにし、次に霊像の示現について列挙し、最後に聖寺・瑞経・神僧〔に関する感応譚〕を引く。

【舎利表塔の序】

まず初めに舎利を納める仏塔〔の感通〕を明らかにする。むかし如来が乞食に出かけたおり、道端で遊んでいる子供に出会った。〔子供は〕仏陀を迎えて、砂土を米粉に見立てて作った土だんごを供養したいと願った。仏陀はこれを受け取り、従者に命じて水に溶かして居室の南壁一面に塗らせた。〔そこで〕仏陀が予言して、この子供は、私が死んで百年ののち、閻浮提《このせかい》の王となり、天地四十里内に存在するあらゆる鬼神はみな臣従するであろう。そして〔仏陀の死後各地に建てられた〕八つの旧塔を開いて仏舎利を集め、一昼夜の内に鬼神たちを使役して八万四千の塔を造〔って仏舎利を再び奉納す〕るだろう、と述べられたのである。この〔阿育王舎利塔にまつわる〕感応は多くの経典に見えているからいま詳しくは述べない〈中国は閻浮提の東端の地であるから、阿育王建立の塔が現に存在するのは疑いをいれない〉。「舎利」とは西方インドの聖なる言葉で、わが国の言葉では「骨身」という〈骨身と書いたのでは濫りがわしく普通の人間の骨と一緒になってしまう恐れがあるので、舎利という原語を用いて区別するのである〉。

振旦神州仏舎利感通の序

思うに、大聖《ブッダ》の方便は衆生を通《あま》ねく済うことを根本とする。仏の容《すがた》から放たれる〔法の〕光は、縁に応じて隠れることはあるが、今の世にまで遺し伝えられた景《ひかり》は、真実の教えを承け伝えている。そこで仏陀がクシナガラの地で涅槃に入り、他の人間たちと同じように命を終えて、入滅して金剛定の境地に入り、現世の金色の身体を破砕したのは、天界・人間界すべてに幸福をもたらし、海・陸すべての地に功徳を及ぼそうとしたからである。〔仏陀の〕歯や頭髪や爪、頭蓋骨や目精《まなこ》、衣・鉢や水瓶・杖などの道具、座って法を説かれた場所や足跡など〔の聖跡〕は、インドにはあまねく備わっていたのであるが、東のかた中国にまで伝わることは稀であった。ただ仏歯や仏髪・舎利などは〔中国でも〕しばしば見聞されるし、かつて阿育王が建立した塔についてはおおよそ古くから伝えられており、〔東方の〕辺地にあっても様々な形を伴った感応のしるしは人の根機に応じて出現している。漢から唐に至るまで、常に現われており、それだけに霊妙な力を持つと称えられる舎利ではあるけれども、世俗の現世利益的事情で求められるものではなく、縁によって挙げ示されるものであり、ひたすらな敬虔の心でもって接するほかはない。仏舎利と感応を通わせる人は神々しい光が挙《しめ》されるのを心に感得し、懐疑的な人も己の心が磨かれることによって、仏陀への帰依の念《おも》いを発《おこ》す。このような次第であるから、昔から伝えられてきた記録や、現代に出現した瑞祥を尋ね求め、それらを収集し順序立てて述べることとする。この書を繙くものが仏教者としての本義を識り、万年の後にも仏法を衰退させることのないように、と願っている。

〔語註〕

1 **【肸蠁】** また「肸蠁《きつきょう》」。左思「蜀都賦」（『文選』巻四）「天帝運期而会昌、景福肸蠁而興作」。「瑞石像銘并序」（『広弘明集』巻一六）「夫霊応微遠、無迹可追。心路照通、有感斯順。……十住髣髴於林御、応真肸蠁於清夜」（T52, 211c）。

2 **【神化無方】**『顔氏家訓』巻五・帰心篇「俗之謗者大抵有五。其一以世界外事、及神化無方、為迂誕也。其二以吉凶禍福、或未報応、為欺誑也。……」。

3 **【光瑞】**『妙法蓮華経』巻一・序品「我見灯明仏、本光瑞如此」（T9, 005b）。

4 **【表塔】**『破邪論』巻下「曁梁武之世、三教連衡、隋文初、三乗並駕、……於時広創恵台之業、大啓表塔之基」（T52, 487b）。

5 **【如来行乞……】** 本節は『阿育王伝』『阿育王経』に拠る。『阿育王経』巻一・生因縁「爾時世尊、行至大路。於大路中有二小児。……此二小児在沙中戯。……第一小児以沙為糗捧内仏鉢。第二小児合掌随喜。……世尊又言、此児者我入涅槃百年後、当生波吒利弗多城王名阿育、為四分転輪王信楽正法、当広供養舎利起八万四千塔饒益多人。……仏時取沙授与阿難而語之言、汝取牛糞用和此沙塗仏経行地。阿難受教即用塗地」(T50, 131c-132b)。

6 【振旦神州】『歴代三宝紀』巻一二・隋録序「三宝慈化、自是大興、万国仁風、縁斯重闡。伽藍鬱跱、兼綺錯於城隍。幡蓋騰飛、更荘厳於国界。法堂仏殿、既等天宮、震旦神州、還同浄土」(T49, 102a)。

7 【通済為本】『続高僧伝』巻一・訳経篇・宝唱伝「〔宝唱〕住荘厳寺、博採群言酌其精理。又惟開悟土俗、要以通済為先。乃従処士顧道曠呂僧智等、習聴経史荘易、略通大義」(T50, 426b)。

8 【随縁隠】『大乗義章』巻三「真有体用。本浄真心、説之為体。随縁隠顕、説以為用。用必依体、名之為依。体能持用、説以為持」(T44, 533b)。

9 【遺景】『弁正論』巻四・十代奉仏篇「爰勅上宮式摹遺景、奉造釈迦繍像一幀、幷菩薩聖僧・金剛師子。備摛仙藻殫諸神変、六文雑沓五色相宣」(T50, 513a)。

10 【将事拘尸……】『菩薩処胎経』巻一「一時仏在伽毘羅婆兜釈翅授城北双樹間、欲捨身寿入涅槃。……爾時世尊欲入金剛三昧、砕身舎利。善哉不思議法。於娑婆世界転此真実法」(T12, 15ab)。

11 【偏感別応之形】『大乗四論玄義』巻六・感応義「極聖垂応成妙善也、但為縁不同、若応生善者、仏則的応之、余衆生則不見之。如王舎城有十二億家、四億家不聞不見仏、四億家聞而不見、四億家亦聞亦見。此則別応」(X46, 585)。

12 【任縁而挙】『釈迦氏譜』氏族根源「続明五異同宗一氏。随事流変故有斯分。然釈一姓群籍多明。自余出没任縁而挙」(T50, 085b)。

13 【琢磨】『詩』衛風「如切如磋、如琢如磨」。「桓玄与王令書論敬王事」(『弘明集』巻一二)「師之為功在於発悟、譬猶荊璞而瑩払之耳。若質非美玉、琢磨何益。是為美悪存乎自然」(T52, 083b)。

14 【骨鯁】また骨梗、のどに突き刺さった魚の骨。転じて剛直であること。『弁正論』巻四・十代奉仏篇「〔侯莫陳芮〕卓犖不群、骨梗無輩。参謀王室、首建義旗」(T52, 519b)。

巻中序・巻下序・瑞経録序

〔釈文〕

集神州三宝[a]感通録巻中[b]

唐麟徳元年終南山釈[c]道宣撰[d]

自法移東漢、教漸南呉、仏像霊祥、充牣[e]区宇[1]。而群録互挙、出没有殊、於瑞跡、蓋無異也。今[f]依叙列、而罕以代分。何者、或像陳晋代而暦表隋唐。或感化[g]在人[2]、而迹従倚伏。故不獲銓次[h]依縁[i]而弁集之。

集神州三宝[j]感通録巻下[k]

唐麟徳元年終南山釈道宣撰[l]

序曰、正法弘護、其唯[m]在人。故仏未降霊、法存而莫顕、僧初不至、徒聞而豈伝。是知、事理因循[3]、義非沈隠[4]。所以四依三品、人依厥初[n]、住法両現[5]、畢資聖力[6]。致使三洲聞道、終顕賓頭之功[7]、六万遐齢[8]、教資羅漢之徳。神僧聖寺、陳祥山海之間、香気鍾[o]声、相顕幽明之際。列於視聴良書、筌而不窮、備諸古老口実、仰而無絶。故撮略所聞、紀之云爾。

初明聖寺[p]、次明霊教、後列神僧。

瑞経録序

序曰、三宝弘護、各有司存。仏僧両位、表師資之有従[9]、声教一門、誠[q]化道之霊府。故仏僧随機、識見之縁出没、法為除悩、滅結之候常臨。所以捨身偈句[10]、恒列於玄崖、遺法文言[11]、総会於龍殿、良是三聖敬重、藉[r]顧復之劬労、幽明荷恩、慶静倒之良術。所以受持読誦、必降徵祥、如説修行、無不通感。

天竺往事、固顕常談、震旦見縁、紛綸恒有。士行投経[12]於火聚、焰滅而不焦、賊徒盗葉[13]於客堂、腕重而不挙。或合蔵騰於天府、或単部瑞於王臣。或七難[14]由之獲銷[s]、或二求[15]因之果遂。斯徒衆矣、不述難聞。敢随代録、用呈[t]諸後。経不云乎[16]、為信者施、疑則不説。至如石開[17]矢入[18]、心決致然、水流氷度[19]、情疑頓決、斯等尚為士俗常伝。況慧抜重空、道超群有、心量所指、窮数極微。

因縁之遘、若影随形[20]、祥瑞之徒、有逾符契[21]、義非隠黙、故述而集之。然尋閲前事、多出伝紀。志怪之与冥祥[22]、旌異之与徴応、此等衆矣、備可攬之。恐難覩其文、固疏其三数。并以即曰[u]所詳[v]、示存感通之在[w]数[x][23]。

［校勘］

a三宝＝塔寺三宝（明）　b巻中＝巻第二（明）　c釈＝釈氏（宋・元）　d撰＝＋第二霊像垂降凡五十縁（明）　e物＝物（大正蔵）　f今＝令（宋・元）　g感化＝陶化（宋・元・明）　h銓次＝更編銓次（宋・元・明）　i依縁（宋・元・明）＝於録（大正蔵）　j三宝＝塔寺三宝（明）　k巻下＝巻第三上（明）　l撰＝＋第三引聖寺瑞経神僧、初明聖寺、次明瑞経、後列神僧（明）　m唯＝惟（宋・元・明）　n住＝人（元・明）　o鍾＝鐘（明）　p初明聖寺……神僧：聖寺第一凡一十二寺（明）　q誠＝顕（宋・元・明）　r藉＝籍（宋・元）　s銷＝消（明）　t呈＝程（宋）　u曰＝目（宋・元・明）　v詳＝祥（宋）　w在＝存（宋・元・明）　x数＝数也（宋・元・明）

［訓読］

集神州三宝感通録巻中

唐麟徳元年終南山釈道宣撰

法の東漢に移り、教の南呉に漸みてより、仏像の霊祥 区宇に充牣す。而して群録互いに挙げられ、出没に殊なること有るも、瑞跡に於いては、蓋し異なる無きなり。今 依りて叙列し、代を以て分つこと罕《な》し。何となれば、或いは像 晋代に陳べられてより、暦《めぐ》りて隋唐に表わされ、或いは感化すること人に在りて、迹 倚伏に従えばなり。故に銓次するを獲ず、縁に依りて之を弁集す。

集神州三宝感通録巻下

唐麟徳元年、終南山釈道宣 撰す

序に曰う、正法の弘く護らるるは、其れ唯だ人に在り。故に仏の未だ霊を降さざるときは、法存《あ》れども顕わるること莫く、僧の初め至らざるときは、徒《いたずら》に聞くのみにして豈に伝わらんや。是に知んぬ、事・理の因循は、義として沈隠に非ざるを。所以に四依・三品、人 厥の初に依て、住法・両現、畢く聖力に資《よ》る。三洲の道を聞くものをして、終に賓頭の功を顕わしめ、六万の遐齢をして、教えて羅漢の徳に資《よ》らしむるを致す。神僧・聖寺、祥を山海の間に陳ね、香気・鍾声、相《こも》ごも幽明の際に顕わる。視聴を良書に列せば、筌《ことば》ありて窮まらず、諸れを古老の口実に備うれば、仰がれて絶えること無し。故に聞く所を撮略し、之を紀すとしか云う。
初めに聖寺を明らかにし、次に霊教を明らかにし、後に神僧を列ねん。

瑞経録序

序に曰う、三宝の弘護には、各おの有司存す。仏・僧の両位は、師資の従る有るを表し、声教の一門は、誠に化道の霊府なり。故《もと》より仏・僧は機に随いて、識見の縁 出没するも、法 為に悩を除き、滅結の候 常に臨む。捨身の偈句 恒に玄崖に列なり、遺法の文言 総て龍殿に会《あつ》める所以は、良に是れ三聖 敬重して、顧復の劬労を藉り、幽明 恩を荷《う》けて、静倒の良術を慶すればなり。所以に受持読誦すれば、必ず徴祥を降し、如説に修行すれば、通感せざるは無し。

天竺の往事は、固《まこと》に顕かに常に談られ、震旦の見縁は、紛綸たるも恒に有り。士行 経を火聚に投ずるも、焰滅《き》えて燋《こ》げず。賊徒 葉を客堂より盗むも、腕重くして挙がらず。或いは合蔵 天府に騰《のぼ》り、或いは単部 王臣に瑞あらしめたり。或いは七難 之に由りて銷《と》くを獲、或いは二求 之に因りて果 遂ぐ。斯の徒衆し、述べざれば聞き難し。敢えて代録に随い、用て諸れを後に呈《しめ》さん。

経に云わざるか、信ずる者の為に施し、疑えば則ち説かずと。石 開き矢 入るに、心決して然るを致し、水流の氷もて度るに、情疑 頓決するが如きに至りては、斯れ等尚お士俗に常に伝えらる。況んや慧 重空に抜きんでて、道 群有に超え、心は指《しめ》す所を量り、数《おしえ》を極微に窮むるものなるをや。

因縁の遘《あ》うは影の形に随うが若きも、祥瑞の徒は符契を逾ゆること有り、義として隠黙に非ざるが故に述べて之を集む。然れども前事を尋閲するに、伝紀に出づること多し。志怪と冥祥、旌異と徴応、此等衆し、備《つぶ》さに之を攬《と》る可し。恐らくは其の文を観ること難ければ、固より其の三数を疏すのみ。幷びに以て即ち詳らかにする所を曰い、感通の数に在るに存するを示さん。

〔訳文〕

集神州三宝感通録巻中

唐麟徳元年、終南山の釈道宣 撰す

仏法が後漢に伝来し江南の呉に波及してからは、仏像にまつわる霊験はこの世界に満ち溢れている。多くの史料が〔そのことを〕互いに記しており、ここに記録された瑞相には、人の目に触れる程明らかな場合もあれば、杳として知られない場合もあるが、それらが瑞祥である点において何等異なるものではない。そこで今〔それらの事象を〕叙述する際に、朝代をもって区分としない。何となれば、例えば仏像にまつわる奇瑞は、晋の時代にあらわれる場合もあれば、隋唐に記録される場合があり、あるいは人の身に感応がどのように顕現したかは、禍福という結果によって跡づけられるからである。そのため本書においては順序よく年代に従うのではなく、感応の縁によって、事例を蒐集した。

集神州三宝感通録巻下

唐麟徳元年、終南山の釈道宣 撰す

序にいう。正法は、唯、人によってのみ弘められ護られる。それ故、仏陀がまだこの世に降生していなかった時には、法《ダルマ》は存在していたけれどもそれが明らかに示されることはなく、僧がまだ〔中国に〕来ていなかった当初は、仏の教えをただ聞くのみで、仏法が伝えられることもなかった。まさに知れよう、この世に現われた事象と、そこに示された真理とは、相互不可分の関係性の中にあり、人の視聴から隔絶されるものでは本来ない。それゆえ、依るべき四種のひと（四依）や、さとりに至る三乗の教え（三品）といった階梯が定められて、人はその初地から第一歩を踏み、十種の修行の階梯（住法＝十住・十地）を経て未来に仏となるのは、まったく仏陀の不可思議な力のたまものである。〔四〕天下の〔北方倶盧州を除いた〕三つの世界の仏法を聞く者たちに、あまねく賓頭盧の衆生救済の功《はたらき》を顕らかにし、〔人間に再び〕六万の寿命〔を得させるの〕は、阿羅漢たちの福徳によって導かれるのである。神僧・聖寺は、山海の至るところに祥瑞をもたらし、焼香のかおりや鍾の声《ひびき》は、幽明両世界に交々現われる。目に視え、耳に聴こえた瑞祥は良き書物に列ねられて、読み尽くすということがなく、古老たちによって伝えられてきた口伝は、傾聴して話が尽きるということがない。そのため見聞したところを選びとってここに記す次第である。まず初めに聖寺〔の祥瑞〕を明らかにし、次に霊教〔の祥瑞〕を明らかにし、最後に神僧〔の祥瑞〕を列ね述べる。

瑞経録の序

序にいう。〔仏・法・僧の〕三宝を弘め護るのには、それぞれに役割がある。仏宝と僧宝の両者は、師から弟子へと法灯が受け継がれることを表し、声教の〔法〕門は、衆生を教化し導く〔ほとけの〕御心をつまびらかに表す。古より仏宝と僧宝とは〔衆生の〕機根に応じ、それぞれの機縁見識の程度に応じて世に出たり姿を消したりするが、法宝は衆生の苦悩を取り除き、煩悩を滅ぼし尽くす候《とき》は常に現前する。〔雪山童子が〕身を投じて求めた偈句は、絶えることなく〔その現場である〕千尋の崖に捧げられ、この世に遺された仏のことばが、全て龍王の宮殿に集められたのは、実に〔声聞・縁覚・菩薩の〕三聖が〔経典を〕敬い重んじて、〔父母の如く〕衆生をいたわり救う手段として用い、幽明両世界の者が〔経典の〕恩沢を受けて、顚倒した心を静めるまことの方策として喜び奉じたからである。さればこそ〔経典を〕受持し読誦すれば、必ずその功徳がめでたいしるしとなって表れ、経典に説く通りに修行すれば感通しない者はないのである。

天竺《インド》の感通はどの時代でも常に談られて伝えられ、震旦《ちゅうごく》に表われた今に至る仏縁も雑多で整理されていないけれども、いつの時代にも存在した。魏の朱士行は〔于闐国にて〕般若経を火中に投じたところ、炎が消えても経は焼けず、〔東晋の曇無讖が姑臧（甘粛省武威）にやって来た時、大切に守っていた〕経典を、盗賊が客堂から盗み出そうとしたところ、忽ち腕が重くなり挙がらなくなったという。或いは全ての経典が宮中に収められ、或いは単部の経典が王や臣に瑞祥を現した。〔そのために〕或いは〔国家や人々を襲う〕七つの災害が経典の受持によって消滅し、或いは衆生の求める安楽と長命との二つの願いが経典の受持によってかなえられたのである。このような〔経験をした〕人々は多くいる。〔しかし〕述べ伝えていかなければ知る機会もないであろう。それで敢えて時代ごとの記録によって後に感応譚を付し後世に遺したいと思う。

経典に言うではないか、「〔仏は〕信ずる者を救い、疑う者には法を説かない」と。〔東晋の法相が誦経の功徳によって、太山の祠にある巨大な〕石函を開け〔て中に貯えられていた財宝を貧民に施し〕たり、〔法宗が若年の頃、鹿狩りを行ったところ、彼によって射抜かれた母鹿が〕矢を〔銜えて地に落ちた我が子を懸命に舐める様を〕見て、〔狩りの道具を摧き捨て、〕決然として出家し〔誦経の功徳を人々に弘め〕たこと、〔道冏が〕水の流れを氷に乗って渡り、〔死の危険に直面して〕一心に観音を念じ〔救われ〕た功徳にいたっては、いまなお世間の士俗によって常に語り伝えられている。まして智慧が〔空もまた空なりという〕重空の境地に抜きんで、その道《おしえ》は全ての存在を超越し、その心は教えが指し示すところを極微に至るまで量り知る者であれば言うまでもない。

因と縁とは影が本体に沿うが如く〔首尾〕一致するが、祥瑞を感応した者は〔本来の因に相応する果よりも〕遥かに豊かな果を得ることがあり、そのような事例は世間から隠されたり沈黙のままに語られなかったりしてよいものではないから、ここに記録を集めて述べておく。しかし、これまでの奇瑞を尋ねてみると、大抵は記録に表れている。〔祖台之の〕『志怪』と〔王琰の〕『冥祥記』、〔侯君素の〕『旌異記』と〔朱君台の〕『徴応伝』など多くの記録があり、ことごとく蒐集すべきである。ただ、それらの書物はどれも手に取って見ることはできるものの、記された文章を読み尽くすのは恐らく困難であり、しばらく幾つかの記事のみを書きつけることとする。それによって詳細を述べ、感通がこの世の道理にあることを示そうと思う。

〔語註〕

1 【充牣区宇】底本は「充物区宇」。ここでは本序文を引く『法苑珠林』巻一三・敬仏篇・感応縁序（本書「摘要」参照）に「充牣区宇」とみえる（T53, 383a）のに従った。隋安徳王雄百官等「慶舎利感応表」（『広弘明集』巻一七）「皇祚既興、法鼓方振、区宇之内、咸為浄土、生霊之類、皆覆梵雲」（T52, 216c）。

2 【感化在人】唐高祖「問出家損益詔并答」（『広弘明集』巻二五）「法琳対曰、……上智之人依仏語、故為益。下凡之類虧聖教、故為損。懲悪則濫者自新、進善則通人感化。此其大略也」（T52, 283b）。

3 【因循】『淮南子』原道訓「是故聖人守清道而抱雌節、因循応変、常後而不先」。

4 【沈隠】『論衡』書虚「夫幽冥之実尚可知、沈隠之情尚可定、顕文露書、是非易見」。

5 【両現】十二部経の第十二、授記。『泥洹経』巻下「謂仏所説、十二部経、一文・二歌・三記・四頌・五譬喩・六本記・七事解・八生伝・九広博・十自然・十一道行・十二両現。是名為法」（T1, 188a）。

6 【聖力】『釈迦氏譜』釈迦遺法終限相「然十六大聖億千無学、冥中弘護尋復興之。斯則滅不可滅、殆非人謀。弘実可弘、真帰聖力」（T50, 099a）。

7 【賓頭之功】十六羅漢のひとり賓頭盧は、みだりに神通力を現したことを仏陀に咎められて閻浮提を去り、西方瞿耶尼州を教化して、仏滅後も衆生の救済を行うとされる。『十誦律』巻三七・雑誦中調達事（T23, 269ab）参照。『続高僧伝』巻一七・修禅篇・慧命伝「〔戴逵……乃貽書於命曰、〕善執律儀、譬臨玄鏡。稟羅云（＝羅睺羅）之密行、種賓頭之福田。撫挹定水、便登覚観、高蔭禅文将逾喜捨」（T50, 561c）。

8【六万遐齢……】『釈迦氏譜』釈迦遺法終限相「仏以正法付嘱迦葉乃至十六大阿羅漢。在於四洲天上住寿護法。……至人寿増六万歳已。諸聖並集於閻浮提、収聚如来所有舎利、起一大塔七宝荘厳……」（T50, 098c）。

9【師資之有従】『続高僧伝』巻二九・興福篇・論「是以通人、審権実之有従、達界繋之無爽、明惑性之重軽、暁分量之優劣」（T50, 700a）。

10【捨身偈句……】仏陀の過去世である雪山童子は、羅刹の唱える偈「諸行無常、是生滅法、生滅滅已、寂滅為楽」の後半句を求めて捨身を約束し、崖より身を投じた。北本『涅槃経』巻一四・聖行品（T1, 204c）参照。

11【遺法文言……】龍樹はあらゆる経典が集められた龍宮で『華厳経』を得たという。『龍樹菩薩伝』「〔龍樹〕答言、汝諸函中経多無量不可尽也。我可読者已十倍閻浮提。龍言、如我宮中所有経典、諸処此比復不可数」（T50, 184c）。

12【士行投経……】『高僧伝』巻四・義解篇・朱士行伝「〔于闐〕王即不聴齎経。士行深懐痛心、乃求焼経為証。王即許焉。於是積薪殿前、以火焚之。……投経火中、火即為滅不損一字」（T50, 346b）。

13【賊徒盗葉……】『高僧伝』巻二・訳経篇・曇無識伝「〔曇無識〕復進到姑臧止於伝舎、慮失経本枕之而寝。……識乃慚悟、別置高処。夜有盗之者、数過提挙、竟不能勝。明旦、識将経去、不以為重。盗者見之、謂是聖人、悉来拝謝」（T50, 336a）。

14【七難】『仁王般若経』巻下に「日月失度・二十八宿失度・大火焼国・大水漂没百姓・大風吹殺万姓・天地国土亢陽・四方賊来侵」（T8, 832c）を挙げるほか、諸説ある。

15【二求】『成実論』巻六、壊苦品「又経中説、二求難断。一謂得求、二謂命求。求随意諸欲、是名得求。求得寿命受此諸欲、是名命求。此二求皆以楽受為本」（T32, 283ab）。

16【経不云乎……】『灌頂経』巻一二・「仏説灌頂抜除過罪生死得度経」「阿難汝聞仏所説、汝諦信之、莫作疑惑。仏語至誠、無有虚偽、亦無二言。仏為信者施、不為疑者説也」（T21, 535a）。

17【石開】『高僧伝』巻一二・誦経篇・法相伝「太山祠有大石函貯財宝。〔法〕相時山行宿于廟側、忽見一人玄衣武冠、令相開函、言絶不見。其函石蓋、重過千鈞。相試提之、飄然而起。於是取其財、以施貧民」（T50, 406c）。

18【矢入】『高僧伝』巻一二・誦経篇・法宗伝「釈法宗、臨海人、少好遊猟。嘗於剡遇射孕鹿母堕胎。鹿母銜箭、猶就地舐子。宗迺悔悟、知貪生愛子是有識所同。於是摧弓折矢出家業道」（T50, 406c）。

19【水流氷度】『高僧伝』巻一二・誦経篇・道冏伝「初出家為道懿弟子。懿病嘗遣冏等四人、至河南霍山採鍾乳。入穴数里、跨木渡水三人溺死、炬火又亡、冏判無済理。冏素誦法華、唯憑誠此業。又存念観音、有頃見一光如蛍火。追之不及、遂得出穴。……与同学四人、南遊上京、観矚風化。夜乗氷度河、中道氷破三人没死。冏又帰誠観音、乃覚脚下如有一物自 歧、復見赤光在前、乗光至岸」（T50, 407a）。

20【若影随形】『尚書』大禹謨「禹曰、恵迪吉、従逆凶、惟影響。〔孔穎達疏〕正義曰、禹因益言謀及世事、言人順道則吉、従逆則凶、吉凶之報、惟若影之随形、響之応声、言其無不報也」。

21【有逾符契】『釈迦譜』巻一「〔僧〕祐以為、機心一動則物離其真、精霊所感速於風雹。嘗聞両漢之時、東菜加租而海魚不出、合浦貪珠而璣蜂遠移。以近代方古、若合符契」（T50, 002a）。

22【志怪之与冥祥……】本箇所はすべて書名と解す。道宣は、本書巻下・神僧感通録序に引用文献を列記するほか『祇洹寺図経』序等にも同様の記述がみえる。いずれも本書訳註参照。

23【在数】定められた運命の中にあること。「周高祖巡鄴除殄仏法有前僧任道林上表請開法事」（『広弘明集』巻一〇）「詔曰、……今国法不行、王法所断、廃興在数、常理無違。義無常興、廃有何咎」（T52, 155b）。

神僧感通録序・後批

［釈文］

神僧[a]感通録[b]

僧之真偽[1]、唯仏明之、自余凡小、卒未能弁。良由導俗化方[c]、適縁不壱。権道難謀[2]、変現随俗、不可以威儀取、難得以事相求[3]。通道為先、故無常准[4]。

経云[5]、示衆有三毒、又現邪見相[d]。我弟子如是、方便度衆生。所以二十四依[6]、通三乗於季俗、一十六聖、窮[e]六万而弘持。又有九十九億[7]、三達真人[f]、七十四賢[8]、五通明士。冥通仏性[9]、顕益神功、遂使三有大洲釈門所統[g]、四囲輪内同稟仁風。能使七衆帰依、砕四魔於身世[h][10]、八部弘護、澄五翳於当時。

固得代有澆淳、時逢信毀、淳信之侶、感浄果而高昇、澆毀之徒、受濁報而下没。斯並無辜起悪[11]、罔冒精霊[i]。仏於爾無嫌、凡於仏有障。徒為謗訕[j]、終難絶之。

故周魏両武[12]、威服諸侯、軽欺仏法、望使除滅、自貽伊慼[k][13]、禍及其身、命窮政改、吁嗟何已[l]。尋没興復[m]、更顕由来。斯則興亡在人、正法無没[n]、良由前列衆聖[o]、冥力住持。存廃自彼、道無不在。豈得以百年之短寿、而岠[p]六万之修期[14]乎。豈得以一国之局王[q]而擁三千之鴻化乎。豈得以人中之聖叡、而抗天表之正真乎。豈得以生死之形儀而格金剛之宝質乎。以四挍量、殊不可也。

彼周魏両君、明明后辟、知万歳之焉有、審百年之不期[15]。宝位由於非道、神識抱於愚蔽者、則自救無暇[16]、焉能及人。皆謂、常住万邦、鄙三五而称聖、威加四海、蔑堯舜之独失[17]。遂使誅除仏化、非我誰能。坐受天殃、賢愚同笑。故集僧中之道勝、為住持之臣証乎。

依付法蔵伝、仏以正法付大迦葉、令其護持、不使天魔龍鬼邪見王臣所有軽毀。既受嘱[r]已、結集三蔵、流布人天。迦葉以法、嘱累阿難、如是展転、乃至師子、合二十五人[18]、並閻浮洲中六通聖者。大迦葉今在[19]霊鷲山西峰巌中坐、入滅尽定。経五十六億七千万歳、慈氏仏降、伝能仁仏所付大衣、然後涅槃。

又于塡国南二千里、沮渠国有三無学[20]在山入定。無数年来、卓然如生。至十五日外僧入山、為剃鬚髪。

按諸経律、仏令大阿羅漢賓頭盧不得滅度、伝於仏法於三天下[21]、福利群生令出生死。又入大乗論云[22]、賓頭盧羅睺羅等十六無学、及九十九億羅漢、皆於仏前、受籌住法。又依別伝[23]、住在四大洲及小洲并天上、至人寿六万[s]歳時、中雖少隠、後還興復。

斯諸聖人冥為利益。故今山内聖寺神僧、鍾声香気、往往値遇、皆不虚也。後明顕益、略述如左。

安世高[t]　朱士行[u]　耆域　仏調　揵陀勒[v]　抵世常　闍公則[w]　滕並　竺法進　李恒　仏図澄　釈道安　単道開　何充僧[x]　桓温尼[y]　杜願僧　廬山僧　竺僧朗　梁法相　杯度　釈道冏　求那跋摩　侖両尼　釈慧全　劉凝之　釈曇始[z]　釈慧遠　釈慧明　釈宝誌　釈慧達

余所討尋前後伝記、備列如前。至於事条不可具歴、故総出之。

宣験記〈劉度[A]〉　幽明録〈宋臨川〉　冥祥伝〈王琰〉　僧史〈王巾〉　三宝記〈蕭子良〉　高僧伝〈裴子野〉　名僧伝〈梁釈氏唱[B]〉　続高僧伝〈唐釈氏宣〉　徴応伝〈祖台之[C]〉　捜神録〈陶元亮〉　旌異記〈侯君素〉　冥報記〈并拾遺　唐氏釈[D]〉　内典博要〈虞孝敬〉　法宝聯壁〈蕭綱[E]〉　述異誌[F]

【後批[G]】

予以麟徳元年夏六月二十日、於終南山北酆陰之清官[H]精舎[24]集之。素有風気之疾、兼以従心之年、恐奄忽泫露[25]、霊感沈没。遂力疾出之直筆、而疏頗存大略而已。庶後有勝事、復寄導於吾賢乎。其余不尽者、統在西明寺道律師新撰法苑珠林[26]百巻内、具顕之矣。

［校勘］

a神僧＝巻第三下首＋（明） b感通録＝第三凡三十人 c導＝道（宋・元・明） d現＝見（宋・明） e窮＝躬（元・明） f三（宋・元・明）。＝二（大正蔵） g統＝流（元・明） h世＝三十八（宋） i罔＝惘（宋）。＝誷（元・明） j謗訕＝訕謗（宋・元・明） k慼＝戚（宋・元・明） l吁＝呼（宋・元・明） m没＝滅（宋・元・明） n無＝蕪（宋・元・明） o聖＝生（明） p岠＝拒（元・明） q王＝正（宋） r嘱＝属（元） s万＝十（明） t安世高＝以下なし（明） u行＝衡（宋・元） v揵＝犍（宋・元） w闔＝闕（宋・元） x僧＝なし（宋・元） y尼＝なし（宋・元） z釈曇始＝釈慧達の下にあり（宋） A劉度＝劉度之（宋・元） B唱＝祐（宋・元） C台＝合（宋・元） D釈＝臨（宋・元） E綱＝網（宋・元） F誌＝志（宋・元） G後批＝以下なし（宋・元・明） H官＝宮（大正蔵）

［訓読］

神僧感通録

僧の真偽は、唯だ仏のみ之を明らかにし、自余の凡小は、卒に未だ弁ずること能わず。良に俗を導きて方を化し、適縁 壱ならざるに由ればなり。権道 謀り難きも、変現 俗に随えば、威儀を以て取る可からず、事相を以て求めるを得難し。道に通ずるを先と為す、故に常准無し。

経に云えらく、衆に三毒有るを示し、又た邪見の相を現わす。我が弟子是くの如し、方便もて衆生を度す、と。所以に二十四依は三乗に季俗に通じ、一十六聖は六万を弘持に窮む。又た九十九億の三達の真人、七十四賢の五通の明士有り。仏性に冥通して神功を顕益す。遂に三有の大洲をして釈門の統ぶる所、四囲の輪内をして同に仁風を稟けしむ。能く七衆をして帰依し、四魔を身世に砕き、八部をして弘護し、五翳を当時に澄ましむ。

　固より代よに澆淳有り、時に信毀に逢い、淳信の侶は、浄果に感じて高く昇り、澆毀の徒は、濁報を受けて下り没むを得たり。斯れ並びに辜無くして悪を起こし、精霊を罔冒す。仏は爾《こ》こに於いて嫌う無きも、凡は仏に於いて障り有り。徒らに謗訕を為すも、終に之を絶ち難し。

　故に周・魏の両武、威もて諸侯を服《したが》え、軽んじて仏法を欺《あなど》り、除滅せしめんことを望むも、伊《こ》の慼《うれい》を貽《のこ》し、禍 其の身に及びてより、命 窮《お》わり政 改まること、吁嗟《ああ》何ぞ已まん。尋没と興復とは更ごも由来を顕らかにす。斯れ則ち興亡は人に在り、正法 没すること無きは、良に前列の衆聖 冥力もて住持するに由る。存廃は彼よりするも、道は在らざること無し。豈に百年の短寿を以てして、六万の修期に岠《いた》るを得んや。豈に一国の局王を以てして、三千の鴻化を擁《ふさ》ぐを得んや。豈に人中の聖叡を以てして、天表の正真に抗うを得んや。豈に生死の形儀を以てして、金剛の宝質を格《はか》るを得んや。四を以て挹りて量るに、殊に可ならざるなり。

　彼の周魏の両君は、明明たる后辟にして、万歳の焉くに有るやを知り、百年の期せざらんことを審らかにす。宝位 道に非ざるに由り、神識 愚蔽に抱かるれば、則ち自ら救うに暇無きに、焉んぞ能く人に及ばせんや。皆謂えらく、万邦に常住し、三五の聖と称《たた》えらるるを鄙《いや》しみ、威 四海に加わりて、堯舜の独《ひと》り失《あやま》つを蔑む。遂に仏化を誅除せしめていえらく、我に非ざれば誰か能くせんやと。坐《い》ながらにして天殃を受く、賢愚同に笑えり。故に僧中の道の勝れたるを集め、住持の臣の証と為す。

　付法蔵伝に依るに、仏は正法を以て大迦葉に付し、其れをして護持せしめ、天魔龍鬼・邪見の王臣をして所有《あらゆる》軽毀せしめず、既にして嘱を受け已り、三蔵を結集して人・天に流布す。迦葉 法を以て阿難に嘱累し、是くの如く展転して、乃ち師子に至るまで、合わせて二十五人、並びに閻浮洲中の六通の聖者なり。大迦葉は今に霊鷲山西峰巌中に在りて坐し、滅尽定に入れり。五十六億七千万歳を経て、慈氏仏降り、能仁仏の付する所の大衣を伝えて、然る後涅槃せん、と。

又た于塡国の南二千里、沮渠国に三無学の山に在りて入定するもの有り。無数《むしゅ》年来 卓然として生けるが如し。十五日に至るごとに外僧 山に入り、為に鬚髪を剃る、と。

諸もろの経律を按ずるに、仏は大阿羅漢賓頭盧をして滅度するを得ざらしめ、仏法を三天下に伝え、群生を福利して生死より出でしむ、と。又た入大乗論に云えらく、賓頭盧・羅睺羅等の十六の無学、及び九十九億の羅漢、皆な仏前に於いて籌を受け法を住《とど》む、と。又た別伝に依るに、四大洲及び小洲幷びに天上に住在し、人寿六万歳に至るの時、中ごろ少しく隠ると雖も、後に還た興復す、と。

斯れ諸もろの聖人 冥めいに利益を為せばなり。故に今の山内聖寺の神僧、鍾声香気 往往にして値遇すること、皆な虚しからざるなり。後に顕益を明らかにし、略 述べること左の如し。

（以下、目録省略）

余の討尋する所の前後の伝記は備列すること前の如し。事条に至りては具歴すべ可らず、故に之を総出す。

（以下、目録省略）

【後批】

予麟徳元年夏六月二十日を以て、終南山の北、酆陰の清官精舎に於いて之を集む。素より風気の疾有り、兼ねて従心の年なるを以て、恐るらくは奄忽に泫露して、霊感の沈没せんことを。遂に力疾《つと》めて之を直筆に出すも、而れども疏にして頗る大略に存するのみ。庶くば後に勝事有らば、復た導かんことを吾が賢に寄せん。其の余の尽さざる者は、統べられて西明寺道律師の新たに撰する法苑珠林百巻の内に在りて、具さに之を顕わせり。

〔訳文〕

神僧感通録

仏僧が真実の姿であるか否かは、ただほとけのみが明らかにし得ることであって、他の凡俗たちでは、だれもそれを判別することはできない。〔なぜなら〕まことにすべての俗世の人々を導き教化し、それぞれの縁にかなう様々な方法で行われるからである。仏の権方便は凡俗の者にははかり知り難く、多様な衆生に合わせて変幻自在に行われ、外面的な威儀《すがた》でも、目に見える相《すがた》でも感取し求め得るものではない。〔そうではなくて〕最も優先されるものは仏道に通達していることであるのだから、絶対的な判断基準はない。

『法華経』五百弟子受記品に「衆生には〔貪・瞋・痴の〕三毒があり、〔因果の道理にくらい〕邪見の相《すがた》を現す。わたし〔仏〕の弟子はまさにこのように、方便の力をもって衆生を済度する」という。それゆえ、二十四人の依止すべき伝法の聖師たちは末俗の世に三乗の教えに通じ、十六人の阿羅漢たちは人が六万年の寿命を得るまでの長きに亙って〔仏法を〕弘め護持するのである。また仏の初めての説法を聴いた九十九億人の〔天眼・宿命・漏尽の〕三達智を得た真人〔阿羅漢〕、七十四人の五つの神通力〔天眼・天耳・他心・宿命・如意〕を持つ仏理に通じた賢者がいた。〔かれらは〕仏性に冥《ふか》く通じて、仏陀が持つ大いなる功徳を明らかに具現し、かくて〔東・南・西の〕三天下を仏の教えの影響のもとに統べ治め、四輪（地・水・火・風）に支えられたあらゆる世界へ、仏の仁恕の風《おしえ》をひとしく受けしめたのである。〔さらに〕七衆を仏教に帰依させて、それらの世において四つの魔（煩悩・陰・死・他化自在天）を打ち砕かせ、八部衆に仏教を弘く守護させて日月の光を遮る五翳（煙・雲・塵・霧・阿修羅の手）を打ち払わせたのである。

まことに、時代には人々の信仰心の澆《うす》い時もあれば淳《あつ》い時もあり、信仰される時もあれば廃毀される時もある。敬虔な信者たちは清浄という果報を得て高みの境地へと昇り、浅ましい不逞の輩は悪報を受けて輪廻に沈み込む。かれらは罪なくして悪をなし、人々の精霊《たましい》を冒瀆するものであって、仏はどのような場合でも衆生を拒絶しないものの、凡俗たちの煩悩が仏性の発露を障《さまた》げる。無闇に仏の教えを誹謗中傷するばかりであるが、〔仏法を〕断ち切ることは最後までできない。

それゆえ、北魏太武帝と北周武帝の両帝は、諸侯を服従させる勢威を誇って仏法を軽侮し、殲滅させようと目論んだが、自ら災厄を招いて、禍が己の身にふりかかってしまい、その命も終わり〔廃仏の〕政策が改まったように、因果の理《ことわり》が已《や》むはずもない。衰亡と復興とは、互いに因って来たるところが明らかである。このことはつまり、物事の興廃は人間の世界においてこその現象であり、正法が途絶えてしまうことがなかったのは、まさしく先の世の聖人たちが（目に見えない）神通力でもってこの世にとどめて護っていたからである。存続も廃滅も人間の世の中の出来事としてその時々の支配者の意向に左右されるが、道《おしえ》そのものは、常に存在する。たかだか百年の寿命〔しか持たない人間の身〕で、六万年の寿命を得ることができようか。限られた一国にすぎない王の身で、三千世界に遍く及ぶ徳化をふさぐことができようか。人界中の聖叡な皇帝であったとしても天上の真理に抵抗することができようか。生死を繰り返す脆《はかな》い人の身で金剛の宝〔のような仏法〕の堅固さを計り知ることができようか。以上の四つ〔時間・空間・智慧・法身〕の根拠から推し量ってみても、殊に不可能事である。

かの北魏・北周の両帝は聡明なる君主であって、一万歳の年齢はあり得ず、百年の寿命も期しがたいことをよく理解していた。〔しかし〕高貴な天子の位が道理にはずれた人々によって左右され、優れた精神が愚劣な策謀によって覆い隠されてしまえば、〔明君といえども〕自身を救う暇はなく、まして他人に救いの手を差し伸べることなどできようか。この両帝はいずれも、全世界に遍く君臨する者として、三皇五帝が聖君と称えられることすら卑しみ、全世界の人民に威令を及ぼす者として、帝堯帝舜の〔訓育し得なかった親族がいたという〕ただひとつの過ちを軽侮していた。果ては仏法による教化を廃滅させて、「私でなければ、誰がこのような政策を実行し得たであろうか」とうそぶいたのである。ところが皇帝の身のままに、天罰を受ける羽目となり、賢者からも愚者からも一様に笑い者とされる結果を来した。そのため〔本書では〕僧の中でもとりわけ優れた者の事績を集め、この世に仏法を守り伝える者の証とする。

『付法蔵因縁伝』に拠れば、仏陀は正法を大迦葉に伝えゆだねてこれを護持させ、〔仏教に仇をなす〕天魔・龍・鬼や邪見の王・臣下からあらゆる軽侮や誹りを受けたりすることのないようにさせた。〔大迦葉は〕依嘱を受けると三蔵〔経〕を結集して人間・天上の世界に〔仏の教えを〕伝え広めた。大迦葉はさらに正法を阿難に託し、このように依嘱を積み重ねて師子尊者に至るまでの合計二十五人は、みな閻浮洲において六種の神通力を具えた聖者であった。大迦葉は現在でも霊鷲山西峰の巌中に坐《いま》して、滅尽定に入っておられる。「五十六億七千万年の後には慈氏仏が降臨し、能仁仏より依嘱された大衣がどうかこの世に伝授されるように」と願った後、涅槃に入ると伝えられている。

また、于填国の南二千里にある沮渠国の山中で、三人の無学道の位を得た阿羅漢が入定した。それから数えきれない程の年月がたったが、彼らの気高く優れた姿はまるで生きているかのようである。十五日ごとに俗世にある僧が山に入り、〔三羅漢の〕伸びた鬢髪を剃るという。

諸もろの経典律書によれば、仏は大阿羅漢の賓頭盧に滅度に入らしめず、仏法を閻浮提の三つ（東・西・南）の世界に広めさせ、衆生を救済して生死の輪廻から解脱させたという。また『入大乗論』には、賓頭盧・羅睺羅などの十六の無学道の位を得た阿羅漢及び九十九億の羅漢が、みな仏前において、木札を取ってそれぞれの世界において仏法を護りとどめた、とある。また別の伝によれば、〔仏法は〕四大洲及び小洲と天上とに遍く存在し、人間の寿命が六万歳となる時に、その間、中途では仏法を隠し晦ますこともあるが、やがてまた復興される、という。

これらはすべての聖人たちが奥深く目に見えない〔仏法護持の〕利益を及ぼしていることを示している。だから今でも、往々にして山中の聖寺にいる神僧に出遇い、不可思議な鐘の音や香気を奇瑞として感得するのはみな虚《いつわり》などではないのである。この後、聖人たちの功徳を明らかに示し、〔それらの事例〕のおおよそを左に記す。

（以下、目録省略）

私が尋ね検討したところの諸伝記は、ここに列記した通りである。記事ごとにつぶさに出典を記せないので、以下にまとめて典籍を提示する。

（以下、目録省略）

【後批】

私〔道宣〕は、麟徳元年（六六四）夏六月二十日、終南山の北麓、酆谷北の清官精舎（浄業寺）で本書を編纂し終えた。もともとの中風の持病に加え、七十歳にほど近くなり、露のしたたり落ちるが如くにわかに我が命が尽きて、〔聞き及んだ〕神霊の感応〔の記憶〕が消え失せてしまうことを恐れている。そこで病身を押して本書を著し、事実を事実としてありのままに記録するに努めたが、雑駁な出来栄えであって、おおよそあらましを述べたのみである。後に世にすぐれた感応のことがあったならば、どうか〔本書に付け加えて〕わが賢明なる同学たちに人々を導いてもらいたいと思う。その他の書き尽くせなかった事例は、西明寺の道〔世〕律師が近頃撰述した『法苑珠林』百巻のうちに収載され、具《つぶさ》に顕らかにされている。

〔語註〕

1 【僧之真偽……】「西明寺僧道宣等上栄国夫人楊氏請論沙門不合拝俗啓一首」（『広弘明集』巻二五）「又僧之真偽、生熟難知、行徳浅深、愚智斉惑。故経陳通供、如海之無窮。律制別科、若涯之有際。宗途既列、名教是依。設出俗之威儀、登趣真之円徳」（T45, 248c）。

2 【権道難謀】彦琮「福田論」（『広弘明集』巻二五）「昔比丘接足於居士、菩薩稽首於慢衆。斯文復彰厥趣安在。如以権道難沿仏性可尊」（T45, 241a）。

3 【以事相求】『肇論』般若無知論「夫聖人功高二儀而不仁、明逾日月而弥昏、豈曰木石瞽其懐。其於無知而已哉。誠以異於人者神明、故不可以事相求之耳」（T45, 153b）。

4 【故無常准】『続高僧伝』巻一〇・義解篇・宝儒伝「釈宝儒、幽州人也。童子出家、遊博諸講、居無常准、惟道是務。後至鄴下依止遠公」（T50, 507a）。

5【経云……】『法華経』巻四・五百弟子受記品「爾時世尊欲重宣此義、而説偈言、……示衆有三毒、又現邪見相。我弟子如是、方便度衆生」（T9, 028a）。なお釈文中の「示衆有三毒」は原文「云」、大正蔵本の誤植。麗本は初刻・再雕本とも「示」に作る。

6【二十四依】『付法蔵因縁伝』や『阿育王伝』等に説かれる、伝法二十四祖。すなわち摩訶迦葉・阿難・摩田提・商那和修・憂波毱多・提多迦・弥遮迦・仏陀難提・仏陀蜜多・脇比丘・富那奢・馬鳴・比羅・龍樹・迦那提婆・羅睺羅・僧伽難提・僧伽耶舎・鳩摩羅駄・闍夜多・婆修槃陀・摩奴羅・鶴勒那・師子。

7【九十九億】『智度論』巻三「仏在大衆中、初説法時、九十九億人得阿羅漢道、六通具足。第二大会、九十六億人得阿羅漢道。第三大会、九十三億人得阿羅漢道。自是已後、度無数人」（T25, 079a）。また後掲註22参照。

8【七十四賢】宗炳「明仏論」（『弘明集』巻二）「東方朔対漢武劫焼之説、劉向列仙叙七十四人在仏経。学者之管窺於斯又非漢明而始也」（T52, 012c）。

9【冥通仏性……】『続高僧伝』巻一四・義解篇・道愻伝「又往趣之還見如初、無敢近者。進退至五遂達天明、既不見人。知是神感乃合面帰懺焉、其冥通顕益如此例也」（T50, 533a）。

10【砕四魔於身世】『菩薩瓔珞経』巻七「破砕四魔垢、摧壊憍慢山、慧火焚三毒、捨離度無極」（T16, 064a）。

11【無辜起悪】『破邪論』巻上・上秦王啓「嗚呼邪言惑正魔弁逼真。猶不足聞諸下愚、況欲上干天聴。但〔傅〕奕職居時要物望所知、何容不近人情無辜起悪。然其文言浅陋事理不祥。辱先王之典謨、傷人倫之風軌」（T52, 476b）。

12【周魏両武……】「決対傅奕廃仏法僧事」（『広弘明集』巻一一）「昔崔皓説魏太武、令破滅仏法殺害僧尼、自於家内礼事尊像。太武察得忿其矯誑、即便誅戮曝尸都市。勅令行人咸糞其口。太武還興仏法敬事如初。又周武帝狂悖無道、毀滅仏法焚焼経像、破壊塔寺罷廃衆僧。遂身生癩瘡悪疾而死。斯並近代詳験霊祟著明」（T52, 175c）。

13【自貽伊感】『詩』小雅・小明「心之憂矣、自詒伊戚」。また本書『比丘含注戒本』序註35参照。

14【六万之修期】『釈迦氏譜』釈迦遺法終限相「余以仏譜所修則異於恒。准俗中譜列、始起於三五、中流従派不一。仏則始於無始、表開元求道之晨、末則終於無終、明化道之縁莫竭。由斯以言故釈尊流化、訖於六万之修齢、独覚接統、極千尺

之嘉運也」（T50, 98c）。また本書『三宝感通録』巻下序註8参照。

15 **【審百年之不期】**『高僧伝』巻一一・明律篇・智称伝「〔智称〕遇読瑞応経、乃深生感悟、知百年不期、国城非重。乃投南澗禅房宗公、請受五戒」（T50, 402b）。

16 **【自救無暇……】**『釈門帰敬儀』巻上、済時護法篇「以真三宝性相常住、堪為物依。自余天帝身心苦悩、有為有漏無力無能、自救無暇、何能救物。惟出世宝、有力能持」（T45, 857a）。

17 **【堯舜之独失】** 堯の子丹朱は堯に叛き、舜の義弟象は舜の殺害を企てた。『荀子』正論「堯舜至天下之善教化者也。南面而聴天下、生民之属莫不振動従服以化順之。然而朱象独不化、是非堯舜之過、朱象之罪也」。

18 **【合二十五人】** 未詳。『付法蔵因縁伝』には伝法の二十四祖を挙げる。前掲注6参照。

19 **【大迦葉今在……】**『付法蔵因縁伝』巻一「於是迦葉至鶏足山、於草敷上、跏趺而坐。作是願言、今我此身著仏所与糞掃之衣。自持己鉢、乃至弥勒、令不朽壊」（T50, 300c）。

20 **【沮渠国有三無学……】**『大唐西域記』巻一二「斫句迦国（旧曰沮渠）……国南境有大山。……今猶現有三阿羅漢、居巌穴中入滅心定。形若羸人鬚髪恒長、故諸沙門時往為剃」（T51, 943a）。

21 **【伝於仏法於三天下】**『薩婆多論』巻一「唯三天下、閻浮提・瞿耶尼・弗婆提。及三天下中間海洲上人一切得戒。如瞿耶尼、仏遺賓頭盧、往彼大作仏事」（T23, 509c）。

22 **【入大乗論云……】**『入大乗論』巻上「又尊者賓頭盧、尊者羅睺羅。如是等十六人諸大声聞、散在諸渚。於余経中亦説、有九十九億大阿羅漢、皆於仏前取籌護法、住寿於世界」（T32, 039b）。

23 **【又依別伝……】**『大阿羅漢難提蜜多羅所説法住記』「刀兵劫起、互相誅戮。仏法爾時当暫滅没。刀兵劫後、人寿漸増至百歳位。此洲人等厭前刀兵残害苦悩、復楽修善。時此十六大阿羅漢、与諸眷族復来人中、……如是乃至此洲人寿六万歳時、無上正法流行世間熾然無息」（T49, 013bc）。

24 **【清官精舎】**「宮」とするのは大正蔵の訛。『戒壇図経』開壌創築戒場之壇文「維唐乾封二年仲春八日。京師西明寺沙門釈道宣、乃与宇内嶽瀆諸州沙門、商較律儀、討撃機務。敢於京南遠郊澧福二水之陰、郷曰清官、里称遵善。持律衆所建立

戒壇」（T45, 817b）。『僧史略』下・方等戒壇にも「高宗乾封二年、終南山道宣律師建霊感戒壇於清官村精舎。天下名徳皆来重増戒品、築壇方成」（T54, 250b）とある。戒壇が建てられたのは乾封二年（六六七、道宣死去の年）、本書完成の麟徳元年（六六四）より後のことである。藤善眞澄『道宣伝の研究』（京都大学学術出版会、二〇〇二年）は「清官精舎」がすなわち「浄業寺」であると解する。

25 **【奄忽泫露】** 泫露は滴り落ちた露、人生の儚さに譬える。『内典録』巻九、歴代衆経挙要転読録序「且生滅催切、命報泫露之光。心相不留、興言飛電之頃。随聞教旨、即用循身、略得時縁、便依領観。何暇広尋聞海、通覧法門」（T55, 313a）。

26 **【新撰法苑珠林】** 『法苑珠林』李儼序「故於大唐総章元年、歳在執徐。律惟沽洗。三月三十日、纂集斯畢。庶使緝玄詞者、探巻而得意珠、軌正道者、披文而飲甘露」（T53, 269b）に見えるように、『法苑珠林』の完成はこれまで総章元年（六六八）であるとされてきた。しかし『三宝感通録』成立の時点（六六四年）で、『法苑珠林』の構成が全百巻であり、道宣の著作がその内容に大きく関与していたことがわかる。

『律相感通伝』

〔釈文〕

律相感通伝[a]　　唐乾封二年仲春[b]　終南山沙門釈道宣撰

余曾見晋太常干宝撰捜神録述[1]。晋故中牟令蘇韶有才識、咸寧中卒。乃昼現形於其家。諸親故知友聞之、並同集。飲噉言笑、不異於人。

或有問者、中牟在生、多諸賦述、言出難尋。請叙死生之事、可得聞耶。韶曰、何得有隠。索紙筆、著死生篇。其詞曰、運精気兮離故形、神眇眇兮爽玄冥[2]。帰北帝[3]兮造酆京[4]、崇墉鬱兮廓崢嶸。升鳳闕兮謁帝庭、邇卜商[5]兮室顔生。親大聖兮項良成[c][6]、希呉季[7]兮慕嬰明。抗清論兮風英英、敷華藻兮文璨栄。庶擢身兮登崑瀛[8]、受祚福兮享千齢。余多不尽[d]。初見其詞、若存若亡[9]。

余見梁初江泌女誦出[10]浄土大荘厳等三十余経、逮于即目、猶有斯事、往縁有幸。近以今年二月末[11]、数感天人、有若曾面。告余云、所著文翰、続高僧伝・広弘明集等、裨助聖化、幽霊随喜、無不讃悦。至於律部、抄録疏儀、無足与弐。但於断軽重物[12]、少有疏失、斯非仁過。抑推訳者。如何以王貴衣、同於白衣俗服。相従入重、乃至氍氀、同法衣相量者、亦在軽収。且王著貴衣、同比丘之三衣[13]也。価直十万者、故曰貴衣、用以施僧、可同軽限。白衣外道之服[14]、斯本出家者絶之。三衣唯仏制名、著者定得解脱。是故白衣俗服、仏厳制断。若有亡者、並在重収。至於氍氀三衣、相量同三衣也。辺方開皮臥具[15]、亦是三衣。条葉在外、柔毛在内。寒酷之国、仏開為道、必至布郷[16]、還非軽限、可改前迷、宜従後悟。如来在日、尚有後制廃前。何況於今、不存迷悟之事也。

余問所従来。有一天人、来礼敬、叙喧涼已、曰、弟子性王、名璠、是大呉之蘭台臣也。会師初達建業[17]、孫主即未許之。令[e]感希有之瑞、為立非常之廟。于時天地神祇、咸加霊被、於三七日、遂感舎利。呉主手執銅瓶、[f]傾銅盤内。舎利所衝、盤即破裂。乃至火焼鎚試、倶不能損。闞沢[18]・張昱[19]之徒、亦是天人護助、入其身中、令其神爽[20]通敏、答対諧允。今並在天、弘護仏法為事。弟子是南天韋将軍[21]下之使者、将軍事務極多、擁護三洲之仏法、有闘諍陵危之事、無不躬往和喩令解。今附和南。天欲即来、前事擁隔、不久当至。且令弟子等共師言議。

不久復有天来、云姓羅氏[22]、蜀人也。言作蜀音、広説律相。初相見時、如俗礼儀。叙述縁由、多有次第、遂有忽忘。

次又一天、云姓費氏、礼敬如前。云弟子迦葉仏時生、在初天韋将軍下。諸天貪欲所酔、弟子以宿願力、不受天欲[g]、清浄梵行、偏敬毘尼。韋将軍童真梵行、不受天欲。一王之下有八将軍、四王三十二将、周四天下往還、護助諸出家人。四天下中、北天一洲少有仏法、余三天下仏法大弘。然出家人多犯禁戒、少有如法。東西天下少有黠慧、煩悩難化。南方一洲雖多犯罪、化令従善、心易調伏。仏臨涅槃、親受付嘱、並令守護、不使魔撓。若不守護、如是破戒、誰有行我之法教者。故仏垂誡、不敢不行。雖見毀禁、愍而護之、見行一善、万過不咎、事等忘瑕、不存往失。且人中臭気、上薫於空、四十万里、諸天清浄、無不厭之。但以受仏付嘱令守護法。仏尚与人同止。諸天不敢不来。韋将軍、三十二将之中、最存弘護。多有魔子魔女、軽弄比丘、道力微者、並為惑乱。将軍栖惶奔赴、応機除剪。故有事至、須往四王所。時王見皆起、為韋将軍修童真行護正法故。弟子性楽戒律、如来一代所制毘尼、並在座中、聴受戒法。因問律中諸隠文義、無不決滞。

然此東華三宝素有、山海水石往往多現。但謂其霊而敬之、顧訪来由、莫知投詣。遂因此縁、随而[h]咨請。且泛挙文相、以理括之、未曾博観、不可以語也。

余少楽多聞希世抜俗之典籍、故捜神研神冥祥冥報旌異述異志怪録幽、曾経閲之、非疑慮。況仏布天人之説、心進勇鋭之文、護助形神、守持城塔。事出前聞、非為徒説。後諸縁叙、並依出而疏之。

〔校勘〕

a律相感通伝＝道宣律師律感通録（続蔵） b唐乾封二年仲春＝麟徳元年（続蔵） c項良＝頌梁（続蔵） d尽＝尽録（続蔵） e令＝合（続蔵） f傾＝写（続蔵） g受＝恋（続蔵） h随而＝而便（続蔵）

〔訓読〕

律相感通伝

唐乾封二年仲春　終南山沙門釈道宣撰

余 曾て晋の太常干宝の撰せし捜神録の述を見る。晋の故中牟令蘇韶は才識有り、咸寧中に卒す。乃ち昼 形を其の家に現わす。諸もろの親故・知友 之を聞きて、並びに同に集まる。飲み啗い言笑すること、人に異ならず。或いは問う者有り、中牟は在生、諸々の賦述多し。言出づれば尋ね難し。請うらくは死生の事を叙べよ、聞くを得べけんや、と。韶曰く、何ぞ隠すこと有るを得んや、と。紙筆を索め、死生篇を著わす。其の詞に曰く、

精気を運らせて故形を離れ、神は眇眇たりて玄冥に爽《あき》らかなり。北帝に帰して酆京に造《いた》れば、崇墉は鬱として廓は崢嶸たり。鳳闕に升りて帝庭に謁すれば、卜商に邇《ちか》くして顔生に室す。大聖に親しみて項良成、呉季に希

いて嬰明を慕う。清論を抗《あ》げて風は英英、華藻を敷きて文は璨栄。庶わくは身を擢んでて崑瀛に登り、祚福を受けて千齢を享けん。

余多ければ尽くさず。初め其の詞を見るに、存するが若く亡きが若し。

余 梁初の江泌の女の誦出せる浄土・大荘厳等三十余経を見、即目するに逮び、猶斯の事有り、往縁に幸有り。

近ごろ今年二月末を以て、数しば天人に感ずること、曾て面《まみ》えるが若きもの有り。余に告げて云う、

著わす所の文翰、続高僧伝・広弘明集等、聖化を裨助し、幽霊随喜し、讃悦せざるは無し。律部の抄録疏儀に至りては、与《とも》に弐《なら》ぶに足る無し。但だ軽重の物を断ずるに於いては、少しく疏失有るも、斯れ仁《なんじ》の過ちに非ず、抑も推訳の者なればなり。如何ぞ王の貴衣は、白衣俗服に同しきを以て、相従りて重きに入れ、乃至氍毹《せんる》の、法衣の相量に同しき者も、亦軽きの収むるところに在らん。且つ王 貴衣を著るは、比丘の三衣に同じきなり。価 十万に直《あたい》する者は、故に貴衣と曰い、用て以て僧に施せば、軽きの限に同じかるべし。白衣外道の服は、斯れ本より出家せる者 之を絶つ。三衣は唯だ仏 名を制するのみにして、著る者は定めて解脱を得。是の故に白衣俗服は、仏 厳に制断す。若し亡き者有らば、並びに重きの収むるところに在り。氍毹の三衣に至りては、相量 三衣に同じきなり。辺方に皮の臥具を開《ゆる》すも、亦是れ三衣なり。条葉は外に在り、柔毛は内に在り。寒酷の国、仏 道の為にするを開《ゆる》すも、必ず布郷に至れば、還《また》軽きの限に非ず。前迷を改むべく、宜しく後悟に従うべし。如来在りし日、尚お後に制して前を廃する有り。何ぞ況んや今に於いて迷悟の事を存せざらんや。

余 従りて来たる所を問う。一天人有り、来りて礼敬し暄涼を叙べおわりて、曰く、

弟子、性は王、名は璠、是れ大呉の蘭台の臣なり。会師の初めて建業に達するや、孫主即ち未だ之を許さず。希有の瑞を感ぜしめ、為に非常の廟を立てしむ。時に天地の神祇、咸く霊祓を加え、三七日に於いて、遂に舎

利を感ず。呉主手ずから銅瓶を執り、銅盤の内に傾けるに、舎利の衝く所、盤即ち破裂し、乃至火もて焼き鎚もて試みるも、倶に損なうこと能わず。闞沢・張昱の徒も、亦是れ天人護助し、其の身中に入り、其の神爽をして通敏ならしめ、答対をして諧允ならしむ。今並びに天に在りて、仏法を弘護するを事と為す。弟子は是れ南天韋将軍下の使者なり。将軍は事務極めて多く、三洲の仏法を擁護し、闘諍陵危の事有れば、躬ら往き和喩し解せしめざる無し。今附して和南す。天は即ちに来らんと欲すれども、前事擁隔す。久しからずして当に至るべし。且らく弟子等をして師と共に言議せしむ。

久しからずして復た天の来たる有りて云う、姓は羅氏、蜀人なり、と。言は蜀音を作し、広く律相を説く。初め相い見えし時、俗の礼儀の如し。縁由を叙述し、多く次第有るも、遂に忽忘する有り。

次いで又一天あり、云く、姓は費氏、と。礼敬すること前の如し。云く、

弟子は迦葉仏の時に生まれ、初天韋将軍の下に在り。諸天は貪欲の酔う所なるも、弟子は宿願力を以て、天の欲を受けず、清浄梵行にして、偏に毘尼を敬う。韋将軍は童真の梵行にして、天の欲を受けず。一王の下に八将軍有り、四王三十二将、四天下を周りて往還し、諸々の出家の人を護助す。四天下の中、北天の一洲は仏法有ること少なく、余の三天下は仏法大いに弘まる。然れども出家の人の禁戒を犯すこと多く、如法のもの有ること少なし。東西の天下は黠慧有ること少なきも、煩悩ありて化し難し。南方の一洲は罪を犯すもの多しと雖も、化して善に従わしむれば、心調伏し易し。仏涅槃に臨みしとき、親しく付嘱を受け、並びに守護せしめ、魔をして撓《みだ》せしめず。若し守護せざれば、是くの如く戒を破る、誰か我の法教を行う者有らんや。故に仏は誡を垂れ、敢えて行わずんばあらざるなり。禁を毀つを見ると雖も、愍みて之を護り、一善を行うものを見れば、万過も咎めず、事は瑕を忘るるに等しく、往失を存せず。且つ人中の臭気、上は空に熏すること、四十万里、

諸天清浄にして、之を厭わざるは無し。但だ仏の付嘱を受け法を守護せしむるを以てなり。仏も尚お人と同《とも》に止《やど》る。諸天敢えて来らずんばあらず。韋将軍は三十二将の中、最も弘護に存す。多く魔子・魔女有り、軽んじて比丘を弄び、道力微なる者は、並びに惑乱を為す。将軍 栖惶奔赴し、機に応じて除剪す。故に事の至る有れば、須らく四王の所に往くべし。時に王見て皆起つは、韋将軍 童真行を修めて正法を護るが為の故なり。弟子 性は戒律を楽《ねが》い、如来一代の制する所の毘尼、並びに座中に在りて、戒法を聴受す。因りて律の中の諸々の隠れし文義を問わるるに、滞を決せざるは無し。

然れども此の東華に三宝素より有り、山海水石に往往にして現わるること多し。但だ其の霊なるを謂いて之を敬い、顧みて来由を訪ぬるも、投詣するを知る莫きのみ。遂に此の縁に因りて、随いて咨り請う。且く泛ねく文相を挙げ、理を以て之を括る。未だ曾て博く観ざれば、以て語るべからざるなり。

余 少きより多く希世抜俗の典籍を聞くを楽う。故に捜神・研神・冥祥・冥報・旌異・述異・志怪・録幽、曾経《かつ》て之を閲するも、疑慮するに非ず。況んや仏 天人に布くの説、心進勇鋭の文の、形神を護助し、城塔を守持するをや。事は前聞に出で、徒説を為すに非ず。後の諸縁叙は、並びに出づるに依りて之を疏す。

〔訳文〕

律相感通伝

唐乾封二年（六六七）の仲春、終南山の沙門釈道宣 撰す

私はかつて晋の太常の干宝が撰した捜神録の記述を見た。〔それによると、〕晋の元の中牟県令の蘇韶は才識ある人であった。咸寧中に卒したが、昼ひなか、自分の家に姿を現わした。親類や友達はそれを聞き、みな集まってき

た。飲み食いし、物言い笑う様子は、人と変わらない。

ある者が問うた、「中牟どのは生前、賦を多く作られた。言葉は口に出されればすぐに消えてしまい、真意を尋ねるのは難しい。死生の事などを文章にして、教えていただけないだろうか」。詔は「どうして隠すことがありましょうか」と言って、紙と筆を求め、死生篇を著わした。その詞には次のように言う。

　精気をめぐらせて元の肉体を離れ、たましいは高遠、奥深い境地にあってあきらかである。北帝のもとに帰して酆京に至れば、高々とした壁の如く天空にそびえたっている。鳳闕に昇って帝庭に拝謁すれば、卜商（子夏）は近くにおり顔生（顔回）は奥の間にいる。大いなる聖人である項良成に親しみ、呉季札に願い求め嬰明を慕う。かかげられた清論はその風《おもむき》も軽く明らかに、敷き示された華やかな文章も美しい玉のようにきらびやかである。願わくはこの身を神仙世界である西方崑崙山と東方瀛洲に昇華させ、千齢の祚福《さいわい》を享受したいものだ。

このような文章は他にも多く、尽くはとても載せきれない。初めてその詞を見たときは、あるとも知れずないとも知れず、半信半疑の思いであった。

私は梁初の江泌の女《むすめ》の誦出した浄土・大荘厳等三十余経を見たが、それを目にすると、なお同様のことがあって、以前からのよき縁を感じる。

近ごろ、今年の二月末、初めてとは思われないほど、しばしば天人と感応して応答を得た。私に次のように申された。

　以前にものした文章の中で、『続高僧伝』や『広弘明集』等は、人々を教化する助けとなり、幽界の人々も随喜の心を生じて、讃え悦ばない者はなかった。しかし律部の抄録疏儀となると、見劣りがする。但だ出家が所持しうる物の軽重を判断する点においては、少し疎漏と失点があるくらいで、これはあなたの過ちではなく、訳語の問題である。たとえば王の高貴な衣服を、白衣の俗服と同じとして、重い価値あるものに分け、あるいは毛織物は、法衣と同じように評価して、軽いものとして判断する場合をどのように考えるのか。且つはまたこのようにも考えられよう。王が貴衣を着用するのは、比丘の三衣と同じである。価値が十万もするので、貴衣といい、それを僧に施せば、軽いほうの部類と同じになる。白衣や外道の服は、本来出家した者はこれを絶つべきものである。三衣は仏がその名を制定したものであって、着用する者は必ず解脱することができる。このため白衣と俗人の服は、仏は厳しく制してこれを断った。亡くなった者がいれば、どちらも重いほうに分けておさめよ。毛織物の三衣に関しては、その軽重の判断は三衣と同じである。辺境では獣の皮を臥具とすることを認めているが、これもまた三衣のうちに入る。法衣の布地が外側に在り、柔かい毛が内側に在るものも、ひどく寒い国では、仏は仏道のために着用を開《ゆる》し、綿布を着用する所に入れば、その着用は再び許されない。先に止住した国土では許された衣も、その後に止住した土地では迷妄となることを理解して、改めるべきである。如来在世のときですら、なお後に定められたことによって前に定めたことを廃されている。まして今の迷妄の時代においては、迷を迷として、後の正しい理解にもとづいて改めるべきである。

私はどこから来たのかを問うた。一人の天人が、私の元に来て礼敬し時候の挨拶をした後、次のように言った、私は姓は王、名は璠といい、大呉の蘭台の臣であります。康僧会法師が初めて建業に来られた時、孫主（孫権）はすぐには布教を許しませんでした。希有の瑞祥を目の当たりに感じさせて、法師のために特別に廟を建てさせたのです。この時、天神地祇は、ことごとく霊験ある加護を加え、二十一日目になって、遂に舎利との感応を現わしました。呉主は自ら銅瓶を手に執り、銅盤の中に舎利を傾け入れますと、舎利にあたったところは、すぐに破裂し、或いは火で焼いたり鎚でたたいてみたりもしましたが、何をしても破損することはかなしませんでした。闞沢や張昱の徒もまた天人が護り助けて、その身中に入り、心をすっきりとさせ、理にかなった応対ができるようになりました。今はどちらも天に在って、仏法を弘め護ることを仕事としております。私は増長天の下、韋将軍配下の使者でありますが、将軍はなすべきことが極めて多く、三洲の仏法を擁護しており、争いごとや世の乱れ、危急を要する事態があれば、必ず自ら行き、諭《さと》して和解させます。今、拝してご挨拶申し上げます。韋将軍はすぐに来ようとしておられるのですが、先立って処理すべき事柄に手間取っておられます。間もなく到着するはずです。しばらくは私どもが遣わされて師と共に論議すべく、ここに参っております。

しばらくしてまた天人が来たが、姓を羅氏といい、蜀の人である。言葉には蜀の訛りがあり、広く律相を説いた。初めて会った時は、世俗と同様に時候の挨拶をした。到来の因縁について述べており、筋道だったものであったが、私はそれらを忘れてしまっている。

次にまた一人の姓を費氏という天人がいて、前の者たちと同じように私に礼敬を示し、次のように云った。私は迦葉仏の時に生まれて初天韋将軍の下におりました。諸々の天は貪欲によって平常心を失うものでありますが、私は宿願力によって、諸天の欲を受けず、清浄なる梵行のもと、ひとえに律を敬ってまいりました。韋将軍は童真（沙弥）として梵行をおさめ、天の欲を受けませんでした。一王の下に八将軍がいて、四王あわせて三十二将が、四天下をめぐり行き来し、諸々の出家人を護り助けております。四天下の中で、北天一洲は仏法があまり広まっていませんが、他の三天下は仏法は大いに弘まっております。しかしながら出家人が禁戒を犯すことが多く、如法の者は少数です。東西の天下には世俗のさかしらな智慧を持つものは少ないのですが、煩悩があって教化し難く、南方一洲は罪を犯すものが多いものの、教化して善に従わせれば、心は調伏しやすいのです。仏は涅槃に臨んで、親しくこれらに衆生の守護を付嘱し、邪魔をさせることはありませんでした。もし諸天が守護しなければ、このように戒は破られ、そうなれば仏の教法を実践する者は誰もいなくなるでしょう。このため仏は誡《いましめ》を垂《しめ》されました。戒とは誰しもが実践すべきものです。禁を破った人を見ても、これを愍み護り、一善を行う者があれば、その他の万の過ちも咎めだてすることなく、あたかも今の一悪を忘れたかのように、以前の過失を問題にしません。さらに人中の臭気は、上って四十万里の空に漂い及び、清浄を性とする諸天は、これをきらって人間界に近寄ろうとはしないのですが、ただ仏の付嘱を受けて法を守護させているからです。仏もまた人とともにおります。諸天は敢えて来ないわけではありません。韋将軍は、四天王の下の三十二将の中で、最も仏法を弘護することに熱心です。多くの悪魔・魔女が、比丘を軽侮し嘲弄して、道力が乏しい者は、みな惑乱しますが、将軍はそれをかなしみ、比丘の下に急ぎ赴いて、それぞれのひとに応じて障害を払いのぞくのです。それゆえ報告すべきことがあれば、必ず四王の所にもたらされます。そのとき四王が見て皆起ちあがり行動を起こすのは、韋将軍が童真（沙弥）の行を修めて正法を護っているからなのです。私は心から戒律が護られることを願っており、如来が一代にして定められた律は、すべてこの座中にあり、戒法を聴受しています。ですから私は律中の中国に紹介されていない諸々の隠された文義を問われれば、すべてお答えすることができます。

しかしながら、〔私、道宣が思うに、〕この東華には三宝はもとから存在しており、山海水石の天地自然に瑞祥は往往にして多々現われている。ただその霊妙であることを謂《おも》いこれを敬うばかりで、その由来を訪ねようとしても、天人が来ていたことすら知らなかったのである。この縁によって、申し上げる。しばらく広く事柄の記録を挙げ、すじみちを立ててまとめてみようと思う。しかし広く捜し求めているとはいえず、これ以上のことは語りえない。

私は若いころから多くの世にもすぐれ、世俗を超えた書物〔の内容〕を知りたいと願っていた。だから『捜神録』・〔梁・蕭繹〕『研神記』・〔南斉・王琰〕『冥祥記』・〔唐・唐臨〕『冥報記』・〔隋・侯君素〕『旌異記』・〔南斉・祖沖之〕『述異記』・〔晋・祖台之〕『志怪』・〔宋・劉義慶〕『幽明録』は、かつてこれを閲読した際に、疑いを抱くことはなかった。ましてや仏が天人に説き弘められた教えや、心に勇猛心を持って進めとの経文、身体と心を護り助け、城《まち》や塔を守護するものであればなおさらのことである。これらの事どもは前代より伝えられているものであって、いたずらな説を為すものではない。その後の因縁譚はすべて記録の順にしたがい条ごとに分けて書き記した。

〔語註〕

1 【干宝撰捜神録述】原文「于宝」に作るのは大正蔵の訛。『捜神録』はまた『捜神記』、もと三十巻あったが散逸し、現存するのは明末の輯本二十巻である。『晋書』巻八二・干宝伝参照。

2 【玄冥】謝敷「安般守意経序」（『出三蔵記集』巻六）「故開士行禅非為守寂、在遊心於玄冥矣」（T55, 044a）。

3 【北帝】『真誥』巻一五・闡幽微「鬼官之太帝者、北帝君也、治第一天宮中、総主諸六天宮」。

4 【酆京】『真誥』巻一五・闡幽微「羅酆山在北方癸地、山高二千六百里、周廻三万里。其山下有洞天、在山之周廻一万五千里。其上其下並有鬼神宮室、山上有六宮、洞中有六宮、輒周廻千里、是為六天、鬼神之宮也」。

5 【邇卜商兮室顔生】王隠『晋書』・蘇韶伝（『太平広記』巻三一九）「韶曰、言天上及地下事、亦不能悉知也。顔淵・卜商、今見在為修文郎。修文郎凡有八人」。

6 【項良成】また項梁成。『真霊位業図』では第七右位、註に「作酆都宮頌者」とある。『真誥』巻一五・闡幽微「項梁城作酆宮誦曰、……〔註〕……蘇韶伝曰、鬼之聖者有項梁城、賢者有呉季子。但不知項是何世人也。或恐是項羽之叔項梁、而不応聖於季子也」。文中「蘇韶伝曰」以下は前掲註5所引・王隠『晋書』に続く部分。

7 **【呉季】** 呉季札。『真霊位業図』では第七左位に「北明公呉季札」、註に「呉王寿夢之子、闔閭之叔、延陵季子」とある。また前掲註6参照。

8 **【崑瀛】** 崑崙山と瀛洲、仙人の居所。『真誥』巻一三・稽神枢「……五十年位補仙官、六十年得遊広寒、百年得入昆盈之宮。此即主者之上者、仙人之従容矣」。

9 **【若存若亡】** 『老子』四一章「上士聞道、勤而行之、中士聞道、若存若亡、下士聞道、大笑之、不笑不足以為道」。『魏書』巻一一四・釈老志「始光初、奉其書而献之、世祖乃令謙之止於張曜之所、供其食物。時朝野聞之、若存若亡、未全信也。崔浩独異其言、因師事之、受其法術」。

10 **【江泌女誦出……】** 南斉末の太学博士江泌の娘は、『宝頂経』など二十一種三十五巻を訳したとされる。『出三蔵記集』巻五・新集安公注経及雑経志録（T55, 040ab）及び『続高僧伝』巻一・訳経篇・僧伽婆羅伝（T56, 426ab）等参照。

11 **【今年二月末……】** 本段に関連する記事は『量処軽重儀』本（T45, 845a）にも見える。

12 **【断軽重物】** 『四分律刪補随機羯磨』巻下・諸分衣法篇「七・断軽重物」（T40, 505c-506a）及び本書『量処軽重儀』序等参照。

13 **【比丘之三衣】** 『分別功徳論』巻四「或曰、造三衣者、以三転法輪故。或云為三世。或云為三時故、故設三衣、冬則著重者、夏則著軽者、春秋著中者、為是三時故、便具三衣。重者五条、中者為七条、薄者十五条。若大寒時、重著三衣可以障之。或曰亦為蚊虻蟆子故設三衣」（T25, 045bc）。

14 **【白衣外道之服……】** 『量処軽重儀』本「故諸俗服・白衣服・外道衣並不開畜、深有大意、恐壊道也。無問厚薄大小、白衣・外道之服並入重収。……」（T40, 845a）

15 **【辺方開皮臥具……】** 『四分律』巻三九・皮革揵度之余「時諸比丘至白衣舎、白衣為敷皮囊。比丘有畏慎心、念言、仏不聴我等坐皮上。諸白衣言、我等更何処得別坐。諸比丘白仏、仏言、聴在白衣舎得坐」（T22, 846c）。『行事鈔』巻下・二衣総別篇「氍氀、長五肘、広三肘、毛長三指入軽。此寒雪国中曲開、氍氀相同袈裟、条葉具足、毛内葉外。乃至皮作亦然。故開皮為臥具、此即三衣也」（T40, 114c）。

16 【布郷】『量処軽重儀』本「辺方皮衣開畜、無三衣相、何必在軽。若至布郷、皮還入重。辺方開坐、何必在軽」（T45, 846b）。

17 【会師初達建業……】?～二八〇年。交趾の人、先祖は康居出身。赤烏十年（二四七）、呉の都建業に入り、教化や訳経を行った。孫権は彼のために建初寺を建てたという。『出三蔵記集』巻一三・康僧会伝（T55, 096b-097a）及び『高僧伝』巻一・訳経篇・康僧会伝（T50, 325a-326b）参照。

18 【闞沢】?～二四三年、字徳潤。『三国志』巻五三・呉書八に立伝。康僧会との逸話は『仏道論衡』巻一・前魏時呉主崇重釈門為仏立塔寺因問三教優劣事（T52, 362c-363a）に載録される。また本書『仏道論衡』序参照。

19 【張昱】『出三蔵記集』巻一三・康僧会伝「至孫皓昏虐欲燔塔廟、群臣僉諫、以為仏之威力不同余神。康会感瑞大皇創寺、今若軽毀、恐貽後悔。皓悟遣張昱詣寺詰会。昱雅有才弁、難問縦横、会応機騁辞、文理交出。自旦至夕、昱不能屈既退。会送于門。時寺側有婬祀者、昱曰、玄化既孚、此輩何故近而不革。会曰、震霆破山、聾者不聞、非音之細。苟在理通、則万里懸応。如其阻塞、則肝胆楚越。昱還歎、会才明非臣所測、願天鑒察之」（T55, 096c）。

20 【神爽】たましい。『顔氏家訓』巻五・帰心篇「夫有子孫、自是天地間一蒼生耳、何預身事。而乃愛護、遺其基址、況己之神爽、頓欲棄之哉」。

21 【南天韋将軍】南天は増長天。韋将軍は韋琨、増長天の下の八将軍の一人で、三十二将軍の筆頭。『法苑珠林』巻一〇・千仏篇・灌帯部「又有天人韋琨、亦是南天王八大将軍之一臣也。四天王合有三十二将、斯人為首」（T53, 354a）。

22 【羅氏】天人羅氏については本書本文中に詳言される。「又問、涪州相思寺側、多有古跡、篆銘勒之、不識其縁。答曰、迦葉仏時有山神、姓羅、名子明、蜀人也。旧是持戒比丘、生憎破戒者、発諸悪願、令我死後作大悪鬼、噉破戒人、因願受身、作此山神。……」（T45, 878b）。

『集古今仏道論衡』

〔釈文〕

集古今仏道論衡序[a]

唐龍朔元年於京師西明寺実録[b]

若夫無上仏覚、逈出樊籠[c][1]、超三界而独高、截四流而称聖。故使隄封所漸、区宇統於大千、声教所覃、沐道霑於八部。所以金剛御座、峙閻浮之地心[2]、至覚攸焉、布英聖之良術。遂有天人受道、龍鬼帰心[3]、挹酌不相之方[4]、散釈無明之患。

然夫聖人所作、起必因時、時有邪倒之夫、故即因而陶化。天竺盛於六諦[5]、神州重於二篇。遂使儒道互先、真偽交正[d]、自非入証登位、何由分析殊途[6]。致令九十六道、競飾澆詞、六十二見、各陳名理。在縁或異、大約斯帰、莫不謂無想為泥洹[7]、指梵主為生本[8]。故二十五諦、開計度之街衢、六大論師[9]、立神我[10]之真宰[11]。居然設教[12]、億載斯年[13]、摂統塵蒙、九土崇敬。考其術也、軽生而会其源、論其行也、封固[14]而登其信[15]。故有四韋陀論、推理極於冥初[16]、二有天根[17]、尋生窮於劫始、臆度玄遠[e]、冒罔生霊。致有赴水投巌[18]、坐熱臥棘、吸風露而曰仙[19]、祖[f]形体[g]而号聖、守死[20]長迷、莫知迴覚。如来哀彼黔黎、降霊[h]赤沢。曜形丈六、金色[21]駭於人天、敷揚四弁、慧解暢於幽顕。能使魔王列陣、十[i]軍[22]砕於一言、梵主来儀、三輪摧於万惑。於是鍱腹戴爐之輩[23]、結舌伏於道場、敬日重火之徒[24]、洗心[25]仰於覚路[j]。舎衛城側、大偃邪鋒、堅固林中、傾倒枯穴[k][26]。能事既顕、奨[l]務弘通、玉関揚正道之秋、金陵[m]表乗権[n][27]之瑞。清涼台上[28]、図以霊儀[29]、顕節園[o]中、陳茲聖景。度人立寺、創広仁風、抑邪通正、於斯啓轍。

于斯時也、喋喋[30]黔首、無敢抗言、瑣瑣[31]黄巾[32]、時褰異議。然其化被不及於龍勒、名位無践於槐庭。王何[33]達其上賢[34]、班[p]馬隆其褒貶[35]。安得与夫釈門相抗、雷同[36]混迹[37]者哉。斯何故耶。良以博識既寡、信保常迷[38]。今則通観具瞻[39]、義必爽開前惑。且夫其流易暁、闕沢之対天分[40]、其理難迴[q]、孫盛[41]之談海截[42]。然猶学未経遠、情弊疎通[43]、邪弁逼[r]真、能無猜弐。孔丘之在東魯、尚啓虚盈[44]、卜[s]商之拠西河[45]、猶参疑聖。自余恒俗、無足討論。今以天竺胥徒、声華久隔、震旦張葛[46]、交論寔繁。故商確[t]由来、銓衡叙列、筆削蕪[u]濫、披図藻鏡。総会聚之、号曰仏道論衡[47]、分為上中下三巻[v]。如有隠括、覧者詳焉。

［校勘］

a集古今仏道論衡序＝集古今仏道論衡実録（宋・元・明・宮・磧） b唐龍朔元年於京師西明寺実録＝唐釈道宣撰（宋・元・宮）。＝唐釈道宣述（明） c樊籠＝籠樊（宋・元・明・宮・磧） d正＝喪（宮） e玄＝懸（宋・元・明・宮・磧） f祖（宋・元・明・宮・磧）＝祖（大正蔵） g体＝骸（宋・元・明・宮・磧） h霊＝雲（宋・宮） i十＝千（宋・元・明・磧） j路＝教（宋・元・明・宮・磧） k枯＝巣（宋・元・明・宮・磧） l奨＝将（宋・元・明・宮・磧） m陵＝相（宋・元・明・宮・磧） n権＝機（宋・元・明・宮・磧） o園＝陵（宋・元・明・宮・磧） p班（宋・元・明・宮・磧）＝斑（大正蔵） q迴＝通（宋・元・明・宮・磧） r逼＝通（宋・元・明・磧） s卜（宋・元・明・宮・磧）＝十（大正蔵） t確＝推（宋・元・明・宮・磧） u筆削蕪＝筆削無（宋・元・明・磧）。＝筆削濫（宮） v上中下三（宋・元・明・宮・磧）＝甲乙下四（大正蔵）

［訓読］

集古今仏道論衡序

唐龍朔元年、京師の西明寺に於いて実録す

夫《か》の無上の仏覚、逈《はる》かに樊籠より出づるが若きは、三界を超えて独り高く、四流《しる》を截《た》ちて聖と称せらる。故に隍封の漸《およ》ぶ所をして、区宇 大千を統べ、声教の覃《およ》ぶ所をして、沐道 八部を霑《うるお》わしむ。所以に金剛の御座、閻浮《えんぶ》の地心に峙し、至覚焉《ここ》に拠りて、英聖の良術を布く。遂に天・人 道を受け、龍・鬼 心を帰し、不相の方を挹酌し、無明の患《うれ》いを散釈する有り。

然れども夫れ聖人の作《な》す所、起《はじめ》は必ず時に因り、時に邪倒の夫有り、故に因に即《つ》きて陶化す。天竺 六諦《ろくたい》を盛んにし、神州 二篇を重んず。遂に儒・道をして互いに先《さき》んぜしめ、真・偽をして交《こも》ごも正しからしむるも、証に入り位に登るに非ざるよりは、何に由りて殊途を分析せんや。九十六道をして、競いて澆詞を飾り、六十二見をして、各々名理を陳べしむるを致す。縁に在りては或いは異なるも、大約斯れ帰し、無想を謂いて泥洹《ないおん》と為し、梵主を指して生本と為さざるは莫し。故に二十五諦、計度の街衢を開き、六大論師、神我《じんが》の真宰を立つ。居然として教を設け、斯年を億載にし、塵蒙を摂統し、九土崇敬す。其の術を考うるや、生を軽んじて其の源を会し、其の行を論ずるや、固きに封じて其の信に登る。故に四韋陀論、理を推して冥初を極め、二有天根、生を尋ねて劫始を窮め、玄遠を臆度し、生霊を冒罔する有り。水に赴き巌に投じ、熱に坐し棘に臥し、風露を吸いて仙と曰い、形体を袒《あら》わにして聖と号し、死を長迷に守り、覚《さとり》に迴《めぐ》らしめるを知る莫きこと有るを致す。

如来 彼の黔黎を哀れみ、霊を赤沢《しゃくたく》に降《くだ》す。形を丈六に曜《かがや》かせ、金色 人天を駭《おどろ》かせ、敷きて四弁を揚げ、慧《え》解《げ》 幽顕に暢《の》ぶ。能く魔王をして列陣せしむるも、十軍 一言に砕かれ、梵主をして来儀せしめ、三輪 万惑を摧く。

是に於いて腹を鍱《おお》い爐を戴くの輩、舌を結びて道場に伏し、日を敬い火を重んずるの徒、心を洗いて覚路を仰ぐ。舍衛城《しゃえじょう》の側《そば》に、大いに邪鋒を偃《ふ》せ、堅固《けんご》林《りん》の中に、傾けて枯穴を倒《くつが》えす。能事既に顕《あき》らかにして、奨務弘《おお》いに通《ひろ》まり、玉関に正道《しょうどう》の秋《みのり》を揚げ、金陵に乗権の瑞を表わす。清涼台の上、図《えが》くに霊儀を以てし、顕節園の中、茲の聖景を陳《つら》ぬ。人を度し寺を立て、創めて仁風を広め、邪を抑え正を通《ひら》き、斯に於いて轍《わだち》を啓《ひら》く。

斯の時におけるや、喋喋《てつてつ》たる黔首、敢えて抗言する無く、瑣瑣たる黄巾、時に異議を褰《かか》ぐ。然れども其の化被は龍勒に及ばず、名位は槐庭を践《ふ》む無し。王・何 其の上賢に達し、班・馬 其の褒貶を隆《さかん》にす。安《いず》くんぞ夫《か》の釈門と相い抗い、雷同して迹を混《まじ》うるを得んや。斯れ何の故ぞや。良《まこと》に博識既に寡《すくな》く、信《まこと》に常迷に保《やす》んずるが以《ゆえ》なり。今は則ち通《ひろ》く観《み》、具《つぶさ》に瞻《み》れば、義として必ず前惑を爽開す。且つ夫れ其の流の暁《さと》り易きこと、闞沢の対《こたえ》の天分なるがごとく、其の理の迴《めぐ》らし難きこと、孫盛の談の海截《かいせつ》なるがごとし。

然れども猶お学未だ遠きを経《おさ》めざれば、情は疎通を弊《おお》い、邪弁も真に逼《せま》れば、能く猜弐無きがごとし。孔丘の東魯に在りて、尚お虚盈を啓き、卜商の西河に拠《お》りて、猶お疑聖に参ずるがごとし。自余の恒俗、討論するに足る無し。今以《おも》えらく、天竺の胥徒 声華久しく隔るも、震旦の張・葛 交論寔《まこと》に繫《つ》ぐと。故に由来を商確《ママ》し、叙列を銓衡し、筆《しる》して蕪濫を削り、図を藻鏡に披《ひら》かん。総会して之を聚め、号して仏道論衡と曰い、分ちて上中下三巻と為す。如《も》し隠括有らば、覧る者焉れを詳かにせよ。

［訳文］

集古今仏道論衡の序

唐・龍朔元年（六六一）、京師の西明寺において実録した。

かの鳥籠のような束縛の世界より解脱した尊き仏陀は、〔煩悩世界たる〕三界を飛び超え誰よりも抜きんで、諸々の煩悩〔四流《しる》=欲流・有流・見流・無明流〕をたち切り聖と称《たた》えられている。それゆえ〔その教化を受ける〕疆域は三千大千世界を統括するまでに広がり、その声教《おしえ》は八部衆〔天・龍・夜叉《やしゃ》・乾闥婆《けんだつば》・阿修羅《あしゅら》・迦楼羅《かるら》・緊那羅《きんなら》・摩睺羅伽《まごらか》〕を教化するまでに及ぼされた。金剛座は閻浮提《えんぶだい》の地上の中心に確固として存し、仏陀はそこに坐してすぐれた良術《おしえ》を行き渡らせた。かくして天・人は教えを受け、龍・鬼は帰心し、あらゆる事物は空であるとする薬方をくみ取り、〔迷いの根源である〕無明の患《うれ》いを解消した。

しかしながら、〔インド・中国の〕聖人の説法は必ず時に応じてはじまり、それに呼応して邪見の凡夫が出現すると、その因ってきたる所に即応して正しい方向へと教え導くものである。そこでインドではヴァイシェーシカ学派の六つの原理の教え〔六諦《ろくたい》〕が盛んに行われ、中国では『老子道徳経』二篇の教えが重んぜられた。かくして儒教と道教とが優位を競い、〔諸学派が所説の〕真偽の判定をやり合ったが、聖者の境地に入った賢聖でなければ、これらの途《おしえ》のちがいを明瞭に区別することなどできまい。〔そのため、インドにあっては〕九十六の外道が競って軽薄な言葉を飾り立て、六十二の様々な見解があらわれ互いに論理を主張し合った。異なる条件の下にそれぞれの見解があらわれたが、おおむね論旨は〔本当の悟りの境地ではない〕無想天を悟りの境地〔涅槃〕とし、梵主を生の根本とする考えに帰一している。ゆえにサーンキヤ学派は二十五の原理を数え上げることによって真理を追究する方向を示し、六派哲学は神我《プルシャ》なる主宰者を立てた。そして人々に久しきにわたって伝えられて行くことを願い、蒙昧の凡夫をおさめ世界中で尊び敬われてきた。その学術について考察してみると、現実の生命に重きをおかず生の根源を会得しようとするものであり、その実践のありかたを論究してみると、〔体や霊魂を〕封じ込めて〔悪業の侵入を防ぎ〕心を清浄にするというものである。だから、四種のヴェーダの教理は理論を推し進めて世界誕生以前を極めようとし、二つの天根《リンガ》への信仰は生命を探究して世界の始まりを窮めようとし、根拠もなく深淵・高遠な真理を推し量り、生命あるものを冒瀆した。〔その結果〕水に入ったり、巌より身を投じたり、熱所に坐したり、棘の上に臥したり、風や露を吸って仙人といったり、裸体となって聖と号したり〔する苦行者たちがあらわれ〕、〔このような行いを〕死ぬまで執着して迷いの世界から抜け出ず、悟りの世界に向かわしめることを理解していない状況を招いたのである。

　如来はこのような衆生を哀れみ、赤沢《しゃくたく》（カピラ城）に降生された。一丈六尺の金色に輝く姿は人や天の世界をおどろかせ、四種の自由自在な弁舌によって慧解《おしえ》が幽と顕の世界に示された。十種の煩悩を率いてやってきた〔欲界第六天・他化自在天の主たる〕魔王は仏陀の一言の下に屈伏し、そして梵天が来て〔説法を勧請《かんじょう》したため〕三輪〔による仏陀の教化〕が世に示され、衆生のあらゆる惑いが打ち砕かれた。こうして腹を鉄板で覆ったり、爐《ろ》を頭に戴いたり、太陽や火を崇拝したりする外道の輩《やから》は、菩提道場に坐す仏陀の前に言葉を失い平伏し、心の穢れを洗い去って仏陀の悟りへの道を仰ぎ尊んだ。舎衛城《シュラーヴァスティー》の側《そば》で外道のよこしまな論鋒を折伏し、〔クシナガラの〕堅固《けんご》林《りん》（沙羅双樹）の下で論敵の巣窟を傾《くつが》えした。〔このように〕仏陀は生涯をかけて教えを示され、僧衆の務め励むべき道も大いに弘められ、ゆたかな八正《はっしょう》の道が玉門関（甘粛省敦煌）に伝えられ、金陵（江蘇省南京）では〔康僧会によって呉の孫権の前で〕めでたき方便の力が示された。〔さらに後漢の都洛陽では、南宮〕清涼台の上や〔明帝の陵墓〕顕節園の中に仏陀の御影が描かれた。かくして中国でも僧尼を度し、寺宇を建立し、仏陀の仁風をひろめ、邪見を抑えて正しい教えを世に通《ひろ》め、ここに〔人々がのっとり歩むべき〕轍《わだち》を啓《ひら》いたのである。

　この時、〔中国で仏教を認めるかについて〕日頃喧《かまびす》しい者も特段に物言わず、取るに足らぬ道士たちが時々異議を申し立てた。しかし、道士たちの教化は〔陽関や玉門関のある〕龍勒の地を出るほどのものではなく、彼らの名や位も朝廷にのぼるものではない。〔確かに〕王弼や何晏は上賢たる老子について明らかにし、班固や司馬遷は〔『漢書』や『史記』において〕春秋褒貶の義によって老子を盛んに評論している。だからといって、〔道教が〕仏教と拮抗するものとしたり、〔このような意見に〕附和雷同し、仏道と同等に扱うことなどできないのである。その理由はなにか。彼らは博識に及ばず、迷いの世界に安住しているからである。いま〔仏道二教に関する〕議論を通覧してみれば、これまでの惑いをはっきりと解消するはずである。ましてや、仏教の理解し易さは呉の闞沢が〔呉主に対して仏教が儒教・道教より優れていることを〕はっきりと対《こた》えているように、道教のくだくだした分かり難さは西晋の孫盛が整斉として談じているように自明なのである。

しかしながら、幅広く学んでいなければ、理解をくもらせるし、よこしまな弁舌も真に逼《せま》れば、疑う余地なく信じ込ませてしまう。孔子ですら東魯では浮き沈みがあり、卜商〔子夏〕も西河で孔子と同じ聖人だと間違われたようにである。他の凡庸の人々〔が聖人とはどのような存在であり、正しい教えとはいかなるものか判断できないの〕は論ずるまでもない。今思うに、天竺の論者の声誉は遠くなって久しく、中国の張陵・葛洪を継ぐもの〔道士〕の議論は続いている。それゆえ、それらの論点の由来を調べ、事の順序次第を整え、文章の無駄を削り、〔仏教護持の〕藻鏡《てほん》として示そう。ここにまとめ上げて「仏道論衡」と呼び、上中下三巻に分けた。もし訂正すべき点があれば、読者らに詳らかにして頂きたい。

〔語註〕

1 【樊籠】陶淵明「帰園田居五首」其一「久在樊籠裡、復得返自然」。『釈門帰敬儀』済時護法篇「皆成正覚、逈出樊籠」(T45, 856b)。

2 **【峙閻浮之地心】**『一切経音義』巻八四・集古今仏道論衡第一巻序「坐峙〈持里反。顧野王云、峙、止不前也。説文云、峙行歩不前進也。論文従山作峙、誤也。説文従止寺声〉」(T54, 851b)。慧琳は「峙」を「峙」の誤字とみる。

3 **【帰心】**『論語』尭曰「興滅国、継絶世、挙逸民、天下之民帰心焉」。

4 **【不相之方】**「方」は薬のこと。「不相」の意は解し難い。「不著相」のことか。『智度論』巻九四・釈畢定品「汝等所著、是法性空、性空法中、不可得著、不著相是空相」(T25, 715c)。

5 **【六諦】**六句義ともいい、インド六派哲学の一つ、勝論学派(ヴァイシェーシカ、衛世師)が立てた、世界の構成・諸事象や人間の認識・行為などを六つの存在カテゴリー(＝句義。諦)によって分析・解明しようとする多元論的合理思想。『一切経音義』巻四七・百論上巻「衛世師〈此訛略也。応言鞞崽迦。論此云勝。其論以六句義為宗。旧云六諦也。崽音所皆反〉」(T54, 024b)。

6 **【殊途】**『易』繋辞伝下「子曰、天下何思何慮、天下同帰而殊塗」。

7 **【謂無想為泥洹】**『経律異相』巻一・無想天「無想天〈楼炭経云無人想〉以禅楽為食、寿五百劫、或有滅者、猶色界数、光明勝於果実。外道謂為涅槃」(T53, 003c)。

8 **【指梵主為生本】**『玄応音義』阿毘達磨倶舎論三〇巻・第二七巻(『一切経音義』巻七〇)「那羅延〈那羅、此云為人。延那、此云生本、謂人生本。即是大梵王也。外道謂一切人皆従梵王生故、名人生本也〉」(T54, 767c)。

9 **【六大論師】**六派哲学のこと。正統学派(ヴェーダの権威を認める学派)のうちの六つの有力学派。ヴェーダーンタ学派、ミーマーンサー学派、ヨーガ学派、サーンキヤ学派、ニヤーヤ学派、ヴァイシェーシカ学派をいう。

10 **【神我】**「神我」プルシャ(puruṣa)。サーンキヤ学派が立てた精神原理のこと。神々や人間には常住の神我が存在すると説くサーンキヤ学派やヴァイシェーシカ学派などの外道を、とくに「神我外道」と呼ぶ。

11 **【真宰】**『荘子』内篇・斉物論「若有真宰、而特不得其眹」。『行事鈔』巻下・沙弥別行篇「沙弥法応如是数。準此為破十種外道者。……五破神我外道、執於身中別有神我以為宰主」(T40, 150c-151a)。

12 **【設教】**『易』観「聖人以神道設教、而天下服矣」。

13【億載斯年】『詩』大雅・下武「昭茲来許、縄其祖武、於万斯年、受天之祜」。

14【封固】原義は（門などを）固く閉ざすこと。たとえば、ジャイナ教では身・心（霊魂）に悪業が入り穢すのを防ぐため、悪業を遠ざけるとともに心身を覆い包むことで清浄を保つとされる。

15【登其信】「信」に対応する印度語原語の一つprasādaは、澄浄、浄信、歓喜などに訳され、総じて心が浄められること、しずまることなどの意をもつ。ここでの「信」もこの方向の意味で解釈される。

16【冥初】冥初（prakṛti）サーンキヤ学派において、個人存在の開展の過程を説明するために想定された二十五諦の一つ。世界を作る根本原質をいう。

17【天根】いわゆるシヴァリンガ。『釈迦方志』巻上「劫比他国〈中印度古僧伽舎也〉。周二千余里、都城周二十余里。寺有四所、僧千余人。天祠十所、同事大自在天。皆作天像。其状人根、形甚長偉。俗人不以為悪。謂諸衆生従天根生也」（T51, 957b）。大自在天はシヴァ神のこと。

18【赴水投巌……】『智度論』巻二五・釈初品中・四無畏義「復次、若仏未出、世間外道等種種因縁、欺誑求道、求福人。或食種種果、或食種種菜、或食種種草根、或食牛屎、或日一食稊稗、或二日、或十日、一月、二月一食、或噏風、飲水、或食水衣。如是等種種食、或衣樹皮、樹葉、草衣、鹿皮、或衣板木、或在地臥、或臥杵上、枝上、灰上、棘上。或寒時入水、或熱時五熱自炙。或入水死、入火死、投巌死、断食死。如是等種種苦行法中、求天上、求涅槃、亦教弟子令不捨是法。如是引致少智衆生、以得供養」（T25, 241c-242a）。

19【吸風露而曰仙】『仏本行集経』巻一〇・私陀問瑞品「時浄飯王復問国師婆羅門言、此事云何。時国師等復白王言、大王当知往古諸仙、或飲風露、或食花果、或食根薬、著樹皮衣、少欲知足。彼等諸仙、猶愛俗事、一著於世、尚生放逸」（T3, 700c）。

20【守死】『論語』泰伯「子曰、篤信好学、守死善道」。

21【金色】『後漢書』列伝七八・西域伝・天竺「世伝明帝夢見金人、長大、頂有光明、以問群臣。或曰、西方有神、名曰仏、其形長丈六尺而黄金色」。

22 【十軍】『智度論』巻五・釈初品中・摩訶薩埵釈論「問曰、何処説欲縛等諸結使、名為魔。答曰、雑法蔵経中、仏説偈語魔王、欲是汝初軍、憂愁軍第二、飢渇軍第三、愛軍為第四、第五眠睡軍、怖畏軍第六、疑為第七軍、含毒軍第八、第九軍利養、著虚妄名聞、第十軍自高、軽慢於他人」（T25, 099b）。

23 【鍱腹戴爐之輩】『智度論』巻一一・釈初品中・舎利弗因縁第一六「是時、南天竺有一婆羅門大論議師、字提舎、於十八種大経、皆悉通利。是人入王舎城、頭上戴火、以銅鍱腹。人問其故、便言、我所学経書甚多、恐腹破裂、是故鍱之。又問、頭上何以戴火。答言、以大闇故」（T25, 137b）。

24 【敬日重火之徒】『釈迦氏譜』四尋仙非奪相「経云、太子至跋伽仙林中、鳥狩矚目。仙人謂是天神。与徒衆迎請坐。太子見諸仙人、草樹皮葉、以為衣者。或食花果草木、或日止一食、三日一食者。或事水火日月、翹脚臥灰棘水火上者。問其所由。答欲生天」（T50, 091a）。

25 【洗心】『易』繋辞伝上「是故蓍之徳円而神、卦之徳方以知、六爻之義易以貢。聖人以此洗心」。

26 【枯穴】用例未詳。対校本の「巣穴」は敵の巣窟の意、「枯穴」も同様に解釈する。『続高僧伝』巻二四・護法篇・慧乗伝「既承資蓄、縦弁無前、折関陳款、皆傾巣穴」（T50, 633bc）。

27 【乗権】『列子』力命「多偶、自専、乗権、隻立四人、相与游於世、胥如志也」。「統略浄住子浄行法門序」（『広弘明集』巻二七）「故江表通徳、体道乗権、綜而習之、用開霊府」（T52, 306b）。

28 【清涼台上……】「牟子理惑論」（『弘明集』巻一）「又於南宮清涼台及開陽城門上作仏像。明帝時、予修造寿陵、曰顕節、亦於其上作仏図像」（T52, 005a）。『高僧伝』巻一・訳経篇・竺法蘭伝「〔蔡〕愔又於西域得画釈迦倚像、是優田王栴檀像師第四作也。既至雒陽、明帝即令画工図写、置清涼台中及顕節陵上。旧像今不復存焉」（T50, 323a）。

29 【霊儀】「浄住子浄行法門」（『広弘明集』巻二七）開物帰信門「所以垂形丈六、表現霊儀、随方応感、法身匪一」（T52, 306c-307a）。

30 【喋喋】『史記』巻一一〇・匈奴列伝「中行説曰、……嗟土室之人、顧無多辞、令喋喋而佔佔、冠固何当」。

31 【瑣瑣】『詩』小雅・節南山「式夷式已、無小人殆、瑣瑣姻亜、則無膴仕」。

32 【黄巾】『後漢書』列伝六一・皇甫嵩伝「〔張〕角等知事已露、晨夜馳勅諸方、一時倶起。皆著黄巾為摽幟、時人謂之黄巾、亦名為蛾賊」。

33 【王何】王弼（二二六～二四九年、字輔嗣）と何晏（?～二四九年、字平叔）はいずれも後漢から曹魏にかけて老荘思想に基づく新たな思潮をひらき（正始の音）、玄学の祖として並び称された。王弼の著作に『周易注』『論語釈疑』『老子道徳経注』など、何晏の著作に『論語集解』『老子道徳論』などがある。

34 【上賢】老子のこと。ただし、「上賢」をそのまま老子とする語例は未見。老子について、甄鸞「笑道論」（『広弘明集』巻九）は「中上賢類」（T52, 152bc）とし、道宣は『仏道論衡』巻一・晋孫盛老子疑問反訊において「中賢之流」とする（T52, 367c）。いずれも『漢書』巻二〇・古今人表第八が老子を「中上」の賢人に列するのを踏まえた表現。

35 【褒貶】杜預「春秋左氏伝序」（『文選』巻四五）「答曰、春秋雖以一字為褒貶、然皆須数句以成言」。

36 【雷同】『礼記』曲礼上「毋勦説、毋雷同。〔鄭玄注〕雷之発声、物無不同時応者。人之言、当各由己、不当然也。孟子曰、人無是非之心、非人也」。

37 【混迹】『晋書』巻九二・文苑伝「史臣曰……彦伯（＝王沈）未能混跡光塵、而屈乎卑位、釈時宏論、亦足見其志耳」。

38 【常迷】宝林「破魔露布文」（『弘明集』巻一四）「故知宗極存乎俗見之表、至尊王於真鑑之裏、中人躊躇於無有之間、下愚驚笑於常迷之境」（T52, 094c）。

39 【具瞻】『詩』小雅・節南山之什「節彼南山、維石巌巌、赫赫師尹、民具爾瞻。〔毛亨伝〕具、倶。瞻、視」。

40 【天分】「列代王臣滞惑解序」（『広弘明集』巻六）「此則古来行事、釈判天分、未広見者、謂為新致」（T52, 123b）。

41 【孫盛】生卒年不詳、字安国。『晋書』巻八二に立伝。『仏道論衡』巻一に孫盛の「老聃非大賢論」「老子疑問反訊」を収める。

42 【海截】『詩』商頌・長発「玄王桓撥。受小国是達。受大国是達。率履不越。遂視既発。相土烈烈。海外有截。〔鄭玄箋〕截、整斉也。〔孔穎達疏〕截者斬断之義、故為斉也」。

43 【疏通】『礼記』経解「疏通知遠而不誣、則深於書者也」。

44【虚盈】沈約「冬節後至丞相第詣世子車中五言」（『文選』巻三〇）「廉公失権勢、門館有虚盈。貴賤猶如此、況乃曲池平。〔李善注〕王符潜夫論曰、昔魏其之客、流於武安。長平之利、移於冠軍。廉頗翟公、再盈再虚」。

45【卜商之拠西河……】『礼記』檀弓上「子夏喪其子而喪其明。曾子弔之。曰、吾聞之也。朋友喪明則哭之。曾子哭、子夏亦哭。曰、天乎、予之無罪也。曾子怒曰、商。女何無罪也。吾与女事夫子於洙泗之間、退而老於西河之上。使西河之民、疑女於夫子、爾罪一也」。裴子野「劉虬碑」（『芸文類聚』巻三七）「銘曰……西河疑聖、華陰成市。悠哉荊夢、逖矣江濆」。

46【張葛】五斗米道の創始者・張陵（生卒年不詳）と東晋の道士葛洪（二八三〜三四三年、字稚川。『神仙伝』『抱朴子』などを著わす）、いずれも道教の成立に重要な役割を果たした。

47【仏道論衡】『集古今仏道論衡』の「論衡」は後漢・王充の『論衡』における「釈物類同異、正時俗嫌疑」とする意図を踏まえた命名であろう。『後漢書』列伝三九・王充伝「〔王〕充好論説、始若詭異、終有理実。以為俗儒守文、多失其真、乃閉門潜思、絶慶弔之礼、戸牖牆壁、各置刀筆。箸《ママ》論衡八十五篇、二十余万言、釈物類同異、正時俗嫌疑」。

『広弘明集』

〔釈文〕

広弘明集序

唐麟徳元年西明寺沙門釈道宣撰

自大夏化行、布流東漸、懐信開道、代有澆淳。斯由情混三堅[1]、智昏四照、故使澆薄之党、軽挙邪風、淳正之徒、時遭佞弁。所以教移震旦、六百余年、独夫[2]震虐、三被残屏[3]、禍不旋踵[4]、畢顧前良、殃咎已[a]形[b]、取笑天下。

且夫信為徳母[5]、智寔聖因、肇祖道元、終期正果。拠斯論理、則内傾八慢之惑、覈此求情、則外蕩六塵之蔽。蕭然[6]累表[7]、非小道之登臨、廓爾高昇、乃上仁[8]之翔集[9]。然以時経三代[c]、弊五滓之沈淪、識蒙邪正、銓人法之天[d]網[10]。是以内教経緯、立法依[e][11]以摂機、外俗賢明、垂文論以弘範。

昔梁鍾山之上定林寺僧祐律師[12]、学統九流[13]、義包十諦[14]、情敦慈救、志存住法[15]。詳括梁晋、列辟群英、留心仏理、構叙篇什、撰弘明集一部一十四巻。討顔謝之風規[16]、総周張之門律[17]、弁[f]駮通議[18]、極情理之幽求、窮較性霊、誠智者之高致[19]。備于秘閣、広露塵心。

然智者不迷[20]、迷者非智。故智士興言[21]、挙旨而[g]通標領[22]、迷夫取悟、繁詞而[h]啓神襟。若夫信解之来、諒資神用、契必精爽、事襲玄模[23]。故信有三焉。一知、二見、三謂愚也。知謂生知[24]、佩三堅而入正聚。愚謂愚叟、滞四惑而溺欲塵。

化不可遷下愚之与上智[25]。中庸見信従善[26]、其若流哉。是以法澧三代、並惟寡学所纏。故得師心独断[27]、禍集其計。向若披図八蔵、綜文義之成明、尋繹九識、達情智之迷解[28]者、則正信如皎日、五翳雖掩、而逾光矣。

余博訪前叙、広綜弘明。以為、江表五代、三宝載興、君臣士俗、情無異奉。是称文国[29]、智籍[i]文開。中原周魏、政[j]襲昏明、重老軽仏、信毀交貿[k]。致使工言[30]既申、佞倖[31]斯及、時不乏賢、剖心特達、脱穎抜萃、亦有人焉。然則昏明互顕、邪正相師、拠像則雲泥両分、論情則倚伏[32]交養。是以六術[33]揚於仏代、三張[34]冒於法流、皆大士之権謀、至人之適化也。斯則満願行三毒之邪見[35]、浄名降六欲之魔王[36]、咸開逼引[37]之殊途、各立向背之弘轍[38]。

今且拠其行事[39]、決滞[40]胥徒[l][41]、喩達蒙[m]泉[42]、疏通性海[43]。至如寇謙之搆[n]崔浩[44]、禍福皎然、鄭藹之抗周君[45]、成敗俄頃、姚安著論[46]、抑道在於儒流、陳琳綴篇[47]、揚釈越於朝典、此之諷議、涅[o]而不緇[p][48]、墜在諸条、差難綜緝。又梁周二武、咸分顕晦之儀、宋魏両明、同乗弘誘之略。沈休文之慈済[49]、顔之推之帰心[50]、詞采[q][51]卓然、迥[r]張物表。嘗以余景[52]、試[s]為挙之、弊於庸朽、綜集牢落。有漢陰博観沙門[53]、継[t]賛成紀。顧惟直筆、即而述之。命帙[u][54]題篇、披図藻鏡[55]。至若尋条揣義[56]、有悟賢明、孤文片記、撮而附列、名曰広弘明集。一部三十巻。有梁所撰、或未討尋、略随条例、銓目歴挙。庶得程[v]諸未覩、広信釈紛。擬人以倫[57]、固非虚託。如有隠括、覧者詳焉。

〔校勘〕

a已（麗・中華）＝己（大正蔵）　b形＝刑（宋・宮）　c代＝法（宮）　d法之天＝天之法（明）　e依＝衣（元・明）　f弁（辯）＝辨（宋・元・明・宮）　g而＝而心（明）　h而＝而方（宋・元・明）。＝方（宮）　i籍＝藉（宋・元・明・宮・磧）　j政＝岐（宮）　k貿＝質（宋・宮）　l徒＝陵（宋・元・明・宮・磧）　m蒙＝濛（宋・宮）　n搆＝拒（宋・元・明・磧）。＝哲（宮）　o涅＝周（宮）　p緇＝溜（宮）　q采＝彩（宋・元・明・宮・磧）　r迥＝逈（宋・元・明・磧・縮）。＝向（宮）　s試＝誠（宋・元・明・宮・磧）　t継＝繫（宋・元・明・宮・磧）　u帙（宋・元・明・宮・磧）＝族（大正蔵）　v程＝呈（宋・元・明・宮・磧）

［訓読］

広弘明集序

唐麟徳元年、西明寺の沙門釈道宣 撰す

大夏の化行われ、布流東漸してより、信を懐き道を開くこと、代よ澆淳有り。斯れ情は三堅に混《くら》く、智は四照に昏きに由り、故に澆薄の党をして、軽がるしく邪風を挙げ、淳正の徒をして、時に佞弁に遭わしむ。所以に教 震旦に移りてより、六百余年、独夫は虐を震い、三たび残屛を被るも、禍は踵を旋らさず、畢く前良を顧み、殃咎已に形《あら》われ、笑を天下に取る。

且つ夫れ信は徳の母為り、智は寔に聖の因なり、肇めは道元に祖り、終に正果を期す。斯れに拠りて理を論ずれば、則ち内に八慢の惑を傾け、此れを覈べて情を求むれば、則ち外に六塵の蔽を蕩《あら》う。累表に蕭然たるは、小道の登臨に非ず、廓爾として高昇するは、乃ち上仁の翔集なり。然れども以て時 三代を経て、五滓の沈淪に弊《つか》れ、識 邪正に蒙く、人法の天網を銓《はか》る。是を以て内教の経緯、法依を立てて以て機を摂し、外俗の賢明、文論を垂れて以て範を弘む。

昔 梁の鍾山上定林寺の僧祐律師、学は九流を統べ、義は十諦を包み、情は慈救に敦く、志は住法に存す。詳らかに梁晋を括り、列ねて群英を辟し、心を仏理に留め、叙を篇什に構え、弘明集一部一十四巻を撰す。顔謝の風規を討ね、周張の門律を総べ、通議を弁駮して、情理の幽求を極め、性霊を窮較して、智者の高致を誠にす。秘閣に備えて、広く塵心を露《うるお》す。

然れども智ある者は迷わず、迷う者は智に非ず。故に智士は言を興すに、旨を挙げて標領を通《あまね》くし、迷夫は悟を取るに、詞を繁《しげ》くして神襟を啓く。夫の信解の来たるがごときは、諒に神用に資《よ》り、契は精爽を必とし、事は玄模を襲ぐ。故に信に三有り。一に知、二に見、三に愚と謂うなり。知は生知を謂い、〔見は〕三堅を佩《お》びて正聚に入る。愚は愚叟を謂い、四惑に滞りて欲塵に溺る。化は下愚と上智とを遷す可からず。中庸の信を見て善に従うは、其れ流るるが若きかな。是を以て法の三代に湮《しず》むは、並びに惟れ寡学の纏わるる所なればなり。故に心を師として独断し、禍 其の計に集まるを得。向《さ》きに若し図を八蔵に抜き、文義の成明を綜べ、九識を尋繹し、情智の迷解に達すれば、則ち正信は皎日の如く、五翳掩うと雖も、而れども逾いよ光《かがや》く。

余は博く前叙を訪ね、広く弘明を綜ぶ。以為《おもえら》く、江表の五代、三宝載《ここ》に興り、君臣士俗、情として奉ずるを異にする無し。是れ文国と称えられ、智籍《し》かれ文開かる。中原の周魏、政は昏明を襲《かさ》ね、老を重んじ仏を軽んじ、信毀交《こも》ごも貿《かわ》る。工言をして既に申べ、佞倖をして斯《ここ》に及ばしむるを致すも、時に賢に乏しからず、剖心をして特に達し、脱穎をして抜萃せしむるも、亦た人有り。然れば則ち昏明互いに顕れ、邪正相い師《のっと》り、像に拠れば則ち雲泥両つに分つも、情を論ずれば則ち倚伏交ごも養う。是を以て六術 仏代に揚げ、三張 法流を冒すは、皆大士の権謀にして、至人の適化なり。斯れ則ち満願 三毒の邪見を行い、浄名 六欲の魔王を降すものにして、咸な逼引の殊途を開き、各おの向背の弘轍を立つ。

今且く其の行事に拠り、胥徒を決滞し、蒙泉に喩達し、性海に疏通す。寇謙の崔浩を搆えて、禍福は皎然、鄭藹の周君に抗して、成敗は俄頃、姚安は論を著し、道を抑えて儒流に在らしめ、陳琳は篇を綴り、釈を揚げて朝典に越えたるが如きに至りては、此の諷議、涅《でつ》して緇《くろ》まらざるも、諸条に墜在し、差《やや》綜緝し難し。又梁周の二武、咸な顕晦の儀を分ち、宋魏の両明、同に弘誘の略に乗ず。沈休文の慈済、顔之推の帰心、詞采卓然として、迥かに物表に張る。嘗て余景を以て、試みに為に之を挙げんとするも、庸朽に弊《たお》れ、綜集牢落なり。漢陰の博観の沙門、賛を継ぎ紀を成すこと有らん。顧《すなわ》ち惟だ直筆し、即して之を述べ、帙に命じ篇に題し、抜きて藻鏡を図《はか》らん。若し条を尋ね義を揣《はか》り、賢明なるを悟ること有るに至りては、孤文片記も、撮りて列に附す。名づけて広弘明集と曰う。一部三十巻なり。有梁の撰する所に、未だ討尋せざるもの或《あ》れば、略ぼ条例に随い、目を銓して歴挙す。庶わくは諸《これ》を未だ観ざるものに程《しめ》し、信を広め紛を釈くを得んことを。人を擬《くら》ぶるに倫を以てすとは、固より虚託に非ず。如し隠括有らば、覧る者焉を詳かにせよ。

〔訳文〕

広弘明集序

唐麟徳元年、西明寺の沙門釈道宣　撰す

大夏《インド》において仏の教化が行われ、東方中国に流布してこのかた、信を懐きその道を開き示すことについては、澆薄の時代と淳厚の時代があった。というのも、人々の道理に暗い心は仏の道が三堅（身・命・財）の法にあること、仏の智慧が四方を照らしていることに気づかず昏迷しているところに理由があり、そのため軽薄な者たちに、軽々しく邪まな風《おしえ》をあおらせ、純粋で誠実な者たちを、時としてそれらの口先巧みな弁舌に遭遇させてしまう。かくして仏教が中国に伝来して、六百余年の間に、悪逆非道の統治者は暴虐の限りをつくし、仏教は〔北魏の太武帝・大夏の赫連勃勃・北周の武帝の〕三度にわたって迫害を受けたが、災禍は瞬く間に彼らに降りかかり、前代の賢良な者たちはみな顧みられ、殃いや罪咎ははっきりと現われて天下の人々に嘲笑された。

いったい、信（心を澄み清らかにさせるはたらき）は功徳の母であり、智慧はまことに成仏の因であって、まず最初に仏道の根元である信に基づき、最後に正しい証果《さとり》をねがうのである。これに基づいて道理を明らかにすれば、心に生じる八つの慢心（慢・大慢・慢慢・不如慢・傲慢・我慢・増上慢・邪慢）による惑乱を傾けつくすことができ、このことを理解して実際の〔求道者としての〕あり方を追求すれば、六つの汚れ（色・声・香・味・触・法）を洗い流すことができる。それは、何のわだかまりからもはるかに抜け出た、外道が登り臨む境地などではなく、至仁の者が飛翔して集うように、ひろびろと高く昇るのである。けれども、三つの時代の仏教廃毀を経て、五濁の深みにはまり込み、邪と正の区別がつかず、人と教法に対する天網のごとき国法を銓議することとなった。〔このことを受けて〕そこで、条理たる仏の教えは、〔国法ではなく〕教法に依拠すべきことを明示して機根の者を摂受し、世俗の賢明なる者は、仏教の理法を説く論文をあらわしてその規範《おしえ》を弘めたのである。

その昔、梁の鍾山上定林寺の僧祐律師は、学問は九つの分野すべてを統べ、義理は十の諦（真実）すべてを包括し、慈悲心と人々を救済せんとする敦い心を持ち、仏法の護持こそが師の志であった。晋から梁までの時代、多くの俊英たちが教理に心を留めて物した文章を詳細にまとめて、弘明集一部一十四巻を撰述した。それは、顔延之と謝鎮之の風教規範をたずね、周顒と張融の門律を総べまとめるなど、世間通有の論理を批判し、情と理を徹底的に追求し、人の心の神妙なはたらきを究明して、智者の極めて高い境地を実現している。それは宮中の書庫にも備え置かれ、広く凡俗の心を潤した。

しかしながら、智慧のある者は迷うことはなく、迷う者は智慧と乖離している。故に智慧ある者は言葉にのせて、教えの要旨を挙げ示して、誰の目にも明らかな道しるべとし、迷える者は、多くの言葉を費やし神襟《こころ》を導いて悟りを得るのである。いったい信と悟りの来源は、諒に霊妙なはたらきに依るもので、双方を合致させるには心を必須とし、実際には玄妙な規範を受け継いでいるのである。故に信には三種あり、一に知、二に見、三に愚と謂う。知は生まれながらにして知る者を謂い、〔見は〕三堅の法を身に帯びて正定聚の位に入る。愚は愚かな叟《ひと》を謂い、四つの煩悩（我痴、我見、我慢、我愛）にとらわれて欲望のけがれに沈溺する。教化によっても最下の愚者と最上の智者との差を埋めることはできないが、あたかも大河が蕩々と流れるように、心正しい中庸の者は信のあり方を見て善に従う。かくして、仏法を学ぶ心の薄弱な者にまとわりつく結果として、北魏・夏・北周三つの時代に仏教は滅びたのである。故に自分の心を師とたのんでの独断が、災禍を集める事態を引き起こしたということができよう。その前に、もし八蔵の文献を披閲して、文章に書き表された明瞭なる義理を総合して理解し、九識〔眼・耳・鼻・舌・身・意の六識と阿陀那識・阿頼耶識・阿摩羅識〕の意味を追究し、情《こころ》が迷いとなり智が悟りともなる心のあり様に理解が深まれば、たとえ五翳が掩ったとしても、正しき信は太陽のようにますます光り輝くであろう。

私は過去の叙述を博く捜し求め、道を弘め教を明らかにするに足る叙述を広く集め纏めた。江南の五代、すなわち東晋・宋・斉・梁・陳において、仏法僧の三宝は盛んになり、君・臣・士・俗は、みな変りなく仏を信仰する心をもっていた。このような状況は文明の国と称えられるもので、その仏の智慧に依る文明が明らかに示されたのである。一方で、中原の北周と北魏においては、政治では仏教に対する無知と明信とが繰り返され、老子〔道教〕が重んぜられ仏〔仏教〕が軽んぜられては、信仰と弾圧とが交ごも繰り返された。飾り立てた言辞を弄し君主の恩寵を望む輩が目立つようなご時世にも、賢人たる人物は世にあるもので、その真心が特にすぐれて、才気が特段に抜きん出ている人はいるものである。そうであればこそ、名君や暗君の時代には、仏教の興廃がそれぞれにつれてあきらかになり、邪想と正法がそれぞれの時代に規範とされ師《のっと》るべき教えとなった。〔これら邪正の二つの側面は〕目に見える事態に拠ってみれば、雲泥の如くに隔たっているが、その実情を論ずれば、それらは禍福表裏の関係である。このような次第で仏の〔教えが流布していた〕時代に六師外道の学術が声高に主張され、張陵・張衡・張魯の三張による〔五斗米道の〕教えが仏法を冒したというような事柄は、皆な菩薩の臨機の方便であって、仏の素晴らしき導きなのである。満願子〔富楼那〕が自らに三毒の邪見があることを示したことや、維摩詰が六欲の魔王が衆生教化の方便であることを示したことは、咸《みな》時世に応じて変化する悟りへの道筋を示し、各おの仏教に向かうにしろ背を向けるにしろ広大なる道を立てたものである。

今はしばらく過去の事実に依って、迷妄の人々を見さだめ、喩えによって迷いの源泉を悟らせ、法性真如の海に通じさせよう。寇謙之が崔浩を引きこんで〔廃仏の挙に及んだ結果〕、禍と福《さいわい》とが明らかになり、静藹《じょうあい》が北周の武帝に〔命をなげうって〕抗議すると、成功と失敗とは瞬く間に顕れた。また、道安は『二教論』を著わし、道教を抑えて儒家者流の一つとして位置付け、法琳は『破邪論』と『弁正論』を著わして、仏教を称揚し、朝廷のより所とする典文・礼教よりも優れたものだと主張した。これらの議論は、いくら黒く染めようとしても染まらない潔白なものであるけれども、諸々の文章にうもれてしまっており、〔これら全てを〕収集するのはいささか困難である。又、梁と北周の二人の武帝は、仏教を世にあらわすか世から見えなくしてしまうか、その姿は両端に分れ、南朝宋の明帝と北魏の孝明帝は、二人とも弘く教化を行う政策を行った。沈約の『究竟慈悲論』や、顔之推の「帰心篇」は、文章が際立って美しく、世俗に捉われない境地を主張した。嘗て他日に、試みに世間の閲読に供せんとして、これらを示そうとしたが、凡庸かつ老残の身であり、その収集には不完全なところが残った。漢水の陰《みなみ》・襄陽に住した〔道安のような〕博覧の人物によって、〔仏教流布の事跡を〕評述する事業を引き継ぎ完成させてくれるであろう。そこで専ら私見を混えず事実のままを記録して、巻帙ごとにまとめ、また篇題を附して、〔道を弘め教を明らかにする〕手本として示そう。若し文章を尋ね真意を汲み、その賢《すぐ》れ且つ明晰な〔論旨〕を悟ることができるものについては、片々たる文章記事であっても、載録し付記した。これを『広弘明集』と名づける。一部三十巻である。梁の僧祐律師の撰した『弘明集』の中にいまだ尋ね求めたり検討されていないものがあるやもしれず、略ぼこれらの例に随い、列挙する。これらの文章がまだ見たことの無い人々に提示され、信仰の心をおし広げ、人々の疑念が釈きほぐされることを願うものである。人を他と比べるには同類においてする〔ものであって、仏教者以外の者との比べ合いは妥当でない〕、とは、まことにそのとおりである。もし正すべき点が有れば、ご覧いただいて詳かにせられたい。

［語註］

1 **【三堅】** また堅法、仏道修行者が得る身・命・財の宝。『注維摩詰経』巻四・菩薩品「肇曰、堅法、三堅法、身命財宝也。若忘身命、棄財宝、去封累而修道者、必獲無極之身、無窮之命、無尽之財也。此三天地焚而不焼。劫数終而不尽。故名堅法」（T38, 365c）。

2 **【独夫】**『尚書』泰誓下「古人有言曰、撫我則后、虐我則讎。独夫受、洪惟作威、乃汝世讎」。

3 **【三被残屏】**『法苑珠林』巻五・六道篇・諸天部・感応縁序「所以教流震旦、六百余年、崔赫周虐、三被残屏、禍不旋踵、殃及己身」（T53, 303b）

4 **【禍不旋踵】**『後漢書』列伝五六・陳蕃伝「〔陳〕蕃自以既従人望而徳於太后、必謂其志可申、乃先上疏曰、臣聞言不直而行不正、則為欺乎天而負乎人。危言極意、則群凶側目、禍不旋踵。……」。

5 **【信為徳母】** 六十巻『華厳経』巻六・賢首菩薩品「信為道元功徳母、増長一切諸善法、除滅一切諸疑惑、示現開発無上道」（T9, 433a）。『釈門帰敬儀』引教徴事篇「序曰、有人言、上列機縁文理備矣。深知、信為道元功徳母、智是出世解脱因」（T45, 860b）。

6 **【蕭然】**『肇論』序「譬彼淵海、数越九流、挺抜清虚、蕭然物外」（T45, 150b）。『行事鈔』巻下・二衣総別篇「然出家済遠、経労渉楽、俗誉非慕。唯存出道者。則蕭然世表、塵染不拘」（T40, 112c）。『資持記』巻三「蕭然即脱離之貌」（T40, 372a）。

7 **【累表】** 解脱の境地。累は煩悩、表は外の意。『請観音経疏』「五体帰命能令毒害消伏、名之為解脱。則出生死蕭然累表、故言五体投地也」(T39, 972b)。

8 【上仁】『老子』三八章「上仁為之而無以為、上義為之而有以為」。

9 【翔集】『論語』郷党「色斯挙矣、翔而後集」。

10 【天網】『老子』七三章「天網恢恢、疏而不漏」。

11 【法依】教法に依ること、法の四依を指す。『智度論』巻九・釈初品中・現普身「如仏欲入涅槃時、語諸比丘、従今日応依法不依人、応依義不依語、応依智不依識、応依了義経不依未了義。……」(T25, 125a)。

12 【僧祐律師】四四五～五一八年。姓は兪氏。南朝の建康を中心に活動、とくに『十誦律』を宗とし、梁の武帝より大いに礼遇された。『十誦義記』(現存せず)のほか『釈迦氏譜』『出三蔵記集』『弘明集』の著作がある。『高僧伝』巻一一・明律篇・僧祐伝(T50, 402c-403a)参照。

13 【九流】『漢書』巻三〇・芸文志・諸子略に言う九家者流。儒家・道家・陰陽家・法家・名家・墨家・縦横家・雑家・農家。

14 【十諦】苦集滅道の四諦を世諦、第一義諦、相諦、差別諦、観諦、事諦、生諦、尽無生智諦、入道智諦、集如来智諦に細分したもの。

15 【住法】『大乗義章』巻一七末「言住法者、有頓方便無常方便、所得善根不進不退。故名為住」(T44, 806b)。

16 【顔謝之風規】顔延之(三八四～四五六年、『宋書』巻七三に立伝)と謝鎮之(生没年不詳、伝なし)。『弘明集』巻四に顔延之が何承天の「達性論」を反駁した書翰(「釈達性論」)を、巻六に謝鎮之が顧歓の「夷夏論」を反駁した書翰(「謝鎮之書与顧道士」)を載録する。

17 【周張之門律】周顒(生没年不詳)と張融(四四四～四九七年)、いずれも『南斉書』巻四一に立伝。『弘明集』巻六に張融の門律(門律は一門の定め・家訓、張融は儒仏道を併せ修することを勧めた)と、それに対する周顒との往復書翰(「周剡顒難張長史融門律」)が載録される。

18 【通議】『孟子』滕文公上「故曰、或労心、或労力。労心者治人、労力者治於人。治於人者食人、治人者食於人、天下之通義也」。

19 【誠智者之高致】『礼記』中庸「誠之者、人之道也」。

20 【智者不迷……】『論語』子罕「子曰、知者不惑、仁者不憂、勇者不懼」。僧祐「弘明論後序」（『弘明集』巻一四）「然智者不迷、迷者乖智」（T52, 095a）。

21 【興言】左思「魏都賦」（『文選』巻六）「至乎勍敵糾紛、庶土罔寧、聖武興言、将曜威霊」。

22 【標領】『高僧伝』巻六・義解篇・僧叡伝「〔姚〕興後謂嵩曰、乃四海標領、何独鄴衛之松柏」（T50, 364ab）。

23 【玄模】『高僧伝』巻四・義解篇・支遁伝「毎愧才不抜滞、理無拘新、不足対揚玄模、允塞視聴」（T50, 349b）。

24 【生知】『論語』季氏「孔子曰、生而知之者、上也」。

25 【下愚之与上智】『論語』陽貨「子曰、性相近也、習相遠也。子曰、唯上知与下愚不移」。

26 【従善】『左伝』成公八年「君子曰、従善如流。宜哉」。

27 【独断】『戦国策』趙三「並驥而走者、五里而罷、乗驥而御之、不倦而取道多。君令葺乗独断之車、御独断之勢、以居邯鄲、令之内治国事、外刺諸侯、則葺之事有不言者矣。君因言王而重責之、葺之軸今折矣」。

28 【迷解】『摩訶止観』巻一下「仮名之心、為迷解本」（T46, 008b）。

29 【文国】『戒壇図経』戒壇高下広狭第四「中原両河晋氏南渡之後、分為一十六国。以武猛相陵、仏法三除。並是獯鬻之胤、本非文国之後。随心即断、故其然乎。所以戒壇之挙、即住法之弘相也。余則略之〈云云〉」（T45, 814a）。

30 【工言】『論語』学而「子曰、巧言令色、鮮矣仁」。

31 【佞倖】『論衡』巻二七・定賢篇「以事君調合寡過為賢乎、夫順阿之臣、佞倖之徒、是也」。

32 【倚伏】禍福が転々とする、応報の理を指す。『老子』五八章「其政悶悶、其民淳淳。其政察察、其人欠欠。禍兮福之所倚、福兮禍之所伏」。慧遠「大智論抄序」（『出三蔵記集』巻一〇）「其中可以開蒙朗照、水鏡万法。固非常智之所弁、請略而言、生塗兆於無始之境、変化搆於倚伏之場、咸生於未有而有、滅於既有而無」（T55, 075c）。

33 【六術】六師外道の教え、或いは広く異端の教えを指す。六師は、仏陀の時代に活躍した、富蘭那迦葉・末伽梨拘賖梨

子・刪闍夜毘羅胝子・阿耆多翅舎欽婆羅・迦羅鳩駄迦旃延・尼犍陀若提子の六人。

34 【三張】後漢末に興った五斗米道の教主である張陵・張衡・張魯の称。五斗米道は天師道ともいい、道教教団の源流とされる。『三国志』魏書八・張魯伝参照。

35 【満願行三毒之邪見】満願子は仏十大弟子中の説法第一、富楼那。富楼那は、敢えて衆生に三毒・邪見の行いを示し、仏法を説くための方便としたという。『法華経』巻四・五百弟子受記品「内秘菩薩行、外現是声聞、少欲厭生死、実自浄仏土。示衆有三毒、又現邪見相、我弟子如是、方便度衆生。若我具足説、種種現化事、衆生聞是者、心則懐疑惑。今此富楼那、於昔千億仏、勤修所行道、宣護諸仏法、為求無上慧、而於諸仏所、現居弟子上、多聞有智慧、所説無所畏、能令衆歓喜、未曾有疲倦、而以助仏事」（T9, 028a）。また本書『三宝感通録』神僧感通録序本文も併せ参照。

36 【浄名降六欲之魔王】浄名は維摩詰のこと。ここで説かれる魔王は、人を試し、その信心をより堅固にするための、菩薩の方便による仮の姿である。『注維摩詰経』巻六・不思議品「爾時、維摩詰語大迦葉、仁者、十方無量阿僧祇世界中、作魔王者、多是住不可思議解脱菩薩。以方便力、教化衆生、現作魔王。肇曰、因迦葉云信解不可思議者魔不能嬈、而十方亦有信解菩薩為魔所嬈者。将明不思議大士、所為自在、欲進始学故、現為魔王、非魔力之所能也。此明不思議、亦成迦葉言意」（T38, 383a）。

37 【逼引】『法華遊意』巻一・釈名題門「蓋是毀生死身無常、即歎法身常住。故逼引之教成、欣厭之観立。若生死無常法身、復改起滅者、則同可厭棄。何所欣哉。故逼引之教不成、欣厭之観行不立」（T34, 640b）。

38 【弘轍】『律相感通伝』「余備聞雅論、前代憲章、斯則一化之所宗承、三蔵之弘轍也」（T45, 881a）。

39 【行事】『史記』巻一三〇・太史公自序「子曰、我欲載之空言、不如見之於行事之深切著明也」。

40 【決滞】『続高僧伝』巻一一・義解篇・吉蔵伝「初蔵、年位息慈、英名馳誉、冠成之後、栄扇逾遠。貌象西梵、言寔東華。含嚼珠玉、変態天挺、剖断飛流、殆非積学。対晤帝王、神理増其恒習、決滞疑議、聴衆忘其久疲」（T50, 514c）。

41 【胥徒】『続高僧伝』巻二〇・習禅篇・論「真妄相迷、卒難通暁。若知惟心、妄境不結。返執前境、非心所行。如此胥徒、安可論道」（T50, 596c）。

42　**【蒙泉】**『戒壇図経』戒壇賛述弁徳・開壌創築戒場之壇文「是知戒為入聖之本、為出俗之基。皇覚寄此而開権、正法由茲而久住。所以四依御寓、必祖戒而啓蒙泉、五乗方駕、亦因戒而張化首」（T45, 817b）。

43　**【性海】**『起信論』巻一「帰命尽十方、最勝業遍知、色無礙自在、救世大悲者、及彼身体相、法性真如海、無量功徳蔵、如実修行等。為欲令衆生、除疑捨耶執、起大乗正信、仏種不断故」（T32, 575b）。

44　**【寇謙之構崔浩】**寇謙之（三六五～四四八年）は新天師道の創始者、崔浩（三八一～四五〇年）は北魏の宰相、いずれも太武帝の時に行われた廃仏政策の主謀者。『魏書』巻一一四・釈老志参照。

45　**【鄭藹之抗周君】**鄭藹は静藹のこと、鄭は俗姓。静藹は北周の武帝による廃仏に抗議し、ついに終南山において捨身した。『続高僧伝』巻二三・護法篇・静藹伝（T50, 625c-627b）参照。

46　**【姚安著論】**姚安は北周の道安のこと、姚は俗姓。道安は「二教論」（『広弘明集』巻八）を著わし、仏教の道教に対する優越性を力説した。「二教論」は、東都逸俊童子（北周武帝）と西京通方先生（道安）との問答で構成される。東都逸俊童子の「然三教雖殊、勧善義一、塗迹誠異、理会則同」（T52, 136b）の主張に対して、西京通方先生は「釈教為内、儒教為外。備彰聖典、非為誕謬。詳覧載籍、尋討源流、教唯有二、寧得有三。……若派而別之、則応有九教。若総而合之、則同属儒宗。……仏教者窮理尽性之格言、出世入真之軌轍。……惟釈氏之教、理富権実」（T52, 136c-137b）と反論する。本文中の「抑道在於儒流」は、通方先生すなわち道安の主張を言い表した言葉である。

47　**【陳琳綴篇】**陳琳は法琳のこと、陳は俗姓。法琳は『破邪論』（『広弘明集』巻一一及び『大正蔵』巻五二）・『弁正論』（『広弘明集』巻一三）を著した。『破邪論』には、「昔呉太宰嚭、問孔丘曰、夫子聖人歟。孔子対曰、丘博識強記、非聖人也。又問、三王聖人歟。対曰、三王善用智勇、聖非丘所知。又問、五帝聖人歟。対曰、五帝善用仁信、聖亦非丘所知。又問、三皇聖人歟。対曰、三皇善用時、聖亦非丘所知。太宰大駭曰、然則孰為聖人乎。夫子動容、有間曰、西方之人有聖者焉。不治而不乱、不言而自信、不化而自行、蕩蕩乎、民無能名焉。若三王五帝、必是大聖、孔丘豈容隠而不説。便有匿聖之愆。以此校量、推仏為大聖也。……直就孔老経書、師敬仏処、文証不少。豈奕一人所能謗讟」（T52, 161bc）とみえる。本文中の「揚釈越於朝典」は、本箇所を表したものか。

48 【涅而不緇】『論語』陽貨「子曰、然。有是言也。不曰堅乎、磨而不磷、不曰白乎、涅而不緇。吾豈匏瓜也哉。焉能繫而不食」。

49 【沈休文之慈済】沈休文「究竟慈悲論」(『広弘明集』巻二六)。沈約(四四一~五一三年)、字は休文。『梁書』巻一三に立伝。

50 【顔之推之帰心】『顔氏家訓』巻五・帰心篇(『広弘明集』巻三に載録)。顔之推(五三一~五九一年)、字は介。『北斉書』巻四五に立伝。

51 【詞釆】『続高僧伝』巻三・訳経篇・慧浄伝「義侶則掇其冠冕、文句則定其短長、詞釆則掲其菁華、音韻則響其諧調」(T50, 446b)。

52 【余景】余日。『続高僧伝』巻一八・習禅篇・曇遷伝「惟有国子博士張機。毎申尽礼請法。余景時論荘易、窃伝其義、用訓庠序」(T50, 572a)。

53 【漢陰博観沙門】道安(三一四~三八五年)。漢陰は襄陽。道安は前秦の長安に招かれる以前、東晋治下の襄陽で活動していた。道安「摩訶鉢羅若波羅蜜経抄序」(『出三蔵記集』巻八)「昔在漢陰十有五載。講放光経、歳常再遍。及至京師漸四年矣。亦恒歳二、未敢堕息」(T55, 52b)。『高僧伝』巻五・義解篇・道安伝(T50, 351c-354a)。また本書『釈門章服儀』序本文及び註1参照。

54 【命帙】『続高僧伝』巻九・義解篇・法論伝「隠淪青渓之覆舟山、味重成実、研洞文采。談叙之暇、命筆題篇」(T50, 500a)。

55 【藻鏡】『芸文類聚』巻四八・僕射・表「隋江総譲尚書僕射表曰、藻鏡官方、品裁人物。門鶩如市、不慚屋漏。心抱如氷、無欺暗室」。

56 【揣義】『続高僧伝』巻一二・義解篇・善冑伝「初遠、以涅槃為五分、末為闍維分。冑尋之揣義、改為七分、無有闍維、第七云結化帰宗分」(T50, 519c)。

57 【擬人以倫】『礼記』曲礼下「儗人必於其倫」。

帰正篇序

［釈文］

序曰、夫邪正糾紛、愚智繁雑。自非極聖[1]、焉能両開[2]。所以欲主天魔[3]猶能変為仏相[4]。況余色有孰可言哉。固知一洲万国、一化千王、互興廃立、不足論評。是以九十六部、宗上界之天根[5]、二十五諦、討極計之冥本[6]。皆陳正朔、号三宝於人中、咸称大済[7]、敷四等於天下。

又有魯邦孔氏、導[a]礼楽於九州、楚国李公、開虚玄[b][8]於五岳、匪称教主、皆述作於先王、賛時[9]体国[10]、各臣吏於機務。斯並衢分限域〈謂、流沙以東、孔老之化及、葱河以西、異部之所統也〉[c]、弁御乖張[11]、理路[12]天殊[13]、居然自別。何以明其然耶。故西宇大夏、衆計[14]立於我神[15]、東華儒道、大略存於身国[16]。孰解妄想流愛、纏錦[17]於九居、倒情[18]徙滞、祛除於七識。致令惑網[19]覆心[20]、莫知投向、昏波[21]漾目、寧弁帰依。不可効尤[22]、務須反本[23]。

原夫小道大道[24]、自古常談、大聖小聖[25]、由来共述。至於親承面対、曾未覚知、雷同体附[26]、相従奔競。故有尅念作聖[27]、狂哲互称。即斯為論、未契端極。昔、皇覚[28]之居舎衛[29]、二十五年、九億編戸、逆従太半。素王之在赤県、門学三千[d]、子夏蔑[e]而致疑[30]、顔回独言莫測[31]。以斯論道、又可惑焉。

夫以、会正名聖[32]、無所不通、根塵無礙於有空[33]、陶冶莫滞於性欲。形不可以相得、挺金姿之四八[34]、心不可以智求、垂不共之二九。斯止一人、名仏聖也。故能道済[35]諸有、幽顕咸所帰依、自余鴻漸[36]、天衢[37]之所未陟。且自方域位殊、義非叨僭。若夫天無二日[38]、国無二王、惟仏称為大聖、光有[39]万億天下。故今[f]門学日盛、無国不仰其風、教義聿修[40]、有識皆参其席。彼孔老者、名位同俗、不異常人。祖述先王、自無教訓。何得比仏以相抗乎。且拠陰陽八殺之略、山川望秩之祠、七衆委之若遺、五戒捐而不顧。観此一途[41]高尚[42]、自足投誠。況有聖種賢蹤、則為天人師表矣。是知天上天下惟[g]仏為尊。六道四生、無非苦者、身心常苦、義畢駆馳[43]。不思此懐、妄存高大[44]。大而可大[45]、則不陥於有為。既履非常、固可帰於正覚。有斯事類、故敢序之云爾。

［校勘］

a導＝遵（宋・元・明・磧） b虚＝霊（宋・元・宮） c也＝なし（宮） d千＝虚（宋・元・明・宮・磧） e蔑＝懱（磧） f今＝令（宋・元・明・宮・磧） g惟＝唯（宋・元・明・宮・磧）

［訓読］

序に曰く、夫れ邪正糾紛し、愚智繁雑す。極聖に非ざるよりは、焉んぞ能く両つながら開かん。欲主天魔すら猶お能く変じて仏相を為す所以なり。況んや余の色《しき》に孰れか言う可きこと有らんや。固《もと》より知んぬ、一洲の万国、一化の千王、互いに興りて廃立するは、論評するに足らざるを。是を以て九十六部、上界の天根を宗とし、二十五諦、極計の冥本を討《たず》ぬ。皆な正朔を陳べて、三宝を人中に号し、咸な大済と称して、四等を天下に敷く。

又た魯邦の孔氏は、礼楽を九州に導き、楚国の李公は、虚玄を五岳に開く有るも、教主と称するに匪ず、皆な先王を述作し、時を賛え国を体し、各々機務に臣吏たり。斯れ並びに限域を衢分し〈謂えらく、流沙以東は、孔老の化及び、葱河以西は、異部の統ぶる所なり、と。〉、乖張を弁御し、理路 天殊にして、居然として自《おの》ずから別る。何を以て其の然るを明らかにせんや。故より西宇の大夏、衆計は我神に立ち、東華の儒道、大略は身国に存す。孰れか解かん、妄想 愛を流《およ》ぼして、九居に纏綿し、倒情 滞を徙すも、七識に袪除するを。惑網をして心を覆い、投向を知ること莫からしむるを致し、昏波をして目に漾《ただよ》わせば、寧んぞ帰依を弁ぜん。尤《あやまち》に効《なら》う可からず。務めて須らく本に反るべし。

原ぬるに夫れ小道大道は、古より常に談ぜられ、大聖小聖は、由来共に述べらる。親しく面対を承くるも、曾て未だ覚知せざるに至りて、雷同して体附し、相い従いて奔競す。故に剋《よ》く念えば聖と作り、狂哲互いに称する有り。斯れに即して論を為すは、未だ端極に契わず。昔、皇覚の舎衛に居ること、二十五年にして、九億の編戸、逆従太半なり。素王の赤県に在るや、門学三千にして、子夏は蔑ろにして疑を致し、顔回は独り測る莫しと言う。斯れを以て道を論ずるに、又た惑う可し。

夫れ以えらく、正しきに会《かな》うを聖と名づけ、通ぜざる所無く、根塵は有空に礙げらるる無く、陶冶して性欲に滞る無し。形は相を以て得るべからず、金姿の四八を挺《ぬ》き、心は智を以て求むるべからず、不共の二九を垂る。斯れ止だ一人のみ、仏聖と名づくるなり。故に能く諸有を道済し、幽顕の咸な帰依する所なり。自余は鴻の漸《すす》みはばたくも、天衢の未だ陟《のぼ》らざる所にして、且つ自《おの》ずから方域 位殊なるも、義として叨《みだ》りに僭《おご》るに非ず。夫《か》の天に二日無く、国に二王無きが若く、惟だ仏のみ称して大聖と為し、光《おお》いに万億の天下を有《たも》つ。故に今 門学日に盛んにして、国の其の風を仰がざるは無く、教義 聿《ここ》に修め、有識 皆な其の席に参ず。彼の孔老は、名位 俗に同じく、常人に異ならず。先王を祖述するものにして、自《おの》ずから教訓無し。何んぞ仏に比べて以て相い抗《あた》るを得んや。且つ陰陽八殺の略、山川望祑の祠に拠らば、七衆 之を委《す》つること遺《わす》るるがごとく、五戒のものは捐《す》てて顧みず。此の一途の高尚なるを観るに、自《おの》ずから誠を投ずるに足る。況んや聖種賢蹤、則ち天人の師表となすこと有るをや。是に知んぬ、天上天下に惟だ仏のみ尊たりて、六道の四生、苦に非ざる者無く、身心常に苦にして、義として畢《つい》に駆馳するを。此の懐を思わざれば、妄りに高大に存す。大にして大なるべくんば、則ち有為に陥らず。既にして非常を履めば、固《まこと》に正覚に帰すべし。斯の事類有り、故に敢て之に序すとしかいう。

［訳文］

序に言う、いったい世界には邪見と正見が入り乱れ、愚者と智者が複雑に入り混じっており、最高の聖者〔たる仏〕でもない限り、とうてい両方を明瞭に区別して示すことはできない。欲界の主である天魔波旬ですら仏の姿に変じて〔人々を導く〕のはその故である。ましてその他のすべての人々に正・邪の区別ができようか。まことに、仏陀が教化されたこの世界〈閻浮提〉において数多の国々、幾千の王たちが繰り返した興亡は、もとより論評するまでもない。こういうわけで、九十六部の外道は、大自在天〈シヴァ神〉の象徴である天根《リンガ》が万物の本源であるとし、サーンキヤ学派の説く二十五諦は、真理を求めて思索を突き詰め、〔インドの外道〕それぞれが自分達の説を正統だと言い、三宝を尊べと世間に呼びかけ、みな大いなる済いだと称しては、〔慈・悲・喜・捨の〕四無量心〈四等〉を世間に敷き弘め〔て、その果報として梵天に生まれ変われると説い〕ている。

一方で魯国の孔子は、礼儀と音楽を中国全土に導き示し、楚国の老子は、虚無玄妙の思想を五岳〈泰山・衡山・華山・恒山・嵩山〉において示しているように、〔彼等は〕教主と称すべきものではなく、みな先王の教えを受け伝えて著作し、諸侯の治世と国政を助ける立場にあり、各々臣吏として重要な政務についていた。これらの教えはみな一定の地域〈砂漠より東は、孔子・老子の教化の及ぶ地域であり、パミール高原以西は、外道〈九十六部〉によって教えが広まっている地域であることを謂う。〉に及んでいるだけで、それぞれの主張はばらばらで、その論理はまったく異なっており、自ずと別の立場で述べられている。なぜそのように明確に言えるのか。〔それは〕もともと西方世界のインド文化の地域は、多くの思想が永久に独存する我《アートマン》を立てており、中国の儒教と道教は、おおよそ身を修め国を治めることを目的としているからである。そこでは、妄想が欲望をおしひろげて、衆生は住みたいと求める九種の世界〈九居＝欲界の人・天、梵衆天、極光浄天、遍浄天、無想天、四無色天〉に執着するばかり、誤った考えにとらわれたままできれいに除き去ろうとしても、七識（眼・耳・鼻・舌・身・意の六識と末那識）の範囲において取り除くばかりであることを誰も理解していない。迷いの網（誤った教え）に心が覆われて、身心を投ずる方向を分からなくさせ、〔多くの弁説が〕迷いの波となって目を見えなくさせているのに、仏法への帰依を弁《の》べることなど誰ができようか。間違ったことを手本にしてはならない。つとめて本来のあり方に返るべきである。

考えてみるに、小道と大道という言い方は、古くから常に論点として談られ、大聖と小聖の語も、爾来共々に述べられてきた。仏陀在世の時すら直接目の当たりに教えを受けながら、いまだかつて理解し得ず、その後はそれぞれの師（部派仏教の師）に附和雷同して付き従い、みな我先にと追い求めていた。そうなってしまえば、よく真理を心に念《おも》う聖者と、哲人でありながら狂と呼びかわされる者に分かれてしまう。このような論法では、いまだ〔仏が説かれた〕根本の真理には合致しない。むかし仏陀は舎衛国に二十五年居たが、九億あった世帯の中で、仏陀に従う者もあれば逆らう者も多かった。中国の孔子には、三千の門弟がいたが、子夏は礼を蔑ろにして孔子に見間違われるようなことをした〔かと思えば〕、顔回だけは孔子の計り知れない偉大さに感嘆している。このような道についての論弁は、また〔正邪について〕惑う結果にしかならない。

いったい全ての事に通暁する者を正しさにかなう者として聖と名づけ、六根と六境〔の存在としてありながら〕有と空の二つの執着に妨げられることが無く、性欲を陶冶してもそこに滞り止まることはない。その形《すがた》は人間のような目に見える相としてはとらえられず、金色に輝く三十二種の相好を具えた姿として抜きんで、その心は凡夫の智慧でもって求められるものではなく、仏にのみ備わる十八不共《ぐ》仏法（十力・四無所畏・三念住・大悲）として示されている。このようなお方は仏聖と名づけられるただ一人のみである。ゆえに迷いの境界にいる衆生を導き救い、あの世とこの世の全ての者に帰依される方である。そのほかの者は、鴻《おおとり》のごとく優れた人が上昇したとしても天の道には届かず、おのずと地域や位が異なっているとしても、そこに仏陀をこえてみだりに自らをおごり高ぶる義はない。そもそもかの天に二つの太陽が無く、国に二人の王がないように、ただ仏だけが大聖と称えられ、その徳は万億の人々が住んでいる天下を全て覆っている。ゆえに現今、仏教を学ぶ者は日に日に盛況を呈し、全ての国が仏の教えを仰ぎ尊び、その教義を述べ修め、仏教を学ぼうと志す人々はみな講席にあずかった。〔それにひきかえ〕かの孔子と老子は、名声と地位は世俗と同じで、一般の人とどこも変わらない。むかしの聖君の教えを手本として受け継ぐだけで、そこにはおのずと自らが示した教訓というものは無い。〔それなのに〕仏と同等に張り合うことなどどうしてできようか。また、日月〔陰陽〕や〔八殺など〕星辰の運行をもって行う占術や、山川の神をまつる祭祀については、〔出家・在家の〕七衆の仏教徒たちはまるで遺《わす》れはてたかのように捨ててしまい、五戒〔不殺生・不偸盗・不邪淫・不妄語・不飲酒〕を守る仏教者は打ち捨てて顧みることもしない。この仏の教えの気高く高潔なさまを観れば、自ずと誠心をよせるに足るにふさわしいものと言えよう。いわんや、〔孔老・占術・祭祀にもまして〕仏の教えを受け継いだ聖人や賢者が〔仏を〕天界や人界の師表として尊敬しているのである。ここにおいて、全世界に尊き者はただ仏のみであり、六道の迷いの世界に生死を繰り返す四生のものたちは、苦としての存在のほかなく、身心ともに常に苦しみ、皆、苦の世界の中で右往左往している。この思いを心に置かなければ、それはみだりに己を誇る高慢というものである。偉大な仏を偉大として受けとめれば、この世界の有為天変に陥ることはない。そのようにして我々が世俗の常態から抜け出る教えを実践したならば、まことに仏の正覚《さとり》に帰依し得るのである。仏の教えに帰依したこのような人々の事跡についての文章を編むに際し、以上、序として述べる。

［語註］

1【極聖】『釈門帰敬儀』巻上・引教徴事篇「初人四依、謂従初賢至於極聖。人資無漏、法体性空。拠此依承、理無邪倒」（T45, 860b）。

2【両開】『法華義疏』巻八・薬草喩品「故次説導師也。然道語通邪正、善悪在心曰知、開其邪正二路為開、曲示通塞為説也」（T34, 561b）。

3【欲主天魔】六十巻『華厳経』巻四二・離世間品「菩薩摩訶薩、住兜率天、講説正法時、欲界主天魔波旬、眷属囲遶、詣菩薩所、壊乱説法。爾時菩薩住金剛智所摂般若波羅蜜巧妙方便深入智門、説甘露法。承仏神力、説如来法。皆悉降伏」（T9, 665b）。

4【変為仏相】『正法華経』巻二・応時品「第一初聞大聖之教、波旬時化、変為仏形、無得為魔之所嬈害」（T9, 074a）。

5【上界】『一切経音義』巻一〇・仁王般若経上「上界、天王名也、唐云大自在天也」（T54, 367b）。

6【冥本】王該「日燭」（『弘明集』巻一三）「履地勢於方局、冠円天於覆盆、緬三界之寥廓、遘二気之煙熅、尋太造之冥本、測化育之幽根、形仮四大而泡散、神妙万物而常存」（T52, 089c）。

7【大済】『後漢紀』巻一〇・明帝紀下「仏身長一丈六尺、黄金色、項中佩日月光、変化無方、無所不入、故能化通万物而大済群生」。

8【虚玄】『晋書』巻九一・儒林伝「有晋始自中朝、迄於江左、莫不崇飭華競、祖述虚玄、擯闕里之典経、習正始之余論、指礼法為流俗、目縦誕以清高……」。

9【賛時】『三国志』蜀書一五・楊戯伝・季漢輔臣賛・賛張君嗣「輔漢惟聡、既機且恵、因言遠思、切問近対、賛時休美、和我業世」。

10【体国】陸機「漢高祖功臣頌」（『文選』巻四七）「堂堂蕭公、王跡是因。綢繆叡后、無競維人。外済六師、内撫三秦。抜奇夷難、邁徳振民。体国垂制、上穆下親。名蓋群后、是謂宗臣」。

11【乖張】『魏書』巻九八・蕭衍伝「〔侯〕景久攻未抜、而衍外援雖多、各各乖張、無有総制、更相妒忌、不肯奮撃」。

12【理路】『法華義記』巻四・譬喩品「会二諦之理、是真実之法故、言膚充也。即体明説浄、無諸塵染故、言色潔也。又能継除無明巨患故、言有大筋力也。心会二諦之理路故、言行歩平正也」（T33, 621b）。

13【天殊】『続高僧伝』巻四・訳経篇・玄奘伝「道士蔡晃・成英等、競引釈論中百玄意、用通道経。奘曰、仏道両教、其致天殊。安用仏言用通道義。窮覈言疏、本出無従」（T50, 455b）。

14【衆計】『中観論疏』巻一末「就説小中、又開為二。一弁邪興、二明説正。前亦是感、後復亦是名応。就説邪興為二。初別列八計、後総結過患。問衆計非一、何故止列八計。答有五義。一者雖有九十六種、略説八計。……」（T42, 014a）。

15【我神】用例未詳、ここでは「神我」として解した。

16【身国】『弁正論』巻一・三教治道篇「〔上庠〕公子曰、前漢芸文志云、全身保国、凡有九流。一曰儒流。謂順陰陽陳教化、述唐虞之政、宗仲尼之道也。二曰道流。謂守弱自卑、陳堯舜揖譲之徳、明南面為政之術、奉易之謙謙也」（T52, 492a）。

17【纏綿】潘岳「寡婦賦」（『文選』巻一六）「帰空館而自怜兮、撫衾裯以歎息。思纏綿以瞀乱兮、心摧傷以愴惻」。

18【倒情】『釈門帰敬儀』巻上・済時護法篇「序曰、夫以立像表真、恒俗彝訓。寄指筌月、出道常規。但以妄想倒情、相沿固習、無思悛革、随業漂淪」（T45, 856a）。

19【惑網】六十巻『華厳経』巻九・初発心菩薩功徳品「欲悉了知一切衆生煩悩惑網、具足大慈大悲一切種智故、発阿耨多羅三藐三菩提心」（T9, 452a）。

20【覆心】『智度論』巻六・十喩釈論「如偈説、如夏月天雷電雨、陰雲覆曀不清浄、凡夫無智亦如是、種種煩悩常覆心。……」（T25, 102c）。

21【昏波】梁簡文帝「千仏願文」（『広弘明集』巻一六）「蓋聞、九土区分、四民殊俗。昏波易染、慧業難基。故法身寂鏡、有照斯感。滌無明於欲海、度蒼生於宝船」（T52, 210a）。

22【効尤】『左伝』荘公二十一年「原伯曰、鄭伯効尤、其亦将有咎」。

23【反本】『礼記』礼器「礼也者、反本脩古、不忘其初者也」。

24【小道大道】小道は外道の教え、大道は仏道。『論語』子張「子夏曰、雖小道、必有可観者焉。致遠恐泥、是以君子不為也」。『維摩詰経』巻下・不二入品「心珠立菩薩曰、大道小道為二、依大道者不楽小道亦不習塵、無大道相無小道相。如如想之士無以行道者。是不二入」（T14, 531c）。

25 【大聖小聖】大聖は仏、小聖は小乗の聖者・大乗の十地までの菩薩。『仏道論衡』巻一・魏明帝登極召沙門道士対論叙仏道先後事「〔姜〕斌曰、孔子聖人、不言而識知、何仮卜乎。法師（曇謨寂）曰、惟仏是衆聖之王、四生之首。達一切含霊、前後二際、吉凶終始、不仮卜観。自余小聖、雖暁未然之理、必籍蓍亀、以通霊卦也」（T52, 369c）。

26 【体附】『釈門章服儀』立体抜俗篇「今人行道、事理両分。言事則俗習未亡。尋理則真心体附。斯則強分二諦、有凡聖之殊途、故張両儀。無去取之恒式、致使於衣知足務在無瑕」（T45, 835bc）。

27 【剋念作聖】『尚書』多方「惟聖罔念作狂、惟狂克念作聖」。

28 【皇覚】支道林「阿弥陀仏像讃」（『広弘明集』巻一五）「王猷外釐、神道内綏。皇矣正覚、寔兼宗師」（T52, 196c）。

29 【皇覚之居舎衛……】本書『祇洹寺図経』序本文及び註30参照。

30 【子夏蔑而致疑】本書『仏道論衡』序本文及び註45参照。

31 【顔回独言莫測】『論語』子罕「顔淵喟然歎曰、仰之弥高、鑽之弥堅。瞻之在前、忽焉在後。夫子循循然善誘人、博我以文、約我以礼。欲罷不能、既竭吾才、如有所立卓爾。雖欲従之、末由也已」。

32 【会正名聖】『大乗義章』巻一七本・賢聖義二門分別「第一釈名。言賢聖者、和善曰賢、会正名聖。正謂理也。理無偏邪、故説為正。証理捨凡、説為聖矣」（T44, 788b）。

33 【有空】有執（実体への執着）と空執（空理への執着）。『内典録』巻六・歴代大乗蔵経翻本単重伝訳有無録「序曰、……故経云、言語道断、心行処滅。強以名相、用顕筌蹄。故能声満天下、而無滞於有空。形充法界、而超挺於情境」（T55, 284c）。

34 【金姿之四八】支道林「弥勒讃」（『広弘明集』巻一五）「磐紆七七紀。応運涖中璠。挺此四八姿。映蔚花林園。亹亹玄輪奏。三攄在昔縁」（T52, 197a）。

35 【道済】慧遠「三報論」（『弘明集』巻五）「或有欲匡主救時、道済生民、擬歩高跡、志在立功、而大業中傾、天殃頓集」

(T52, 034b)。

36 **【鴻漸】**『易』漸「初六、鴻漸于干、小子厲有言、無咎」。

37 **【天衢】**揚雄「劇秦美新」(『文選』巻四八)「荷天衢、提地釐。〔李善注〕上荷天道、而下提地理、言則而効之」。

38 **【天無二日……】**『礼記』曾子問「孔子曰、天無二日、土無二王。嘗禘郊社、尊無二上。未知其為礼也」。

39 **【光有】**『左伝』昭公二十八年「昔武王克商、光有天下」。

40 **【聿修】**『詩』大雅・文王「無念爾祖、聿脩厥徳。永言配命、自求多福」。

41 **【一途】**沈約「仏記序并勅啓序合三首」(『広弘明集』巻一五)「尋仏教因三仮以寄法、籍二諦以明理。達相求宗不著会道、論其指帰似未至極。乃不応以此相煩、亦是一途善事」(T52, 200c)。

42 **【高尚】**『易』蠱「上九、不事王侯、高尚其事。象曰、不事王侯、志可則也」。

43 **【駆馳】**『雑阿含経』巻六(一三三)「若無常者是苦。是苦有故、是事起、繫著、見我。令衆生無明所蓋、愛繫其頭、長道駆馳、生死輪迴、生死流転。受、想、行、識亦復如是。……」(T2, 041c)

44 **【高大】**『顔氏家訓』巻三・勉学「夫学者所以求益耳。見人読数十巻書、便自高大、凌忽長者、軽慢同列、人疾之如讎敵、悪之如鴟梟。如此以学自損、不如無学也」。

45 **【大而可大】**『易』繫辞伝上「易則易知、簡則易従。易知則有親、易従則有功。有親則可久、有功則可大。可久則賢人之徳、可大則賢人之業」。

弁惑篇序

［釈文］

俗之惑者、大略有二。初惑仏為幻偽、善誘人心。二惑因果沈冥[1]、保重身世。且仏名大覚[2]、照極機初[3]、審性欲[4]之多方、練病薬[5]之権道。故能俯現金姿、垂丈六之偉質、流光遍燭、通大千而闡化。致使受其道者、獲証塵砂、内傾十使之纏、外蕩八魔之弊。故能履水火而無礙、摂[a]龍鬼而怡神。三明六通、暢霊襟之妙術、四弁八解、演被物之康衢、其道顕然、差難備叙。

至於李叟称道、纔闡二篇[6]。名位周之史臣、門学周之一吏、生於厲郷、死於槐里[7]。荘生可為実録、秦佚[8]誠非妄論。而史遷褒之乃云、西遁流砂[9]。漢景信之[10]、方開東夏道学。爾後宗緒漸布、終淪滞於神州、絶智[11]守雌[12]、全未聞於寰[b]海、蒙俗信度[c]、飾詐揚真。乃造老子化胡等経、比擬仏法、四果十地、劫数周循、結土為人[13]、観音侍老[14]、黄書度命[15]、赤章厭祝[16]。斯言孟浪[17]、無足可称。方欲陵仏而誇法僧、矯俗而為尊極。通鑑遠識者、自絶生常、瑣学迷津[18]者、或同墜溺。

且道徳二篇、涓子[19]所説、伯陽為尹而伝、是則述而不作[20]。至於四果以下、全非道流。斯乃後学門人、広開衢術。言輒引類、翻累本宗。故神仙伝云[21]、無識[d]道士、妄伝老子代代為国師者濫也。葛洪可謂生知之士、千載之一遇也。諸余碌碌、等駕斉駆。仏経無叙於李聃、道書多渉於釈訓。人流慕上[22]、古諺之常言、悪居下徒、今俗之行事。所以随有相状、無不擬儀[e]。道本気也、無像可図、今則擬仏、金姿峙列。天堂[23]地獄、連写[24]施行、五戒十善、曾無異跡。終是才用薄弱、不能自立宗科、窃経盗義、倚傍称道。至如楊雄太玄[25]、迢[f]然居異、抱樸[26]論道、邈爾開権[g][27]。荘恵之流[28]、可為名作、南華近出[29]、亦足命家[30]。豈若上皇之元[31]、密取漢徹之号、剖生左腋[32]、用比能仁之儀。斯途衆矣。具如後顕。

又俗惑三際之業、時軽四趣之報。人死極於此生、生亦莫知何至。由斯淪滞、出竟[h][33]無縁。若不統叙[34]、長迷逾遠。深嫌繁委、何得略之。

又序曰[i]、夫解惑之生、存乎博見義挙[35]、伝聞闇託[j][36]、信為難弁[k]舟師[37]。故四不壊浄、位居入流之始、一正定聚[38]、方称渉正之域。余則初染[39]軽毛[40]、随風揚扇、不退漆木[41]、雖磨不磷[42]。是以弁[l]惑履正、開於悟達之機、宅形[43]安道、必拠稽明之徳[44]。自法流震旦、信毀相陵、多由臆断、師心統決、三際必然之事、乃謂寓言、六道昭彰之形、言為虚指[45]。

夫以輪廻生死[46]、随業往還、依念念[47]而賦身、逐劫劫[48]而伝識。所以[49]濠上英華[50]、著方生之論[51]、柱下叡哲[52]、称其鬼不神[53]。可謂長時有尽、生涯不窮。禹父既化黄熊[m][54]、漢王変為蒼犬[55]、彭生豕見[56]、事顕斉公、元伯纓垂[57]、名高漢史、斯途衆矣。難備書紳。無識之倫、妄生推託、便言、三后在天[58]、勧誘之高軌[59]、陳祭鬼饗[60]、孝道之権猷。斯則乖人倫之典謨、越天常[61]之行事、詭経乱俗、不足言之。

若夫繋述遊魂之談[62]、経叙故身之務[63]、昭[n]穆有序[64]、尊祖[o]重親[65]。追遠慎終[66]、由来之同仰、践霜[67]興感、列代之彝倫。安有捐擲所生、専存諸己、横陳無鬼之論[68]、自許有身之術[69]。前集已論、今重昌顕。固須讎校名理、尋討経論、巻部五千、咸経目閲、義通八蔵、妙識宗帰、若斯博詣、事絶迴[p]惑。

窃以、六因四縁、乗善悪而成業、四生六道、紹升沈之果報。茲道坦然、非学不達。豈可信凡庸之臆度、排大聖之明略哉。況復列十度之仁舟[70]、済大心於苦海、分四諦之階級、導小智之邪山[71]。三学以統両乗、四輪[72]而摧八難[73]。梗概若此。無由惑之。

又以、寺塔崇華、縻費於財事[q]、僧徒供施、叨濫於福田、過犯滋彰、譏嫌時俗、通汚仏法、咸被湮埋。故周魏二武、生本幽都[74]、赫連両君、胤惟[r]獯[s]狁。卿非仁義之域、性絶陶甄之心。擅行殲殄、誠無足怪。今疏括列代、編而次之。庶或[t]迷没[75]、披而取悟。序之云爾。

［校勘］

a 摂＝攝（宋・元・明・宮） b 寰＝環（宋・元・明・宮・中華） c 度＝受（宋・元・明・宮） d 識＝説（明） e 儀＝義（明） f 迢＝超（明） g 権＝権道（宋・元・明・宮） h 竟＝鏡（宮） i 曰＝なし（明） j 託＝記（宋・元・明・宮） k 弁（辯）＝辨（宋・元・明・宮） l 弁（辯）＝辨（宋・元・明・宮） m 熊（宮）＝能（大正蔵） n 昭＝詔（宋・宮） o 尊祖（宋・元・明・宮）＝祖尊（大正蔵） p 迴＝逈（明） q 事＝帛（宋・元・明・宮） r 惟＝唯（宋・元・明・宮） s 玁＝獫（宋・元・明・宮） t 或＝惑（宮）

［訓読］

俗の惑う者に、大略二有り。初めに仏を幻偽と為し、善く人心を誘うに惑う。二に因果は沈冥にして、身世を保重するに惑う。且つは仏は大覚と名づけられ、照は機初を極め、性欲の多方を審らかにし、病薬の権道を練る。故に能く俯しては金姿を現して、丈六の偉質を垂れ、流《およ》ぼしては遍燭を光《かがや》かし、大千の闡化を通《あまね》くす。其の道を受くる者をして、証を塵砂に獲、内は十使の纏を傾け、外は八魔の弊を蕩《たいら》がしむるを致す。故に能く水火を履みて礙げ無く、龍鬼を摂めて神《こころ》を怡《やわら》ぐ。三明六通もて、霊襟の妙術を暢べ、四弁八解《げ》もて、被物の康衢に演ぶ。其の道は顕然たるも、差や備さには叙べ難し。

李叟の道を称するに至りては、纔かに二篇を闡《あき》らかにするのみ。名は周の史臣に位し、門は周の一吏に学び、厲郷に生まれ、槐里に死す。荘生は実録と為すべく、秦佚は誠に妄論に非ず。而るに史遷は之を褒めて乃ち云く、西のかた流砂に遁ると。漢景は之を信じ、方めて東夏に道学を開く。爾の後宗緒漸く布かるるも、終に神州に淪滞し、智を絶ち雌を守るも、全く未だ寰海に聞かず。蒙俗は度《わた》るを信じ、飾詐して真を揚ぐ。乃ち老子化胡等の経を造り、仏法の四果十地、劫数の周循するに比擬し、土を結びて人を為り、観音もて老に侍らしめ、黄書もて命を度し、赤章もて厭祝す。斯の言は孟浪にして、称すべきに足る無し。方に仏を陵ぎて法僧に誇り、俗を矯《た》めて尊極となさんと欲す。通鑑遠識の者は、自ずから生常を絶ち、瑣学迷津の者は、或いは墜溺を同《とも》にす。

且つ道徳の二篇、涓《けん》子の説く所にして、伯陽の尹の為にして伝うとは、是れ則ち述べて作らず。四果以下に至りては、全く道流に非ず。斯れ乃ち後学門人、広く衢術を開く。言は輒ち類を引き、翻って本宗に累あり。故に神仙伝に云く、無識の道士の妄りに老子の代代国師と為るを伝うるは濫なりと。葛洪は生知の士、千載の一遇と謂うべきなり。諸余は碌碌《ろくろく》として、駕を等しくし駆を斉しくす。仏経は李聃を叙ぶる無きも、道書は釈訓に渉ること多し。人の流の上を慕うは、古諺の常言にして、下徒に居るを悪《にく》むは、今俗の行事なり。所以に相状有るに随い、儀に擬えざるは無し。道の本は気にして、像の図くべき無きに、今則ち仏に擬え、金姿峙列す。天堂地獄、連写施行し、五戒十善、曽て異跡無し。終に是れ才用薄弱にして、自ら宗科を立つ能わず。経を窃み義を盗み、倚傍して道と称す。楊雄の太玄の如きに至りては、迢然《ちょうぜん》として異に居り、抱樸 道を論じ、邈爾として権を開く。荘恵の流は、名作と為すべく、南華 近ごろ出でて、亦た命家たるに足る。豈に上皇の元、密かに漢徹の号に取り、剖きて左腋より生まるること、用て能仁の儀に比ぶるが若くならんや。斯の途衆し。具さに後に顕らかにするが如し。

又た俗は三際の業に惑い、時は四趣の報を軽んず。人の死は此の生に極まり、生も亦た何くに至るかを知る莫し。斯れに由り淪滞し、竟より出づるに縁る無く、若し統叙せずんば、長迷逾いよ遠し。深く繁委を嫌うも、何ぞ之を略すことを得ん。

又た序に曰く、夫れ惑を解くことの生ずるは、博く義挙を見るに存し、伝聞闇託は、信に舟師を弁じ難しと為す。故に四不《ふ》壊浄《えじょう》は、位 流に入るの始めに居り、一正定聚《しょうじょうじゅ》は、方 正しきに渉るの域と称せらる。余は則ち初染軽毛は、風に随い揚扇し、不退漆木は、磨すと雖も磷《うす》らがず。是を以て惑を弁じ正しきを履むは、悟達の機に開き、形に宅し道に安んずるは、必ず稽明の徳に拠る。法の震旦に流《およ》びてより、信毀相い陵ぐは、多くは臆断もて、心を師として統決し、三際必然の事を、乃ち寓言と謂い、六道昭彰の形を、言いて虚指と為すに由れり。

夫れ以みるに生死に輪廻すとは、業に随いて往還し、念念に依りて身を賦し、劫劫に逐いて識を伝うるなり。所以に濠上の英華は、方生の論を著し、柱下の叡哲は、其の鬼 神ならずと称す。謂うべし、長時は尽くる有るも、生涯は窮まらず、と。禹父は既に黄熊と化し、漢王は変じて蒼犬と為る。彭生 豕もて見われ、事 斉公に顕われ、元伯の纓垂るるは、名 漢史に高し。斯の途衆し。備には紳に書し難し。無識の倫、妄りに推託を生じて、便ち言う、三后 天に在るは、勧誘の高軌なり、陳祭鬼饗するは、孝道の権猷なり、と。斯れ則ち人倫の典謨に乖き、天常の行事に越《はず》れ、経に詭《そむ》き俗を乱すこと、之を言うに足らざるなり。

夫の繋に遊魂の談を述べ、経に故身の務を叙ぶるが若きは、昭穆に序有り、祖を尊びて親を重んず。遠きを追い終りを慎むは、由来の同《とも》に仰ぐものにして、霜を践み感を興すは、列代の彝倫なり。安んぞ生ずる所を捐擲し、専ら諸れを已に存して、横《ほしいまま》に無鬼の論を陳べ、自ら有身の術を許すこと有らんや。前集は已に論じたるも、今 重ねて昌顕す。固より、須く名理を讎校して、経論を尋討し、巻部五千、咸く目閲を経、義は八蔵に通じ、妙は宗帰を識り、斯の若く博く詣れば、事は迴惑を絶つべし。

窃かに以えらく、六因四縁は、善悪に乗じて業を成し、四生六道は、升沈の果報を紹《つ》ぐ。茲の道坦然たるも、学ぶに非ざれば達せず。豈に凡庸の臆度を信じ、大聖の明略を排すべけんや。況や復た十度の仁舟を列ね、大心を苦海より済い、四諦の階級を分け、小智を邪山より導くをや。三学以て両乗を統べ、四輪にして八難を摧く。梗概此の若し、之に惑うに由《よし》なし。

又た以えらく、寺塔の崇華、財事を糜費し、僧徒の供施、福田を叨濫し、過犯滋《ますます》彰かにして、譏嫌の時俗、通《あま》ねく仏法を汚し、咸な湮埋を被る。故より周魏の二武、生は本と幽都、赫連の両君、胤は惟れ玁狁なり。卿は仁義の域に非ずして、性は陶甄の心を絶つ。擅ままに殲殄を行うも、誠に怪しむに足る無し。今列代を疏括し、編して之を次《つい》づ。庶くは或は迷没、拔きて悟を取らんことを。之に序すと爾か云う。

〔訳文〕

仏教に対する俗世間の誤解には、大きく分けて二つある。まず初めに、仏を実体のない欺瞞の存在として、人の心を大いに導くことを疑い、次に、因果の理はわかりにくく、いかにこの身今生を保全するかに惑う。いったい、仏は「大いなる覚者」と呼ばれ、その輝きは衆生の機根にあまねく、様々な人々の本性と欲を明らかにして、各々の病（煩悩）に対する良薬としての方便の教えを具体的に示されている。だからこそ、仏は一丈六尺の偉大な金色の姿を地上世界に示し、三千大千世界の全ての人々に遍く光明を及ぼしたのである。その教えを受けた者には、塵や砂の如く無数にある法の中から悟りを獲得させ、心の内にまとわりつく十の煩悩（十使＝貪・瞋・痴・慢・疑と身見・辺見・邪見・見取見・戒禁取見）と、外部から来る八つの魔（蘊魔・煩悩魔・死魔・天子魔と無常・無我・無楽・無浄の四顚倒）の弊害とを全て除去させる。それ故、水難や火難をたやすく踏み越え、龍神や鬼神の心をも摂めとって怡《やわら》がしめる。〔また仏は〕三達智や六神通の力によって、霊妙の仏心よりする深い教えをのべ広め、説法において妨げのない四つの能力（四無礙《げ》弁）や貪欲の心を捨てる八種の禅定の力（八解脱）によって、仏法が煩悩に被われた人々の行き交う大路であることをのべ示す。仏の道は明らかに示されているものの、詳細に述べようとすればいささか困難を来す。

一方で、老子は「道」を称揚しているけれども、わずかに上下二篇を著したにすぎない。そもそも、彼の名は周代の記録官であり、周代のとある官吏の門下に学び、厲郷〈河南省鹿邑県〉に生まれ、槐里〈陝西省興平市東南〉において死んだ。老子の死に関する荘生〈荘子〉の記述は事実に基づいた記録であり、〔老子の死に弔問した〕秦佚の故事は決して作り話ではない。それにも関わらず、司馬遷は『史記』において、老子を褒め称えた上にさらに、西方に向かい砂漠を渡って姿を隠した、という。漢の景帝はこれを信じ、ここで初めて中国の地に老子の「道」の学問が開かれた。その後老子の教えはしだいに広まったが、今はこの地において衰えてしまっており、老子が説く絶智や守雌の実践は、この世界に未だかつて聞いたことがない。それでも道理に暗い俗人たちは道教の教えを信じてしまい、道教徒は教義を粉飾し詐って、真の教えであると言いふらした。〔老子がインドに入って教化したという、道士王浮の〕老子化胡経などの経典が造られ、そこでは、仏教の四果〈小乗におけるさとりの境地〉や十地〈大乗における菩薩の修行の階梯〉といった修道の階位や、劫というきわめて長い時間を単位として世界が循環するという考え方をまねている。また、土をつき固めて人間を作った、観音菩薩は老子像の脇侍とする、などといい、また黄書や赤章など道教の符書を用いて寿命を延ばし、或いは呪術を行うという。しかしながら、このような言葉は全くのでたらめであり、語るに足らない。まさに、老子が仏より優れ、その教えも教団も仏教を超えていると誇り、俗世間を欺いて老子を至高の存在にしようとする。事理に通じる優れた見識を持つ者は、自ずと日常生活のしがらみを断ち切るが、瑣末な学問に終始し迷いに執われている者は、往々にしてともに蒙昧の淵にしずんでしまう。

さらに道徳経の二篇は、涓子が説いたもので、これを伯陽〈老子の字〉が尹喜に伝えたのならば、これこそ祖述して創作はしなかったということである。だが、前述の四果より以下に至っては、全く道教には無いものである。これはすなわち、後世の学徒や門人たちが、広く偽作の道筋を開いたのである。口にする言葉はいつも仏教からの援用であり、却って老子の教えそのものに害を及ぼすことになる。それ故、葛洪の『神仙伝』に、「暗愚の道士の中には、むやみやたらに、老子は歴代帝王の国師であった、と伝える者がいるが、それはでたらめである」と言っている。葛洪は生まれながらに道徳を理解している人物であり、千年に一人の逸材と言えよう。その他の者たちはそこらに転がっている小石のごとく役立たずで、どの者の才力もみな似たようなものである。仏教経典には老子に関する記述は無いが、道教経典には仏の教えに関連するものが多い。いったいに、人々が高い地位を望むとは、古来の常套句に言うところであり、誰しも低い地位にいるのを厭《いと》うのは、近頃の世間における人々の行動の形である。だから、類似の部分があれば、すべて仏教のそれをまねた。例えば、道教の「道」の根源は気であり、気を像《かたち》としては画けない。それが今や仏の金色に輝く姿に似せて堂々と並べられている。道教経典には、仏画として画かれる天人の世界や地獄を次々と写してはそれを利用するが、五戒や十善戒（不殺生・不偸盗・不邪婬・不妄語・不悪口・不両舌・不綺語・不慳貪・不瞋恚・不邪見）を守ることによるすぐれた事跡はあった例《ため》しがない。結局は才と用に乏しくて、道教本来の教えに基づく一宗を独立することができず、仏教経典から体例と教義を盗用し、それに則ったものを「道〔経〕」と称したのである。しかしながら、こと楊雄が著述した『太玄経』などは、前述の道教経典とははるかに異なってすぐれたものであり、また『抱朴子』において葛洪が「道」について論じるのを見てみると、遥かに権方便としてのあり方を開き示している。また荘周と恵施の議論を収めた『荘子』のたぐいは、名高い著作であり、近頃出された『南華』もまた一家とするに足るものである。これらは、漢〔の武帝劉〕徹が創始した元号の制度を援用して、老子が生まれた年に上皇の年号を当てたり、仏陀が摩耶夫人の右脇から生まれたことに擬えて、老子が浄妙夫人の左脇から生まれたとする作り話とどうして同じであろうか。このような例は多く、詳しくはこれ以降、明らかに示すであろう。

また、世俗の人々は身・口・意の三つの業因に対する果報が過去・現在・未来にわたって生じること、果報によって地獄・餓鬼・畜生・阿修羅の四悪趣に堕ちることを疑い軽んじた。人というものは死ねばそこで一生が終わるのであり、来世もまたどこの世界に生まれるのか知る由もない。これによって、人々は煩悩世界に沈み込んでしまって、苦しみの境界から脱れ出ようにもそのための拠り所が無い。ここでもし筋道を立てて叙述しなければ、さらに長い間迷うことになろう。できるだけ煩雑になることは避けるが、長迷生死の世界からの解脱を示す記述は決して省略しない。

再び序として述べる。そもそも、仏典に示された内容を博く見る所にこそ、惑いは解きほぐされるのであり、仏法を示して指導してくれる師をまことに見分け難くさせるのは、うわさ話や曖昧な理解である。それだから四不壊浄〔仏・法・僧と戒への堅固な浄心〕は、仏道に入る最初の階梯であり、〔既に解脱して仏となることが決定した〕正定聚は、正理の境地と称される。その他の仏道に入りたてで〔修行の初期段階にあり、〕軽い毛のように行いと心が不安定なものは、風に乗って舞い飛ぶように〔世間に〕翻弄されるが、不退転で漆木のように堅固な信心は、いくら磨り減らしたとしても薄くならない。悟りに達する根機においてこそ、惑いを惑いとして明らかにして、正しい教えを履みすすみ、経典に問い経典を明らかにして身に具わる徳を拠り所にしてこそ、必ずや今生の肉体において仏法に安んずるのである。仏法が中国に伝わると、仏法を信じる者と誹る者とが交互に現われたのは、大抵は勝手な判断によって、己の考えを師法として全体を決めつけてしまい、三世にわたる必然の輪廻転生をたとえ話だといい、六道輪廻のあきらかなすがたを、根拠のないでたらめとすることに由来する。

思うに、六道中に生死を繰り返すとは、その業に準じ行き来して、肉体を刹那刹那の僅かな時間だけ付与し、その神《こころ》を永遠の時間に伝えていることである。それだから荘子は、物事の相対性とそれを超えた境地についての論理を明らかにし、老子は、〔無為の道によれば〕鬼神も祟ることがないと主張した。このようにも謂えるだろう、長い時でさえいつかは終わりが有るが、〔六道に輪廻する〕生涯〔生死〕は終わることがない、と。禹の父の鯀が黄熊と為ったこと、〔無残な死を遂げた〕漢の趙王が蒼犬と為り祟って出たこと、彭生が豕として現われ、斉の襄公に祟りをなしたことや、『後漢書』に明記されているように、元伯〔張劭〕が死の直後に友人の夢に現われ自らの死を知らせたことなど、このような事は多くあり、〔大切なものであるけれども〕大帯に詳しく記すのは困難である。無知なる人々は、考えなしに根拠の無い推測を起こして、このように言う、〔周王室の祖である〕大王〔古公亶父〕・王季〔季歴〕・文王の神霊が天にいるのは、人々を正しい道に導き入れるすぐれた軌範である、また、死者〔特に両親〕の霊を宗廟に祭り祖神がそれを享けることは、この世で実践すべき孝養の道である、と。これらが人の世の踏み行うべき教えに違背し、則るべき天道の運行からはずれもとり、法に詭《そむ》き世を乱すものであることは言うまでもない。

また『易』繋辞伝に天に昇り切らず浮遊している魂が変異をもたらすと述べ、経典に亡骸に対する務を叙べており、それは廟には昭穆の秩序が有り、先祖を尊び親縁に親しむすがたをとる。遠い先祖を追慕し、自らの父母に対する葬いの礼を慎重に大切にするのは、共々に祖先の霊を仰ぎ慕うこと、霜を践んでは〔父母・祖先に対する〕思いを興すのは、世々代々の常理である。どうして〔自らの〕起源である父母・祖先を捨ててしまい、専ら自身の存在にのみ関心をよせ、勝手に無鬼の説を陳べ、自ら肉体を保つ術を当てにすることが有るだろうか。先の『弘明集』で神滅・不滅については已に論じられているが、今この『広弘明集』でも重ねて顕らかに示した。固よりぜひにも論理を正し、経蔵・論蔵に教えをたずね、巻部五千以上にもなる経典は、悉く読み調べて、声聞・菩薩の各四蔵に通じてその義を知り、おおもとの帰着点である神妙たるものを知り、このように博学に達すれば迷惑に踏み迷うことも絶無となろう。

心密かに思う。結果を引き起こす六種の内的原因（六因）と四種の外的原因（四縁）は、理に順ずるか（善因果）違えるか（悪因果）に因ってその人の業を定め、出生の四つの形態（四生）と六つの世界（六道）とは、〔安定せずに〕升ったり沈んだりの果報をつなぐ。このような道理は明瞭な教えであるが、学ばなければ悟ることはできない。愚凡な者の臆断と忖度を信じて、比類なき大聖仏陀の明快な教えを排せようはずもない。ましてや菩薩の十の徳目（十波羅蜜）による慈悲の舟を列ねて、際限の無い苦そのものの海から悟りを求める大心の人をすくい、苦・集・滅・道の四諦（真理）の順序を明らかにし、小智の人を邪見より導き出さしめることこそなおさらに大切である。三学によって声聞・縁覚の両乗をも一つにし、四輪により八つの仏道修行の障礙をくじく。大よそはこのようにまとめられ、これらのことに惑ういわれはない。

また寺塔を華美にするために、財物をぜいたくに使い、僧徒への供養では、〔福徳・功徳を受けんがために、濫りに仏・僧等への奉仕を行って〕福田の教えをそこない、過ちがますます顕著になり、仏法を譏り嫌う俗世の人々は、おしなべて仏法を汚辱して、咸《みな》あとかたも無くなってしまった。北周の武帝と北魏の太武帝の二人の皇帝は、本々北の果ての地に出生し、匈奴の赫連勃勃と赫連昌の両君は、北狄の血筋である。その他の高官の人々は道徳が行われる環境にないため、人々を導こうとする心を元来持っていない。これらの君主が廃仏の政策を行ったこともまことに怪しむに足らない。今代々の記録を整理してまとめ、順序立てて編纂した。願わくは迷妄の世界に没み苦しむ人々も、この書を披《ひら》いて、悟りを得られんことを。以上、序として述べた。

〔語註〕

1 【沈冥】謝霊運「登石門最高頂五言」（『文選』巻二二）「沈冥豈別理、守道自不携」。

2【大覚】『成実論』巻一・吉祥品「如吉祥偈説、諸天世人中、無上尊導師、仏為大覚者、是名最吉祥」（T32, 247b）。

3【機初】「初」には根本の意があり、「機初」は機根と同意と解釈する。「五経博士賀瑒答（神滅論）」（『弘明集』巻一〇）「辱告、垂示勅答臣下審神滅論。鑽仰反復、誦味循環、故知妙蘊機初、事隔凡浅、神凝繋表、義絶庸情」（T52, 066b）。

4【性欲】『法華経』巻一・方便品「我以智慧力、知衆生性欲、方便説諸法、皆令得歓喜」（T9, 009b）。

5【病薬】北本『涅槃経』巻一・寿命品「諸比丘、譬如大地諸山薬草為衆生用。我法亦爾。出生妙善甘露法味、而為衆生種種煩悩病之良薬」（T12, 376c）。

6【二篇】『史記』巻六三・老子列伝「老子修道徳、其学以自隠無名為務。居周久之、見周之衰、迺遂去。至関、関令尹喜曰、子将隠矣、彊為我著書。於是老子迺著書上下篇、言道徳之意五千余言而去、莫知其所終」。

7【槐里】老子が槐里に死んだという記録は『荘子』や『史記』には見当たらないが、『弁正論』に、『闕中記』（おそらく潘岳の『関中記』であろう）を引用して次のようにいう。同書巻五・仏道先後篇「荘子云、老聃死秦失弔焉。闕中記云、老子葬於槐里〈今古扶風始平之南有槐里郷〉」（T52, 522c）。

8【秦佚】秦佚は老子の友人。『荘子』内篇・養生主「老聃死、秦失弔之、三号而出」。

9【西遁流砂】『史記』本文には直接言及しない。『史記』巻六三・老子列伝「……莫知其所終。〔集解〕列仙伝曰、関令尹喜者、周大夫也。……与老子倶之流沙之西、服臣勝実、莫知其所終。亦著書九篇、名関令子」。

10【漢景信之】『漢書』巻八八・儒林伝「及至孝景、不任儒、竇太后又好黄老術、故諸博士具官待問、未有進者」。孫権「論叙仏道三宗」（『広弘明集』巻一）「至漢景帝、以黄子老子義体尤深、改子為経、始立道学」（T52, 099c-100a）。

11【絶智】『老子』一九章「絶聖棄智、民利百倍」。

12【守雌】『老子』二八章「知其雄、守其雌、為天下蹊」。

13【結土為人】甄鸞「笑道論」（『広弘明集』巻九）に「結土為人」の項（T52, 145bc）があり、道教経典である『太上三天正法経』にいう人間創造の内容に対して批難する。

14【観音侍老】『続高僧伝』巻二二・明律篇・慧満伝「昔周趙王治蜀、有道士造老君像而以菩薩俠侍。僧以事聞。王乃判曰、

菩薩已成不可壊。天尊宜進一階官。乃迎于寺中、改同仏相。例相似也」（T50, 618b）。甄鸞「笑道論」（『広弘明集』巻九）に「観音侍道」の項（T52, 146bc）があり、これらの事例を批難する。「「笑道論」訳注」（「六朝・隋唐時代の道仏論争」研究班、『東方学報 京都』六〇冊、一九八八年）参照。

15【黄書度命……】『梁書』巻一三・沈約伝「召巫視之、巫言如夢。乃呼道士奏赤章於天、称禅代之事、不由己出」。玄光「弁惑論」（『弘明集』巻八）畏鬼帯符非法之極「若受黄書赤章言、即是霊仙硍屐入靖、不朝太上」（T52, 049a）。

16【厭祝】『宋書』巻七二・南平穆王鑠伝「〔劉〕劭迎蔣侯神於宮内、疏世祖年諱、厭祝祈請、仮授位号、使鑠造策文」。

17【孟浪】『荘子』内篇・斉物論「夫子以為孟浪之言」。

18【迷津】文宣王「法集録序」（『出三蔵記集』巻一二）「並翼讃妙典、俘剪外学、迷津見衢、長夜逢暁」（T55, 085b）。

19【涓子】『天人経』を著したとされる古の仙人。嵇康「琴賦并序」（『文選』巻一八）「〔李善注〕列仙伝曰、涓子者、斉人、好餌朮、著天地人経三十八篇。釣於沢、得符鯉魚中。隠於宕山、能致風雨。造伯陽九山法。淮南王少得文、不能解其音旨。其琴心三篇有条理焉」。孫盛「老子疑問反訊」（『広弘明集』巻五）「嵇子云、老子就涓子、学九仙之術、尋乎導養。斯言有徴。至於聖也、則不云学」（T52, 121b）。

20【述而不作】『論語』述而「子曰、述而不作、信而好古、窃比於我老彭」。

21【神仙伝云……】『太平広記』巻一・老子に神仙伝を引き「或云、上三皇時為玄中法師、下三皇時為金闕帝君、……文王時為文邑先生。……葛稚川云、……皆由晩学之徒、好奇尚異、苟欲推崇老子、故有此説。其実論之、老子蓋得道之尤精者、非異類也」という。甄鸞「笑道論」（『広弘明集』巻九）年号差舛「又云、代代為国師、葛洪神仙序中具説已怪」（T52, 145a）。

22【人流慕上】『左伝』襄公三十年「子産相鄭伯以如晋。叔向問鄭国之政焉。……〔子産〕対曰、伯有侈而愎、子皙好在人上、莫能相下也。雖其和也、猶相積悪也。悪至無日矣」。

23【天堂】宗炳「宗答何書」（『弘明集』巻三）「夫心不貪欲、為十善之本。故能俯絶地獄、仰生天堂、即亦服義蹈道理端心者矣」（T52, 018b）。

24【連写】王度「奏議序」（『広弘明集』巻六）「且仏之教義、綸綜有帰、前後文理、無相乖競。尋繹道経、濫窃何甚、不能自立一義、並傍仏宗。或四果十地、連写内経、或地獄天堂、全書仏旨」（T52, 126c）。

25【楊雄太玄】楊雄（また揚雄、前五三～後一八年）は、前漢末の思想家・文学者。『易』になぞらえた『太玄経』を著した。『漢書』巻八七下・揚雄伝「哀帝時、丁・傅・董賢用事、諸附離之者或起家至二千石。時雄方草太玄、有以自守、泊如也。……賛曰……実好古而楽道、其意欲求文章成名於後世、以為経莫大於易、故作太玄」。

26【抱樸】『老子』一九章「見素抱朴、少私寡欲」。ここでは葛洪の号である抱朴子、または著作『抱朴子』を指す。

27【開権】『摩訶止観』巻三下「五明権実者、権是権謀、暫用還廃。実是実録、究竟旨帰。立権略為三意。一為実施権、二開権顕実、三廃権顕実。如法華中蓮華三譬」（T46, 034a）。

28【荘恵之流】『荘子』を指す。荘恵は荘周（荘子）と恵施（恵子）。恵施は梁の恵王に仕えた思想家で『荘子』の全編にわたり荘周との議論が載録される。劉峻「広絶交論」（『文選』巻五五）「莫不締恩狎、結綢繆、想恵荘之清塵、庶羊左之徽烈」。

29【南華近出】『仏道論衡』巻三・太宗下勅以道士三皇経不足伝授令焚除事「至如南華幽求、固是命家之作、不可及也」（T52, 386b）。『荘子』が『南華真経』と呼ばれるのは唐の天宝年間（七四二～七五六）以降であり、ここでの「南華」が『荘子』を指すかどうかは不明。『隋書』巻三四・経籍志三には「南華論二十五巻〈梁曠撰、本三十巻〉、南華論音三巻」がみえる。

30【命家】『高僧伝』巻一三・興福篇・僧弁伝「明旦即集京師善声沙門、龍光普智・新安道興・多宝慧忍・天保超勝及僧弁等、集第作声。弁伝古維摩一契、瑞応七言偈一契。最是命家之作」（T50, 414b）。また前掲註29参照。

31【上皇之元……】甄鸞「笑道論」（『広弘明集』巻九）年号差舛「道徳経序云、老子以上皇元年丁卯、下為周師、無極元年癸丑、去周度関。笑曰、古先帝王、立年無号。至漢武帝、創起建元。後王因之、遂至今日。上皇孟浪、可笑之深。……」（T52, 144c）。

32【剖生左腋……】『南斉書』巻五四・顧歓伝「道経云、老子入関之天竺維衛国、国王夫人名曰浄妙、老子因其昼寝、乗日精入浄妙口中、後年四月八日夜半時、剖左腋而生、墜地即行七歩、於是仏道興焉。此出玄妙内篇」。

33 【出竟】『法華文句』巻一上「什師云、始出妻子家、応以乞食自資、清浄活命。終出三界家、必須破煩悩、持戒自守。具此二義、天魔怖其出境也」（T34, 006c）。

34 【統叙】『続高僧伝』巻一一・義解篇・法侃伝「仁寿二年、文帝感瑞、広召名僧、用増像化。勅侃往宣州、安置舎利。既奉往至、統叙国風、陶引道俗」（T50, 513b）。

35 【義挙】『続高僧伝』巻二二・明律篇・論「自初開律、釈師号法聡。元魏孝文、北台楊緒、口以伝授、時所栄之。沙門道覆、即紹聡緒、讃疏六巻。但是長科、至於義挙、未聞于世」（T50, 620c）。

36 【闇託】『行事鈔』巻上・標宗顕徳篇「研習積年、猶迷闇託、況談世論」（T40, 004b）。『資持記』巻上・釈標宗篇「闇託、謂不達前事」（T40, 179c）。

37 【舟師】『仏道論衡』巻四・続附「仏垂法網、是舟師於形有」（T52, 395c）。

38 【一正定聚】『法華義疏』巻一二・普賢菩薩勧発品「三者入正定聚。聚有三種。一者邪定聚、謂必入地獄。二者正定聚、必得解脱。三者二楹中間、名不定聚」（T34, 631c）。

39 【初染】『正法念処経』巻四五・観天品「初染之時、歓喜愛多、後時苦多」（T17, 267c）。

40 【軽毛】『仁王般若経』巻下・受持品「善男子、習忍以前行十善菩薩、有退有進。譬如軽毛、随風東西、是諸菩薩、亦復如是」（T8, 831b）。

41 【漆木】『成実論』巻一・発聚中仏宝論初具足品「又仏定堅固、如漆漆木、余人禅定、如華上水、不得久住。又仏禅定、於無量劫、次第漸成。故能具足。又如来定、不待衆縁若人若処若説法等、余人不爾」（T32, 239b）。

42 【磨不磷】『論語』陽貨「子曰、然。有是言也。不曰堅乎、磨而不磷。不曰白乎、涅而不緇。吾豈匏瓜也哉。焉能繋而不食」。

43 【宅形】鄭道子「神不滅論」（『弘明集』巻五）「若其然也、則有意於賢愚、非忘照而玄会、順理玄会、順理尽形、化神宅形。子不疑於其始、彼此一理而性於其終耶」（T52, 028c）。

44 **【稽明之徳】** 用例未詳。

45 **【虚指】** 『管子』白心篇「上聖之人、口無虚習也、手無虚指也。物至而命之耳」。甄鸞「笑道論」諸子道書（『広弘明集』巻九）「又説統収道経目録、乃有六千余巻。覈論見、本止有二千四十巻。余者虚指未出」（T52, 152c）。

46 **【輪廻生死】** 『法華経』巻二・方便品「以諸欲因縁、墜堕三悪道、輪廻六趣中、備受諸苦毒、……」（T8, 008b）。

47 **【念念】** 『注維摩詰経』巻二・方便品「如空聚。……〔僧〕肇曰、……是身無常、念念不住、猶如電光暴水幻炎。亦如画水、随画随合」（T38, 342b）。

48 **【劫劫】** 『弁正論』巻五・仏道先後篇「第四仏者、即釈迦文。自余続興、終乎劫尽爾。乃劫劫相次、則仏仏無窮者也」（T52, 521b）。

49 **【所以……】** 「五経博士明山賓答」（『弘明集』巻一〇）「夫明則有礼楽、幽則有鬼神。是以孔宣垂範以知死酬問、周文立教以多才代終、詩称三后在天、書云、祖考来格、且濠上英華、著方生之論、柱下叡哲、称其鬼不神。為薪而火伝、交臂而生謝。此皆陳之載籍、章其明者也」（T52, 066c）。

50 **【濠上英華】** 荘子のことをいう。恵子と濠梁の上に遊んだことにちなむ。『荘子』外篇・秋水「荘子与恵子遊於濠梁之上。荘子曰、儵魚出遊従容、是魚之楽也。恵子曰、子非魚、安知魚之楽。……〔荘子〕云者、既已知吾知之而問我、我知之濠上也」。

51 **【方生之論】** 『荘子』内篇・斉物論「物無非彼、物無非是。自彼則不見、自知則知之。故曰、彼出於是、是亦因彼。彼是方生之説也。雖然、方生方死、方死方生。方可方不可、方不可方可。因是因非、因非因是。……」。

52 **【柱下叡哲】** 老子が周の柱下史（守蔵室之史）であったことにちなむ。『史記』巻六三・老子伝「老子者、楚苦県厲郷曲仁里人也、姓李氏、名耳、字聃、周守蔵室之史也。〔索隠〕按、蔵室史、周蔵書室之史也。又張蒼伝、老子為柱下史、蓋即蔵室之柱下、因以為官名」。

53 **【其鬼不神】** 『老子』六〇章「治大国、若烹小鮮。以道莅天下、其鬼不神。非其鬼不神、其神不傷人。非其神不傷人、聖人亦不傷人。夫両不相傷、故徳交帰焉」。

54 【禹父既化黄熊】『左伝』昭公七年「鄭子産聘于晋。晋侯疾。韓宣子逆客、私焉曰、寡君寝疾、於今三月矣。並走群望、有加而無瘳。今夢黄熊入于寝門。其何厲鬼也。対曰、以君之明、子為大政。其何厲之有。昔堯殛鯀于羽山、其神化為黄熊、以入于羽淵、実為夏郊、三代祀之。晋為盟主、其或者、未之祀也乎。韓子祀夏郊。晋侯有間、賜子産莒之二方鼎」。

55 【漢王変為蒼犬】『史記』巻九・呂太后本紀「王有所愛姫、王后使人酖殺之。王乃為歌詩四章、令楽人歌之。王悲、六月即自殺。……三月中、呂后祓還、過軹道、見物如蒼犬、拠高后掖、忽弗復見。卜之、云趙王如意為祟。高后遂病掖傷」。

56 【彭生豕見……】『左伝』桓公十八年「夏、四月丙子、享公、使公子彭生乗公。公薨于車。魯人告于斉曰、寡君畏君之威、不敢寧居。来脩旧好、礼成而不反。無所帰咎、悪於諸侯。請以彭生除之。斉人殺彭生」。同荘公八年「冬、十二月、斉侯游于姑棼、遂田于貝丘、見大豕。従者曰、公子彭生也。〔襄〕公怒曰、彭生敢見。射之。豕人立而啼。公懼、隊于車、傷足喪屨。……」

57 【元伯纓垂】『後漢書』列伝七一・范式伝「范式字巨卿、山陽金郷人也、一名汜。少遊太学、為諸生、与汝南張劭為友。劭字元伯。……〔元伯〕尋而卒。式忽夢見元伯玄冕垂纓屣履而呼曰、巨卿、吾以某日死、当以爾時葬、永帰黄泉。子未我忘、豈能相及。式怳然覚寤、悲歎泣下、具告太守、請往奔喪。……」。

58 【三后在天】『詩』大雅・文王之什「下武維周、世有哲王。三后在天、王配于京。王配于京、世徳作求。……於万斯年、受天之祜。受天之祜、四方来賀。於万斯年、不遐有佐」。

59 【勧誘之高軌】慧遠「沙門袒服論」（『弘明集』巻五）「如此則情礼専向修之不倦。動必以順不覚形之自恭。斯乃如来勧誘之外因。斂麁之妙跡」(T52, 032c)。

60 【陳祭鬼饗】『礼記』問喪「親始死。鶏斯徒跣。扱上衽、交手哭。……祭之宗廟、以鬼饗之、徼幸復反也」。

61 【天常】『左伝』文公一八年「傲很明徳、以乱天常」。

62 【遊魂之談】『易』繋辞伝上「仰以観於天文、俯以察於地理。是故知幽明之故。原始反終。故知死生之説。精気為物、遊魂為変。是故知鬼神之情状」。また後掲註63参照。

63 【経叙故身之務】「侍中王蒜答（神滅論）」（『弘明集』巻一〇）「夫経述故身之義、繋叙遊魂之談。愚浅所弁、已為非滅。

況復叡思弘遠、尽理窮微。引文証典、煥然氷釈。……」（T52, 062a）。王蒜のいう「経述故身之義」は、武帝が神不滅を立証するのに『孝経』と『礼記』を引用しているのを踏まえて、『孝経』喪親章を意識したものとされる（牧田諦亮編『弘明集研究』京都大学人文科学研究所、参照）。しかし関連する梁武帝の「神明成仏義記」（『弘明集』巻九）及び「勅答臣下神滅論」（同巻一〇）には直接『孝経』を引用している箇所は見当たらないため、ここでは『孝経』に限定せず「経典」と訳した。

64 **【昭穆有序】**『礼記』大伝「上治祖禰、尊尊也。下治子孫、親親也。旁治昆弟、合族以食、序以昭繆。別之以礼義、人道竭矣」。

65 **【尊祖重親】**『礼記』大伝「自仁率親、等而上之至于祖、自義率祖、順而下之至於禰。是故人道親親也。親親故尊祖。尊祖故敬宗。敬宗故収族。収族故宗廟厳。宗廟厳故重社稷。……」。『仏道論衡』巻三・〔太宗〕文帝幸弘福寺立願重施叙仏道先後事「帝謂僧曰、比以老君是朕先宗、尊祖重親有生之本、故令在前。師等大応悢悢」（T52, 386a）。

66 **【追遠慎終】**『論語』学而「曾子曰、慎終追遠、民徳帰厚矣」。

67 **【践霜】**『易』坤「初六。履霜堅氷至。象曰、履霜堅氷、陰始凝也。馴致其道、至堅氷也」。

68 **【無鬼之論】**例えば、『論衡』巻二四・譏日「夫祭者、供食鬼也。鬼者、死人之精也。若非死人之精、人未嘗見鬼之飲食也。……実者、百祀無鬼、死人無知。百祀報功、示不忘徳」。『宋書』巻六九・范曄伝「曄常謂死者神滅、欲著無鬼論」。未詳作者「正誣論」（『弘明集』巻一）「凡俗人常謂、人死則滅、無霊無鬼」（T52, 008a）など。

69 **【有身之術】**『老子』一三章「何謂貴大患若身。吾所以有大患、為我有身。及我無身、吾有何患」。慧遠「沙門不敬王者論」（『弘明集』巻五）出家「出家則是方外之賓、跡絶於物。其為教也、達患累縁於有身、不存身以息患、知生生由於稟化、不順化以求宗」（T52, 030b）。

70 **【十度之仁舟】**十度は十波羅蜜（六波羅蜜に方便・願・力・智の四つを加えたもの）に同じ。薛道衡「弔延法師亡書」（『広弘明集』巻二四）「法師弱齢捨俗、高蹈塵表、志度恢弘、理識精悟。……信足以追蹤澄什、超邁安遠。而法柱忽傾、仁舟遽没。匪直悲纏四部、固亦酸感一人」（T52, 280bc）。

71 【邪山】『摩訶止観』巻五之上「観能破闇、能照道、能除怨、能得宝、傾邪山、竭愛海、皆観之力」（T46, 058b）。

72 【四輪】『大乗義章』巻八之末・八難義「次就四輪、以弁対治。何者四輪、如成実説、一住善処、謂生中国。二依善人、謂値仏世。三自発正願、謂具正見。四宿植善根、謂於現在諸根完具。此四唯在天人中有故、論名為天人四輪。所言輪者、就喩名也。能摧八難、出生聖道無漏法輪。故名為輪。四輪如是」（T44, 629c）。

73 【八難】地獄・餓鬼・畜生・長寿天・辺地・盲聾瘖瘂・世智弁聡・仏前仏後の八つの境界。『注維摩詰経』巻一・仏国品「説除八難、是菩薩浄土。菩薩成仏時、国土無有三悪八難。〔僧〕肇曰、説除八難之法、土無八難也」（T38, 336b）。

74 【幽都】『尚書』堯典「申命和叔、宅朔方、曰幽都」。

75 【迷没】『無量寿経』巻下「痴惑於愛欲。不達於道徳。迷没於瞋怒。貪狼於財色。坐之不得道」（T12, 275a）。『続高僧伝』巻二四・護法篇・法通伝「故能光開仏日。弘導塵蒙。摂迷没之鄙夫。接戒濁之澆首」（T50, 642a）。

仏徳篇序

〔釈文〕

序曰、夫以、蒙俗作梗[1]、妙籍舟師。師之大者、所謂王也。故王者往也[2]。若海之朝宗百川[3]焉。王之取号、況於此也。

然則統言王者、約縁乃多、事理両分、挙要惟[4][a]二。初謂詳事、二謂明理。

故詳事之王、則人王天王[5]是也。行化在事、事止於身。身存而化行、身滅而化息。此則外計其身、而莫思其内識。故目其化、為外教[6]也。

二謂明理、則法王[7]仏覚是也。行化在理、理在於心。心存而化行、想滅而境絶。此則内撿其心、而不縁於外境。故目其化、為内教也。

所以厚身而存生[8]、生生而不窮[9]、捐生[10]而去情、情亡而照寂[11]。致使存形之教[12]、万国[13]同儀[14]、練心之術[15]、千聖斉一[16]。是則道俗両教、出入升沈。俗則入有而沈形、六道以之而綿亘、道則出空而升位、三聖自此而昌明焉。

自正道東流、六百余載、釈蒙従信、其徒不一。独夫振[b]虐、而坑僧撃[c]像者二三。明后[17]重道、寺塔崇樹者亦衆矣。至如呉王之詳仏聖、暁天人之所帰、宋君之叙仏徳[18]、明朝賢之宗奉。諸余蒙昧、無足勝言。故序現迹之祥瑞、又述頌作之盛徳。随類覧歴、豈不昭彰心性乎。

〔校勘〕

a惟＝唯（宋・元・明・本・宮）　b振＝震（宋・元・明・宮）　c撃＝繋（宋・宮）

［訓読］

序に曰く、夫れ以《おも》えらく、蒙俗 梗を作すに、妙籍は舟師なり。師の大なる者は、謂う所の王なり。故に王とは往なり。海の百川に朝宗たるが若し。王の号を取る、況んや此に於いてをや。

然れば則ち統べて王と言うは、縁に約せば乃ち多きも、事理 両つながら分かち、要を挙ぐれば惟だ二のみ。初めに事を詳らかにすと謂い、二に理を明らかにすと謂う。

故に事を詳らかにするの王とは則ち人王・天王是れなり。化を行うは事に在り、事は身に止《とど》まる。身存して化行われ、身滅びて化息《や》む。此れ則ち外に其の身を計るも、而れども其の内識を思う莫し。故に其の化を目《な》づけて、外教と為すなり。

二つに理を彰《あき》らかにすと謂うは、則ち法王・仏覚是れなり。化を行うは理に在り、理は心に在り。心存して化行われ、想滅して境絶す。此れ則ち内に其の心を撿ぶるも、而れども外境に縁らず。故に其の化を目《な》づけて、内教と為すなり。

所以に身を厚くして生を存し、生生じて窮《きわ》まらず、生を捐《す》てて情を去り、情亡びて照寂す。形を存するの教をして、万国 儀を同じくし、心を練るの術をして、千聖 斉一せしむるを致す。是れ則ち道俗の両教、出入升沈す。俗なれば則ち有に入りて形に沈み、六道 之を以て綿亘たり。道なれば則ち空に出でて位に升り、三聖 此れより昌明す。

正道の東流してより、六百余載、蒙を釈き信に従《と》うもの、其の徒一ならず。独夫の振虐して僧を坑《あな》にし像を撃つ者《こと》二三。明后の道を重んじ、寺塔崇樹する者《こと》も亦た衆し。呉王の仏聖を詳らかにするが如きに至りては、天人の帰する所を暁らかにし、宋君の仏徳を叙ぶるは、朝賢の宗奉するを明らかにす。諸余の蒙昧は、勝《あ》げて言うに足る無し。故に現迹の祥瑞を序し、又た頌作の盛徳を述ぶ。類に随い覧歴すれば、豈に心性を昭彰せざらんや。

［訳文］

序に言う、思うに、道理が梗《ふさ》がれてしまっている蒙昧な凡俗にあって、真理を説く妙籍こそ〔正しい方向へと導く〕船頭である。その船頭のなかでも尊いものがいわゆる王である。故に王とは往〔天下が行き着くところ〕を意味する。あたかも多くの川が流れあつまり尊ばれる海のように。王者の号をもってよばれるのは、このような海のごとき尊い存在としての意味があるからである。

したがって、すべてを包含する王者には、王者たる因縁も多岐にわたるが、「事」〔現象《かたち》ある世界〕と「理」〔絶対の真理〕とにわけてその肝要な点をあげれば、ただ二つだけである。第一に「この世界の現象《かたち》を詳らかにする事」といい、第二に「真理を明らかにする」ことをいう。

故に現象世界の現象《かたち》を詳細に示す王とは人王や天王を指す。〔彼らの〕教化は現象《かたち》ある世界において行われ、その現象《かたち》とは身体に限定される。そのような教化は身体が存在することを前提として行われているのであって、身体が消滅すれば、そこで教化もおわってしまう。このような教化は、現象《かたち》ある世界としての外界に身をおいてするものであって、その内面にある識についてなんら思いが及ばない。だから、外界に条件づけられている、そのような教化は「外教」と名づけられる。

二つに絶対の真理を明らかにするものこそが法王たる仏覚《ブッダ》である。〔絶対の〕真理の世界において教化が行われ、その世界は心にある。真理を内包する世界に立脚して教化が行われ、想〔心のはたらき〕が消滅すると、境〔心がはたらく対象世界〕もなくなる。このようにしてなされる教化は、一人ひとりがその心の内を省察するものであって、外界の現象《かたち》ある世界によってなされるものではない。だから、そのような教化は「内教」と名づけられる。

そのため、身体を大切にして生命を保ち、どこまでも生命を育んで窮まりなく、〔更にその〕生命を惜しまず、執着の心を捨て去れば、煩悩の心は滅んで明照かつ寂静の境地となる。身体をよくたもつ世俗の教えによって万国は共々に威儀を正し、千の聖者に心を鍛錬する術をひとしなみに行わせることとなった。これはつまり道・俗の両世界において二つの教えが「出入」と「升沈」をくり返すということで説明される。俗たる世間であれば有の世界に生まれ入り、形ある苦の世界に沈みこみ、永劫に六道輪廻の世界にさまよい、仏道の世界であれば空の境地に超出して悟りの位（世界）にのぼり、出家の三聖（声聞・縁覚・菩薩）の実際が昌明《あきらか》にされる。

さて、正道が東のかた中国におよんでから六百余年の間、蒙昧な心がひらかれ信仰にしたがうものは数多くあらわれた。残虐な行為をほしいままにして僧をあなうめにし、仏像を破壊したことが二、三あったものの、仏道を重んじて寺塔を建立したこともまた多かった。呉王（孫権）を契機として仏の神聖さが具体的に示されて、天人も仏に帰依することを人々にさとらせ、宋君（文帝）が仏の徳を讃えたことが契機となって、朝廷の諸賢も仏陀を崇奉すべきことを明らかにしてきた事跡が代表例であって、その他の蒙昧なもの〔が仏の徳をたたえる機縁に恵まれた話〕となると、語り尽くせない。それゆえ、ここに現実に現われた跡として祥瑞を並べ、また仏徳をたたえる頌《うた》を順序立てて述べることにする。部類にしたがい〔これらの事跡を〕一通り見わたしたならば、〔仏徳をたたえる人々の〕心性《こころ》がありありとあきらかにされるであろう。

［語註］

1 【蒙俗作梗】『魏書』巻一〇四・自序「其後鎮将・刺史乖失人和、群氐作梗、遂為辺患」。

2 【王者往也】『白虎通』巻一・号「号言為帝者何。帝者諦也、象可承也。王者往也、天下所帰往」。

3 【海之朝宗百川】『尚書』禹貢「荊及衡陽惟荊州。江漢朝宗于海。〔孔安国伝〕二水経此州而入海、有似於朝、百川以海為宗。宗、尊也」。梁簡文帝「長沙宣武王北涼州廟碑文」(『芸文類聚』巻四五)「命世降霊、峻極開著、宗百川而成海、倍万俊而為英」。

4 【挙要】『文心雕龍』巻二・銓賦「枚乗兎園、挙要以会新、相如上林、繁類以成豔」。

5 【人王】『金光明経』巻三・正論品「因集業故、生於人中、王領国土、故称人王。処在胎中、諸天守護、或先守護、然後入胎、雖在人中、生為人王、以天護故、復称天子」(T16, 347a)。『破邪論』巻上・上秦王啓「自五百余年已来、寺塔遍於九州、僧尼溢於三輔。並由時君敬信、朝野帰心。像教興行、於今不絶者。寔荷人王之力也」(T52, 476c)。

6 【外教】「周滅仏法集道俗議事」(『広弘明集』巻八)「時道安法師、又上二教論、云内教外教也。錬心之術、名三乗内教也。教形之術、名九流外教也」(T52, 136b)。

7 【法王】『法華経』巻二・譬喩品「我為法王、於法自在、安隠衆生、故現於世」(T9, 015b)。『釈迦方志』巻上・中辺篇「五謂人者、不出凡聖。凡人極位、名曰輪王、聖人極位、名曰法王」(T51, 950ab)。

8 【厚身而存生】慧遠「沙門不敬王者論」(『弘明集』巻五)在家第一「何者、夫厚身存生、以有封為滞累」(T52, 030a)。

9 【生生而不窮】『易』繋辞伝上「生生之謂易。〔韓康伯注〕陰陽転易以成化生。〔孔穎達疏〕生生不絶之辞、陰陽変転、後生次於前生、是万物恒生、謂之易也。……」。

10 【捐生】潘岳「寡婦賦」(『文選』巻一六)「感三良之殉秦兮、甘捐生而自引」。

11 【照寂】慧遠「廬山出修行方便禅経統序」(『出三蔵記集』巻九)「試略而言、禅非智無以窮其寂、智非禅無以深其照。則禅智之要、照寂之謂、其相済也。照不離寂、寂不離照、感則倶遊、応必同趣。功玄於在用、交粮於万法、其妙物也」(T55, 65bc)。

12 【存形之教】『荘子』外篇・天地「夫王徳之人、素逝而恥通於事。立之本原而知通於神。故其徳広。其心之出、有物採之。故形非道不生、生非徳不明。存形窮生、立徳明道、非王徳者邪。蕩蕩乎。忽然出、勃然動、而万物従之乎。此謂王徳之人」。宗炳「明仏論」(『弘明集』巻二)「夫道在錬神、不由存形。是以沙門祝形焼身、厲神絶往。神不可滅、而能奔其往。豈有負哉」(T52, 014a)。

13【万国】『易』乾「首出庶物、万国咸寧」。

14【同儀】『荀子』正論篇「故諸夏之国同服同儀、蠻夷戎狄之国同服不同制」。

15【練心之術】前掲註6参照。

16【千聖斉一】『肇論』涅槃無名論・搜玄「所以千聖同轍、未嘗虚返者也」（T45, 159b）。

17【明后】『尚書』商書・太甲中「曰修厥身、允徳協于下、惟明后。〔孔安国伝〕言修其身使信徳合於群下、惟乃明君」。

18【宋君之叙仏徳……】『広弘明集』巻一・帰正篇に「出高僧等伝」として「宋文帝集朝宰論仏教」を載録する。

法義篇序

［釈文］

夫法者何耶[a]。所謂憑准修行、清神洗惑而為趣[1]也。義者何耶[a]。所謂深有所以千聖不改其儀[2]、万邪莫迴其致者也。俗法五常[3]、仁義礼智信也、百王不易其典[4]、衆賢賛翼而不墜者也。道法両諦、謂真俗[5]也。諸仏之所由生、群有因之而超悟者也。然則俗保五常、淪惑綿亘。道資両諦、勝智増明。故真俗為出道之階基、正法為入空之軌躅者也。

故論云[6]、非俗無以通真、非真無以遣俗。又云[7]、諸仏説法常依二諦。斯則大略[8]之成教也。至於大小半満之流、三篋八蔵之典、明心塵之顕晦[9]、暁業報之殊途、通慧解以鏡象[b]心、了世相以光神照也。若斯以叙、謂之法義也。至於如説修行、思択霊府[10]者、則四依法正、創究識於倒情、八直明道、策浄心於妄境。三学開其玄府、一貫[11]統其真源。漸染基搆、当自[c]得其涯也。

但以幽関難啓[12]、匠石[13]易迷、匪藉言方、莫由升附。所以自古道俗同而問津、疏瀹精霊[14]、陶練[15]心術、或著論而導其解、或談述而写其懐、因言而顕聖心、寄迹而揚玄理[16]者也。

昔梁已叙其致、今唐更広其塵[17]。各有其志、明代代斯言之不絶也。

［校勘］

a耶＝邪（明）　b象＝蒙（宋・元・明）　c当自＝自当（宋・元・明）

［訓読］

夫れ法とは何ぞや。所謂《いわゆる》憑准して修行し、神《こころ》を清め惑を洗いて趣を為すなり。義とは何ぞや。所謂《いわゆる》深く千聖も其の儀《すがた》を改めず、万邪も其の致《おもむき》を廻らすこと莫き所以《ゆえん》有るなり。俗法は五常、仁・義・礼・智・信なり、百王 其の典を易えず、衆賢 賛翼して墜ちざればなり。道法は両諦、謂《いい》は真と俗となり。諸仏の由りて生ずる所、群有の之に因りて超悟すればなり。然れば則ち俗は五常を保つも、倫惑 綿亘たり。道は両諦に資《よ》りて、勝智 明を増す。故に真・俗は出道の階基為り、正法は入空の軌躅為るなり。

故に論に云う、俗に非ざれば以て真に通ずること無く、真に非ざれば以て俗を遣ること無し、と。又云えらく、諸仏の説法は常に二諦に依る、と。斯れ則ち大略の成教なり。大小半満の流、三篋八蔵の典に至りては、心塵の顕晦を明らかにし、業報の殊途を暁らかにし、慧解に通じて以て象心を鏡《てら》し、世相を了《さと》りて以て神照を光《かがや》かす。斯くの若く以て叙ぶ、之を法義と謂うなり。如説に修行し、霊府に思択するに至らば、則ち四依 法正にして、究識を倒情に創《はじ》め、八直 明道にして、浄心を妄境に策《はか》る。三学 其の玄府を開き、一貫して其の真源を統《おさ》む。基搆を漸染して、当に自ずから其の涯を得べきなり。

但だ幽関の啓き難く、匠石の迷い易きを以て、言方に藉《よ》るに匪ざれば、升附に由莫きのみ。古より道俗同じくして津を問い、精霊を疏瀹して心術を陶練するに、或いは論を著して其の解《さとり》に導き、或いは談述して其の懐いを写す所以は、言に因りて聖心を顕わし、迹に寄せて玄理を揚ぐればなり。

昔梁 已に其の致《むね》を叙べ、今唐 更に其の塵を広む。各おの其の志有り、代代斯言の絶えざるを明らかにするなり。

［訳文］

いったい、法とは何であるか。つまり、〔それに〕則って修行し、こころを清めて疑惑を拭い去り、〔目指すところの〕境地へと導くものである。義とは何であるか。つまり、千人もの聖人がその儀《すがた》を改めることなく、万を数える悪人もその致《おもむき》を変えてしまうことができない、確固たる理由を持つものである。俗世間の法〔である王法〕は五常、すなわち仁・義・礼・智・信で、百世の帝王がその典《のり》を改めず、もろもろの賢者が固く支持する不滅の道理であるからである。仏道における法には二つあり、それぞれ真諦〔言語を超越した絶対的な真理＝空〕と俗諦〔言語で表現され得る様々な教え〕をいう。〔真諦は〕諸仏の生まれ出づるみなもとであり、〔俗諦は〕あらゆる存在がそれによって超世の悟りを得るからである。要するに、王法に従い五常を堅持しても、〔それだけでは〕迷いの世界における生存を延々と繰り返すばかりである。〔一方〕仏道は真・俗の両諦に依拠して、すぐれた智慧のはたらきを一層かがやかせる。だから、真諦と俗諦とは俗世間より離れるための礎石であり、正しい教えはさとりの境地に至るまでの道しるべであるといえよう。

それで『摂大乗論釈』に「俗諦を拠りどころとするのでなければ真諦に通達することはできないし、真諦を拠りどころとするのでなければ俗諦を超越することはできない」と言うのである。また『中論』に「もろもろの仏は必ず〔真俗〕二諦を用いて法を説く」とも言う。これこそが仏法の大本である。〔この二諦を基底として展開する〕半字〔声聞蔵〕・満字〔菩薩蔵〕や三蔵、八蔵などと分類される大小二乗のあらゆる教えによって、自覚的・無自覚的な煩悩の在所が明らかとなり、善行・悪行がもたらすそれぞれの業果が示される。〔すなわち〕正しい智慧の力によって衆生の心のはたらきを鏡に映すが如くに捉え、〔輪廻転生する〕世界の諸相を理解することによってほとけの教え〔の優れた価値〕をいっそう際立たせる。このように表現され得るもの、これを「法義」と言う。仏説の通りに修行し、自らの心の在り様に熟慮を重ねたならば、四つの依拠すべき法〔法四依〕に正しく則って、顚倒した心の内に優れた智慧を生じ、八つの正しい道〔八正道〕を明らかに行って、煩悩にまみれた妄境に清浄の心をもたらす。〔さらに〕戒定慧の三学によって仏教の悟りの境地への道が開かれ、必ずその深奥にある真理を体得する。大本となる〔二諦の〕教えから出発して次第に〔修道の〕階梯を進み、ついにその極致〔となるさとりの境地〕に到達できるのである。

ただし、奥深い真理への扉は開き難く、名工である匠石〔の如き賢人〕すら道を誤り易いものであり、ことばのはたらきによって〔具体的に〕表わすのでなければ、〔その境地に〕たどり着く術もない。それ故、昔から沙門も俗人も等しく〔彼岸への〕渡し場を捜し求め、精霊《たましい》を洗い清めてこころの在り方を正し整えてきた。〔そのような人々が〕論書を著してさとりの境地へと導き、あるいは懐うところを口にして述べ伝えてきたのは、ことばによって聖なる仏陀の心を顕彰し、釈尊の事跡を導きとして仏教の道理を称揚せんがためである。

かつて、梁代〔の『弘明集』〕においてこれらの優れて仏陀の真意を述べたものが既に記録されており、我が唐朝〔の『広弘明集』〕では一層多くの仏の教えを記した文章を蒐集した。両書はいずれも法義を弘めんとする志を抱き、それらの言葉がいつの世にも絶え間なく伝えられていることを明らかにするものである。

〔語註〕

1 **【為趣】**『阿毘曇毘婆沙論』巻一八・雑揵度愛敬品「問曰、云何為帰、云何為趣。帰趣是何義耶。答曰、帰者、是滅諦道諦少分。趣者、是口語。復有説、趣者、能起口語心是也。復有説者、信可此法、是名為趣」(T28, 134c)。

2 **【千聖不改其儀……】**『法華義記』巻一「常是不壊之称、法是可軌為目。欲明詮之教不可移易。先聖後聖不能改其長度、天魔外道不可俎壊此法。令其不害理、故称為常、従之者則離悪、行善出凡登聖。故称為法也」（T33, 573a）。

3 【俗法五常】『漢書』巻五六・董仲舒伝「夫仁誼礼知信五常之道、王者所当修飾也。五者修飾、故受天之祐、而享鬼神之霊、徳施于方外、延及群生也」。『弁正論』巻六「周孔隆其教、明謙守質、乃登聖之階梯。三畏五常、為人天之由漸。蓋冥符於仏理、非正弁之極談」（T52, 530a）。

4 【百王不易】『史記』巻二五・律書「王者制事立法、物度軌則、壱稟於六律。六律為万事根本焉、其於兵械尤所重。故云、望敵知吉凶、聞声効勝負、百王不易之道也」。

5 【真俗】道宣の二諦観については『浄心誡観法』巻下・誡観世諦第一義諦法（T45, 829b）及び『釈門帰敬儀』上・寄縁真俗篇序（T45, 859b）を併せ参照。

6 【故論云……】『摂大乗論釈』巻八・二智差別章「釈曰、……所以得無分別智、由通達真如及俗諦故。知塵無所有、是通達真、如唯有識、是通達俗。復知此識無有生性、是通達真如。此識是仮有、為通達俗。若不通達俗、無以能得見真、以離俗無真故。若不通達真、無以遣俗、以俗無別体故。所以能通達真俗、由能解唯識理故」（T31, 208c）。

7 【又云……】『中論』巻四・四諦品「世俗諦者、一切法性空、而世間顛倒故生虚妄法、於世間是実。諸賢聖真知顛倒性、故知一切法皆空無生。於聖人是第一義諦名為実。諸仏依是二諦、而為衆生説法。……」（T30, 033c）。

8 【大略】董仲舒『春秋繁露』十指「春秋二百四十二年之文、天下之大、事変之博、無不有也。雖然、大略之要、有十指。十指者、事之所繋也、王化之所由得流也」。

9 【心塵之顕晦……】『晋書』巻九四・隠逸伝「史臣曰、君子之行殊塗、顕晦之謂也。出則允釐庶政、以道済時。転則振抜囂埃、以卑自牧。詳求厥義、其来敻矣」。

10 【霊府】（個人の）こころ。『浄名玄論』巻一「問曰、不二法門、既為其本、請聞其要。答曰、一道清浄、故名不二。真極可軌、所以云法。至妙虚通、故称為門。蓋是総衆教之旨帰、統群聖之霊府」（T38, 853b）。

11 【一貫】『論語』里仁「子曰、参乎、吾道一以貫之。曾子曰、唯。子出。門人問曰、何謂也。曾子曰、夫子之道、忠恕而已矣」。

12【幽関難啓】『註維摩詰経』序「然幽関難啓、聖応不同。非本無以垂迹、非迹無以顕本。本迹雖殊而不思議一也」（T38, 327a）。

13【匠石】『荘子』にみえる名工。『荘子』雑篇「荘子送葬、過恵子之墓、顧謂従者曰、郢人堊慢其鼻端若蝿翼、使匠石断之。匠石運斤成風、聴而断之、尽堊而鼻不傷、郢人立不失容」。

14【疏瀹精霊】『続高僧伝』巻一九・習禅篇・灌頂伝「乃有名僧大徳、近城遠方、希覯三観十如及以心塵使性、並拝首投身、請祈天鼓、皆疏瀹情性、澡雪胸襟。三業屢増、二厳無尽」（T50, 584a）。

15【陶練】『中観論疏』巻一〇・涅槃品「大乗四種者、一者明涅槃性体、是世諦之法。所以然者、陶練小智、終成大覚、累無不寂徳無不円。故涅槃名為有法」（T42, 154c）。

16【揚玄理】『続高僧伝』巻一一・義解篇・慧海伝「煬帝昔位春宮、献后云背、召日厳大徳四十余人。皆四海宗師一時翹楚、及義対揚玄理、允塞天心」（T50, 510c）。

17【広其塵】『続高僧伝』巻二九・興福篇・論「梁初方広、源在荊襄。本以厲疾所投祈誠悔過、哀茲往業、悲慟酸涼。能使像手摩頭、所苦欻然平復。同疾相重、遂広其塵、乃依約諸経、抄撮成部、撃声以和、動発恒流」（T50, 699c）。

僧行篇序

〔釈文〕

序曰[a]、夫論僧者、六和為体。謂戒見利及三業也。是以道洽幽明[1]、徳通賢聖。開物成務、則福被人天、導解[2]律儀[3]、則化垂空有。並由式敬[4]六和、揚明三宝、内蕩四魔之弊、外傾八慢之幢、遂使三千囲[b]内、咸稟僧規、六万遐年、倶遵声教。非僧弘御、孰振斯哉。

然則道渉窊隆[5]、岠百六之陽九[6]、塵随信毀、懐[c]利用之安危。通人不滞其開抑[7]、鄙夫有阻於時頌。故使衆雑邪正、布逼引之康荘[8]、心包明昧、顕登機[9]之衢術。是知満願之侶、乗小道而摂生[10]、天[d]熱[11]之倫、寄邪徒而化物。撃揚[12]覈於適道[13]、弘喩在於権謀。未俟威容、惟[e]存離著[14]。若斯言之倫[f]、則通於理行者也。或不達者、妄起異端。若見左行謬僻[15]、濫罔[g]弥甚、莫思己之煩惑[16]、専憚彼之乖儀。於即雷同苟冒、坑残[17]夷滅[18]、下凡之例、抱怨酷[19]而消亡、上聖之徒、悼兇悖[h][20]之安忍。自古君人之帝、殷鑑[21]興亡之経、開呑舟之宏網[22]、布容養[23]之寛政、闡仁風於宇内、坐致[24]太平、弘出処之成規[25]、饗茲大齎。余則察察[26]糺挙[27]、背[i]烹鮮[28]之格言、収羅[29]咎失、挹凝脂之密令[30]。及後禍作殃扇、隄防[31]莫開、掩泣向隅[j][32]、斯須[33]縻潰[34]、為天下之所笑也。故集諸政績[k]、布露[35]賢明。

或抗詔而立讜言[36]、或興論以詳正議、或褒[l]仰而崇高尚、或銜哀而暢誄詞。茲道可尋。備于後列。

〔校勘〕

a 序曰＝なし（明） b 囲＝國（宋・元・明・宮） c 懐（懷）＝壊（宋・元・明・宮） d 天＝無（宮） e 惟＝唯（宋・元・明・宮） f 倫（宋・元・明）＝備（大正蔵） g 罔（宋・元・明・宮）＝惘（大正蔵） h 悖＝勃（宋・元・明・宮） i 背＝皆（明）

j向＝問（宋・宮） k政＝改（宮） l褒（襃）＝褒（明）

［訓読］

序に曰わく、夫れ僧を論ずれば、六和を体と為す。戒・見・利、及び三業とを謂うなり。是を以て道 幽明に洽《あまね》くして、徳 賢聖に通《あまね》し。物を開き務を成せば、則ち福《さいわい》 人天に被《およ》び、律儀を導解すれば、則ち化 空有に垂る。並びに六和を式敬し、三宝を揚明するに由り、内に四魔の弊を蕩《やぶ》り、外に八慢の幢を傾け、遂に三千の囲内をして、咸《みな》僧規を稟けしめ、六万の遐年、倶に声教に遵《したが》わしむ。僧の弘く御するに非ざれば、孰《たれ》か斯れを振るわんや。然れば則ち道 窊隆《わりゅう》に渉り、百六の陽九に岠《いた》り、塵 信毀に随いて、利用の安危を懐う。通人 其の開抑に滞らず、鄙夫 時頌に阻《なや》むこと有り。故に衆をして邪正を雑《まじ》えて、逼引の康荘に布き、心をして明昧を包みて、登機の衢術を顕らかにせしむ。是に知る、満願の侶は、小道に乗じて生を摂め、天熱の倫は、邪徒に寄りて物を化すと。撃揚して適道に覈《ま》ち、弘《おお》いなる喩えは権謀に在り、未《いま》だ威容を俟《ま》たず、惟《こ》れ著より離るるに存す。斯の若《ごと》きの言の倫、則ち理行に通ずる者なり。或いは達せざる者は、妄りに異端を起こす。若《も》し左行の謬僻、濫《みだ》れ罔《くら》きこと弥《いよいよ》 甚だしきを見れば、己の煩惑するを思うこと莫く、専ら彼の乖儀するを憚る。於即《ここ》に雷同苟冒、坑残夷滅し、下凡の例、怨酷を抱きて消亡し、上聖の徒、兇悖を悼みて之れ安忍す。

古《いにしえ》より人に君たるの帝、殷鑑たる興亡の経、呑舟の宏網を開き、容養の寛政を布き、仁風を宇内に闡《ひら》きて、坐《いながら》にして太平を致し、出処を成規に弘めて、茲の大齎を饗《う》く。余は則ち察察糺挙、烹鮮《ほうせん》の格言に背き、咎失を収羅し、凝脂の密令を掲《と》る。後《のち》 禍 殃扇《おうせん》を作し、隄防 開くこと莫きに及びては、掩泣して隅《すみ》に向かい、斯須《たちまち》に糜潰し、天下の笑う所と為るなり。故に諸《もろ》もろの政績を集め、賢明に布露す。

或いは詔に抗《あらが》いて讜言を立て、或いは論を興《おこ》して以て正議を詳らかにし、或いは褒仰して高尚を崇び、或いは銜哀して誄詞を暢《の》ぶ。茲の道　尋ぬ可し。後列に備《つぶさ》なり。

〔訳文〕

序に言う、僧というものを論じるならば、〔それは〕六和敬を根本としている。〔六和敬とは〕戒・見・利、ならびに〔身・口・意の〕三業である。かくて〔その〕道理は幽界と明界とに行き渡り、徳は聖人賢者にあまねくそなわっているのである。人々の心を導き開き、僧としての務めを果たせば、福《さいわい》は人界と天界とを覆うものになり、律にのっとった生活がどのようなものであるかを理解させれば、教化は空と有〔というあらゆる世界〕へと伝わることになる。ともに六和敬にのっとり敬い、三宝を〔世の中に〕示して明らかにすれば、心の内には四魔の悩みを除き、外に現われる八種の慢心の旗を覆い、かくて三千大千世界は、ことごとく僧の規範に従って、六万〔年〕という長い期間、一様に〔仏の〕教えにしたがうのである。僧が〔仏の教えによって〕弘《ひろ》く〔世間を〕御《おさ》めなければ、〔一体〕誰が仏の教えを〔世間に〕弘《ひろ》めるのか。

仏道は高下いずれもの世界にわたって天地の災いを除き去り、俗世は〔仏道を〕信じるか誹謗するかによって、利〔の作用〕をもたらし〔破壊のただ中において〕危地に安んずる思いをもたらす。道理に通じた者は、〔人に〕許可（開）と禁止（抑）とを〔何の〕さまたげもなく行い、道理にくらい者は、その時々の頌によって批判される。だからこそ、衆くの人に邪正の区別なく、時勢に相応した教えを布き広めさせ、心には明闇の区別なく包摂し、〔一人一人の根機に応じた〕悟りへの道筋を顕らかにさせている。かくて満願子（富楼那）は、外道の教えに乗じ〔た形をとって〕衆生を摂めとり、天熱（提婆達多）のたぐいは、〔方便として〕邪見のものを利用して人々を教化したことが知られよう。仏道に適《かな》う形をまって撃揚の行為が許され、権謀《はかりごと》の形をとって弘《おお》いなる喩《おしえ》が示される。厳かな姿をまち望むものではなく、備えることなく、執著を離れる所にこそ〔道《おしえ》は〕示される。このような言葉によって示される僧としての姿を備えている者こそ、真理と実践とに通じている者である。そうでなく〔経典の言葉に理解が〕達していない者たちは、妄りに誤った考えをおこす。もしも誤った行いや邪《よこしま》な心のおこす、乱れた且つ自らを失わせる事態を見た人がいれば、自身の煩悩を推し量らず、ただただ、教えにもとる相手の威容を恐れるばかりとなる。こうなってしまうと附和雷同して〔自らの力量もはからず〕そうなりたいと願い、〔結果〕あなうめにされ滅ぼされてしまう。凡俗の人びとは、〔自らがおかれている境遇を〕怨み、その酷さにさいなまれて生を終え、聖人であれば、凶悪且つ道理に反する心を悼みつつ、その世界に身を置く。

古《いにしえ》より人民に君臨する上帝〔の教え〕と、〔現世の〕戒めとなる栄枯盛衰の経《おしえ》とは、舟を呑み込む大魚すらも漏らしてしまうほど法網を軽くし、〔人民を〕容養《やしな》う寛大な政治を行い、仁の風《おしえ》を天下に行き渡らせ、何をなさずとも太平の世を現出しており、聖人によって作られた規《おきて》の中に人々の出処《いかにふるまうか》が弘く示されており、〔人民はそのようにして聖人からの平和という〕大いなる賜りものを受けるのである。そうではない者たちは目を光らせて過ちを摘発し、政治は簡素を肝要とするという老子の格言に背き、〔十二分の報酬が約束された〕何者も逃さぬ厳命を帯びて、網をかけるように咎失《あやまち》を犯す者を残らず捕縛する。〔そのような政治の〕後には様々な災いが次々に起こり、〔災いの奔流を統御する〕堤防も開かず、〔堰き止められた災いの奔流に〕隅《すみ》に押し流され、顔を掩い〔悲運を怨んで〕泣くうちにたちまち〔奔流に流され〕身体ごと潰え去ってしまい、天下の笑い者となってしまう。だからこそ様々な政の手本となる事跡を集めて、才徳見識のある者たちにはっきりと示す。

あるものは天子の勅命にあがって直言し、あるものは〔護法の〕論を起こして正しい教えを議論の俎上にのせて詳細に示し、あるものは褒めたたえ仰いで高尚〔の教え〕を崇び、あるものは悲しみ悼んで死者を追憶する文章を著している。〔僧行にかかわる〕尋ねるべき教えはここにある。詳細は次に述べる。

［語註］

1 **【幽明】** 范縝「神滅論」（『弘明集』巻九）「有禽焉有獣焉、飛走之別也。有人焉有鬼焉、幽明之別也。人滅而為鬼、鬼滅而為人、則吾未知也」（T52, 057a）。

2 **【導解】** 『修行道地経』巻七・菩薩品「菩薩大人修行如是、為一切導解三界空、一切如化。五陰猶幻、不悪生死而滅其身、開化十方、為示正路」（T15, 227b）。

3 **【律儀】** 『高僧伝』巻三・訳経篇・論「食用銅鉢、本非律儀所許、伏地相向、又是懺法所無」（T50, 346a）。

4 **【式敬】** 『尚書』周書・立政「司寇蘇公、式敬爾由獄、以長我王国。〔孔安国伝〕忿生為武王司寇、封蘇国、能用法。敬汝所用之獄、以長施行於我王国」。

5 **【窊隆】** 馬融「長笛賦」（『文選』巻一八）「波瀾鱗淪、窊隆詭戻。〔李善注〕爾雅曰、大波為瀾。郭璞曰、言蘊淪也。鱗淪、相次貌。説文曰、窊、邪下也。窊隆、高下貌。詭戻、乖違貌」。

6 **【百六之陽九】** 『漢書』巻二四上・食貨志「流民入関者数十万人。置養澹官以稟之、吏盗其稟。飢死者什七八。〔王〕莽恥為政所致、乃下詔曰、予遭陽九之阸、百六之会。〔顔師古注〕……此暦法応有災歳之期也。事在律暦志」。

7 **【開抑】** 沈約「究竟慈悲論」（『広弘明集』巻二六）「豈偏重之業。而去取異情、開抑殊典」（T52, 292c）。

8 **【康荘】** 『史記』巻七四・騶奭伝「騶奭者、斉諸騶子。亦頗采騶衍之術以紀文。於是斉王嘉之、自如淳于髡以下、皆命曰列大夫、為開第康荘之衢、高門大屋、尊寵之。覧天下諸侯賓客、言斉能致天下賢士也。〔集解〕爾雅曰、四達謂之衢。五達謂之康。六達謂之荘」。

9 **【登機】** 『続高僧伝』巻一三・義解篇・慧壁伝「至於登機対晤、述作憲章。高軌莫聞、恐埋諸古。惜哉」（T52, 531b）。

10【摂生】『老子』五〇章「蓋聞、善摂生者、陸行不遇兕虎、入軍不被甲兵」。

11【天熱】『観無量寿経義疏』「提婆達多、此云天熱。天熱者、其生室中大熱。則是阿鼻之相也。……」(T37, 239b)。『法華経』巻四・提婆達多品「仏告諸比丘、爾時王者、則我身是。時仙人者、今提婆達多是。由提婆達多善知識故、令我具足六波羅蜜、慈悲喜捨、三十二相、八十種好、紫磨金色、十力・四無所畏・四摂法・十八不共神通道力・成等正覚、広度衆生、皆因提婆達多善知識故。……」(T9, 034c-035a)。

12【撃揚】『高僧伝』巻七・義解篇・慧琳伝「衡陽太守何承天、与〔慧〕琳比狎、雅相撃揚、著達性論」(T50, 369a)。

13【適道】『高僧伝』巻七・義解篇・慧厳伝「慧遠法師嘗云、釈氏之化無所不可、適道固自教源、済俗亦為要務」(T50, 367c)。

14【離著】蕭子顕「御講金字摩訶般若波羅蜜経序」(『広弘明集』巻一九)「若能離著取縁、忘懐求理、如響受声如幻聴法。斯真可謂般若波羅蜜矣」(T52, 239b)。

15【謬僻】『南史』巻一四・南平穆王鑠伝「鑠既帰義最晩、常懐憂懼、毎於眠中蹶起坐。与人語亦多謬僻」。

16【煩惑】『高僧伝』巻一〇・神異篇・保誌伝「上嘗問〔保〕誌云、弟子煩惑未除。何以治之」(T50, 394c)。

17【坑残】「列代王臣滞惑解」(『広弘明集』巻六)「又傅氏寡識、才用寄人、集叙時事廃興、太半坑残焚蕩之事、可号非政所須」(T52, 123b)。

18【夷滅】『琉璃王経』「王之近臣、五百余人、一時夷滅」(T14, 783c)。

19【怨酷】『後漢書』列伝七〇下・趙壹伝「秦・漢無以相踰越、乃更加其怨酷」。

20【兇悖】『魏書』巻一四・穆帝長子六脩「穆帝〔猗盧〕長子六脩、少而兇悖」。

21【殷鑑】『詩』大雅・蕩之什「殷鑑不遠、在夏后之世。〔鄭玄箋〕此言殷之明鏡不遠也。近在夏后之世、謂湯誅桀也。後武王誅紂。今之王者、何以不用為戒」。

22【呑舟之宏網】『漢書』巻二三・刑法志「漢興之初、雖有約法三章、網漏呑舟之魚。〔顔師古注〕言疏闊。呑舟、謂大魚也」。「列代王臣滞惑解」(『広弘明集』巻六)「至如漢魏斉梁之為政也、恢恢天網取漏呑舟。察察王政、事兼苛濫。所以大弘仏法、通済於五乗、該洽明時、陶漸於清濁。使濁者知帰、令自新於大造。清者容育、悟適化之多方」（T52, 123c）。

23【容養】『周書』巻四七・黎景熙伝「臣聞、寛大所以兼覆、慈愛所以懐衆。故天地称其高厚者、万物得其容養焉」。

24【坐致】『孟子』離婁下「天之高也、星辰之遠也、苟求其故、千歳之日至、可坐而致也」。

25【成規】『高僧伝』巻一三・経師篇・論「或時沙弥小児、互相伝授、疇昔成規、殆無遺一」（T50, 415c）。

26【察察】『老子』五八章「其政悶悶、其民淳淳。其政察察、其民欠欠。〔王弼注〕立刑名、明賞罰、以検姦偽。故曰察察也」。

27【糺挙】『後漢書』列伝五五・皇甫規伝「今臣還督本土、糺挙諸郡、絶交離親、戮辱旧故、衆謗陰害、固其宜也」。

28【烹鮮】『老子』六〇章「治大国若烹小鮮。以道莅天下、其鬼不神」。「列代王臣滞惑解」（『広弘明集』巻六）「挙統以法縄之。烹鮮之儀可覿。随機以時勧勉。握泥之喩自隣」（T52, 123c）。

29【収羅】陳琳「為袁紹檄予州」（『文選』巻四四）「於是提剣揮鼓、発命東夏、収羅英雄、棄瑕取用。〔劉良注〕収羅、謂采訪賢才、棄瑕釁而取其能者」。

30【凝脂之密令】『塩鉄論』刑徳「昔秦法繁於秋荼、而網密於凝脂」。「列代王臣滞惑解」（『広弘明集』巻六）「律令条章、未若凝脂之密。滔滔天網、自有陥目之夫」（T52, 124b）。

31【隄防】道恒「釈駁論」（『弘明集』巻六）「始者立法之謬、本欲寧国静民、不憶堤防大峻。反不容己、事既往矣。何嗟之及」（T52, 036c）。

32【掩泣向隅】『説苑』貴徳「故聖人之於天下也、譬猶一堂之上也。今有満堂飲酒者。有一人独索然向隅而泣、則一堂之人皆不楽矣」。

33【斯須】『礼記』祭義「君子曰、礼楽不可斯須去身。〔鄭玄注〕斯須、猶須臾也」。

34【糜潰】王筠「与雲僧正書」（『広弘明集』巻二八）「弟子釁結幽明、備嬰荼蓼。攀援崩踊、肌髄糜潰」（T52, 326c）。

35【布露】『三国志』蜀書四・先主甘后伝「臣〔丞相亮〕請太尉告宗廟、布露天下、具礼儀別奏」。「列代王臣滞惑解」（『広弘明集』巻六）「俗有讖記之伝。不知由何而得。或云口授、或述符図、虚然顕密、布露士俗」（T52, 124a）。

36 【讜言】 潘岳「夏侯常侍誄」（『文選』巻五七）「讜言忠謀、世祖是嘉。〔李善注〕声類曰、讜、善言也」。

慈済篇序

〔釈文〕

若夫慈済之道、終古式瞻[a]、厚命之方[1]、由来所重。故蠢蠢懐生、喁喁哨[b]類[2]、莫不重形愛命、増[c]生悪死。即事可睹、豈待言乎。然有性渉昏明、情含嗜慾[d]、明者恕己[e]為喩[3]、不加悩於含霊、昏者利己[f]為懐、無存慮於物命。故能安忍苦楚、縦蕩貪痴、以多残為声勢、以利慾[d]為功徳。是知、坑趙六十余万[4]、終伏剣於秦邦、膳畢[g]方丈為常[5]、窮形[h]戮於都市。至於[i]禍作殃及[6]、方悔咎原、徒思顧復[7]、終無獲已[j]。然則釈氏化本、止殺為先、由斯一道、取済群有。故慈為仏心[8]、慈為仏室[9]。慈善根力、随義而現有心[10]、慈徳通明、起慮而登色界。況復慈定深勝[11]、兵毒所不能侵、慈徳感徴、蛇虎為之馴擾。

末代門学、師心者多、不思被忍辱之衣、示福田之相[12]、縦恣饕餮、以酒肉為身先。飲噉[k]異於流俗、践陟同於賢聖。経誥[13]明示、不得以仏為師、譏醜塵点[14]、滅法在於斯矣。況復蚕衣肉食[15]、聞沈侯之極誡、醞醸屠宰[16]、見梁帝之厳懲[l]。観其勧勗之文、統其慇懃之至。足令心寒形慄、豈臨履[17]之可擬乎。故上士[18]聞之、足流涕而無已、下愚詳此、等長風[19]之激空林[20]。

且夫生死推遷、匪旦伊夕、随業受報、淪歴無窮。不思形神[21]之疲労、而重口腹之快利、終縻[m]砕於大地[22]、何所補於精霊乎。所以至人流慟、常惨慼於狂生、大士興言、慨怨魂於煩悩。撫膺弔影[23]、可不自憐。一旦苦臨、於何逃責、既未位於正聚、何以抵於三途。行未登於初地[24]、終有懐於五怖。輒舒事類。識者思之。

［校勘］＊略号は以下の通り：「日」日本承応三年刊本

a瞻＝略（初雕）　b哨＝噍（明・日）　c増（宋・元・明・宮・磧・日）＝憎（大正蔵・麗・中華）　d慾＝欲（宋・元・明・宮・磧・初雕・日）　e己（麗・初雕）＝已（大正蔵）。＝巳（縮冊蔵・中華・磧・日）　f己（大正蔵・初雕・縮冊蔵・磧）＝已（麗・中華）。＝巳（日）　g畢＝必（明・日）　h形＝刑（宋・元・明・宮・磧・日）　i於＝如（宋・元・明・宮・磧・日）　j已＝巳（中華・磧・日）　k噉＝啖（宋・元・明・宮・磧・日）　l懲＝徴（宋・宮・磧）　m縻＝糜（宋・元・明・宮・磧・日）

［訓読］

夫の慈済の道の若きは、終古 式《もっ》て瞻るところ、厚命の方は、由来 重んずる所なり。故に蠢蠢たる懐生、喁喁たる哨類も、形を重んじて命を愛《お》しみ、生を増し死を悪まざるは莫し。事に即して睹るべし、豈に言を待たんや。然れども性は昏明に渉り、情は嗜慾を含む有り、明なる者は己を恕するを喩《おし》えと為して、悩みを含霊に加えざるも、昏なる者は己を利するを懐いと為して、慮りを物命に存する無し。故に能く苦楚に安忍して、貪痴を縦蕩し、多残を以て声勢を為し、利慾を以て功徳を為す。是に知んぬ、趙を坑《あな》にすること六十余万、終に剣に秦邦に伏し、膳 方丈に畢《つ》くすを常と為し、窮まりて戮を都市に形《あらわ》す。禍作《おこ》り殃及び、方に咎原を悔いて、徒らに顧復を思うも、終に獲る無きに至るのみなるを。然れば則ち釈氏の化本は、殺を止むるを先と為し、斯の一道によりて、群有を取済す。故に慈しみは仏心為り、慈しみは仏室為り。慈善の根力は、義に随いて有心に現われ、慈徳の通明は、慮を起こして色界に登る。況や復た慈定 深く勝れたれば、兵毒の能く侵さざる所、慈徳 徴を感ずれば、蛇虎 之れが為に馴擾す。

末代の門学は、心を師とする者多く、忍辱の衣を被、福田の相を示すことを思わず、饕餮を縦恣にして、酒肉を以て身先と為す。飲噉は流俗に異なり、践陟は賢聖に同《ひと》し。経誥 明示せらるるも、仏を以て師と為すを得ず、譏醜塵点して、法を滅ぼすこと斯に在り。況や復た蚕衣肉食は、沈侯の極誡に聞き、醞醸屠宰は、梁帝の厳懲に見る。其の勧め勗《つと》むるの文を観て、其の慇懃の至りを統《おさ》む。心をして寒《おのの》かしめ形をして慄えしむるに足る、豈に臨履の擬るべけんや。故に上士は之れを聞くこと、流涕して已む無きに足り、下愚は此を詳らかにすること、長風の空林を激しくするに等し。

且つ夫れ生死の推遷するは、旦にあらずして伊《こ》れ夕、業に随いて報を受くるは、淪歴 窮まる無し。形神の疲労を思わずして、口腹の快利を重んじ、終に大地に縻砕するは、何ぞ精霊を補する所あらんや。至人は流慟して、惨感を狂生に常にし、大士は興言して、怨魂を煩悩に慨く所以なり。膺《むね》を撫《う》ちて影《すがた》を弔《いた》み、自《おの》ずから憐れまざるべけんや。一旦 苦もて臨めば、何に於てか責めを逃れん、既に未だ正聚に位せざれば、何を以てか三途を抵《こば》まんや。行 未だ初地に登らざれば、終に五怖を懐く有り。輒ち事類を舒ぶ。識者 之れを思え。

［訳文］

そもそも〔衆生を〕慈しみ済う教えは、古より敬い仰がれ、命を大切にする教えは、昔から重んじられてきた。それ故、虫けらのような生き物や、水面で魚のように口を開けて何かを求めているような小さい生き物ですら、体と生命を大切にして、長生きを願い死を忌み嫌わぬものはいないのである。〔このことは〕事実に即して見れば、言うまでもないことである。しかし、本性は昏愚と明晰から成り、情には嗜好心と欲望が含まれ、〔道理に〕明るい者は自分に対して思いやりの心を懐くことを喩《おし》えとして、霊あるものに苦悩を及ぼすことはないが、〔道理に〕昏い者は我が身の利益を求めることを懐いとして、生きるものの命に思いを致すことはない。それ故、苦しく残忍なことを平気で行い、思いの向くままに貪欲と愚痴に溺れ、世間の評判と勢力は多くの残虐行為によってなされるとし、俗世の功徳《いさおし》は利益を貪る行為によってなされるとしている。ここにおいて、〔秦の将軍白起は〕趙兵およそ六十万人を生き埋めにして、最後には秦国で剣を与えられて自殺し、〔西晋の富豪石崇は〕一丈四方に料理を並べつくす贅沢な食事を常として、あげくには都の市場で処刑された。禍を自ら起こし殃いを自ら呼び込んで、はじめて禍の元を〔自ら造ったことを〕後悔するはめになり、父母の愛育を思うもむなしく、とうとう何の効果もないことを知るのである。だからこそ仏陀の教化の根本は、殺生をやめさせることを〔五戒の〕第一としており、この大切な教えによって、衆生を摂め取り救うのである。それ故、慈しみの心は仏のみ心そのものであり、慈しみは如来の室でもある。そのような慈善の根本力は、〔命に対する慈しみの〕思いを起こして色界に登るのである。ましてまた、慈悲の心でもってする禅定が深く優れていれば、兵器や毒も侵すことはなく、慈悲の徳によって瑞徴を感じとれば、蛇や虎すらもなつき順うのである。

末世の仏門に学ぶ者は、自分の考えを拠り所にしている者が多く、隠やかに忍耐する心を表わす袈裟を着ようとせず、人々の心に善根を植えるという僧としての姿を示すことも考えず、恣に貨財や飲食を貪り、酒や肉を飲み食うことを何よりも身体の大事としている。飲み食いする様は世俗の人以上に豪華であり、賢者や聖人と同等の立居振舞いである。〔仏陀の教えは〕経典に明示されていながら、仏を師とすることができず、〔仏法を〕譏《そし》り醜《にく》んで汚せば、その時にこそ仏法の滅亡はある。まして、絹の衣を着て肉食を行うことについては、沈約の〔「究竟慈悲論」における〕厳しい誡めに示されており、酒の醸造や屠殺についても、梁の武帝の厳格な懲《いまし》めの中に示されている。これら〔殺生や飲酒をしないよう〕勧め勗《つと》める文を読み、そこにこめられたこの上なく尊い慤《つつしみ》懃《つとめる》の教えでもって心を統《おさ》めるのである。〔これらの誡めは〕心も体も恐れ慄かしめるのに十分であり、深い淵に臨み、薄い氷を履むなどの世俗の教えとは比べようもない。それ故、最も優れた者はこのことを聞くと、止めどなく涙を流して悲しみ、愚かな者は、遠くにまで吹きわたる風が木の葉の落ちた人の気配のない林を激しく揺らすことと等しく、無意味にも詳しく語ろうとする。

且つまた、生死の移り変わりは、旦夕の間にもまして極めて短いものであり、業のままに報いを受け、長い間〔業報の世界に〕沈んでおわることがない。肉体と精神を損ない苦しめることに思いを向けずに、口と腹の快楽のみに執われてしまい、ついには〔自分の体が〕大地の上で粉々に砕かれたならば、精霊を繋ぎ止める世界もありはしない。仏が、放蕩無頼の人を痛ましく思って慟哭し、菩薩が、煩悩の世界にあって怨みに染まった魂を救おうとして嘆きの言葉を発するのはこれ故である。一たび苦の世界に沈み込んだ衆生は、人々の現実の姿を胸を打って弔《いた》み、人々のそのような姿をおのずと憐れむのが仏・菩薩である。人々の現実の姿を胸を打って弔み、〔業因の結果としての〕責め苦から逃れることなどできず、〔まして、〕すでにまだ正定聚の位にない者は、三悪趣（地獄・餓鬼・畜生）に落ちる宿業に抵抗することなどできようはずもない。菩薩の〔十地のうち〕初地にも登らない出家修行者は、五種のおそれ（不活畏・悪名畏・死畏・悪童畏・大衆威徳畏）を懐く結果を受ける。以上のような次第によって同様の事項を類別して述べていく。識者はこのことについてよくよく心してもらいたい。

〔語註〕

1 【厚命之方】 また厚生。『尚書』虞書・大禹謨「禹曰、於、帝念哉。徳惟善政、政在養民。水、火、金、木、土、穀、惟修、正徳、利用、厚生、惟和、九功惟叙、九叙惟歌、戒之用休、董之用威、勧之以九歌、俾勿壊」。

2 【喁喁哨類】 哨類は、小さい生きもの。『法苑珠林』巻一〇・千仏篇・厭苦部・述意部「詳夫三有区分。四生稟性。其游

火宅倶淪欲海。蠢蠢懐生、喁喁啃類。所以法王当洲渚之運覚者。応車乗之期。道彼戯童帰茲勝地。悲憐俗網慈欣出離」（T53, 358b)。

3 **【恕己為喩】**『楚辞』離騒「羌内恕己以量人兮、各興心而嫉妬」。北本『涅槃経』巻一〇・如来性品「爾時世尊、為文殊師利、而説偈言、一切畏刀杖、無不愛寿命、恕己可為喩、勿殺勿行杖。爾時文殊師利、復於仏前而説偈言、非一切畏杖、非一切愛命、恕己可為喩、勤作善方便」（T12, 426c)。

4 **【坑趙六十余万……】**『史記』巻七三・白起伝「……秦王乃使使者賜之剣、自裁。武安君（白起）引剣将自剄、曰、我何罪于天而至此哉。良久、曰、我固当死。長平之戦、趙卒降者数十万人、我詐而尽阬之、是足以死。遂自殺」。また『後漢書』列伝七七・西羌伝の李賢注に「史記曰、白起、昭王時為上将軍、撃趙、趙不利、将軍趙括与六十万人請降、起乃尽阬之、遺其小者二百四十人」という。

5 **【膳畢方丈為常……】**奢侈の限りを尽した石崇（二四九～三〇〇年）はのち趙王倫や孫秀等に誅殺された。『晋書』巻三三・石苞伝附石崇伝「崇母兄妻子無少長皆被害、死者十五人。崇時年五十二。初、崇家稲米飯在地、経宿皆化為螺、時人以為族滅之応。有司簿閲崇水碓三十余区、蒼頭八百余人、他珍宝貨賄田宅称是」。

6 **【禍作殃及】**『易』坤「積善之家、必有余慶。積不善之家、必有余殃。臣弑其君、子弑其父、非一朝一夕之故。其所由来者漸矣、由弁之不早弁也」。

7 **【顧復】**『詩』小雅・谷風之什・蓼莪「父兮生我、母兮鞠我。拊我畜我、長我育我。顧我復我、出入腹我。欲報之徳、昊天罔極」。

8 **【仏心】**『観無量寿経』「作是観者、名観一切仏身。以観仏身故、亦見仏心。諸仏心者、大慈悲是。以無縁慈摂諸衆生」（T12, 343c)。

9 **【仏室】**また如来室。『法華経』巻四・法師品「若人説此経、応入如来室、著於如来衣、而坐如来座、処衆無所畏、広為分別説。大慈悲為室、柔和忍辱衣、諸法空為座、処此為説法」（T9, 032a)。

10 **【有心】**衆生。『続高僧伝』巻一六・習禅篇・恵成伝「進具後、為荊南仏法希鮮承都下大弘法席。有心遠慕。遂因商舡、往造建業」(T50, 557a)。

11 【慈定深勝……】『六度集経』巻一・布施度無極章「時有毒蛇、遶城七匝、体大百囲。見普施来、仰然挙首。普施念曰、斯含毒類、必有害心。吾当興無蓋之慈、以消彼毒也。夫兇即火也。慈即水矣。以水滅火。何嘗不滅。即坐興慈定、願令衆生早離八難、心去悪念、逢仏見法、与沙門会、得聞無上正真明道、心開垢滅、如吾所見也。興斯慈定、蛇毒即滅垂首而眠」(T3, 004b)。

12 【福田之相】『千仏因縁経』「白善称比丘言、云何名仏、云何名法、云何名僧。比丘答偈言、……身心常無為、永離四種食、為世良福田、故称比丘僧」(T14, 066b)。『行事鈔』巻下・二衣総別篇「雨時不応倒著。四分反著衣同之。舎利弗問経、初聴偏袒者、謂執事恭敬故。後聴通肩披衣、示福田相故。……」(T40, 108a)。

13 【経誥】桓玄「欲沙汰衆僧与僚属教」(『弘明集』巻一二)「在所諸沙門有能、申述経誥、暢説義理者、或禁行修整、奉戒無虧、恒為阿練者、或山居養志、不営流俗者、皆足以宣寄大化」(T52, 085a)。

14 【塵点】『続高僧伝』巻一五・義解篇・慧休伝附曇元伝「弟子曇元、高潔僧也。経論及律、並曾披導。偏重清行、不妄衣食、寺雖結浄、猶懐塵点、常乞食自資」(T50, 545b)。

15 【蚕衣肉食……】本書『釈門章服儀』序註6参照。

16 【醞醸屠宰……】梁武帝「断酒肉文」(『広弘明集』巻二六)「今仏弟子、酣酒嗜肉、不畏罪因、不畏苦果、即是不信因不信果、与無施無報者、復何以異。此事与外道見同、而有不及外道、是何。……又勅捨云、衆僧食肉罪、劇白衣。……」(T52, 294b-303b)。また同書同巻、梁武帝「断殺絶宗廟犠牲詔」(T52, 293bc)も併せ参照。

17 【臨履】臨深履薄の略。『詩』小雅・小旻「不敢暴虎、不敢馮河。人知其一、莫知其他。戦戦兢兢、如臨深淵、如履薄氷」。

18 【上士】『老子』四一章「上士聞道、勤而行之、中士聞道、若存若亡、下士聞道、大咲之」。

19 【長風】『内典録』巻五・隋朝伝訳仏経録「〔智顗〕入法華三昧、証陀羅尼門、照了法華、若高輝之臨幽谷、説摩訶衍、似長風之遊大虚、仮令文字之師千群万数、尋彼妙弁、無能窮也」(T55, 284b)。

20 【空林】謝霊運「登池上楼」(『文選』巻二二)「潜虬媚幽姿、飛鴻響遠音。薄霄愧雲浮、棲川怍淵沈。進徳智所拙、退耕力不任。徇禄反窮海、臥痾対空林」。

21 【形神】『史記』巻一三〇・太史公自序「凡人所生者神也、所託者形也。神大用則竭、形大労則敝、形神離則死。死者不可復生、離者不可復反、故聖人重之。由是観之、神者生之本也、形者生之具也」。

22 【糜砕於大地】『法苑珠林』巻六八・業因篇・引証部・述意部「不爾、徒煩長養、浪飾画瓶。終糜砕於黄塵、会楚苦於幽府。貽厥繢素、鑑勗意焉」（T53, 799c）。

23 【弔影】曹植「上責躬詩并表」（『文選』巻二〇）「臣〔曹〕植言、……窃感相鼠之篇、無礼遄死之義、形影相弔、五情愧赧」。

24 【初地】梁武帝「断酒肉文」（『広弘明集』巻二六）「若食肉者、是障無上菩提。何以故。若食肉者、障菩提心、無有菩薩法。以食肉故、障不能得初地。以食肉故、障不能得二地。乃至障不能得十地。……」（T52, 296a）。

誡功篇序

［釈文］

夫群生所以久流転生死海者[1]、良由無戒徳之舟楫者也[2]。若乗戒舟、鼓以慈棹、而不能横截風濤、遠登彼岸者、無此理也。故正教雖多、一戒而為行本。其由出必由戸[3]、何莫由斯戒矣。是以創起道意、先識斯門於諸心境、籌度懐行、其状如何。

故論云[4]、夫受戒者慈悲為務。於三千界内万億日月、上至非想下及無間、所有生類並起慈心、不行殺害、或尽形命、或至成仏、長時類通[5]、統周法界。此一念善、功満虚空。其徳難量、惟仏知際。不殺既爾[6]、余業例然。由斯戒徳故能遠大。所以上天下地幽顕聖賢、莫不憑祖此縁、用為基趾。

経不云乎[7]、戒如大地生成住持。出有心発[8]、是曰生也。聖道良資、是曰成也。法延六万、是曰住也。保任三業、是曰持也。諸余善法、蓋闕此功、有入此門、便称聖種。乖斯妄立、是謂凡流、長没苦海、出済無日。

自法移東夏、千齢過半[9]。在魏嘉平[10]、方聞戒法、自爾迄今、道俗流布。然大聖垂教、知機[a]厥先[11]、故使俗士憲章、則有具有欠、道人律儀、有小有大。所以五戒八戒、随量[12]制開、対境[13]無非。戒科約分、任[b]其力用、是謂接俗之化[14]、不可定其時縁。出家抛道、異於俗流、備足時縁、無開階級。雖復位分大小、両学就行、斉均上下。五衆約過、品類乃殊、結正同存一戒。

戒者警也[15]、常御在心。清信所存、聞諸視聴。故撮[c]挙数四、知奉法之有人焉。

［校勘］

a機＝幾（宋・元・明・宮・日本承応三年刊本）　b任＝在（明）　c撮＝掫（宋）。＝揖（宮）

［訓読］

夫れ群生の久しく生死の海に流転する所以は、良に戒徳の舟楫無きに由ればなり。若し戒舟に乗りて、鼓するに慈棹を以てし、而も風濤を横截して、遠く彼岸に登ること能わざるは、此の理無ければなり。故に正教多しと雖も、戒を一にして行の本と為す。其の由りて出づるは必ず戸に由る、何ぞ斯の戒に由ること莫からん。是を以て道意を創起せんには、先ず斯の門の諸もろの心・境に於いて、懐・行を籌度するに、其の状の如何なるかを識るなり。

故に論に云う、夫れ戒を受くる者は慈悲を務めと為せ、と。三千界内の万億日月に於いて、上は非想に至り下は無間に及ぶまで、所有《あらゆる》生類の並びに慈心を起こして、殺害を行わざれば、或いは形命を尽くし、或いは成仏に至り、長時に類通して、法界を統周す。此の一念善くせば、功《はたらき》は虚空に満たん。其の徳量り難く、惟だ仏のみ際を知る。不殺既に爾り、余の業も例然たり。斯の戒徳に由るが故に能く遠大ならん。所以に上天下地の幽顕の聖賢、此の縁に憑祖して、用て基趾と為さざること莫し。

経に云わざるや、戒は大地の如く生成住持す、と。出有の心の発《おこ》る、是れを生と曰うなり。聖道良に資《よ》る、是れを成と曰うなり。法の六万に延ぶ、是れを住と曰うなり。三業を保任す、是れを持と曰うなり。諸余の善法は、蓋し此の功《はたらき》を闕くれば、此の門に入ること有りて、便ち聖種と称す。斯れに乖きて妄りに立つは、是れを凡流と謂い、長く苦海に没して、出済に日無し。

法の東夏に移りてより、千齢半ばを過ぐ。魏の嘉平に在りて、方に戒法を聞き、爾れより今に迄《およ》ぶまで、道俗流布す。然れども大聖 教えを垂るるに、機を厥の先に知る、故に俗士の憲章をして、則ち具わる有り欠くこと有らしめ、道人の律儀をして、小有り大有らしむ。所以に五戒・八戒は量に随いて制開し、境に対して非無し。戒科は分に約して、其の力用に任ず、是れを接俗の化と謂い、其の時縁を定むべからず。出家は道に拠りて、俗流に異なれば、時縁を備足して、階級を開くこと無し。復た位は大小を分つと雖も、両学 行に就きては、上下を斉均す。五衆は過に約せば、品類は乃ち殊なるも、正を結ぶは同に一戒に存す。

戒とは警なり、常に御して心に在り。清信の存する所、諸れを視聴に聞く。故に数四を撮挙し、法を奉るの人有るを知らしめん。

［訳文］

いったい、一切衆生が大海のごとき生死の境界を彷徨い無限に輪廻するのは、まことに持戒による徳という楫《かじ》を持たないためである。もし、持戒の舟に乗って慈悲の棹をさし〔、この徳を修め〕たにもかかわらず、苦海の強風荒波を振り切ってはるか彼岸に到達できない、このようなことは道理としてあり得ない。それゆえ、仏教には法門が多々あれども、いずれも持戒を修行の大本に位置づける。およそ部屋に入る者が必ず戸口をくぐるように、仏道に入る者は必ず〔その唯一の入り口である〕戒律に由る。つまり、菩提心を起こすならば、まず初めに戒律の法において、心〔のはたらきである六識〕より生じる煩悩や悪行をどのようにはかり治めるかを知るのである。

故に論疏に「戒を受ける者は慈悲をこそ已の務めとせよ」と言う。三千世界に存在する万億の日月のもと、三界の最上位にある非想処から六道の最下層にある無間地獄に至るまで、あらゆる有情が等しく慈悲の心をもって殺生を止めたならば、あるいは一期の生死を終え〔て新たな生を受け〕、もしくは仏の境地に至〔って輪廻を脱した〕

り、これを長期に渡って繰り返せば、無数の世界に遍く広が〔り、全ての有情は仏とな〕るであろう。不殺の一念をよく護持するならば、その功《はたらき》は宇宙に満ち溢れるであろう。ただ仏のみが全容を知り得、無量無辺の戒徳があるのである。不殺生戒ひとつをとってもこのようであり、その他の戒もまた〔無量の戒徳があること〕同様である。これらの持戒の徳によってこそ、深遠なる仏の智慧を完成させることができるのであって、それゆえに遍く天地の幽・明両世界の聖賢たちは、みな戒行を拠りどころとして修道の基底となすのである。

経典に「戒は大地のように〔衆生を〕生成住持させる」と言うではないか。〔戒法を授かると〕衆生は解脱のために発心する、これが「生」である。仏道の成就のために大きな役割を果たす、これが「成」である。〔人の寿命が六万歳に至る〕遥かな未来まで仏法を護持する、これが「住」である。〔身・口・意の〕三業を清浄に保つ、これが「持」である。他の教えは善法といえどもおよそこのようなはたらきには欠けているから、戒学を修めて初めて仏教者と認められる。受戒しながら戒行を疎かにして放逸に生きるのは凡流《おろかもの》であり、苦の大海に長く溺れ沈んでそこから救い出される日は永遠に訪れまい。

仏法が中国に伝来してから、はや一千年の半ばを過ぎた。曹魏の嘉平年間（二四九〜二五四）に〔曇柯迦羅師によって〕戒法が初めて伝わり、今に至るまで出家・在家によってひろく行われている。しかしながら大聖《ブッダ》はあらかじめ衆生の機根を知り、〔それに応じた〕戒法を各々に授けられた。そのために世俗の人の守るべき定めには網羅されている分野とそうでない分野とがあり、出家者の持すべき戒律には大乗・小乗による区別が生じたのである。すなわち在家の信者が保つ五戒や斎日に保つ八戒（五戒に加えて香油塗身及び歌舞観聴・高広大床・非時食の禁止）は人々の量《うつわ》に即して可・不可が定められており、かれらの境遇においては不備なく完全である。一つ一つの戒条は在家の身にある者のために立てられ、そのはたらきによって自然と修行者の階梯にまで導かれる。これを「接俗の化《おしえ》」といい、時〔と衆生の機根〕に応じて変化する。いっぽう出家者は仏の道を拠りどころとし、既に俗世間から離れた存在であるから、時と機縁を充分に得たものと見做し、ことさら〔出家者間で〕具足戒に差別を生じることはない。むろん法門に大乗・小乗の別はあるが、両者とも持戒については修行の位階に関わらず等しくおこなわれる。出家の五衆は、過罪についていえば、護持する戒律の数に区別があるが、正道に縁を結ぶ者たちはみな〔大本を等しくする〕ひとつの戒学を共にしているのである。

戒とは「警《いましめ》」であり、常に心の内に堅持するものである。〔私は〕在家の〔身でありながら持戒に精勤な〕人々の行いを見聞してきた。いまその事例の幾つかを挙げ、真に仏法を奉戴するひとがあることを広く知らしめたいと思う。

〔語註〕

1【生死海】解脱できない苦の境界を大海に譬える。小乗『涅槃経』巻上「爾時如来、至乾荼村北林中住、告諸比丘。汝等当知、有四種法、一戒二定三慧四解脱。若不聞知此四法者、斯人長夜在生死海」(T1, 195b)。

2【戒徳之舟楫】慧命「詳玄賦」(『広弘明集』巻二九)「陟講肆以開愚、託禅林而遣欲。猴著鎖而停躁、蛇入筒而改曲。渉曠海以戒舟、暁重幽以慧燭。絶諍論於封想、息是非於妄情」(T52, 340c)。

3【其由出必由戸】『礼記』礼器「未有入室而不由戸者。〔孔穎達疏〕室猶礼也、戸猶誠也。入室必由戸、行礼必由誠、故云未有入室而不由戸、行礼不由誠者言皆由誠也」。

4【論云……】『菩薩戒義疏』巻下「大経云、遮未来相続、名之為殺。道俗同制、如五戒八戒之類也。大士以慈悲為本、故須断也。七衆菩薩同犯、声聞五衆大同小異。同者同不許殺」(T40, 571b)。

5【長時類通……】『行事鈔』巻中・随戒釈相篇「二者戒義如雑心説、謂類通法界也。広如後明」(T40, 050c)。

6 **【不殺既爾……】**『金光明経文句』「夫命是衆生之所共惜。奪而害之居然大苦、宥而放之則為快楽。慈心是因不畜殺具是縁、此是止善因縁也。夫食是依報、得之則命存、失之則寿殞。施心是因、施具是縁。此行善因縁也。不殺一条既爾、乃至不邪見亦復如是」（T39, 055a）。

7 **【経不云乎……】**『智度論』巻一三・釈初品中・尸羅波羅蜜義「何以故譬如大地。一切万物有形之類、皆依地而住。戒亦如是、戒為一切善法住処」（T25, 153b）。『行事鈔』巻上・標宗顕徳篇「又如大地能生成万物。故経云、若無浄戒諸善功徳不生。又云、依因此戒得有定慧。又経云、戒者行根住持、即喩如地能生成住持也」（T40, 004c）。

8 **【出有心発……】**以下、直接的な典拠は未詳。「生成住持」は戒法（仏が定めた規則）・戒体（戒法を受ける時、心の中に備わる実体）・戒行（戒体を得た者が戒法を実践する）、戒相（持戒の徳が外にあらわれる）の四位に関係しよう。『行事鈔』巻上・標宗顕徳篇「毘尼有四義、余経所無。一戒是仏法平地、万善由之生長。二一切仏弟子皆依戒住、一切衆生由戒而有。三趣涅槃之初門。四是仏法瓔珞、能荘厳仏法。具斯四義功強於彼」（T40, 005c）。

9 **【千齢過半】**北魏孝文帝「立僧尼制詔」（『広弘明集』巻二四）「自象教東流千齢已半、秦漢俗華制禁弥密。故前世英人随宜興例、世軽世重以裨玄奥」（T52, 272bc）。

10 **【在魏嘉平……】**曹魏斉王の嘉平年間に洛陽を訪れた曇柯迦羅が『僧祇戒心』を訳出し中国に戒律を伝えたため、曇柯迦羅を中国の戒法の祖とみなす。『高僧伝』巻一・訳経篇・曇柯迦羅伝（T50, 324c-325a）参照。

11 **【知機厥先】**機を幾とする版本もあるが、ここでは機根の機と解する。（参考）『易』繋辞伝下「子曰、知幾其神乎。君子上交不諂、下交不瀆、其知幾乎。幾者動之微、吉之先見者也。君子見幾而作、不俟終日」。

12 **【随量】**『瑜伽師地論』巻八三「言慧灯者、謂於如来所説経典甚深建立等開示故。言慧炬者、謂於法教随量随時能随転故」（T30, 761b）。

13 **【対境】**『行事鈔』巻中・随戒釈相篇「問、戒与律儀行相差別如何。答、通行無涯是律儀也、対境禁約是戒儀也」（T40, 054b）。

14 **【接俗之化】**『行事鈔』序「三為対異宗故来。宗則有其多別。且如薩婆多部、戒本繁略指体未円。接俗楷定於時数、御法例通於無準」（T40, 001c）。

15【**戒者警也**】『含注戒本疏』巻一・戒序「初云、尸羅此飜為戒。戒有何義、義訓警也。由警策三業遠離縁非、明其因也」（X39, 718b）。

啓福篇序

［釈文］

福者何耶[a]。所謂感楽受[1]以安形[2]、取歓娯[3]以悦性[4]也。然則法王立法、周統識心。三界牢獄[5]、三科検定。一罪、二福、三曰道也。罪則三毒所結、繫業属於鬼王[6]。論其相状、後篇備列。福則四弘所成、我固[7]属於天主[8]。道則虚通[9]無滞、拠行不無明昧。昧[b]則乗分小大、智渉信法[10]。明則特達理性[11]、高超有空。斯道昌明、如別所顕。

今論福者、悲敬[12]為初。悲則哀苦趣之艱辛[13]、思抜済[14]而出離[15]。敬則識仏法之難遇、弘信仰而登[c]神[16]。縁境[17]乃渉事情、拠理惟心為本[18]。故虚懐[19]不繫、則其福不迴[20]於自他。倒想[21]未移、則作業有乖於事用[22]。故綿古歴今、相従不息。王者識形有[23]之非我、興住持於塔寺。余則困[d]於不足、多行施以周給。

是知為有造業[24]、未曰超升[25]。多由起過、重増生死。故云[26]、為有造罪、一向須捨。為有起福、雖行不著。由斯意致、位行両分。滞則増生、捨則増道。道拠逆流[27]、出凡入聖。福則順生[28]、興倒結業。故啓福本、擬歴[29]賢明。

［校勘］

a耶＝邪（明）　b昧＝之（宮）　c登＝澄（宋・元・明・宮）　d困＝因（宋・元・明）

［訓読］

福とは何ぞや。所謂《いわゆる》楽受に感じて以て形を安んじ、歓娯に取りて以て性を悦ばすなり。然れば則ち法王は法を立て、周く識心を統ぶ。三界の牢獄、三科もて検定すれば、一は罪、二は福、三は道と曰うなり。罪は則ち三毒の結ぶ所、繋業は鬼王に属す。其の相状を論じて、後篇に備さに列ぬ。福は則ち四弘の成ずる所、我固は天主に属す。道は則ち虚通にして滞る無きも、行に拠りて明昧無くんばあらず。昧なれば則ち乗小・大に分かれ、智は信・法に渉る。明なれば則ち特に理性に達し、高く有空に超ゆ。斯の道の昌明なること、別に顕らかにする所の如し。

今 福を論ずれば、悲・敬を初めと為す。悲は則ち苦趣の艱辛を哀《かな》しみ、抜済して出離せしめんことを思う。敬は則ち仏法の遇い難きを識り、信仰して神を登らしめんことを弘む。境に縁《よ》れば乃ち事情に渉り、理に拠れば惟だ心を本と為すのみ。故に懐いを繋がれざるに虚しくすれば、則ち其の福は自他に廻《たが》わず。想いを未だ移らざるに倒《さかさま》にすれば、則ち業を作しては事用に乖く有り。故に古に綿《わた》り今に歴て、相い従《よ》りて息《や》まず。王者は形有を非我に識り、住持を塔寺に興す。余は則ち足らざるに困《くる》しめば、多く施を行じて以て周く給す。

是に知んぬ、有の造るところと為るの業は、未だ超升と曰わず。多くは過ちを起こし、重ねて生死を増すに由ることを。故に云く、有の造るところと為るの罪は、一向に須く捨つべし。有の起こすところと為るの福《さいわい》は、行うと雖も著せざれ、と。斯の意致に由り、位・行両分す。滞れば則ち生を増し、捨つれば則ち道を増す。道は逆流に拠り、凡より出でて聖に入る。福は則ち生に順い、倒を興して業を結ぶ。故に福の本を啓き、賢明を歴せんことを擬《はか》る。

［訳文］

「福《さいわい》」とは何か。いわゆる「こころよさを感受して身体を養い、歓びや娯しみを受けて本性を悦ばすこと」である。しかして、仏陀はすべての識心《こころ》を統べおさめる法《おしえ》を立てた。牢獄のような三界においては、次の三つの科でもって定められる。その一は「罪」、二は「福」、三は「道」という。「罪」は貪・瞋・痴の三つの煩悩によってあらわれ、罪業にとらわれて閻魔王が治める世界に属する。その相状《すがた》については、後篇〔悔罪篇〕に詳しく列ね論じている。「福」は四弘誓願によって成就されるものであるが、我への執着によって行われる福は帝釈天が治める天界に属する。「道〔悟りの智慧〕」はとらわれや執着が何も無いことである。〔ただし、〕修行するにあたっては必ず明〔利根〕の者と昧〔鈍根〕の者とがいる。鈍根の者に対しては、仏の乗《おしえ》は小乗と大乗に分かれて示され、智慧もまた〔他者の教説に随い修行する〕随信行と〔自ら仏の法に随い修行する〕随法行とどちらの者にも分け示されている。利根の者であれば、ただちに理としての仏性を悟り、有や空〔を差別する世界〕を高々と超えて解脱する。この盛んで輝ける「道」については、別に顕らかに示しているとおりである。

今、「福《さいわい》」について論じてみると、「悲」と「敬」を第一としている。「悲」とは、苦に満ちた世界の衆生を哀《かな》しみ、そこから済い出して解脱させせんとする思いである。「敬」とは、仏の法に出遇うことが如何に稀有であるかを悟り、信仰を弘めて仏国土へ登らしめることである。人それぞれの境涯にあらわれる対象は様々であるが、背景にある理法から言えば、その大本は心である。よって、わだかまりなく、何ものにもとらわれない心をたもてば、自他の差別無く福がおよぶ。〔変化を不変とする〕顚倒した想いを持ち続けたままならば、業を作して得られる結果は現実のはたらきとは違ってしまう。ゆえに古より今に至るまで、〔そのような出来事は〕やむことなくずっと続いている。〔仏法を守護する〕王者は流動変化することが形あるものの本質であると悟り、仏塔寺院を建立して仏法がこの世にたもたれ守られるようにした。そのほか〔必要な物が〕足らずに困窮する者があれば、たびたび布施を行って皆に供給した。

生死の世界にあって業を造り業に縛られる者を、生死の世界を超え出づる者とは言わない。多くの場合、過ちを起こし、さらに生死の輪廻を繰り返すからである。ゆえに次のように言う。生死輪廻の中で造られる罪は、ひたすら捨てさらねばならない。生死煩悩の世界にあって起てられる福事は、行ったとしてもそれに執着してはならないと。この意致《おもむき》からすれば、福《さいわい》とはそれによって得られる位と行の二つに分けられる。心が福に執われたままならば生死の輪廻を繰り返し、福への執着を捨てれば「道」の世界に進む。「道」は生死輪廻の根源にむかって、凡夫の世界から抜け出し聖者の位に入る結果を生む。福とは生死の輪廻に順《したが》い、顚倒の心を興して業因業果を造りなす。ゆえに福の大本を啓き示し、賢明なる人々の文章を一つ一つ挙げて見て行きたいと思う。

〔語註〕

1 【楽受】北本『涅槃経』巻一二・聖行品「爾時迦葉菩薩摩訶薩白仏言、……如仏告諸比丘、有三種受、苦受・楽受・不苦不楽受。如仏先為諸比丘説。若有人能修行善法、則得受楽。又如仏説、於善道中、六触受楽。眼見好色、是則為楽。耳鼻舌身意思好法亦復如是」(T12, 439b)。

2 【安形】『礼記』月令・仲冬之月「君子斉戒、処必掩身、身欲寧。去声色、禁耆慾、安形性。事欲静、以待陰陽之所定」。

3 【歓娯】北本『涅槃経』巻一・寿命品「是花台中、多有黒蜂。遊集其中、歓娯受楽。又出妙音。所謂無常・苦・空・無我。是音声中、復説菩薩本所行道」(T12, 366c)。

4 【悦性】『隋書』巻七七・徐則伝「晋王広鎮揚州、知其名、手書召之曰、……先生履徳養空、宗玄斉物、深明義味、暁達法門。悦性沖玄、怡神虚白、餐松餌朮、棲息煙霞」。「道恒道標二法師答偽秦主姚略勧罷道書」(『弘明集』巻一一)「陛下仁弘覆載、使物悦其性」(T52, 074a)。

5 【三界牢獄】北本『涅槃経』巻三七・迦葉菩薩品「善男子、衆生観受、知是一切漏之近因。所謂内外漏、受因縁故、不能断絶一切諸漏、亦不能出三界牢獄」(T12, 583c)。

6 【鬼王】『法顕伝』「〔阿育王〕乗鉄輪案行閻浮提、見鉄囲両山間地獄治罪人。即問群臣、此是何等。答言、是鬼王閻羅王治罪人。王自念言、鬼王尚能作地獄治罪人。我是人主。何不作地獄治罪人耶」（T51, 863bc）。

7 【我固】『論語』子罕「子絶四、毋意、毋必、毋固、毋我」。『続高僧伝』巻二五・感通篇・道弁伝「襄州有袁山松者、博覧経誥、時号儒宗。……〔道〕弁曰、公学未周、信其前述。可除我固、当為指帰」（T50, 662bc）。

8 【天主】『法華義記』巻一「釈提桓因者、此是欲界第二天。是仏天上檀越故在前列。外国名謂釈提桓因、訳言能為天主也」（T33, 581b）。

9 【虚通】『肇論』答劉遺民書「妙尽之道、本乎無寄。夫無寄在乎冥寂、冥絶故虚以通之」（T45, 156a）。『行事鈔』巻中・懺六聚法篇「四分一律宗是大乗、虚通無係、故発言誠事無滞結」（T40, 102a）。

10 【信法】『法華文句』巻六上・釈信解品「稟小大教、初革凡成聖、各有次位。但小乗信行、従聞生解。苦忍明発、信則称行。法行歴法観察、苦忍明発、法則称行。若信行人転入修道、転名信解。法行人入修道、転名見得。準小望大、亦応如此。中根之人、聞説譬喩。初破疑惑、入大乗見道、故名為信。進入大乗修道、故名為解」（T34, 079c）。『続高僧伝』巻二〇・習禅篇・論「原夫正象東設、被在機縁。至於務道、無時不契。然教中広叙信法両徒、誠由利鈍等機。所以就時分位。若能返源体道、深厭諸有、学与仏世其徳斉焉」（T50, 596ab）。

11 【理性】『続高僧伝』巻二五・感通篇・道英伝「常云、余冥目坐禅、窮尋理性。如有所詣、及開目後、還合常識。故於事務遊観、役心使有薫習。然其常坐、開目如線、動逾信宿、初無頓睫」（T50, 654b）。

12 【悲敬】悲田と敬田。『続高僧伝』巻一七・習禅篇・智顗伝「王頂受其旨教曰、大師禅慧内融、導之法沢。輒奉名為智者。自是専師率誘、日進幽玄。所獲施物六十余事、一時迴施悲敬両田、願使福徳増繁、用昌家国」（T50, 566b）。

13 【苦趣之艱辛】六十巻『華厳経』巻五八・入法界品「善財見衆生、生老病死苦、為発大悲心、専求仏菩提。見五道輪転、衆苦所逼迫、修智金剛輪、壊散苦趣輪」（T9, 774b）。

14 【抜済】『法華経』巻二・譬喩品「但以智慧方便、於三界火宅抜済衆生、為説三乗声聞・辟支仏・仏乗、而作是言」（T9, 013b）。

15 【出離】六十巻『華厳経』巻一八・金剛幢菩薩十迴向品「菩薩摩訶薩、布施宝女眷属、善根迴向、迴向一切衆生出離生死」(T9, 516b)。

16【登神】用例未詳。対校本は澄神とする。慧観「修行地不浄観経序」(『出三蔵記集』巻九)「夫禅典之妙、蓋是三乗之所遊。反迷悟惑者、託幽途以啓真城、塹三業之固宅、広六度以澄神、散結賊於曠野、……」(T55, 066b)。

17【縁境】六十巻『華厳経』巻五・如来光明覚品「於諸仏深法、随覚如自性、常観三世法、不生止足想。了達所縁境、未曾起妄想、彼楽不思議、是則方便力」(T9, 425b)。『続高僧伝』巻二〇・習禅篇・道撫伝附道綽伝「今有惰夫、口伝摂論、惟心不念、縁境又乖。用此招生、恐難継相」(T50, 594a)。

18【拠理惟心為本】郗超「奉法要」(『弘明集』巻一三)「夫理本於心、而報彰於事。猶形正則影直、声和而響順。此自然玄応。孰有為之者哉」(T52, 088a)。

19【虚懐】沈約「斉故安陸昭王碑文」(『文選』巻五九)「至公以奉上、鳴謙以接下。撫僚庶尽盛徳之容、交士林忘公侯之貴。虚懐博納、幽関洞開。宴語談笑、情瀾不竭」。

20【其福不迴】『詩』大雅・旱麓「莫莫葛藟、施于条枚。豈弟君子、求福不回。〔鄭玄箋〕不回者、不違先祖之道。〔孔穎達疏〕莫莫至不回」。『高僧伝』巻一・訳経篇・康僧会伝「〔康僧〕会対曰、……易称積善余慶、詩詠求福不回。雖儒典之格言、即仏教之明訓」(T50, 325c)。

21【倒想】北本『涅槃経』巻二・寿命品「文殊師利言、如来於汝及以於我一切衆生、皆悉悦可。純陀答言、汝不応言如来悦可。夫悦可者、則是倒想。若有倒想、則是生死。有生死者、即有為法。是故文殊、勿謂如来是有為也」(T12, 374c)。

22【事用】郗超「奉法要」(『弘明集』巻一三)「是以経云、欲於空中造立宮室、終不能成。取仏国者非於空也。然則五度四等、未始可廃。但当即其事用、而去其忮心。帰於仏則無解於仏、帰於戒則無功於戒」(T52, 089a)。

23【形有】『顔氏家訓』巻五・帰心篇「原夫四塵五廕、剖析形有、六舟三駕、運載群生」。

24【為有造業】北本『涅槃経』巻二六・迦葉菩薩品「若有衆生楽諸有、為有造作善悪業、是人迷失涅槃道、是名暫出還復没。行於黒闇生死海、雖得解脱雑煩悩、是人還受悪果報、是名暫出還復没」(T12, 575b)。

25【超升】『行事鈔』巻下・僧像致敬篇「二明造仏像塔寺法。初明造経像法。意者、如来出世有二益。一為現在生身説法、二未来経像流布、令諸衆生於弥勒仏、聞法悟解、超升離生、此大意也」（T40, 133b）。

26 **【故云……】**『続高僧伝』巻二九・興福篇・論「……是以通人、審権実之有従、達界繋之無爽、明惑性之重軽、暁分量之優劣、莫不以罪障天人、一向須捨。福為有基、雖行不著。由諸八禅滞情、六度不浄、事観及世順善、皆為有法。……」（T50, 700b）。

27 **【道拠逆流】** 北本『涅槃経』巻一六・梵行品「順流者謂凡夫人。逆流者従須陀洹乃至縁覚。正住者諸菩薩等」（T12, 462b）。次註も併せ参照。

28 **【福則順生】**『行事鈔』巻中・懺六聚法篇「今懺悔之法、大略有二。初則理懺、二則事懺。此之二懺、通道含俗。……然則事懺罪業、福是順生。理懺妄本、道則逆流。一出一入、条然自分。愚智両明、虚実双顕。……」（T40, 096ab）。『資持記』巻二・釈懺六聚法篇「福順生者人天有漏順生死故。道逆流者三乗無漏逆生死故。出入拠所克之果、愚智即能修之機、虚実約所修之行」（T40, 351b）。

29 **【擬歴】**『歴代三宝紀』巻一一・文宣王蕭子良条「〔蕭子良〕愛好博尋、躬自緝撰。備忘擬歴、不謂伝行。後代学人、相踵抄読」（T49, 096c）。

悔罪篇序

〔釈文〕

夫福曰富饒[1]、罪称摧折[2]。富則近生四趣[3]、厚報栄禄満於目前、遠則三聖、勝相資用、豊於群有。至於罪也、返此殊途、良由沈重貪瞋、能獲果登苦楚[4]。所以罪業綿亘、労歴聖凡。凡惟罪聚、不足討論、綸網正行、事該小学[5]、致使須斯二果[6]、尚弊於忿痴、羅漢漏尽、猶遭於砕体。是知無始故業、逐分段[7]而追徴、有為積障、望変易[8]而迴首[a]。自古正聖開喩[9]滋彰。時張四惑[b]、三三九品[10]、欲使随念翦撲[c][11]、豈得縦以燎原[12]。然以煩悩増繁、難為禁制、勃起忽忘、早樹根基、過結已成、追悔無已[d]。但以諸仏大慈善権方便[13]、啓疏往咎、導引精霊。因立悔罪之儀、布以自新之道[14]。既往難復、覆水之喩[15]可知、来過易救[e]、補[f]浣[16]之方須列。遂有普賢・薬上[g]之侶、分衢[17]而広斯塵、道安・慧遠之[h]儔、命駕[18]而行茲術。至於侯王宰伯、咸仰宗科[19]、清信士女、無虧誡約。

昔南斉司徒竟陵王制布[i]薩法浄行儀、其類備詳、如別所顕。今以紙墨易繁、略列数四、開明悔過之宗轄[20]焉。

〔校勘〕

a首（宋・元・明・磧）＝道（大正蔵）　b惑＝惑乃（宋・元・明・磧）　c撲（磧・中華蔵）＝樸（大正蔵）　d已（磧・中華蔵）＝己（大正蔵）　e救＝収（宋・元・明・宮）　f補（磧・中華蔵）＝捕（大正蔵）　g上＝王（明）　h之＝人（宋・元・宮）　i布＝接（明）

［訓読］

夫れ福は富饒と曰い、罪は摧折と称せらる。富まば則ち近きは四趣に生まれ、厚報栄禄 目前に満ち、遠きは則ち三聖、勝相資用 群有に豊かなり。罪に至りて、此の殊途に返るは、良に貪瞋に沈重し、能く果を獲て、苦楚に登るに由る。所以に罪業綿亘として、聖凡を労歴す。凡は惟《こ》れ罪聚まること、討論するに足りず、正行を綸網し、事は小学を該《か》ね、須斯の二果をして、尚お怒痴に弊《つか》れ、羅漢の漏尽をして、猶お砕体に遭わしむるを致す。是こに知る、無始の故業、分段を逐いて追徴し、有為の積障 変易を望みて迴首するを。

古より正聖 開喩し滋《ます》ます彰らかにす。時に四惑と、三三が九品を張《の》べ、念に随いて翦撲せしめんと欲するも、豈に縦《ほしいまま》にして以て原を燎くを得んや。然れども煩悩は増繁するを以て、禁制を為し難く、勃《にわ》かに起こり忽ちに忘れ、早に根基を樹て、過結已に成り、追悔して已む無し。但だ諸仏の大慈・善権方便を以て、往咎を啓疏し、精霊を導引す。因りて悔罪の儀を立て、布くに自新の道を以てす。既往の復し難きは、覆水の喩もて知るべく、来過の救い易きは、補浣の方もて須らく列ぬべし。遂に普賢・薬上の侶有り、衢を分かちて斯の塵に広め、道安・慧遠の儔、駕を命じて茲の術を行う。侯王宰伯、咸《み》な宗科を仰ぎ、清信士女、誡約を虧くる無きに至る。

昔 南斉の司徒竟陵王は布薩法・浄行儀を制し、其の類の備さに詳らかなること、別に顕らかにする所の如し。

今 紙墨の繁くなり易きを以て、略して数四を列ね、悔過の宗轄を開明す。

［訳文］

そもそも福《さいわい》とは富みて余りあることをいい、罪とは摧き折られることをいう。富みゆたかであれば身近なところでは人間に生まれ、有り余る財物が眼前に満ちていて、遠《はる》かな将来を言えば、勝《すぐ》れた相《すがた》を現わした声聞・縁覚・菩薩の三聖により、衆生すべてにその教化が及ぼされる。罪を犯して、これらとは異なる道へと返り向かうのは、貪りと瞋りの心に深く沈み込み、結果として苦の世界に陥ることに由る。それゆえ罪業は連綿と続き、聖と凡の世界を労《くるし》みながら行き来する。凡愚な者が罪多いことは、論ずるまでもない。正行をあますところなくおさめ、小乗の学をも修めつくして、〔声聞衆の得る最初の〕須陀洹果（預流果）や〔六種の煩悩を断じた次位の〕斯陀含果（一来果）を得て聖者の位に入ったとしても、なお怒りと痴鈍の世界に陥って、疲弊させる。煩悩を断ち尽くした羅漢であっても、意図せぬままにその世界を破滅させてしまう。こうしたことからわかるように、凡夫ははるかな古からの罪業により、生死輪廻が繰り返され、因縁により積み重ねられた障碍によって、聖者もその受ける生死転変を振り返り見ねばならないのである。

昔から正聖《ブッダ》は人々を教え導いて、段階を追って真理を明らかにしてきた。しかし、折にふれて四種の煩悩と九種の起悪を張《の》べ示し、念々のままに、それらを滅ぼし尽くそうとされたのだが、煩悩とは野原を焼き尽くしてしまうように思うがままに消し去ってしまうことは決してできない。煩悩は増殖するもので、禁じ制し難く、にわかに起こりもするし、それがあることをたちまちに忘れてしまい、もともと人には根本となるものが備わっているものの、過ちや煩悩が生じてしまうと、その都度後悔してやむことがない。しかしながら、諸仏は大いなる慈悲により相手に応じて巧みに方便をめぐらせ、過去の咎《つみ》を一つ一つ述べて聞かせ、精霊を導いていく。それゆえ悔罪の手本を掲げて、自ら過ちを改めるための道を示すのである。過ぎたことが取り返し難いのは、覆水のたとえで分かるし、これから起こりうる過ちは容易に救えるものであるから、繕い洗ってそれらを正して消してしまう方法を列挙する。〔濁世に修行する人々を守護する〕普賢菩薩や薬上菩薩は、それぞれに分かれてこの煩悩世界へとそれを広め、道安や慧遠といった人たちは、貴い行動を起こしそれを行った。〔その結果として、〕王侯や大臣は、みな仏陀の教えを根本義として信仰し、在家の信者たちは誡約《いましめ》をかかさず実践した。
昔、南斉の司徒竟陵王は「浄住子浄行法門」（布薩法・浄行義）を制《つく》った。大変詳しく分類され述べられているのは、別に明瞭に書いたとおりである。今、紙数がともすれば繁多になりがちなので、少しばかりの例を略挙し、根本の教えとして過ちを悔いるということを明らかにするのである。

〔語註〕

1 【富饒】「浄住子浄行法門」（『広弘明集』巻二七）善友勧奨門「今有財富室温、家給人足、不労営覓、自然而至。復有貧苦飢弊、形骸労悴、終日願於富饒、而富饒未嘗暫有。以此苦故、勧其布施、力厲修福」（T52, 315b）。

2 【摧折】『続高僧伝』巻六・義解篇・慧韶伝「後遇時患、薬雑腊脂、拒而不服、非時漿飲、故絶生常。候病者仰観、顔色怡悦、礼誦不替。当似微差、乃告曰、吾今無処不痛、如壊車行路、常欲摧折、但自強耳。恨所営尊像未就、吾将去矣」（T50, 463a）。

3 【四趣】人間のこと。『法苑珠林』巻二六・宿命篇・引証部「第二問、人趣亦有本性念生智類、応能知他心等、何故不説。答、応説而不説者、当知此義有余。復次、少故不説。謂人趣中得此智者極少有故、而不説之。如婆沙論説、此皆従不悩害業、能生此智。若有衆生能護身口不悩他者、在母胎時、其必寛容、不為冷熱二触、母腹不浄、悪血所困。至出胎時、又復不為産門逼迫、令心錯乱。以是因縁覚了惺寤、念知前事。今不知者、良由違前法故、忘失錯乱、故不能知也。問曰、各知幾趣耶。答曰、還如婆沙論説、天知五趣、人知四趣〈除天〉、鬼知三趣、畜生知二趣、地獄唯知地獄之事。由勝故上得知下、下由劣故不知上」（T53, 476a）。

4 【苦楚】「浄住子浄行法門」（『広弘明集』巻二七）発願荘厳門「願一切衆生耳常不聞悲啼愁歎声・地獄苦楚声・餓鬼畜生受苦声・八苦交対声・四百四病起発声・八万四千塵労声。願耳常聞諸仏説法八音声・八万四千波羅蜜声・三乗聖果十地功徳如是等声」（T52, 321a）。

5 【小学】李師政「内徳論」(『広弘明集』巻一四)「原夫小乗之与大乗、如小学之与大学、幼唯教之以書計、長乃博之以礼楽。始蒙然而類牛毛、終卓爾而同麟角。此乃為訓之次序。何有異同而可剝」(T52, 194c)。

6 【須斯二果】声聞の四果のうち、須陀洹と斯陀含の二果。『行事鈔』巻上・受戒縁集篇「彼律云、若須斯二果及凡夫持戒尼被人汚者、初人受楽、是壊尼浄業」(T40, 026c)。

7 【分段】分段生死。迷いの世界をさまよう凡夫が受ける生死。『大宝積経』巻一一九・勝鬘夫人会「何以故有二種死、何等為二、一者分段、二者変易。分段死者、謂相続有情。変易死者、謂阿羅漢及辟支仏自在菩薩、随意生身乃至菩提」(T11, 675b)。

8 【変易】変易生死。迷いの世界を離れ、輪廻を超えた聖者が受ける生死。前掲註7参照。

9 【開喩】師が弟子を教え導くはたらき。「道恒道標二法師答偽秦主姚略勧罷道書」(『弘明集』巻一一)「猥蒙優詔、褒飾過美、開喩誨励、言理備至」(T52, 073c)。「叙列代王臣滞惑解」(『広弘明集』巻六)「若夫城高必頹、木秀斯抜、惟我清峻、故有異道嫉之、不足怪其鄙吝。未見廝徒。皁隷有加悩辱、明非目翳、何事屏除。故因其立言仍随開喩」(T52, 123b)。

10 【三三九品】「浄住子浄行法門」(『広弘明集』巻二七)発願荘厳門「原衆悪所趣、皆縁意地、貪瞋痴也。自害害他、勿過於此。故経号為根本三毒、能煩能悩、労擾身心、於縁起悪三三九種。然此九種、義通善悪、三善根生、名善業道、三不善根生、名悪業道」(T52, 321a)。

11 【翦撲】『宋書』巻六五・申恬伝附兄子坦伝「坦建議、任榛亡命、屢犯辺民、軍出無功、宜因此翦撲。上従之」。

12 【燎原】『尚書』商書・盤庚上「若火之燎于原、不可嚮邇、其猶可撲滅」。

13 【善権方便】『大般若経』巻五〇一・第三分現窣堵波品「若諸有情流転生死貪瞋痴等纏繞其心、造作衆多不饒益事、是菩薩摩訶薩善権方便、令彼伏滅貪瞋痴等生死因縁」(T7, 549b)。

14 【自新之道】『史記』巻六・秦始皇本紀「……約法省刑以持其後、使天下之人皆得自新、更節修行、各慎其身、塞万民之望、而以威徳与天下、天下集矣」。

15 【覆水之喩】『後漢書』列伝五九・何進伝「〔何〕苗謂進曰、……国家之事、亦何容易。覆水不可収。宜深思之、且与省内和也」。

16【補浣】『続高僧伝』巻二八・読誦篇・道積伝「諸有厲疾洞爛者、其気弥復鬱勃、衆咸掩鼻、而積与之供給、身心無弐、或同器食、或為補浣」（T50, 687c）。

17【分衢】「浄住子浄行法門」（『広弘明集』巻二七）皇覚弁徳門「今覩殊教異軌、分衢舛迹、未嘗不有其名而闕其徳、不無其称而求其用。是知有名無徳者外道也、有徳有名者仏道也」（T52, 306b）。

18【命駕】出かけるために馬車を用意させる。『左伝』哀公十一年「甲兵之事、未之聞也、退命駕而行、曰鳥則択木、木豈能択鳥」。

19【宗科】『行事鈔』下・僧像致敬篇「二造寺法、有盛徳法師造寺誥十篇、具明造寺方法。祇桓《ママ》図様随有所造必準正教。幷護持匡衆僧網綱要等。事繁不具、略引宗科造寺一法」（T40, 134c）。

20【宗轄】『続高僧伝』巻二一・明律篇・慧光伝「（慧）光時預霑其席、以素習方言、通其両諍、取捨由悟、綱領存焉。自此地論流伝、命章開釈、四分一部、草創基茲。其華厳・涅槃・維摩・十地・地持等、並疏其奥旨而弘演導。然文存風骨、頗略章句、故千載仰其清規、衆師奉為宗轄矣」（T50, 607c）。

統帰篇序

[釈文]

広弘明[1]者、言其弘護法網[2]、開明於有識也。自上九篇、随時布現、籌度理路、其縁頗悉。然於志之所之、未備詳睹。如不陳列、頌声何寄。故次編之、殷鑑遐邇。

且法王御宇、哥頌[3]厥初、梵王天主、声聞菩薩、咸資偈賛[a]、用暢幽誠。無経不有、彰于視聴。東夏王臣斯途、不惑擬倫、帝徳国美、無不称焉。所以写送[4]性情、統帰総乱、在于斯矣。然晋宋已来、諸集数百余家、信重仏門、倶陳声略。至於[b]捃拾、百無一在[c]。且列数条、用塵博観。

[校勘]

a賛＝讃（宋・元・明・宮）　b於＝于（明）　c在＝存（宋・元・明・宮）

[訓読]

広弘明とは、其の弘く法網を護り、有識を開明するを言うなり。上九篇より、時に随いて布き現わし、理路を籌度し、其の縁 頗《いささ》か悉《つく》したり。然れども志《おもい》の之《む》かう所において、未だ備《ことごと》くには詳らかに睹ず。如《も》し陳べ列ねざれば、頌声 何ぞ寄せん。故に次《つい》じて之を編み、遐邇に殷鑑あらしむ。

且つ法王 宇に御し、哥頌 厥れ初まり、梵王天主、声聞菩薩、咸《み》な偈賛に資《もち》いて、用て幽誠を暢ぶ。経に視聴に彰《あら》わすもの有らざるはなし。

東夏の王臣の斯の途は、倫《ともがら》を擬るに惑わず、帝の徳、国の美は、称えざるはなし。性情を写送し、帰するところに統べ、乱れたるを総《おさ》むる所以は、斯に在り。

然れども晋宋已来、諸集は数百余家、仏門を信じ重《とうと》び、倶に声略を陳ぶるも、捃拾に至りては、百に一の在るなし。且《しばら》く数条を列ね、用て博観を塵《けが》さん。

〔訳文〕

「広弘明」とは、弘く仏の法網《おしえ》の根幹を護り、人々をその教えによって開明するを言う。これまでの〔帰正篇以下、弁惑・仏徳・法義・僧行・慈済・誡功・啓福の各篇より悔罪篇までの〕九篇では、時代に応じて仏の教えを現わしひろめ、教えの理路《すじみち》を籌度《はか》りしめす文章を、それらの縁由とともに頗《いささ》か万全を期して収集してきた。しかしながら志《おも》いねがってきたようには、いまだ全てを見尽くしてはおらず、如《も》しこのまま捨て置いてしまえば、仏徳を頌《たた》える人々の声はどこにも記録されぬままになってしまおう。この故に〔仏の教えを弘め明らかにする文章を〕順序だてて編纂し、時と場所の遠近を越えて仏徳を頌《たた》える人々の手本とするものである。

また法王たる釈尊がこの世界を御《おさ》められたその初めから、仏陀の恩徳は歌い頌《たた》えられ、梵天や帝釈天、声聞や菩薩が、咸《みな》こぞって自らの幽《ふか》い誠の思いを暢《の》べしめす手立てとして偈頌《げじゅ》をもちいていた。このような目に視、耳に聴く形で仏徳を明瞭に讃える教えは、どのような経典にも示されている。

東夏《ちゅうごく》の国王や臣下の中で、斯のような足跡を持つ人々を探し出すことはいとも容易く、帝《みかど》の徳や、国柄の美《うるわ》しさは、つねに称えられてきた。これこそがそのような人々の性情《こころばえ》を漏れなく書きのこし、乱れ惑う人々を帰依の心に統べ総《おさ》める所以である。

しかしながら晋朝や南朝の宋代以来、こうした文集は数百余家もあり、仏門を信じ重《とうと》ぶ人々の声略《ほまれ》を、ともどもに陳べてはいるものの、それらの中で捃拾《ひろ》いあつめられたものとなると、百に一つもない。諸氏の博覧を塵《けが》すばかりであるが、いまは且《しば》く数条を列ね記すにとどめておきたい。

［語註］

1 **【広弘明者……】** 僧祐「弘明集序」(『弘明集』巻一)「夫道以人弘、教以文明。弘道明教、故謂之弘明集」(T52, 001a)。また「弘明論後序」(同巻一四、T52, 095ab) も併せ参照。

2 **【法網】** 『高僧伝』巻四・義解篇・竺潛伝「〔支遁〕後与高麗道人書云、上座竺法深、中州劉公之弟子。体徳貞峙、道俗綸綜。往在京邑、維持法網、内外具瞻、弘道之匠也。……」(T52, 348a)。「皇太子臣治述聖記三蔵経序」(『広弘明集』巻二二)「故知、聖慈所被、業無善而不臻、妙化所敷、縁無悪而不剪。開法網之網《ママ》紀、弘六度之正教、拯群有之塗炭、啓三蔵之秘扃……」(T52, 259a)。

3 **【哥頌】** 『釈迦氏譜』現生誕霊跡・五現大瑞応相「〔太子瑞応本起〕経〔巻上〕云、太子身黄金色、三十二相光照大千。天龍八部空中作楽、歌頌仏徳」(T50, 089c)。

4 **【写送】** 『高僧伝』巻一三・経師篇・曇智伝「〔曇智〕既有高亮之声、雅好転読。雖依擬前宗而独抜新異。高調清徹、写送有余。宋孝武蕭思話王僧虔等、並深加識重。……」(T50, 414a)。『続高僧伝』巻二〇・習禅篇・法融伝「及登元座有光前傑。答対若雲雨、写送等懸河、皆曰聞所未聞。可謂中興大法於斯人也」(T50, 604b)。(参考)『大慈恩寺三蔵法師伝』序「付法蔵伝〔巻二〕曰、聖者阿難能誦持如来所有法蔵、如瓶瀉水、置之異器。即謂釈尊一代四十九年、応物逗機、適時之教也」(T50, 220c)。

引用仏典・略号一覧

・本訳註の作成に際し、引典した仏典の倶称及び訳者・撰者とその朝代を以下に示す。

・掲載の順序及び経題等の表記は『大正蔵』に従い、『続蔵経』所収の経典をその後ろに配した。

◎道宣著作

『行事鈔』〔唐〕道宣撰『四分律刪繁補闕行事鈔』

『比丘含注戒本』〔唐〕道宣述『四分律比丘含注戒本』

『四分律刪補随機羯磨』〔唐〕道宣撰『曇無徳部四分律刪補随機羯磨』

『戒壇図経』〔唐〕道宣撰『関中創立戒壇図経』

『浄心誡観法』〔唐〕道宣撰『浄心誡観法』

『釈門章服儀』〔唐〕道宣述『釈門章服儀』

『量処軽重儀』〔唐〕道宣輯『量処軽重儀』

『釈門帰敬儀』〔唐〕道宣述『釈門帰敬儀』

『行護律儀』〔唐〕道宣述『教誡新学比丘行護律儀』

『祇洹寺図経』〔唐〕道宣撰『中天竺舎衛国祇洹寺図経』

『釈迦氏譜』〔唐〕道宣撰『釈迦氏譜』

『続高僧伝』〔唐〕道宣撰『続高僧伝』

「列代王臣滞惑解序」〔唐〕道宣「列代王臣滞惑解序」(『広弘明集』巻六)

「統略浄住子浄行法門序」〔唐〕道宣「統略浄住子浄行法門序」(『広弘明集』巻二七)

「西明寺僧道宣等序仏教隆替事簡諸宰輔等状一首」〔唐〕道宣「西明寺僧道宣等序仏教替事簡諸宰輔等状一首」(『広弘明集』巻二五)

『仏道論衡』〔唐〕道宣撰『集古今仏道論衡』

『三宝感通録』〔唐〕道宣撰『集神州三宝感通録』

『内典録』〔唐〕道宣撰『大唐内典録』

『含注戒本疏』〔唐〕道宣撰『四分律含注戒本疏』

『四分僧戒本』〔唐〕道宣撰『新刪定四分僧戒本』

『比丘尼鈔』〔唐〕道宣述『四分律比丘尼鈔』

『羯磨疏』〔唐〕道宣撰『四分律刪補随機羯磨疏』

『毘尼義鈔』〔唐〕道宣撰『四分律拾毘尼義鈔』

◎その他

『泥洹経』失訳『般泥洹経』

小乗『涅槃経』〔東晋〕法顕訳『大般涅槃経』

『中阿含経』〔東晋〕瞿曇僧伽提婆訳『中阿含経』

『雑阿含経』〔南朝宋〕求那跋陀羅訳『雑阿含経』

『六度集経』〔三国呉〕康僧会訳『六度集経』

『大方便仏報恩経』失訳『大方便仏報恩経』

『仏本行集経』〔隋〕闍那崛多訳『仏本行集経』

『中本起経』〔後漢〕曇果共康孟詳訳『中本起経』

『賢愚経』〔北魏〕慧覚等訳『賢愚経』

『出曜経』〔後秦〕竺仏念訳『出曜経』

『大般若経』〔唐〕玄奘訳『大般若波羅蜜多経』

『仁王般若経』〔後秦〕鳩摩羅什訳『仏説仁王般若波羅蜜経』

『法華経』〔後秦〕鳩摩羅什訳『妙法蓮華経』

『正法華経』〔西晋〕竺法護訳『正法華経』

六十巻『華厳経』〔東晋〕仏駄跋陀羅訳『大方広仏華厳経』

『大宝積経』〔唐〕菩提流志訳『大宝積経』

『法鏡経』〔後漢〕安玄訳『法鏡経』

『無量寿経』〔三国魏〕康僧鎧訳『仏説無量寿経』

『観無量寿経』〔南朝宋〕畺良耶舎訳『仏説観無量寿仏経』

北本『涅槃経』〔北涼〕曇無讖訳『大般涅槃経』

南本『涅槃経』〔南朝宋〕慧厳等依泥洹経加之『大般涅槃経』

『摩訶摩耶経』〔南斉〕曇景訳『摩訶摩耶経』

『菩薩処胎経』〔後秦〕竺仏念訳『菩薩従兜術天降神母胎説広普経』

『大集経』〔北涼〕曇無讖訳『大方等大集経』

『千仏因縁経』〔後秦〕鳩摩羅什訳『仏説千仏因縁経』

『維摩詰経』〔三国呉〕支謙訳『仏説維摩詰経』

『維摩経』〔後秦〕鳩摩羅什訳『維摩詰所説経』

『離垢慧菩薩所問礼仏法経』〔唐〕那提訳『離垢慧菩薩所問礼仏法経』

『琉璃王経』〔西晋〕竺法護訳『仏説琉璃王経』

『修行道地経』〔西晋〕竺法護訳『修行道地経』

『仏蔵経』〔後秦〕鳩摩羅什訳『仏蔵経』

『菩薩瓔珞経』〔後秦〕竺仏念訳『菩薩瓔珞経』

『金光明経』〔北涼〕曇無讖訳『金光明経』

『正法念処経』〔北魏〕瞿曇般若流支訳『正法念処経』

『灌頂経』〔東晋〕帛尸梨蜜多羅訳『灌頂抜除過罪生死得度経』

『四分律』〔後秦〕仏陀耶舎共竺仏念等訳『四分律』
『四分律比丘戒本』〔後秦〕仏陀耶舎訳『四分律比丘戒本』
『十誦律』〔後秦〕弗若多羅共羅什訳『十誦律』
『薩婆多論』　失訳『薩婆多毘尼毘婆沙』
『善見律毘婆沙』〔南斉〕僧伽跋陀羅訳『善見律毘婆沙』
『毘尼母経』　失訳『毘尼母経』
『梵網経』〔後秦〕鳩摩羅什訳『梵網経』
『分別功徳論』　失訳『分別功徳論』
『智度論』　龍樹造・〔後秦〕鳩摩羅什訳『大智度論』
『阿毘曇毘婆沙論』　迦旃延子造・五百羅漢釈・〔北涼〕浮陀跋摩共道泰等訳『阿毘曇毘婆沙論』
『倶舎論』　世親造・〔唐〕玄奘訳『阿毘達磨倶舎論』
『百論』　提婆造・婆藪開士釈・〔後秦〕鳩摩羅什訳『百論』
『瑜伽師地論』　弥勒説・〔唐〕玄奘訳『瑜伽師地論』
『摂大乗論釈』　世親釈・〔陳〕真諦訳『摂大乗論釈』
『入大乗論』　堅意造・〔北涼〕道泰等訳『入大乗論』
『成実論』　訶梨跋摩造・〔後秦〕鳩摩羅什訳『成実論』
『起信論』　馬鳴造・〔梁〕真諦訳『大乗起信論』
『仁王般若経疏』〔隋〕吉蔵撰『仁王般若経疏』
『法華義記』〔梁〕法雲撰『法華経義記』
『法華玄義』〔隋〕智顗説『妙法蓮華経玄義』
『法華文句』〔隋〕智顗説『妙法蓮華経文句』
『法華玄論』〔隋〕吉蔵撰『法華玄論』
『法華義疏』〔隋〕吉蔵撰『法華義疏』
『法華遊意』〔隋〕吉蔵造『法華遊意』
『華厳経探玄記』〔唐〕法蔵述『華厳経探玄記』
『無量寿経義疏』〔隋〕慧遠撰『無量寿経義疏』
『観無量寿経義疏』〔隋〕吉蔵撰『観無量寿経義疏』
『大般涅槃経集解』〔梁〕宝亮等集『大般涅槃経集解』
『涅槃義記』〔隋〕慧遠述『大般涅槃経義記』
『大般涅槃経疏』〔隋〕灌頂撰『大般涅槃経疏』
『注維摩詰経』〔後秦〕僧肇撰『注維摩詰経』
『維摩経玄疏』〔隋〕智顗撰『維摩経玄疏』
『浄名玄論』〔隋〕吉蔵造『浄名玄論』
『金光明経文句』〔隋〕智顗説・灌頂録『金光明経文句』
『金光明最勝王経疏』〔唐〕慧沼撰『金光明最勝王経疏』
『請観音経疏』〔隋〕智顗説・灌頂記『請観音経疏』
『菩薩戒義疏』〔隋〕智顗説・灌頂記『菩薩戒義疏』
『中観論疏』〔隋〕吉蔵撰『中観論疏』
『大乗義章』〔隋〕慧遠撰『大乗義章』
『三論玄義』〔隋〕吉蔵撰『三論玄義』
『肇論』〔後秦〕僧肇作『肇論』
『摩訶止観』〔隋〕智顗説『摩訶止観』
『止観輔行伝弘決』〔唐〕湛然述『止観輔行伝弘決』
『撰集三蔵及雑蔵伝』　失訳『撰集三蔵及雑蔵伝』
『大阿羅漢難提蜜多羅所説法住記』〔唐〕玄奘訳『大阿羅漢難提蜜多羅所説法住記』
『部執異論』　天友造・〔陳〕真諦訳『部執異論』
『歴代三宝紀』〔隋〕費長房撰『歴代三宝紀』
『釈迦譜』〔梁〕僧祐撰『釈迦譜』
『阿育王伝』〔西晋〕安法欽訳『阿育王伝』
『阿育王経』〔梁〕僧伽婆羅訳『阿育王経』
『龍樹菩薩伝』〔後秦〕鳩摩羅什訳『龍樹菩薩伝』
『法琳別伝』〔唐〕彦琮撰『唐護法沙門法琳別伝』
『大慈恩寺三蔵法師伝』〔唐〕慧立本・彦悰箋『大唐大慈恩寺三蔵法師伝』
『付法蔵因縁伝』〔北魏〕吉迦夜共曇曜訳『付法蔵因縁伝』
『高僧伝』〔梁〕慧皎撰『高僧伝』
『宋高僧伝』〔北宋〕賛寧等撰『宋高僧伝』
『大唐西域求法高僧伝』〔唐〕義浄撰『大唐西域求法高僧伝』
『法顕伝』〔東晋〕法顕記『高僧法顕伝』
『大唐西域記』〔唐〕玄奘訳・弁機撰『大唐西域記』
『集沙門不応拝俗等事』〔唐〕彦悰纂録『集沙門不応拝俗等事』
『破邪論』〔唐〕法琳撰『破邪論』
『弁正論』〔唐〕法琳撰『弁正論』
『経律異相』〔梁〕宝唱等集『経律異相』
『法苑珠林』〔唐〕道世撰『法苑珠林』
『寄帰伝』〔唐〕義浄撰『南海寄帰内法伝』
『僧史略』〔北宋〕賛寧撰『大宋僧史略』
『一切経音義』〔唐〕慧琳撰『一切経音義』
『翻訳名義集』〔南宋〕法雲編『翻訳名義集』
『出三蔵記集』〔梁〕僧祐撰『出三蔵記集』
『続開元釈教録』〔唐〕円照集『大唐貞元続開元釈教録』

『行宗記』〔北宋〕元照述『四分律含注戒本疏行宗記』
『釈四分戒本序』〔宋〕道言述『釈四分戒本序』
『正源記』〔北宋〕允堪述『四分律随機羯磨疏正源記』
『済縁記』〔北宋〕元照述『四分律刪補随機羯磨疏済縁記』
『毘尼作持続釈』〔清〕読体続釈『毘尼作持続釈』
『捜玄録』〔唐〕志鴻撰述『捜玄録解四分律刪繁補闕行事鈔録』
『鈔批』〔唐〕大覚撰『四分律行事鈔批』
『簡正記』〔後唐〕景霄纂『四分律行事鈔簡正記』
『資持記』〔北宋〕元照述『四分律行事鈔資持記』
『毘尼義鈔』校勘義鈔序〔北宋〕元照述「校勘義鈔序」（『四分律拾毘尼義鈔』序）
『大乗四論玄義』〔唐〕慧均撰『大乗四論玄義』
『通真記』〔宋〕了然述『釈門帰敬儀通真記』
『応法記』〔北宋〕元照述『釈門章服儀応法記』
『玄応音義』〔唐〕玄応『一切経音義』

著作序文摘要

※本書で「道宣著作序文」として訳註の対象とした著作について、以下の項目を示す。
①序文或いは著作成立年（序文成立年が明らかでない場合）・成立当時の道宣の年齢（数え）
②底本の範囲
③備考

『四分律刪繁補闕行事鈔』
①初稿完成時期：貞観三～四年（六二九～六三〇）・三十五～三十六歳
重修時期：貞観十年（六三六）・四十一歳
②序【冒頭部】（T40, 001a-c）・【末尾「鈔興本意」】（同 003c-004a）
③『行事鈔』序文全体は、『大正蔵』の頁数で三頁を越える長文である。その中心は、「十門」と呼ばれる、十項目から成る本書の概要ないし撰述方針を述べた部分であり、本文の具体的内容に踏み込む序章のような性格を有している。そのため、本訳註の作成にあたっては「十門」部分を省略し、「十門」第一門の前段である序文冒頭部と、第十門の後にある本書撰述の意趣が述べられた「鈔興本意」（序文全体の末尾部）を取り上げた。
　また、「四分律刪繁補闕行事鈔序」という表題の下にある「作者非無標名顕別」の一文については、「作者」という二字の読み方・意味をめぐっていくつかの問題がある。このような文は本書の巻中・巻下の表題下にも同様に存在しており、巻中には「著述者多立名標異」（T40, 046a）とあり、巻下には「注撰非少立名標顕」（T40, 104c）とある。これらを踏まえて「作者」という語の意味を考えれば、「著述者」や「注撰」と同義で用いられている可能性もある。しかしそうであれば、本当に道宣が書いた文なのかという疑問が生じ、後代の注釈書の見解も統一されていない。こうした問題が残されていることを付記しておく。

『四分律比丘尼鈔』
①貞観十九年（六四五）・五十歳
②序（X40, 706ab）

『四分律比丘含注戒本』
①貞観八年（六三四）・三十九歳
②序（T40, 429ab）

『新刪定四分僧戒本』
①貞観二十一年（六四七）・五十二歳
②序（X39, 262b）

『四分律含注戒本疏』

①貞観九年（六三五）・四十歳
②序（X39, 710a-712c）
③本書は、現在刊行されている叢書中に単行本としては収録されていない。そのため本訳註では、北宋・元照による注釈『四分律含注戒本疏行宗記』中に引かれる道宣の文章を抽出し、これを底本とした。

『曇無徳部四分律刪補随機羯磨』

①貞観八年（六三四）・三十九歳
②序（T40, 492ab）

『四分律刪補随機羯磨疏』

①貞観九年（六三五）・四十歳
②序（X41, 83c-86b）
③本書は、現在刊行されている叢書中に単行本としては収録されていない。そのため本訳註では、北宋・元照による注釈『四分律刪補随機羯磨疏済縁記』中に引かれる道宣の文章を抽出し、これを底本とした。

『釈門集僧軌度図経』

①武徳七年（六二四）・二十九歳
②序（『日本大蔵経』21, 390b-391b）
③本書編纂の背景について、道宣の序及び本文には直接言及されていない。しかし、底本冒頭に付された撰者不詳「前言」（390a-390b）に拠れば、長安大興善寺の銅鐘が、節度をわきまえない使用によって壊れたことをうけて、道宣が本書を著わしたという。

詳細は落合俊典氏の以下の論考を参照。「釈門集僧軌度図経について」（『法然学会論叢』五、一九八五年）、「道宣の鳴鐘信仰」（『華頂短期大学研究紀要』三〇、一九八五年）、「釈門集僧軌度図経訳註（一）」（『華頂短期大学研究紀要』三二、一九八七年）。

『教誡新学比丘行護律儀』

①貞観八年（六三四）・三十九歳
②序（T45, 869ab）
③序文末尾にみえる「行相法都四百六十五条、在下具明」について、本文中には以下の全四六六条を挙げる。――入寺法（一一条）・在師前立法（六条）・事師法（五一条）・在寺住法（三一条）・在院住法（五五条）・在房中住法（三二条）・対大己五夏闍梨法（二二条）・二時食法（六〇条）・食了出堂法（十条）・洗鉢法（一七条）・護鉢法（一三条）・入衆法（一二条）・入堂布薩法（一二条）・上廁法（二〇条）・於六時不得語笑法（六条）・入温室法（一六条）・見和尚闍梨得不起法（五条）・見和尚闍梨不得礼法（一一条）・看和尚闍梨病法（一二条）・敬重上

座法（一六条）・掃地法（八条）・用水缾法（十条）・入聚落法（三〇条）

なお本書の訳註研究に、浅井證善『初心の修行者の戒律――訳註『教誡律儀』――』（高野山出版社、二〇一〇年）がある。

『量処軽重儀』

①貞観十一年（六三七）・四十二歳

②序【冒頭部】（T45, 839c-840b）

③本書は序文の範囲が不明瞭なため、本訳註では撰述動機が著わされている冒頭部分を取り上げた。

『釈門章服儀』

①初稿完成時期：顕慶二年（六五七）・六十二歳
重修・後序作成時期：顕慶四年（六五九）・六十四歳

②序（T45, 834bc）・後序（同 839b）

『大唐内典録』

①麟徳元年（六六四）・六十九歳

②序（T55, 219ab）

『続高僧伝』

①貞観十九年（六四五）・五十歳

②序（T50, 425a-c）

『釈迦氏譜』

①麟徳元年（六六四）・六十九歳

②序（T50, 084b）

『釈迦方志』

①永徽元年（六五〇）・五十五歳

②序（T52, 948ab）・後序（同 975a）

『関中創立戒壇図経』

①乾封二年（六六七）・七十二歳

②序（T45, 807ab）

『中天竺舎衛国祇洹寺図経』

①乾封二年（六六七）・七十二歳

②序（T45, 882c-883b）・後序（同 895c）

『集神州三宝感通録』

①麟徳元年（六六四）・六十九歳

②巻上序（T52, 404a）・舎利表塔序（同 404a）・振旦神州仏舎利感通序（同 410b）・巻中序（同 413a）・巻下序（同 423a）・瑞経録序（同 426ab）・後批（同 435a）

③巻中序は『法苑珠林』巻一三・敬仏篇・感応縁序（T53, 383a）に全文引用、瑞経録序は『内典録』巻一〇・歴代衆経応感興敬

録（T55, 338ab）と同一であるほか『法苑珠林』巻一〇〇・伝記篇・感応縁・「叙三宝感通霊応嘉祥意」（T53, 1029ab）に末尾のみ欠く形で引用されている。いずれも文字の異同があり、本訳註作成にあたり適宜参照した。例えば「充物区宇」（『感通録』巻中序、以下同）と「充物区宇」（『法苑珠林』敬仏篇、以下同）、「於瑞跡」と「至於瑞跡」、「感化在人」と「陶化在人」、「於録而弁集」と「依縁而弁集」等が挙げられる。

なお本書の訳註研究に、肥田路美編「美術史料として読む『集神州三宝感通録』——釈読と研究——」（『早稲田大学大学院東洋美術史』二〇一一年〜）、坂本道生「道宣の感通観について」（『印度学仏教学研究』六二—一、二〇一三年）等がある。

『律相感通伝』

①乾封二年（六六七）・七十二歳

②序（T45, 874b-875a）

『集古今仏道論衡』

①龍朔元年（六六一）・六十六歳

②序（T52, 363ab）

③本序文末尾の「上中下三巻」は、『大正蔵』は「甲乙下四巻」に作るが、対校の宋元明三本・宮本に従い「上中下三巻」に改めた。『開元録』巻八・総括群経録上之八によれば、本書は巻第一から巻第三が龍朔元年（六六一）に成立し、巻第四は麟徳元年（六六四）に成ったという（T55, 562a）。序文に龍朔元年の紀年があることから、道宣が序文を執筆した当時は三巻本であったとみられる。

『広弘明集』

①麟徳元年（六六一）・六十九歳

②総序（T52, 97ab）・帰正篇序（同 97c-98a）・弁惑篇序（同 117c-118a）・仏徳篇序（同 195ab）・法義篇序（同 221ab）・僧行篇序（同 262c-263a）・慈済篇序（同 292bc）・誡功篇序（同 303c-304a）・啓福篇序（同 321bc）・悔罪篇序（同 330b）・統帰篇序（同 335b）

③総序冒頭部「故使澆薄之党、軽挙邪風、淳正之徒、時遭佞弁。所以教移震旦、六百余年、独夫震虐、三被残屛」については、『法苑珠林』巻五・六道篇・諸天部・感応縁序（T53, 303b）及び巻九八・法滅篇・述意部に類似の文がみえる。また、帰正篇序が『法苑珠林』巻五五・破邪篇・弁聖真偽（T53, 700a）に節略引用され、慈済篇序の冒頭部「若夫慈済之道、終古式瞻、厚命之方、由来所重」は『法苑珠林』巻二一・変化篇・厭欲部・感応縁・通叙神化多種之変（T53, 530b）の冒頭部に類似の文がみえる。

唐・南山道宣著作序文訳註　解説

大内　文雄

本書編纂に至る経緯の概略を述べ、併せて道宣の著作群の特長と仏教観・仏教史観に関わる論点の幾つかを解説する。

一、訳注作成に至る経緯と研究班設置の背景

唐・南山道宣（五九六～六六七）は、中国仏教史上に屹立する偉大な存在である。その後世への影響は、少なくとも東アジア漢字・漢訳仏教文化圏において、現在に至るまで、広く且つ深く及んでいる。しかし一方で、道宣その人の生涯と事績を、専門的研究の対象とすることは、その影響力の大きさに反比例するように、これまで二〇〇〇年代まではほとんど無かったと言ってよく、彼がものした著作の総合的研究もいまだ充分になされていない。そのような状況が実に長く続いたのち、二〇〇二年になり、藤善眞澄氏（一九三四～二〇一二）によって『道宣伝の研究』（京都大学学術出版会）が著わされ、大きな画期がなされることになった。

また、筆者はかつてこの専門研究の成果たる大著について書評を行ったことがある（『東洋史研究』第六二巻第四

号、二〇〇四年三月）。その際、藤善氏の研究に拠りつつ、書評の便宜のために「唐・道宣著述略年表」を作成した。それを次に示す。

唐・道宣著述略年表

武徳　七年（六二四）	二九歳	『釈門集僧軌度図経』
貞観　元年（六二七）	三二歳	『四分律拾毘尼義鈔』
貞観　三年（六二九）〜四年（六三〇）	三四歳〜三五歳	『四分律删繁補闕行事鈔』初稿
貞観　八年（六三四）	三九歳	『四分律删補随機羯磨』『四分律含注戒本』 『教誡新学比丘行護律儀』
貞観　九年（六三五）	四〇歳	『四分律删補随機羯磨疏』『四分律含注戒本疏』
貞観一〇年（六三六）	四一歳	『四分律行事鈔』重修
貞観一一年（六三七）	四二歳	『量処軽重儀』
同年頃		『尼注戒本』
貞観一三年（六三九）〜一四年（六四〇）	四四歳〜四五歳頃	『浄心誡観法』
貞観一九年（六四五）	五〇歳	『続高僧伝』『四分律比丘尼鈔』
貞観二一年（六四七）	五二歳	『四分律删補随機羯磨』重修　『四分律删定僧戒本』

貞観二二年（六四八）　五三歳　『四分律刪補随機羯磨疏』重修
貞観二三年（六四九）　五四歳　『続高僧伝』重修（興聖寺本）
永徽　元年（六五〇）　五五歳　『釈迦方志』『教誡新学比丘行護律儀』重修
永徽　二年（六五一）　五六歳　『釈門正行懺悔儀』『四分律含注戒本』重修
　　　　　　　　　　　　　　　『四分律含注戒本疏』重修『四分律刪定尼戒本』
永徽　四年（六五三）　五八歳　『続高僧伝』増補加筆
　～顕慶元年（六五六）～六一歳
顕慶　二年（六五七）　六二歳　『釈門章服儀』
顕慶　四年（六五九）　六四歳　『釈門章服儀』重修
龍朔　元年（六六一）　六六歳　『集古今仏道論衡』『釈門帰敬儀』
麟徳　元年（六六四）　六九歳　『大唐内典録』（龍朔四年正月）『広弘明集』脱稿
　　　　　　　　　　　　　　　『集神州三宝感通録』（六月）
麟徳　二年（六六五）　七〇歳　『後集続高僧伝』『釈迦氏譜』（九月）
乾封　二年（六六七）　七二歳　『量処軽重儀』重修『中天竺舎衛国祇洹寺図経』
　　　　　　　　　　　　　　　『律相感通伝』（＝『道宣律師感通録』、六月頃）
　　　　　　　　　　　　　　　『関中創立戒壇図経』（九月～一〇月頃）

これをみると、道宣の著述活動は、道宣の主務たる『四分律』に関して、『行事鈔』あるいは『含注戒本』及び

『疏』、『随機羯磨』及び『疏』、また『教誡新学比丘行護律儀』『釈門章服儀』『量処軽重儀』等に対する重修が行われているところに特徴がある。更に周知のところではあるが『続高僧伝』の重修と続補がなされており、これらともども、その作業は没年に及ぶまでの生涯にわたっている。加えてこれほどの多種多様且つ多数の著作が、失われることもなく現存して今日に至っていることにもあらためて気づかされる。

これらの知見を踏まえ、道宣の著作群の全体像の一端を把握することを目的として、先ず序文の解読を行うべく研究班を設置した。初めは二〇一一～一二年度の大谷大学真宗総合研究所における一般研究があり、これは二〇一三～一五年度の科学研究費助成事業［基盤研究（C）］研究課題名「道宣著作の研究」（二〇一四年度は龍谷大学）に引き継がれ、研究成果として、前者に「道宣著作の研究――道宣著作序文訳注稿――」（『大谷大学真宗総合研究所研究紀要』第三〇号）（序七部、篇序一部を収録）があり、後者に私家版の研究成果報告書として、「道宣著作の研究――道宣著作序文訳注稿――（二）附・語彙索引」（序五部、篇序九部を収録）が作成され、その後更に九部の序に訳註を施した。この都合三一部が本書の内容となっている。

二、訳註作成の対象とした著作序文

(1) 道宣の著作序文を訳註の対象とする際の四分類

道宣の著作序文に訳註を施す際、およそ以下の、（1）戒律関係、（2）経典目録、（3）史伝関係、（4）護法・三教論争関係、の四種に分類した。現在、（1）戒律関係には、主著の『四分律删繁補闕行事鈔』や『四分律含注戒本疏』等の、重修を含めて二十数部が数えられ、これらが道宣著作の枢要部分であり、その著述期間はごく初期から最晩年に至るほぼ全生涯にわたる（「唐・道宣著述略年表」参照）。（2）経典目録は、『大唐内典録』（以下『内典録』と略）一〇巻の一部のみであるが、後世の入蔵録に与えた影響には大きいものがあり、また彼の歴史観を知る史料でもある。（3）史伝関係では、『続高僧伝』三〇巻や『釈迦氏譜』『集神州三宝感通録』『律相感通伝』（『道宣律師感通録』）の四部があり、（4）護法・三教論争関係には『広弘明集』三〇巻、『集古今仏道論衡』四巻がある。

次にこれまでに訳註を施した序・後序、篇序等三一部の序を、本書目次に記された順序に沿って、先の四分類毎に列記する。

（1）戒律関係

『四分律刪繁補闕行事鈔』序、『四分律比丘尼鈔』序、『四分律比丘含注戒本』序、『新刪定四分僧戒本』序、『四分律含注戒本疏』序、『曇無徳部四分律刪補随機羯磨』序、『四分律刪補随機羯磨疏』序、『釈門集僧軌度図経』序、『教誡新学比丘行護律儀』序、『量処軽重儀』序、『釈門章服儀』序・後序

（2）経典目録

『大唐内典録』序

（3）史伝関係

『続高僧伝』序、『釈迦氏譜』序、『釈迦方志』序・後序、『関中創立戒壇図経』序、『中天竺舎衛国祇洹寺図経』序・後序、『集神州三宝感通録』序・後批、『律相感通伝』序

（4）護法・三教論争関係

『集古今仏道論衡』序、『広弘明集』総序、『同』帰正篇序、弁惑篇序、仏徳篇序、法義篇序、僧行篇序、慈済篇序、誡功篇序、啓福篇序、悔罪篇序、統帰篇序

(2) 道宣自身による自己の著作の記録――『内典録』巻五と巻一〇（上段『内典録』掲載名、下段・現存書名）

『内典録』巻五・皇朝伝訳仏経録第十八

注戒本（一部二巻、幷疏記四巻）　＝『四分律含注戒本』『新刪定四分僧戒本』など
注羯磨（一部二巻、疏記四巻）　＝『曇無徳部四分律刪補随機羯磨』など
行事刪補律儀（一部三巻、或六巻）　＝『四分律刪繁補闕行事鈔』
釈門正行懺悔儀（一部三巻）　（以上、注疏類）

釈門亡物軽重儀　＝『量処軽重儀』
釈門章服儀　＝『釈門章服儀』
釈門帰敬儀　＝『釈門帰敬儀』（序なし）
釈門護法儀
釈氏譜略　＝『釈迦氏譜』
聖跡見在図賛
仏化東漸図賛（一部二巻）
釈迦方志（一部二巻）　＝『釈迦方志』
古今仏道論衡（一部三巻）　＝『集古今仏道論衡』
大唐内典録（一部十巻）　＝『大唐内典録』

続高僧伝（一部三十巻）　＝『続高僧伝』

後集続高僧伝（一部十巻）

広弘明集（一部三十巻）　＝『広弘明集』　（以上、編述類）

東夏三宝感通記（一部三巻）　＝『集神州三宝感通録』　（以上、感通類）

右、諸注解儀賛伝記、一十八部、一百一十余巻。終南山の沙門釈道宣の撰す所なり。宣 少《わか》きより教相を尋ね、長《ひさ》しく慕いては師を尋ね、関の東西、河の南北は、賢友を追訪して、苦辛を憚るなし。貞観の末年、方に修緝を事とし、列ぬる所は右の如し。遺失無くんばあらざるも、意は毘賛に存するが故なり。

（T55, 282ab）

『内典録』巻一〇・歴代道俗述作注解録第六

皇朝終南山沙門釈道宣撰伝録等合一百余巻

釈門懺悔儀一部三巻

釈迦方誌一部二巻

古今仏道論衡一部三巻

大唐内典録一部十巻

続高僧伝一部三十巻

後集続高僧伝十巻

広弘明集一部三十巻
東夏三宝感通記一部三巻
刪補律相雑儀合二十巻

（T55, 333a）

巻五の皇朝伝訳仏経録は、唐代における道宣と同時代人の翻訳仏典と著作物の記録である。その中で道宣自ら記すように、十八部、一一〇余巻もの自著の記録を遺している。そこに括弧書きで示している注疏類、編述類、感通類という分類は筆者による仮の表記であるが、これについて次に説明したい。『四分律』は道宣の戒律学の根本であるが、それに対して注釈を施す形で様々な著作がなされ、それらが「注戒本」から「釈門正行懺悔儀」までを一類として分類されていると思われる。何故ならば一巻本に関しては「一巻」と記さず、「二巻」以降が巻数の順に「三巻」「十巻」「三十巻」と並べられていること、「行事刪補律儀」（一部三巻、或六巻）・「釈門正行懺悔儀」（一部三巻）までを一部類として区切り、続いて「釈門亡物軽重儀」以下に再び一巻本がまとめられると「広弘明集」（一部三十巻）までは明瞭に巻数の順に従っていること、従って最後の「東夏三宝感通記」（一部三巻）もまた分類を別にして特出されていること、等の理由による。「東夏三宝感通記」については、二つ目の自著の記録、巻一〇・歴代道俗述作注解録第六でも同様に別出されている。このことは次の第三節にも関わることであるが、中国における仏教、とりわけ「法の宝」としての仏教経典の受持・読誦とそれにまつわる感通の記録をいかに捉え保存するかについての道宣の考えの表れであり、感通に関わる記録が『感通録』として記録され、それまでの分類（注疏類・編述類）に所属させた著作とは違うものであると道宣自身が思っていたことの証拠となろう。

以上は道宣自身の手になる記録について紹介したが、ここで参考として道宣の最も身近な後輩であった道世が編集した『法苑珠林』の巻末、第百巻の伝記篇・雑集部に記されている道宣の著作目録を見てみたい。

『法苑珠林』巻第一〇〇・伝記篇第一〇〇・雑集部第三

注僧尼戒本二巻（疏記四巻）
注羯磨二巻（疏記四巻）
行事刪補律儀三巻
釈門正行懺悔儀三巻
釈門亡物軽重儀一巻　（以上、注疏類）
釈門章服儀一巻
釈門帰敬儀一巻
釈門護法儀一巻
釈氏譜略一巻
聖跡見在図賛一巻
仏化東漸図賛二巻
釈迦方志二巻
古今仏道論衡四巻
大唐内典録十巻
続高僧伝三十巻

後集続高僧伝十巻
広弘明集三十巻
東夏三宝感通記三巻　　　　　　　　　　　（以上、編述類）
西明寺録一巻
感通記一巻　　　　　　　　　　　　　　　（以上、感通類）
祇桓図二巻　　　＝『中天竺舎衛国祇洹寺図経』？
遺法住持感応七巻　　　　　　　　　　　　（以上、『法苑珠林』新収）
右此二十二部一百一十七巻、皇朝西明寺沙門釈道宣撰。　　　　　（T53, 1023b-c）

『内典録』の皇朝伝訳仏経録等に用いられている著作の配列方法は、単巻（一巻）複数巻の順に巻次配列を行っていたが、これは道宣が『内典録』を編纂する際に最も拠り所とした書物の一つである隋の費長房の『歴代三宝紀』に倣っているものであり、また『法苑珠林』の配列は『内典録』を踏襲している。これらのことを勘案すれば、道宣の著作は道宣自ら三分類しており、これらは仮に名付けるならば注疏類、編述類、感通類と表記されるであろう。

ここで補足として、『内典録』と『法苑珠林』との関係について略記する。『内典録』の巻五・歴代衆経伝訳所従録の皇朝伝訳仏経録に、道世の著作目録が次のように記されている。

敬福論十巻
略敬福論二巻

大小乗観門十巻
法苑珠林集一百巻
四分律僧尼討要略五巻
金剛般若経集注三巻
百願文一巻

このように『法苑珠林』を含む右記七部を載せた後、道宣は、

右七部一百三十一巻、京師西明寺沙門釈玄惲の撰する所なり。惲は本の名は道世、律学に声《ほまれ》あり。慕いて前良を重《とうと》び、綴緝を務めと為し、兼ねて鈔疏あり、衆経を注解す。人代の目に即《ふ》れしものは、略叙すること右の如し。（T55, 283b-c）

と記している。また巻一〇・歴代道俗述作注解録にも、

皇朝西明寺沙門釈玄惲、論観記律儀一百七十四余巻（本名道世）
敬福論十巻（略論二巻）
大小乗観門十巻
釈門霊感記（五十巻）
法苑珠林一百巻
四分律僧尼討要（各五巻）

とある。ここに言う『法苑珠林』の成立について、『法苑珠林』冒頭に掲げてある唐・李儼の序には、「大唐総章元年（六六八）の、三月三十日に編纂が終了した」（T53, 269b）とあり、これが通説となっているが、『内典録』巻一

○・歴代衆経応感興敬録第十末の道宣の、

余　従心の年を以て、強《つと》めて直筆を加え、舒べて経教を通《ひろ》め、没することなからんことを庶幾《こいねが》う。幸いにも冀《こいねが》わくは後賢　其の遠致を捃《ひろ》い、法宝をして流被し、津潤《うるおい》をして惟《これ》遠からしめんことを。豈　好《よ》からざらんや。龍朔四年（＝麟徳元年〈六六四〉）春正月、西明寺において之を出す。（T55, 342a）

との記事と四年の不一致が生じている。『内典録』が編纂された龍朔四年、すなわち麟徳元年（六六四）には「法苑珠林集一百巻」が完成していたことは以上によって明らかである。

三、『内典録』巻一〇・歴代衆経応感興敬録十と『集神州三宝感通録』

『内典録』全十巻は唐代の経典目録の先鞭をなす位置にあり、全体は次の十項目に分けられている。

歴代衆経伝訳所従録第一　（巻一～五）
歴代大乗蔵経翻本単重伝訳有無録第二―一　（巻六）
歴代小乗蔵経翻本単重伝訳有無録第二―二　（巻七）
歴代衆経見入蔵録第三　（巻八）
歴代衆経挙要転読録第四　（巻九）
歴代衆経有目欠本録第五　（序のみ）
歴代道俗述作注解録第六
歴代諸経支流陳化録第七　（序及び概説のみ）

歴代所出疑偽経論録第八
歴代所出衆経録目第九
歴代衆経応感興慶録第十

（以上巻十）

『内典録』の中心となる歴代衆経伝訳所従録について言えば、後漢より隋代までの各代録の序の部分が『歴代三宝紀』の序の文章に依るところにその特色がある一方、『歴代三宝紀』に始まる代録と呼ばれる王朝毎の編年体による仏教経典翻訳史を踏襲する。さらに『内典録』後半の、挙要転読録第四と応感興慶録第十を除いた部分は、いずれも歴代王朝のもとにおける「翻訳経典」の調査、研究の記録である。特に三番目の入蔵録は、唐代最初の入蔵録として重要であると共に、一〇巻一帙を基本として経典書写の紙数と経庫の配架場所まで明記する大蔵経保存のための実用書として作成されている。

その一方で、隋代の二種の『衆経目録』（法経を首班とするものと彦琮を代表者とするものの二種）と『歴代三宝紀』、また『内典録』以後の唐代の諸経録と相違する特徴を持つ。特に巻九・歴代衆経挙要転読録第四と巻一〇・歴代衆経応感興慶録第十は、その表記自体に独特のものがある。仏典の読誦とその奇瑞としての感応を経典目録の構成要素として位置付けていることが、他の経典目録にはない『内典録』の特徴である。ここでは応感興敬録にのみ若干の説明を加えたいと思う。

応感興敬録は経典目録ではなく感通録である。またその全体にわたって『集神州三宝感通録』（以下『三宝感通録』と略）巻下・瑞経録とその序文、及び南朝宋の曇無竭以下、仏典の読誦による応感興敬の例も全く同文である。瑞経とは『法華経』『観世音経』『維摩経』『華厳経』『涅槃経』『金剛般若経』等を指す。

初めに梁・慧皎の『高僧伝』から引用がなされ、訳経篇の曇無竭、義解篇の道安が用いられている以外は、全て誦経篇から僧生・道冏・普明・慧果・慧進・弘明及び道琳の七例が引かれ、北魏・孫敬徳の所謂『高王観世音経』の例以下は、唐の高表仁孫子に至るまで『続高僧伝』に記録がないものを含め、『三宝感通録』と抜粋の状況、順序共に全て同一である。『続高僧伝』所掲のものは、例えば読誦篇に立伝される志湛伝などはその附伝の范陽僧・并州東看山・北魏閹官を含め全て用いられているものの、隋・揚州僧のように『続高僧伝』にはなく、『法苑珠林』巻一八・敬法篇感応縁に収録されている例もある。

『三宝感通録』巻下の瑞経録・感応名縁に収録された曇無竭以下、最末尾の唐・高宗龍朔三年六月二十日の崔義起の条を除く龍朔三年正月二十七日の高表仁孫子までの三七例については、道宣自ら「今塔存」(志湛伝)、「余以貞観十一年、親自見之」(曇韻伝)、「門人見在」(曇延伝等)、「今見在化度寺」(高表仁孫子)と記しているように、自ら実際に聞き取り、また実見したとしており、そこには『律相感通伝』等の感通録と同根の、経典を石に刻み保存する(智苑伝)ことも含め、経典の書写・読誦による、感通に対する道宣の強い想いが窺われる例である。したがって道宣は、経典目録としての骨格部分は隋の法経・彦琮の『衆経目録』と『歴代三宝紀』の代録・入蔵録に範を求めつつ、大蔵経に対する姿勢は、単に法宝としてそれらを護持し奉慶するのみに終わらず、読誦とそこに実現する応感、それに伴う仏事奉敬の心とを慶福事として強く意識するものであって、大蔵経に収められた仏典は道俗共に実践すべき読誦行の方途を示すものとして、応感興敬録を設けたものと思われる。『続高僧伝』巻末の読誦・興福・雑科声徳各篇の「論曰」にも、民間に広く行われていた仏事供養や疑偽経典に対する批判のみには終わらないそのような道宣の中庸を保つ姿勢が示されている。

四、道宣の偽経観と福事

『内典録』巻一〇の歴代所出疑偽経論録第八に、疑偽の経論は後学を誤らせるものと断定し、隋・開皇時の法経『衆経目録』・費長房『歴代三宝紀』に偽濫と指定された五百巻に近い経論が既に焚棄されながら、今なおこれら「法の穢れ」が世間に流布していると次のように慨嘆している。

法の中原に流《ひろ》まりてより、三たび除屏を被り、後に開顕するに及びても、未だ正経を閲《しらべみ》ず。好事の狂生、（仏語の）我聞は戸牖《ゆう》（『老子』の所謂無の用《はたらき》）より興るとし、流俗の蒙叟、印可は胸懐より出づとす。並びに耳目の事情に趨《はし》り、故より経通の意に非ず。誑《あざむ》きて後学を誤らしむるを致すは、良《まこと》に寒心するに足る。悲しいかな。末法　遂に此に及ぶか。

昔、隋祖開皇のとき、創《はじ》めて経録を定め、偽濫を挍閲し、巻将に五百ならんとするもの、已に総べて焚除せらる。今　人中に流伝し、猶《なお》未だ銓叙せず。既にして是れ法の穢れなれば、之を略すべからず。故に隋代に顕明す。庶《こいねが》わくは博く観るの弘益あるを知らんことを。　（T55, 333c）

またこの直前には、名称が同様で正経と紛らわしく、直接本文について検討しない限りは名称に引きづられて正しい「法」と誤ってしまう類のものとして提謂経一巻、法句経一巻を挙げ、「愚なること斯に及べり。誡めざるべけんや。」と言っている。

名目相同じくして、正しきものと別たざること、提謂・法句の流の如し。若し親《みずか》ら尋ねざれば、則ち名法に迷う。愚なること　斯に及べり。誡めざるべけんや。

道宣は『内典録』巻四・後魏元氏翻伝仏経録に「正経」として二巻本『提謂波利経』を記し、一巻本『提謂経』と区別しているようであるが、一方で、『四分律删繁補闕行事鈔』巻上の「第十に鈔を明らかにす（第十明鈔）」る項に、「世中の偽経」を列挙し、その最後に一巻本『提謂経』を置いて、これらの偽経は隋朝時代に焚除されて久しいにも拘わらず、愚人等によって相変わらず濫用されていると実態を述べつつ、最後にこのようにも言っている。

『四分律删繁補闕行事鈔』巻上

第十に鈔を明らかにするとは、正文を引用して、濫を去り真を伝え、科もて意を酌む。初めに引用の正経を明らかにし、次に世中の偽説を明らかにし、後に鈔興るの本意を明らかにす。（中略）次に世中の偽経を明らかにす。諸仏下生経六帙、浄行優婆塞経十巻（以下、一一経・一一論　名称略）、提謂経なり。是くの如き等の人造の経論、総じて五百四十余巻あり、代代漸出す。文義浅局にして、世情に附すもの多し。隋朝　久しく已に焚除せるも、愚叢　猶お自《おの》ずから濫用す。且《しばら》く律と相応ずるものを述べること、前《さき》に列ねし所の如し。余の文は略に存す。　（T40, 003bc）

ここに「前《さき》に列ねし所の如し」（如前所列）と言うものが、「唐・道宣著述略年表」によれば、貞観十三～十四年（六三九～六四〇）四十四～四十五歳の頃に著わした『浄心誡観法』を指すことは、その誡観六難自慶修道法第五の次の記事によって明らかである。

『浄心誡観法』巻上・誡観六難自慶修道法第五

一は、万類の中、人身　得難きこと、『提謂経』の説の如し。今　人身を得ることは、亀木より難し。二は、人身を得るも、中国には生じ難し。此土は即ち辺地の中に当り、大乗正法の経律を具足す。三は、正法ありと雖も、信楽《ぎょう》　復《また》難し。今　随力の信もて、敢て疑謗せず。四は、人身　具し難くして、今　男形を受け、根　残欠するなく、相貌成就す。五は、男形を具し六根欠くるなしと雖も、五欲纏染し、出家すること甚だ難し。今割愛するを得て、出家して道を修め、仏衣を披著し、仏の浄戒を受く。六は、禁戒を受くと雖も、戒に随うこと甚だ難し。汝 戒律中において、尊重愛楽し、慚愧慎護すべし。此の六事において、若し観察せざれば、即便《ただち》に放逸し、深く聖道を障《さまた》ぐ。既に六難を超えれば、常に応に喜慶《よろこ》び、得難きことは已に得て、得已れば失うなし。是くの如く思量するを、名づけて浄心と為す。（T45, 821c-822a）

『浄心誡観法』は、釈名篇第一から受持篇第三十までの上下巻合わせて三十項目を用意し、誡観によって何が浄心となりどのような状態を浄心と呼ぶのかを説明する。その中で、先程の誡観六難自慶修道法第五を除けば、経典名を明記するものは、巻上では第二の『盲龍経』、第四の『大方等大集経』、巻下では第二十九の『華厳経』等僅かに数例に過ぎず、殆どは「経に云く」とし、それすらない場合も多い。そのような中で巻上の誡観六難自慶修道法第五にこのように『提謂経』を明記し「人身難得」から「随戒甚難」までの六難を述べる形は、他に比べても特異と言ってよく、道宣の『提謂経』依用の姿勢を示す一例である。更に言えば、先述の『内典録』疑偽経論録に言う偽経焚棄と同内容の記事が『続高僧伝』巻二九・興福篇論曰に次のように記される。

且つ世に諸福ありてより、其の流 多雑なり。了経に倚傍し、疑偽を陳揚す。隋祖開皇の始めに、釈教勃《にわ》かに興り、真偽混流し、遺寄に乖るを恐る。乃ち沙門法経に勅し、其の正本を定めしむ。所以に人中の造る者五百余巻は、同《とも》に並びに之を燔《や》かしむ。余の尽きざる者は、方に随いて間出す。諸《これ》を経蔵に比《くら》ぶるに、惟《ただ》正本の通数を録《しる》すに、則ち三万余巻あり。已外の別生雑集は、並びに之を写さざらしむ。疑偽に至りては、時に復《また》抄録す。斯れ未だ曾て陶練せざるに由るが故に此の〔疑偽に〕渉るを致す。試みに為に之を論ぜん。薬師の行事の如きに至りては、源は宋朝に出づ。比《ちかご》ろ用て疑に在りて、頗る俗に沿うに存す。隋煬のとき、洛水の彦琮の翻ずる所なり。義節は全く同《ひと》しきも、文鋪少しく略なり。斯れ則ち梵本に拠るあり。祈福の元宰なり。

(T50, 699b)

『内典録』とほぼ同内容であり、なお且つ晦渋の文であるが、この部分に対する仮訳を以下に示す。

さらにまた世の中に様々な福事が存在してくると、多様な分野が整理されないままに広く行われるようになり、釈尊の教えの根本義を説く了義経に依って学ぶ一方、中国で撰述された疑わしいもの、または偽りの経典すらが宣揚されている。

隋・文帝の開皇年間になると、〔前代の廃仏を乗り越えて〕仏教はにわかに盛んになり、〔そうした中で〕仏説を記すインド伝来の真経と勝手に仏説を名乗る偽経とが混在して流布される状況の中、釈尊が後世の者に委託した教えから乖離する事態となることを恐れて、〔皇帝は〕沙門の〔翻経大徳〕法経に勅命を下し、漢訳仏典の正しいテキストの基準を定めさせた。〔その上で〕仏説ではなく人間の手になる五百巻以上の偽経典を全て焼却させたのである。それでも遺されて処分し切れなかった疑偽経典は地方において折に触れ世に現れている。近頃の諸寺の経蔵に収蔵されている真正のテキストの総数は三千巻以上である。〔これ以外の派生して翻訳がなされた〕別生経やその他の抄経等を含む雑多な編纂物は、皆、書写させないこととした。しかし疑偽の経典となると、時に応じてふたたび書き写されてしまう事態となるのは、これら疑偽の類に対してこれまで正確な調査による記録がなされなかったために、このような疑偽経典の増大をもたらしたのである。そこでこのことについて、以下、試みに論じてみたい。

例えば薬師の行事、〔すなわち『薬師瑠璃光経』による続命法は、南朝宋代—孝武帝・大明元年（四五七）—に比丘慧簡によって作成された抄経—経典の抜粋—の後に付属されて世に流布されているものであって、『出三蔵記集』の新集疑経偽撰雑録によれば、昨今読誦するに際し続命の法を行うものとして〕、いささか俗情に寄り添うものとしての疑惑が生じている経典である。『薬師如来本願経』は、隋の煬帝の時、洛水〔の翻経館〕で彦琮が〔達磨笈多等と〕翻訳したもので、意味と語句とは〔梵本原典と〕全く一致しているものの、漢訳された文章は〔それに比べ〕いささか省略されていた。〔しかし〕これは梵本によって翻訳されたものであって、人々が福《さいわい》あらんことを祈り願う根本義を説く経典である。

道宣はこのように所謂福田思想にもとづきながらも、経典の内容の正・偽の区別の必要を説くのは、そこに強い危機意識があったからであると思われる。隋の時代が始まり、前代北周による仏教廃毀の後をうけて仏教は大々的に復興したものの、釈尊がこの世に遺した教えに反し、偽りの経典が蔓延する状態を惹起し、そこで翻経大徳法経に勅して、正しく梵語原典のテキストに由来する真正の経本を制定させた。同時に世間において作成された五百巻にのぼる偽経は焼却廃棄されてはみたものの、それでも偽経は残され広まっていく。「疑偽に至りては、時に復《また》抄録す。斯れ未だ曾て陶練せざるに由るが故に此の〔疑偽に〕渉るを致す」ことが実態としてあり、『内典録』の編纂者、仏教界の指導者としての偽らざる実感であった一方、たとえ疑偽の経論であっても「祈福之元宰」として福事の実現にとり有用のものは、現実に沿いつつ経証とする道宣の経典観を示す一例でもあると思われる。

五、道宣序文に見える特徴ある語句の二、三について

以上は、道宣の序文に訳註を施す今般の作業の中で知りえたことのその一端を述べたものであるが、このほか、道宣がそれぞれの著作に自ら付した序文の中に、折々に用いている言葉を通して、その考え、あるいは立場の一端、

換言すればその仏教観・仏教史観を窺うに足るものがある。そのいくつかを紹介してみたい。

一つには、「行事」の語がある。『四分律刪補随機羯磨疏』序に次のように言う。

近世に逮び、継ぎて作る者有り、盛んに律文を解するも、空しく辞費を張ぶるのみにして、行事に至りては、未だ其の帰を見ず、務に撫んじ仁を懐くも、実に労想を増す。

また続いて「具に正量に依り、傍《あま》ねく行用を出だ」すとも言っている。いずれも具体的な事柄、作法の具体例を指しており、いたずらな空理空論に依ることの非を鳴らすところなど、あたかも『史記』の太史公自序に言う、

我之を空言に載せんと欲するも、之を行事に見《しめ》すの深切著明なるにしかざるなり。

を髣髴とさせる言葉である。『広弘明集』総序にも「其の行事に拠」ると記され、そこでは「直筆」の語と対応して用いられている。この言葉はまた『四分律刪繁補闕行事鈔』序にも同様に現実的実践の把握に努め励む意として「懐いを行事に鋭《はげ》ます」と用いられ、一方『関中創立戒壇図経』序では「其の（戒壇の）要を尋ぬるや、行事は準的と為し難し」と言い、また前節の『続高僧伝』興福篇論曰に言う「薬師の行事」の場合も世俗社会における具体例を指し、『広弘明集』弁惑篇序の「下徒に居るを悪《にく》むは、今俗の行事なり」も同様である。更に同じく弁惑篇序では「荘生は実録と為すべ」しの語と共に「今俗の行事」が記されている。「実録」の語は『集古今仏道論衡』序の冒頭にも見える。戒律の専家として、具体的実践的な姿勢が、このような表現を採用するところに示されていよう。

今一つには、「嘉運」の語がある。『大唐内典録』の序において、道宣は中国に仏教が伝わって以来、「六百年の嘉《よ》き運《とき》が経過した」と言う。一方ではその間、五胡十六国から北朝において「三たび残《そこな》い屏《のぞ》かれる弾圧を被った」と『広弘明集』総序に言うように、夏の赫連勃勃・北魏の太武帝・北周の武帝の三度の廃仏を『戒壇図経』や『律

相感通伝』『釈迦氏譜』等にしばしば指摘している。こうした危機意識のもと、三教論争の渦中にあって指導的立場にいた道宣は、時として儒・道二教の、中でも道教の俗説に対しては舌鋒鋭く論難してやまないものの、一方、弁惑篇序では、前漢・揚雄の『太玄経』、東晋・葛洪の『抱朴子』や『神仙伝』、そして『荘子』を優れた書として称揚する。唐初期の三教論争の中にあっても、今を仏教史上の嘉運と捉えると共に、道家の良書には賛辞を惜しまない道宣の均衡に思いを凝らす姿が窺える一例である。道宣は、『新刪定四分僧戒本』序において「戒徳戒宗の若きは、誠に定慧を明らかにす」るものとして、戒学が定・慧二学の支えであることをしばしば述べるが、特徴ある語としては、ここにも記され、また『行事鈔』序の冒頭にも「戒徳難思」と言うように、「戒徳」の語がある。「戒徳」とは『四分僧戒本』序や『四分律含注戒本疏』序に伝えるように、元来は北斉・法願の戒本巻頭に記されてあった言葉であるが、道宣はこの他、外徳、自他両徳（以上『行事鈔』序）や、あるいは『教誡新学比丘行護律儀』序に「徳は丘山より重《とうと》」しと言い、また「師子の徳」や「徳焔」とも表現し、更に「予《われ》乃ち愧じて下流に省《かえり》み、実に懐《おも》いて上徳に慚」ずとも述懐している。ここに言う「下流に省《かえり》みる」とは『論語』子張の「是《ここ》を以て君子は下流に居るを悪《にく》む」、「上徳」は『老子』三十八章の「上徳は徳とせず、是《ここ》を以て徳有り」を踏まえるであろう。このように仏教用語である「戒」と中国固有の「徳」を併せ用いるあり方は、『四分僧戒本』序に言う「戒に非ざれば立たず、戒に非ざれば弘まらず」にも見られる。上句が『礼記』曲礼の「道徳仁義は、礼に非ざれば成らず」に拠り、下句は『四分律』序の「超世の道は、戒に非ざれば弘まらず」とに範を取っているものであり、それらはまた『戒壇図経』序に「比丘の儀体は、戒に非ざれば存せず、道は必ず人の弘むるも、戒に非ざれば立たず」との表現も、よく知られている『論語』衛霊公の「人 能く道を弘む、道の人を弘むるに非ず」、『礼記』曲礼の「礼に非ざれば……せず」の形と、『四分律』序の併用であるし、『広弘明集』僧行篇序の「道 幽明に洽《あまね》くして、徳 賢聖に通《あまね》し」も『老子』道・徳の転用であろう。

以上の僅かな例からも推測できるように、道宣の用字の方法には、中国の古典を遠景として仏教上の語彙と融合させる趣がある一方で、書籍上・地理上の証明を示して西方天竺を中土とし、東方中国を辺土として明確に区別する。これについては本書『釈迦方志』序の「大夏」に対する註を参照されたい。ここでは道宣の客観的正確性を求める姿勢の一端として『釈迦氏譜』の次の一文を略記して紹介したい。

> 今、以て剡浮《えんぶ》の一域は、葱嶺に中分せらる。西は大夏と号《よ》び、五竺 焉《これ》を統ぶ。東は赤県と曰い、五岳 焉を統ぶ。両方 皆五ありと雖も、事は必ず偏・中あり。此方は東に在りて、彼の土は正に居る。何を以て明らかならんや。（中略）山海経に云く、身毒の国は軒轅氏 之に居る〈郭璞の注に云わく、即ち天竺なりと。〉彼の土 自《おの》ずから分かれて、以て五国と為り、中天竺国は、天地の中なり。名は既に辺に非ず、四垂斯れ絶つ。名に拠りて以て定むれば、中の義 焉《ここ》に存す。（中略）

続いて道宣が引く次の梁・高僧伝の慧厳伝は、道宣による潤色が聊か加えられて、次のように言う。

> （慧）厳云く、余 曽て天竺に遊び、備さに聖儀に謁す。（中略）通《あまね》く中天竺国を覧るに、夏至の日、中に方《あ》たりて影なし。良に是れ地の中なるが故なり。此方の雒南の測影台は、夏至の日に至りて、終に余の分有り。故に大夏に非ず、但 東夏と名づくるのみ。（何）承天 此れを聞き、以て抗言するなし。
>
> （T50, 087bc）

以上の他に、たとえば『律相感通伝』の序には、著作の自己評価に関するところがある。「聖化を裨助し、幽霊随喜し、讃悦せざるはなし」と自負される『続高僧伝』や『広弘明集』に比較して、「律部」の「抄録疏儀」に聊かの見劣りがあるのは、これは道宣の過ちではなく、訳語の問題である、と天人に語らせている。このように翻訳論や天・人の間の交感、あるいは道宣が主張してやまない戒定慧三学の兼修についても、重要な主張がなされている。

あとがき

最後に、研究班において訳註の原案を作成・提供し、訳註の進展を支えた諸氏の氏名を以下に明記し、感謝の意を表する。書名の順は目次に準ずる。研究班では原案提供の都度、数次に亙り検討が加えられ、更に両度の研究成果の公表に際しても、幾度にも校正がなされたが、今次の成書に当たり、編訳者の責任において訳文・字句等の統一をはかった。しかし訳語の吟味・一体性に関しては充分と言うにはまだ遠く、その点の責は編訳者に帰する。

戒律関係

『四分律刪繁補闕行事鈔』序（戸次顕彰）、『四分律比丘尼鈔』序（松岡智美）、『四分律比丘含注戒本』序（戸次顕彰）、『新刪定四分僧戒本』序（戸次顕彰・松岡智美）、『四分律含注戒本疏』序（戸次顕彰）、『曇無徳部四分律刪補随機羯磨』序（戸次顕彰）、『四分律刪補随機羯磨疏』序（戸次顕彰）、『釈門集僧軌度図経』序（松岡智美）、『教誡新学比丘行護律儀』序（松岡智美）、『量処軽重儀』序（松岡智美）、『釈門章服儀』序・後序（松岡智美）

経典目録

『大唐内典録』序（大内文雄）

史伝関係

『続高僧伝』序（大内文雄）、『釈迦氏譜』序（宮嶋純子）、『釈迦方志』序・後序（宮嶋純子）、『関中創立戒壇図経』序（松浦典弘）、『中天竺舎衛国祇洹寺図経』序・後序（宮嶋純子）、『集神州三宝感通録』序・後批（宮嶋純

子）、『律相感通伝』序（松浦典弘）

護法・三教論争関係

『集古今仏道論衡』序（今西智久）、『広弘明集』総序（藤井政彦・河邊啓法）、帰正篇序（藤井政彦）、弁惑篇序（藤井政彦・河邊啓法）、仏徳篇序（今西智久）、法義篇序（宮嶋純子）、僧行篇序（桐原孝見）、慈済篇序（松岡智美）、誡功篇序（宮嶋純子）、啓福篇序（藤井政彦）、悔罪篇序（松浦典弘）、統帰篇序（大内文雄）

解説、あとがきを終えるに当たり、以下の諸氏に謝辞を呈したい。先ず訳註の最終原稿の形成と校正、及び繁雑な索引の作成に終始携わり協力をいただいた宮嶋純子氏、道宣の著作の骨格をなす戒律関係序文の訳註作成はもとより、著作全体に亙って戒律学の専家として常に的確な助言と協力をいただいた戸次顕彰氏、史・資料、訳註原稿の整理を一貫して担当くださった松岡智美氏、また筆者の大谷大学退職後も、常に会場の確保等を含め、会の維持に尽力いただいた松浦典弘氏、さらに本書の公刊に向け、当初は研究班員として訳註作業の一翼を担い、以後、法藏館の編集部員としての現在に至るまで、全ての編集・出版業務に関与・協力いただいた今西智久氏、以上の諸氏に深甚の謝意を申し上げる。

なお、本書がこうして公刊の僥倖に恵まれたのは、龍谷叢書の一冊に加えるにつき、龍谷大学史学科による推薦、及び龍谷大学当局の許可あってのことであり、関係各位に対し、厚く感謝申し上げたいと思う。

二〇一九年八月

大内文雄

編訳者略歴

大内文雄（おおうち　ふみお）

1947年長崎県生まれ。1970年大谷大学文学部史学科卒業。1975年同大学大学院文学研究科博士後期課程単位取得満期退学。大谷大学助手、専任講師、助教授、教授を歴任し、定年退職後、龍谷大学文学部特別任用教授を勤める。現在、大谷大学名誉教授。博士（文学）。専門は中国中世仏教史。著書に、『南北朝隋唐期佛教史研究』（法藏館、2013年）などがある。

龍谷叢書50

唐・南山道宣著作序文訳註

二〇一九年九月三〇日　初版第一刷発行

編訳者　大内文雄

発行者　西村明高

発行所　株式会社　法藏館

京都市下京区正面通烏丸東入

郵便番号　六〇〇-八一五三

電話　〇七五-三四三-〇〇三〇（編集）

〇七五-三四三-五六五六（営業）

装幀　野田和浩

印刷・製本　中村印刷株式会社

ISBN 978-4-8318-7727-7 C3015

索　　引

- 本索引は、本書掲載訳註のうち［釈文］部分の語句を対象として作成したものである。
- 語句の配列は冒頭漢字の読みの順（五十音）により、読みはすべて漢音に従う。また同音字は画数順に並べる。
- 語句の所在は頁数ではなく訳註の名称とし、以下の略号をもって示す。また、該当する語註がある場合は別出し、語註番号を併せ示す。
- 索引内に関連語句がある場合は「参照」として掲げる。
- 記号の（　）及び〔　〕の用法は本文「凡例」に準じる。

略号一覧（訳註掲載順）

『四分律刪繁補闕行事鈔』…………行事鈔
『四分律比丘尼鈔』…………尼鈔
『四分律比丘含注戒本』…………戒本
『新刪定四分僧戒本』…………四分
『四分律含注戒本疏』…………戒疏
『曇無徳部四分律刪補随機羯磨』…………羯磨
『四分律刪補随機羯磨疏』…………羯磨疏
『釈門集僧軌度図経』…………軌度
『教誡新学比丘行護律儀』…………行護
『量処軽重儀』…………軽重儀
『釈門章服儀』…………章服儀
『大唐内典録』…………内典録
『続高僧伝』…………続高
『釈迦氏譜』…………氏譜
『釈迦方志』…………方志
『関中創立戒壇図経』…………戒壇
『中天竺舎衛国祇洹寺図経』…………祇洹
『集神州三宝感通録』
　巻上序…………感通上
　舎利表塔序…………表塔
　振旦神州仏舎利感通序…………舎利
　巻中序…………感通中
　巻下序…………感通下
　瑞経録序…………瑞経
　神僧感通録序…………神僧
　後批…………感通後
『律相感通伝』…………感通伝
『集古今仏道論衡』…………論衡
『広弘明集』
　総　序…………広弘
　帰正篇序…………帰正
　弁惑篇序…………弁惑
　仏徳篇序…………仏徳
　法義篇序…………法義
　僧行篇序…………僧行
　慈済篇序…………慈済
　誡功篇序…………誡功
　啓福篇序…………啓福
　悔罪篇序…………悔罪
　統帰篇序…………統帰

		語句	語註	その他	参　照
あ	阿	阿育王			育王土中之塔
		阿難		尼鈔・神僧	
	愛	愛道	尼鈔 6		
	悪	悪居下徒		弁惑	人流慕上
	安	安形	啓福 2		感楽受以安形
		安忍苦楚		慈済	悼兇悖之安忍・非安忍於不仁
	闇	闇於決滞者		軽重儀	
		闇託	弁惑36		伝聞闇託
い	已	已顯之大表		行事鈔	
	以	以広於後	行事鈔32		
		以事相求	神僧 3		不可以事求
		以類区分		内典録	
		以類相従	行事鈔25		
	夷	夷滅	僧行18		坑残夷滅
		夷路	章服儀 4		恢広夷路
	衣	衣食斯恥	章服儀 8		
	位	位行両分		啓福	
	依	依止			五年依止・尽形不離依止
		依念念而賦身		弁惑	
		依本則得在執拠		羯磨疏	
	易	易簡為義	尼鈔21		
	畏	畏道靡夷		軌度	
	韋	韋将軍			南天韋将軍
		韋編成規	戒疏 6		
	為	為趣	法義 1		清神洗惑而為趣
		為信者施		瑞経	
		為有造業	啓福24		
	倚	倚伏	広弘32		跡従倚伏
	異	異計			生常異計
		異説則斥其文繁		行事鈔	同我則擊其大節
		異聴則達是言非		四分	同我則審難為易
		異同之見	羯磨 9		是非之迷
		異部之所統		帰正	
		異部誠文		行事鈔	
	意	意馬	軌度26		控情於意馬
	維	維那	軌度18		
		維摩詰			浄名降六欲之魔王
	遺	遺記			前代諸師所流遺記
		遺寄	軌度30		遠承遺寄・親受遺寄
		遺基茫昧		祇洹	
		遺景有可承真	舎利 9		
		遺緒	方志55		仏之遺緒
		遺風無替		行事鈔	
		遺法文言	瑞経11		
	彝	彝倫之用	統高 4		亀章啓彝倫之用
	育	育王土中之塔		舎利	
	一	一葦	戒壇 3		跨関河如一葦
		一化千王		帰正	網羅一化
		一戒而為行本		誡功	

	縁	縁拠似是具周		戒本・羯磨疏	
		縁境乃渉事情	啓福17		
		縁搆彰於道聴	戒壇 4		
		縁叙未倫	祇洹23		
	閻	閻浮之地心		論衡	
お	王	王〔弼・〕何〔晏〕達其上賢	論衡33		
		王子喬			松喬
		王者往也	仏徳 2		
		王者識形有之非我		啓福	
		王臣			邪見王臣・単部瑞於王臣・東夏王臣
	往	往咎			啓疏往咎
	横	横厲重関		羯磨疏	
	億	億計香象	内典録 8		
		億載斯年	論衡13		
	憶	憶念			三輪則摂於憶念
	臆	臆断		弁惑	
	恩	恩波万頃		行護	
か	下	下愚		慈済	
		下愚之与上智	広弘25		
		下徒			悪居下徒
		下武			正續偕於下武
		下流	行護16		悪居下徒・愧省下流
	化	化教含其漸頓		行護	
		化教則通被道俗	羯磨疏 5		
		化源			導達化源
		化垂空有		僧行	
		化道之恒規	続高 7		
		化道之霊府		瑞経	
		化被不及於龍勒		論衡	
		化令従善		感通伝	
	仮	仮琢磨而発念		舎利	
	何	何晏			王何達其上賢
	和	和揚之冶		軌度	
	果	果報			升沈之果報
		果論		祇洹	
	河	河陽準疏約断	軽重儀18		
	科	科擬	行事鈔34		
	迦	迦葉		内典録	飲光聖者・大迦葉今在・集四篋於崛山
		迦葉仏		感通伝	
	哥	哥頌	統帰 3		
	夏	夏書			具暦夏書
		夏庭起於扈川	軌度15		
	華	華質有拠		続高	
		華胥之国	方志32	続高	聖跡霊相雑沓於華胥
	袈	袈裟有変白之徴	章服儀18		
	過	過結已成		悔罪	
	禍	禍作殃及	慈済 6		
		禍作殃扇		僧行	

		金色駭於人天	論衡21		
		金陵表乗権之瑞		論衡	
	欽	欽徳承於道立		戒壇	
	釁	釁戻	行事鈔11		弁析釁戻
く	区	区宇統於大千		論衡	充物区宇・道超区宇
	苦	苦海		誡功	済大心於苦海
		苦空		尼鈔	
		苦趣之艱辛	啓福13		
		苦楚	悔罪4		安忍苦楚
		苦輪未静	軌度5		
	駆	駆馳	帰正43		義畢駆馳
	氍	氍氀三衣		感通伝	
	衢	衢術		戒疏・戒壇・弁惑	登機之衢術
		衢路	章服儀26		
	具	具瞻	論衡39		通観具瞻
		具暦夏書	方志28		
	愚	愚智斉遵		戒本	
		愚智通解		四分	
		愚智繁雑		帰正	
	空	空然	行護14		
		空地架屋	戒壇13		
		空有			化垂空有
		空林	慈済20		長風之激空林
	捃	捃拾		統帰	
	熏	熏戒香於百億		行護	
	群	群生		羯磨・誡功	福利群生
		群籍於茲息唱		行事鈔	
		群有		悔罪	取済群有・道超群有
		群有因之而超悟		法義	
		群有之参差		軌度	
		群類之夷途		尼鈔	
け	形	形厠僧伍		行事鈔	
		形神之疲労	慈済21		
		形声			憑虚易以形声
		形不可以相得		帰正	
		形服	章服儀22		変俗形服
		形有	啓福23		王者識形有之非我・顕嘉相於形有
		形戮於都市	慈済5		
		形量動発心霊		方志	
	京	京郊之南		戒壇	
	計	計度之街衢		論衡	
	恵	恵皎(慧皎)	続高23		
		恵施			荘恵之流
		恵沢逾於三大		章服儀	
	荊	荊楚外屏		章服儀	漢陰沙門
	啓	啓疏往咎		悔罪	
	経	経誥明示	慈済13		
		経道両術		続高	
		経綸	続高26		

		賢聖緘黙		戒本	西土賢聖・踐陟同於賢聖・徳通賢聖
		賢明		戒壇	外俗賢明・擬歴賢明・布露賢明
	顕	顕益神功	神僧 9		
		顕嘉相於形有		章服儀	
		顕晦	法義 9	広弘	随機顕晦・心塵之顕晦
		顕行世事		行事鈔	
		顕衆			声伝而入顕衆
		顕性命於四生		章服儀	
		顕節園	論衡28		
		顕報之書	祇洹35		
	元	元伯纓垂	弁惑57		
	玄	玄鑑			大聖玄鑑
		玄機	続高11		
		玄谷			声諠玄谷
		玄綱			既絶之玄綱
		玄漠			正道玄漠
		玄範			集衆而宣玄範
		玄府	章服儀 9		三学開其玄府・喪道於玄府
		玄模	広弘23	軌度	事襲玄模
		玄冥	感通伝 2		
		玄理	法義16		寄迹而揚玄理
	言	言惟引行	続高 2		
		言行之権致		続高	
		言章砕乱		行事鈔	得以言章述
		言方			匪藉言方
	泫	泫露	感通後25		
	彦	彦琮		方志	古徳流言
	現	現祥		舎利	
		現跡之祥瑞		仏徳	
こ	古	古徳流言	氏譜 1		
		古仏之行事		祇洹	
	孤	孤情絶照	軽重儀 5		
	故	故業			無始故業
		故身之務	弁惑63		
	枯	枯穴	論衡26		
		枯槁衆生	行護 8		
	跨	跨関河如一葦		戒壇	
	顧	顧復	慈済 7	瑞経	
		顧眄群篇	行事鈔20		
		顧歩江淮		戒壇	
	五	五翳		広弘	澄五翳於当時
		五戒捐而不顧		帰正	
		五戒十善		弁惑	
		五戒八戒		誡功	
		五岳			開虚玄於五岳
		五滓之沈淪		広弘	
		五竺方維		方志	五天
		五衆		戒疏・軽重儀・誡功	
		五衆之良規		羯磨疏	

颯	颯焉終古		続高	
撮	撮略所聞		感通下	
	撮略正文	羯磨15	行事鈔	
三	三衣		章服儀・感通伝	氈毼三衣・比丘之三衣
	三界牢獄	啓福 5		超三界而独高・徳音播於三界
	三学以統両乗		弁惑	
	三学開其玄府		法義	
	三学之教源		羯磨疏	
	三危（地名）	方志22		
	三機	戒疏 4		
	三篋八蔵之典		法義	
	三業寄而擒績		軌度	戒見利及三業・保任三業
	三堅	広弘 1		情混三堅
	三〔皇・〕五〔帝〕			鄙三五而称聖
	三后在天	弁惑58		
	三際之業		弁惑	
	三三九品	悔罪10		
	三七之嘉謂	祇洹 5		
	三種持律	戒本33		
	三洲之仏法		感通伝	
	三洲聞道		感通下	
	三乗之階轍		戒疏	
	三乗之正軌		戒本	
	三乗陶化		方志	通三乗於季俗
	三秦			問道三秦
	三聖		悔罪	引四生而開三聖・出有三聖
	三聖敬重		瑞経	
	三聖自此而昌明		仏徳	
	三千〔世界〕		僧行・誡功	道振三千・灑定水於三千
	三千之鴻化		神僧	
	三尊（三宝）		尼鈔	
	三大			恵沢逾於三大
	三達真人		神僧	
	三張冒於法流	広弘34		
	三天下	神僧21	感通伝	賓頭盧不得滅度
	三途		慈済	
	三毒		神僧	罪則三毒所結・満願行三毒之邪見
	三念之徒	軌度28		
	三被残屏	広弘 3		
	三品			四依三品
	三方釈侶	四分 4		
	三法之命根		戒壇	
	三宝		広弘・僧行	号三宝於人中・東華三宝素有
	三宝記		神僧	
	三宝弘護		瑞経	
	三宝之舟航	行事鈔 3		
	三宝利見		感通上	
	三明六通		弁惑	三達真人
	三有大洲		神僧	三洲

	四流(煩悩)			截四流而称聖
	四輪而摧八難	弁惑72		
	四惑		悔罪	滞四惑而溺欲塵
此	此宗之一見	行事鈔28		
矢	矢入	瑞経18		石開矢入
死	死生篇		感通伝	
至	至覚		論衡	
	至簡	尼鈔17		務存至簡
	至人興停毒之悲		軌度	
	至人之適化		広弘	
	至人流慟		慈済	
	至道之康衢		軌度	斉魯二変
	至道無言	続高1		
仳	仳璅	祇洹34		流俗仳璅之儔
志	志怪(書名)		祇洹・瑞経・感通伝	
思	思択有蹤		羯磨疏	
	思択霊府		法義	
	思不贍於時事		行事鈔	
師	師之大者		仏徳	
	師子〔尊者〕		神僧	
	師子之徳	行護12		
	師資之有従	瑞経9		
	師心者多	戒本21	慈済	
	師心制法		羯磨	
	師心統決		弁惑	
	師心独断		広弘	
	師稟有蹤		戒疏	
紙	紙墨易繁		方志・悔罪	
徙	徙滞之方略		内典録	
視	視死若生	祇洹19		
	視聴		軌度・祇洹・舎利・誡功・統帰	広流視聴・列於視聴良書
揣	揣義	広弘56		
斯	斯須糜潰	僧行33		
	斯文	尼鈔20	続高	
詞	詞采卓然	広弘51		
寺	寺誥	祇洹22		
	寺塔之基		祇洹	
	寺塔崇華		弁惑	
	寺塔崇樹		仏徳	
耳	耳順	章服儀35		
自	自貽伊感	神僧13		
	自貽無漏	戒本35		
	自救無暇	神僧16		
	自行既成		行事鈔	
	自行之功		尼鈔	
	自新之道	悔罪14		
	自然		尼鈔	天地二化
	自他両徳		行事鈔	福不迴於自他

写	写送性情	統帰 4		
舎	舎衛〔国〕	帰正29	論衡	皇覚之居舎衛
捨	捨身偈句	瑞経10		
謝	謝鎮之			顔謝之風規
邪	邪見王臣		神僧	満願行三毒之邪見
	邪山	弁惑71		小智之邪山
	邪倒之夫		論衡	
蛇	蛇虎為之馴擾		慈済	
釈	釈迦行化		行護	
	釈迦譜		氏譜	
	釈訓			道書多渉於釈訓
	釈氏之源		氏譜	
	釈門之骨鯁		舎利	
	釈門常務		章服儀	
	釈侶			三方釈侶
若	若影随形	瑞経20		
	若存若亡	感通伝 9		
弱	弱水	方志20		
	弱喪	尼鈔 5		含霊之弱喪
守	守死長迷	論衡20		旦夕守死
	守雌	弁惑12		絶智守雌
	守持城塔		感通伝	
	守文	軽重儀17		幷部誦語守文
朱	朱士行		神僧	士行投経
取	取歓娯以悦性		啓福	
	取済群有		慈済	
首	首云三蔵		羯磨疏	
	首題戒徳	四分12	戒疏	
	首題帰敬		四分・戒疏	
	首律師	軽重儀 4		
殊	殊途	論衡 6	悔罪	逼引之殊途・業報之殊途
酒	酒泉	方志18		
須	須斯二果	悔罪 6		
受	受戒		戒壇・感通伝・誡功	
	受戒律儀		軽重儀	
	受随二戒	羯磨疏12		
	受体止持		羯磨疏	約之受体
儒	儒宗			失徳於儒宗
	儒〔・〕道		論衡	東華儒道
	儒文			問道絶於儒文
	儒流			抑道在於儒流
収	収羅咎失	僧行29		
舟	舟航			三宝之舟航・六趣之舟航
	舟師	弁惑37		妙籍舟師
	舟楫			戒徳之舟楫
	舟済	四分22		会帰舟済
秀	秀気逸於山河		続高	
周	周器鳴於晋諜		軌度	
	周魏二武		弁惑	
	周魏両武	神僧12		

	出世之元旨		章服儀	
	出俗之津途		内典録	
	出道之階基			真俗為出道之階基
	出必由戸	誡功 3		
	出凡入聖		啓福	
	出有三聖	章服儀33		
	出有之本		祇洹	
	出有之明略		戒疏	
	出有心発	誡功 8		
	出離	啓福15		拔済而出離
	出類			拔萃出類
述	述異〔記·志〕		祇洹・神僧・感通伝	
	述経叙聖		内典録	
	述作於先王		帰正	
	述而不作	弁惑20		
舜	舜禹南巡		方志	
簨	簨簴(簨虡)	軌度13		
蠢	蠢蠢懐生		慈済	
徇	徇目四馳高山	続高19		
淳	淳源久謝	章服儀17		
	淳薄	羯磨 6		
	淳風洽而澆俗改	方志 1		
順	順生			福則順生
準	準義理雖無爽		羯磨疏	
	準事行用		軽重儀	
	準的律部		四分	行事難為準的
	準律則得在宗帰		戒本	
遵	遵崇八敬	尼鈔10		
初	初学之津塗		戒本	
	初染軽毛	弁惑39		
	初地(十地)	慈済24		行未登於初地
	初天		祇洹・感通伝	
沮	沮渠国有三無学	神僧20		
胥	胥徒	広弘41		天竺胥徒
書	書紳	章服儀25	弁惑	
黍	黍離之永歎	祇洹13		
諸	諸師所存		行事鈔	前代諸師
	諸仏告成		祇洹	
	諸仏之降霊		方志	
	諸仏之所由生		法義	
	諸仏大慈		悔罪	
女	女人戒徳		尼鈔	
如	如来晦跡		尼鈔	
	如来行乞有童子	表塔 5		
恕	恕己為喩	慈済 3		
小	小学	悔罪 5		
	小食			大小両食
	小聖	帰正25		大聖小聖
	小智之邪山		弁惑	
	小道之登臨		広弘	

	浄業寺			清官精舎
	浄業成於道儀		行護	
	浄住子			布薩法浄行儀・文宣天王之録
	浄名降六欲之魔王	広弘36		
常	常一之教	羯磨疏19		
	常准	神僧 4		
	常迷	論衡38		信保常迷
情	情見繁広		行事鈔	
	情混三堅		広弘	
	情識			発情識之聾瞽
	情爽頓絶	祇洹39		精爽
	情智之迷解		広弘	
	情繁		続高	
	情通	戒本29		約之情通本拠
	情亡而照寂		仏徳	
	情理之幽求		広弘	
属	属意	行事鈔21		
心	心易調伏		感通伝	
	心因発越		戒壇	
	心猿	軌度25		摂慮於心猿
	心術			陶練心術
	心塵之顕晦		法義	
	心性			昭彰心性
	心念（羯磨）	羯磨18		
	心不可以智求		帰正	
	心霊			形量動発心霊
沈	→「ちん」			
身	身計国謀	軽重儀 8		
	身口之関鑰	尼鈔16		
	身国	帰正16		大略存於身国
	身世			砕四魔於身世
信	信為徳母	広弘 5		
	信解之門	羯磨疏 6		
	信解之来		広弘	
	信毀		感通上・神僧・広弘・弁惑	塵随信毀
	信仰			弘信仰而登神
	信保常迷		論衡	
	信法	啓福10		智渉信法
	信有三焉		広弘	
津	津塗（津途）	戒本 4		初学之津塗・出俗之津途
	津梁於品彙	章服儀11		
神	神異〔経〕		方志	
	神化無方	感通上 2		
	神我之真宰	論衡10		
	神冠幽明		続高	
	神襟			繁詞而啓神襟・繁縟神襟
	神光瑞影	方志52		挙神光而応心
	神功		祇洹	顕益神功
	神識抱於愚蔽		神僧	
	神州		続高・方志	振旦神州・淪滞於神州

	塵	塵随信毀		僧行	
		塵点	慈済14		譏醜塵点
す	図	図伝顕於時心		戒壇	
		図伝	祇洹41		
	水	水流氷度	瑞経19		
	吹	吹嘘罕遇	続高34		
	推	推理極於冥初		論衡	
	随	随縁隠	舎利 8		容光或随縁隠
		随戒			受随二戒
		随機		羯磨疏・内典録・舎利	仏僧随機
		随機開制	章服儀14		
		随機顕晦		方志	
		随機候而設謀猷		内典録	
		随機要行		行事鈔	
		随宜約略	行事鈔50		
		随義而現有心		慈済	
		随事随依		行事鈔	載舒載覧
		随時布現		統帰	
		随善立目		続高	
		随相曲分	行事鈔49		
		随相偏闕		軽重儀	
		随念翦撲		悔罪	
		随量制開	誡功12		
	瑞	瑞跡		感通中	
	崇	崇義寺	行事鈔 1	羯磨	
せ	世	世事	行事鈔16		顕行世事
	是	是非之迷		羯磨	異同之見
	正	正果		広弘	
		正戒明禁		戒本	
		正覚		帰正	
		正軌		軌度	三乗之正軌
		正儀			導俗正儀
		正教雖多		誡功	
		正撿	章服儀32		
		正行			綸網正行
		正朔		帰正	
		正信如皎日		広弘	
		正聖開喩滋彰		悔罪	
		正績偕於下武	軌度21		
		正〔定〕聚	弁惑38	広弘・慈済	
		正度		軌度	
		正道玄漠		章服儀	
		正道之秋			玉関揚正道之秋
		正道東流		仏徳	
		正文			撮略正文
		正法		戒疏・羯磨・感通下・神僧・感通伝	
		正法為入空之軌躅		法義	
		正法久住		戒本・戒壇	

	制教軽重斯分		行護	行教
	制法			師心制法
性	性海	広弘43		
	性情			写送性情
	性相以之逾明	軌度 4		
	性命			顕性命於四生
	性欲	弁惑 4	内典録	陶冶莫滞於性欲
	性霊		広弘	
青	青丘	方志 3		
	青襟之歳	続高25		
斉	斉魯二変	尼鈔19		
旌	旌異〔記〕		祇洹・瑞経・神僧・感通伝	
清	清官精舎	感通後24		
	清訓		行護	四部之清訓
	清心			廓紛累於清心
	清信〔士・女〕		祇洹・誡功・悔罪	
	清神洗惑而為趣		法義	
	清澄界繫		羯磨疏	
	清白円於戒品		行護	
	清範	戒本24		
	清涼台	論衡28		
済	済世之模		章服儀	
	済大心於苦海		弁惑	
盛	盛昌仏日		四分	
	盛徳		軌度	懐柔之盛徳・頌作之盛徳
聖	聖因			智寔聖因
	聖化		感通伝	
	聖教			羯磨聖教
	聖賢		続高	賢聖・幽顕聖賢
	聖言		羯磨疏	軽侮聖言
	聖種		誡功	
	聖種賢蹤		帰正	
	聖種頓亡		章服儀	
	聖心			因言而顕聖心
	聖人之利見		羯磨疏	
	聖人所作		論衡	
	聖人冥為利益		神僧	
	聖跡霊相雑沓於華胥	方志51		
	聖則			非界咸乖聖則
	聖道		誡功	
	聖徳鴻猷		軌度	
	聖凡		悔罪	鏘洋於聖凡之耳
	聖力	感通下 6		
精	精会所帰		続高	
	精爽	方志56	祇洹・広弘	神爽
	精霊		神僧・慈済	疏解精霊・疏淪精霊・導引精霊
静	静藹（僧）			鄭藹之抗周君
	静縁			色有静縁

	祖述先王		帰正	
	祖台〔之〕		祇洹	
	祖仏為師	氏譜 2		
素	素王之在赤県		帰正	
	素王継轍	続高 5		
疏	疏解精霊		章服儀	
	疎通	論衡43	軌度	
	疏瀹精霊	法義14		
楚	楚国李公(老子)		帰正	
蘇	蘇韶		感通伝	
宋	宋魏両明〔帝〕		広弘	
	宋君之叙仏徳	仏徳18		
宗	宗科	悔罪19	弁惑	
	宗轄	悔罪20		悔過之宗轄
	宗帰訳人	方志47		
	宗緒	祇洹29	羯磨・弁惑	
	宗理爽文		四分	
荘	荘恵之流	弁惑28		
	荘生(荘子) 可為実録		弁惑	濠上英華
捜	捜玄之路		章服儀	
	捜神〔録〕	感通伝 1	祇洹・神僧	
創	創究識於倒情		法義	
喪	喪道於玄府		章服儀	
僧	僧祇〔律〕			関中先用僧祇
	僧規		僧行	
	僧伍	行事鈔46		形厠僧伍
	僧之真偽	神僧 1		
	僧史(書名)		神僧	
	僧中之道勝		神僧	
	僧仏位殊		祇洹	
	僧宝	行護15		
	僧望	四分 7		
	僧祐	広弘12	氏譜	
滄	滄海	方志13		
葱	葱河以西		帰正	
	葱河界於剡洲	続高14		
	葱嶺			声栄覆於葱嶺
蒼	蒼生有感		行護	
藻	藻鏡	広弘55	論衡	
	藻鏡四依		尼鈔	
蔵	蔵舟遽往	続高28		
	蔵迹・蔵跡	羯磨16	羯磨疏	
即	即機			名実昧於即機
	即事即行	行事鈔42		臨機有用
息	息凍爍於目前		軌度	
俗	俗之惑者		弁惑	
	俗士憲章		誡功	
	俗塵			捐擲於俗塵
	俗法五常	法義 3		
賊	賊徒盗葉	瑞経13		

	滞	滞四惑而溺欲塵		広弘	
	駘	駘足九達貴蹤	続高18		
	宅	宅形安道	弁惑43		
		宅身仏海		行事鈔	
	琢	琢磨	舎利13		仮琢磨而発念
		琢磨行業		続高	
	丹	丹穴	方志 4		
	旦	旦夕守死		章服儀	
		旦夕蒲柳		戒壇	
	単	単部瑞於王臣		瑞経	
	断	断軽重物	感通伝12		軽重難断
	壇	壇場		戒壇	
ち	地	地獄			天堂地獄
		地称勝善		戒壇	
	知	知機厥先	誡功11		
	智	智昏四照		広弘	
		智士興言		広弘	
		智者之高致	広弘19		
		智者不迷	広弘20		
		智首			首律師
		智術	行事鈔 9		
		智渉信法		啓福	
		智寔聖因		広弘	
		智則光乎緇素		続高	
	中	中原周魏		広弘	
		中古	続高 9		
		中国十人		戒壇	
		中天〔竺〕		舎利	
		中庸見信従善		広弘	
	柱	柱下叡哲(老子)	弁惑52		
	誅	誅除仏化		神僧	
	籌	籌度懐行		誡功	
		籌度理路		統帰	
	弔	弔影	慈済23		撫膺弔影
	長	長時有尽		弁惑	
		長時類通	誡功 5		
		長途散釈	行事鈔48		
		長風之激空林	慈済19		
	重	重関	羯磨疏 3		横厲重関
		重空			慧抜重空
		重門洞開	祇洹 4		
		重訳臻焉	方志42		
	張	張昱	感通伝19		闞沢張昱之徒
		張〔陵・〕葛〔洪〕	論衡46		
		張騫			博望之尋河
		張衡			三張冐於法流
		張融			周張之門律
		張陵			張葛・三張冐於法流
		張魯			三張冐於法流
	鳥	鳥鼠之喩	行事鈔45		
	喋	喋喋黔首	論衡30		

	停	停毒之悲			至人興停毒之悲
	梯	梯山貢職	方志45		
	堤	堤封	方志 5		
	提	提綱			挙領提綱・振紐提綱
		提婆達多			天熱之倫
	程	程器	戒疏 8	章服儀	
	隄	隄防莫開	僧行31		
	鄭	鄭藹之抗周君	広弘45		
	蹄	蹄筌		内典録	忘筌・我倒之蹄筌
	泥	泥洹	論衡 7		
	適	適化之挙		章服儀	
		適道	僧行13		撃揚覈於適道
	鉄	鉄囲山			結八蔵於囲表
		鉄門			定遠之開鉄門
		鉄路	方志16		
	涅	涅而不緇	広弘48		磨不磷
	天	天王			人王天王
		天乖	戒本31		
		天衢之所未陟	帰正37		
		天言			西梵天言
		天根	論衡17		上界之天根
		天竺胥徒		論衡	
		天竺盛於六諦		論衡	
		天主	啓福 8		我固属於天主・梵王天主
		天殊	帰正13		理路天殊
		天常之行事	弁惑61		
		天〔・〕人		祇洹・舎利	人天
		天人		祇洹・感通伝・仏徳	
		天人師表		帰正	
		天地二化	尼鈔18		
		天地神祇		感通伝	
		天堂地獄	弁惑23		
		天熱之倫	僧行11		
		天表之正真		神僧	
		天府			合蔵騰於天府
		天分	論衡40		闕沢之対天分
		天魔龍鬼		神僧	欲主天魔
		天無二日	帰正38		
		天網	広弘10		人法之天網
		天欲		感通伝	
	霑	霑預染毫之客		続高	
	纏	纏綿於九居	帰正17		
	伝	伝教		行事鈔	震嶺伝教
		伝聞闍託		弁惑	
と	塗	塗炭之切	軌度 6		
	叨	叨倖望蹤	章服儀20		
		叨僭		帰正	
		叨濫於福田		弁惑	
	投	投機・逗機	方志50	行事鈔	
		投誠		祇洹・帰正	

		抜萃出類	行事鈔 8		
		抜俗		章服儀	希世抜俗之典籍
		抜滞宏規		続高	
	反	反隅	羯磨10		
		反本	帰正23		
	半	半〔字〕満〔字〕			大小半満之流
	班	班生著詞	続高 6		学統九流
		班超			定遠之開鉄門
		班〔固・司〕馬〔遷〕隆其褒貶	論衡		
	煩	煩悩増繁		悔罪	慨怨魂於煩悩
		煩惑	僧行16		修整煩惑
	樊	樊籠	論衡 1		徳跨樊籠
	繁	繁詞而啓神襟		広弘	
		繁縟神襟	氏譜 6		
	万	万行之関鍵		戒疏	
		万行之通衢		戒本	
		万国同儀	仏徳13		一洲万国
		万歳之焉有		神僧	
		万載			教弘万載・住法万載
		万邪莫迴其致	法義 2		
ひ	比	比擬仏法		弁惑	
		比丘儀体		戒壇	
		比丘之三衣	感通伝13		
	非	非安忍於不仁		章服儀	
		非戒不弘	四分 9	羯磨	
		非戒不存		戒壇	
		非戒不立	四分 9	戒壇	
		非界咸乖聖則		戒壇	
		非言何以範世	続高 1		
		非常		祇洹・帰正	
		非常之儀		戒壇	
		非常之廟		感通伝	
		非制而制	行護 7		
		非聖不拠		続高	
		非想〔処〕		誡功	
		非文不啓	四分23		
	匪	匪旦伊夕		慈済	旦夕守死
		匪称教主		帰正	
		匪藉言方		法義	
	秘	秘密之深術		戒本	
	被	被物之康衢		弁惑	
	悲	悲〔田・〕敬〔田〕為初	啓福12		
		悲谷	氏譜 8		
	斐	斐然作命	行事鈔22		
	費	費功			新学之費功
		費氏(天人)		感通伝	
	鄙	鄙三五而称聖		神僧	
		鄙夫有阻於時頌		僧行	
	毘	毘尼		羯磨・感通伝	四蔵則統在毘尼

	敷揚四弁		論衡	
武	武帝(漢)			漢徹之号・漢武
	武帝(北周)			梁周二武・周魏両武・鄭藹之抗周君
	武帝(梁)			梁周二武・梁帝・梁武
部	部執		行事鈔	
撫	撫膺弔影		慈済	
	撫膺独慨	軽重儀 9		
封	封固而登其信	論衡14		
	封文格義		軽重儀	
風	風素	続高35		集見勳風素
	風俗分於唐梵		続高	
	風猷			鳩聚風猷
	風露			吸風露而曰仙
福	福曰富饒		悔罪	
	福則四弘所成		啓福	
	福則順生	啓福28		
	福田之相	慈済12		叨濫於福田
	福田之服		尼鈔	
	福被人天		僧行	
	福不廻於自他	啓福20		
	福利群生		神僧	
覆	覆心	帰正20		惑網覆心
	覆水之喩	悔罪15		
	覆燾冠於両儀		章服儀	
	覆燾群萌	戒疏 2		
仏	仏化			誅除仏化
	仏海			宅身仏海
	仏開為道		感通伝	
	仏解		戒本	
	仏覚			無上仏覚・法王仏覚
	仏経無叙於李聃		弁惑	
	仏之遺緒		方志	
	仏之本系		氏譜	
	仏室	慈済 9		
	仏日			盛昌仏日
	仏心	慈済 8		慈為仏心
	仏性			冥通仏性
	仏聖		帰正	呉王之詳仏聖
	仏相			変為仏相
	仏僧随機		瑞経	
	仏陀耶舍			覚明法師
	仏代			六術揚於仏代
	仏道論衡	論衡47		
	仏徳			宋君之叙仏徳
	仏法		神僧	住持仏法・弘護仏法・三洲之仏法・比擬仏法
	仏法久住		戒壇	
	仏法之難遇		啓福	
	仏未降霊		感通下	
	仏名大覚		弁惑	

宝	宝位由於非道		神僧	無生之宝位
	宝唱(僧)	続高21		
抱	抱怨酷而消亡		僧行	
	抱樸論道	弁惑26		
法	法〔四〕依	広弘11		
	法移東夏		誡功	千齢過半
	法延六万		誡功	
	法苑珠林	感通後26		
	法王御宇		統帰	
	法王仏覚	仏徳 7		
	法王利見		戒本・章服儀	
	法王立法		啓福	
	法界	誡功 5		
	法願律師	四分11	戒疏	願師後述
	法炬之照		章服儀	
	法教		感通伝	
	法鏡			曇無徳者
	法訓		行護	
	法護創伝羯磨	四分 2		
	法行	羯磨疏18		大集法行之言
	法施之初門		戒壇	
	法者何耶		法義	
	法聚	羯磨疏10		
	法潤			四儀既無法潤
	法上(僧)	四分 5		
	法水東流		羯磨	
	法盛(僧)	祇洹16		法勇法盛之儔
	法宗(僧)			石開矢入
	法相(僧)			石開矢入
	法宝聯壁		神僧	
	法本西天		行護	
	法務		軌度	
	法網	統帰 2		弘護法網
	法勇法盛之儔	祇洹15		
	法螺法鼓法電法雷	軌度 3		
	法律通会		祇洹	
	法流			三張冒於法流・餐味法流
	法琳(僧)			陳琳
	法礪(僧)			礪律師
剖	剖生左腋	弁惑32		
烹	烹鮮之格言	僧行28		
彭	彭生豕見	弁惑56		
豊	豊徳寺	四分 1	羯磨疏・方志	
褒	褒貶	論衡35		班馬隆其褒貶
酆	酆京	感通伝 4		
亡	亡我静倒		羯磨疏	
忘	忘筌	四分13		
望	望崖而戻止	続高30		
	望崖尋途		軽重儀	
	望日来王	方志46		
夢	夢氈告徴		戒疏	

		迷者非智	広弘20		
		迷津	弁惑18		瑣学迷津
		迷没	弁惑75		
	冥	冥隠微顕		祇洹	
		冥初	論衡16		推理極於冥初
		冥祥〔記・伝〕		祇洹・瑞経・神僧・感通伝	
		冥通仏性	神僧 9		
		冥報〔記〕		祇洹・神僧・感通伝	
		冥本	帰正 6		極計之冥本
		冥力住持		神僧	
	鳴	鳴磬・鳴椎		軌度	
		鳴砂〔山〕	方志39		
	滅	滅結之候		瑞経	
		滅定開士		軌度	
		滅法在於斯		慈済	
も	妄	妄存高大		帰正	義匪妄存
	孟	孟浪	弁惑17		
	網	網羅一化		内典録	
		網羅正理		続高	
	蒙	蒙心	軌度 8	続高	勗示蒙心
		蒙泉	広弘42		
		蒙俗作梗		仏徳	
		蒙俗信度		弁惑	
	目	目犍連			豆姓真人
	沐	沐道霑於八部		論衡	
	問	問津	四分20	法義	
		問道三秦		章服儀	
		問道絶於儒文		戒壇	
や	約	約之受体		軽重儀	
		約之情通本拠		戒本	
		約時敷演		戒本	
	薬	薬上〔菩薩〕		悔罪	普賢薬上之侶
ゆ	油	油素	方志37		
	喩	喩金顕道		戒疏	分杖之喩
	由	由序	戒本 6		
		由余入秦	方志33		
	有	有為生滅		軌度	不陷於有為
		有為積障		悔罪	
		有空	帰正33		高超有空・根塵無礙於有空
		有闕於行詮		行事鈔	
		有識皆参其席		帰正	開明於有識・鈔疏開於有識
		有蹤			思択有蹤・師稟有蹤・投説有蹤
		有心	慈済10		随義而現有心
		有身之術	弁惑69		
		有逾符契	瑞経21		
	幽	幽関難啓	法義12		
		幽求	章服儀31	軽重儀	情理之幽求
		幽鏡		祇洹	
		幽顕咸所帰依		帰正	慧解暢於幽顕

		濫罔前修		戒本	
り	利	利見	戒本 1		三宝利見・聖人之利見・法王利見
		利見之康荘		続高	
		利用之安危		僧行	
		利慾為功徳		慈済	
	李	李広利			弐師之伐大宛
		李叟称道		弁惑	
		李聃(老子)			仏経無叙於李聃
	理	理性	啓福11	戒疏	
		理路天殊	帰正12		籌度理路
	離	離著	僧行14		
	六	六因四縁		弁惑	
		六根			調伏六根
		六師異道		祇洹	
		六時因茲而察念		軌度	
		六趣之舟航		尼鈔	六道
		六十二見		論衡	
		六術揚於仏代	広弘33		
		六塵之蔽		広弘	
		六代所詳群録	続高17		
		六大論師	論衡 9		
		六諦	論衡 5		天竺盛於六諦
		六通聖者		神僧	三明六通
		六道以之而綿亙		仏徳	
		六道四生		帰正	
		六道昭彰之形		弁惑	
		六万遐年		僧行	
		六万遐齢	感通下 8		
		六万之修期	神僧14		人寿六万・法延六万
		六百之嘉運		内典録	
		六欲之魔王			浄名降六欲之魔王
		六和為体		僧行	式敬六和
		六和之侶	軌度27		
	立	立懺			持犯立懺
	律	律儀	僧行 3		受戒律儀・善律儀・道人律儀・導解律儀
		律儀博要		戒壇	
		律宗		戒本	
		律蔵残欠		羯磨	前修託於律蔵
		律部		四分・戒疏・感通伝	準的律部
		律論所述	戒本20		
	流	流沙以東		帰正	西遁流砂
		流俗仳瑮之儔		祇洹	飲啜異於流俗
		流布人天		神僧	
	龍	龍鬼帰心		論衡	摂龍鬼而怡神・天魔龍鬼
		龍鬼賛其神功		祇洹	
		龍砂	方志 6		
		龍神欽伏		行護	
		龍図成太易之漸	続高 3		